1 鄂圖曼帝國試圖延伸帝國影響力，跨越高加索地區。在一五八二年的細密畫中可見到喬治亞地區的鄂圖曼騎兵營。

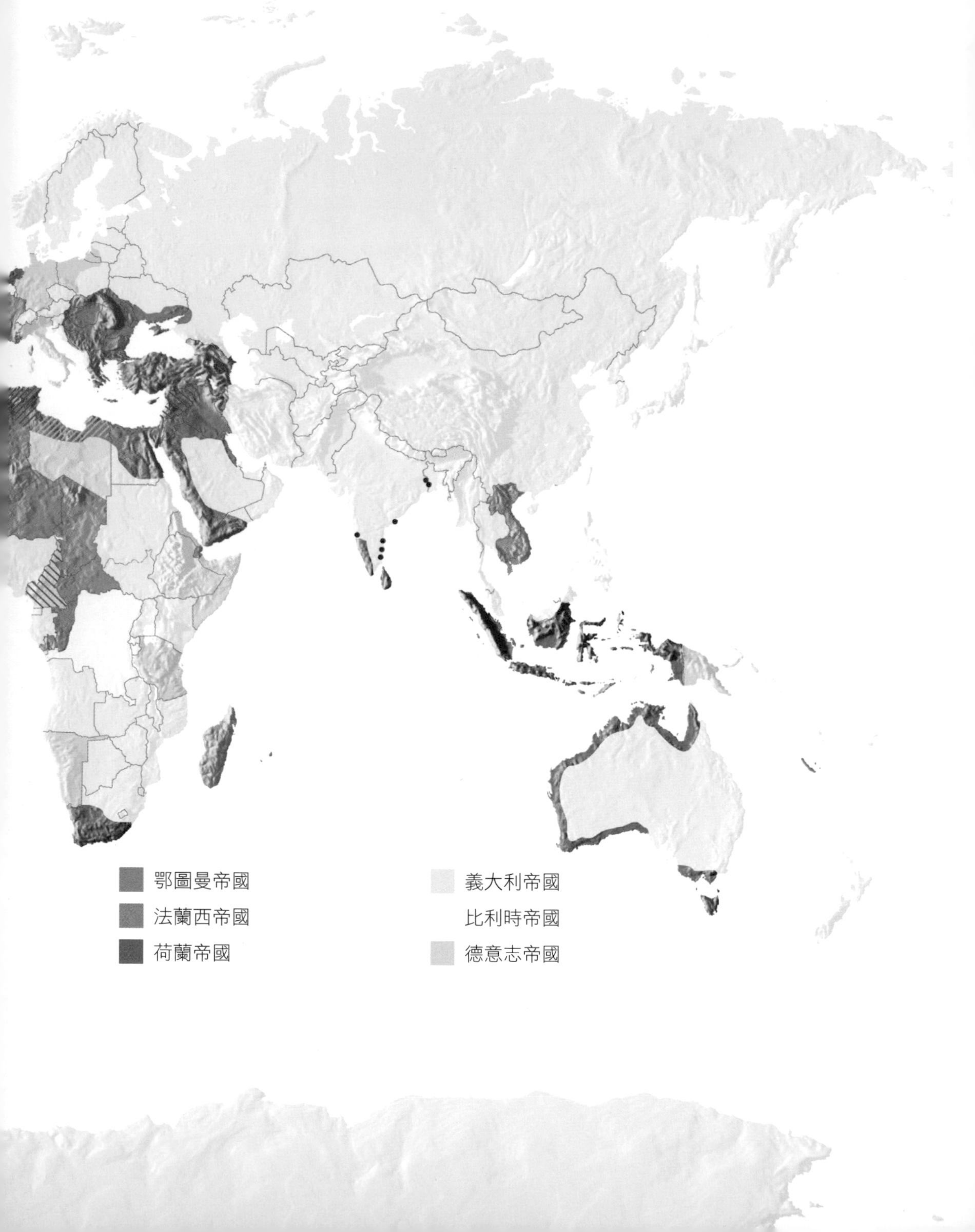
鄂圖曼帝國
法蘭西帝國
荷蘭帝國
義大利帝國
比利時帝國
德意志帝國

鄂圖曼、法蘭西、荷蘭、義大利、比利時與德意志帝國

色塊表示曾由殖民列強統治的領土，但不一定為相同時間。鄂圖曼帝國巔峰時期的領土，包含了後來為奧匈、法蘭西與義大利帝國吸收的區域。這些區域包含部分北非與黎凡特地區，此處以斜線色塊標示。

葡萄牙帝國
葡萄牙聚落與哨站（色塊不表示葡萄牙控制整個非洲海岸線，而是葡萄牙探險家與貿易商獲得占領這些土地的權利）
西班牙帝國
斯堪地那維亞帝國
奧匈帝國

葡萄牙、西班牙、奧匈與斯堪地那維亞帝國

色塊表示曾由殖民列強統治的領土，但不一定為相同時間。

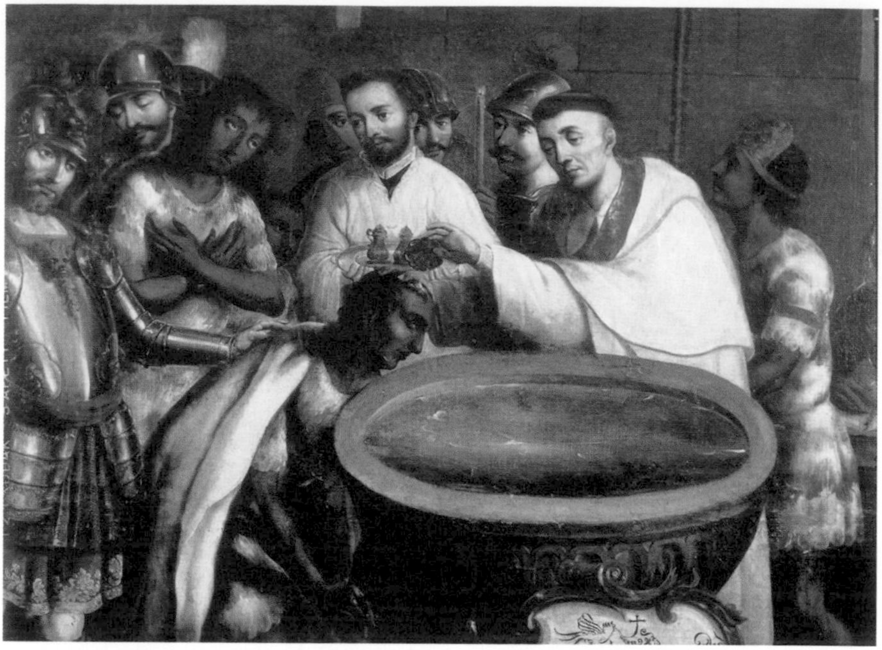

II 對西班牙傳教士來說，新世界是個史無前例能讓整個族群接受基督教救贖的機會。對道明會（Dominician Order）來說，洗禮是首要之務。

III 許多在豪奢環境中生活的土生白人與西班牙家庭在新世界的生活，可媲美（甚至超越）故鄉最富有的貴族。

IV 一群葡萄牙商人在歐姆茲（伊朗荷姆茲）的水池中用餐，約為一五四〇年。

V 一六二五年，荷蘭挑戰葡萄牙對巴伊亞的所有權，此地為巴西最古老的城鎮之一。璜・包蒂斯塔・馬伊諾（Juan Bautista Maino）藉此畫布歡慶荷蘭敗北。

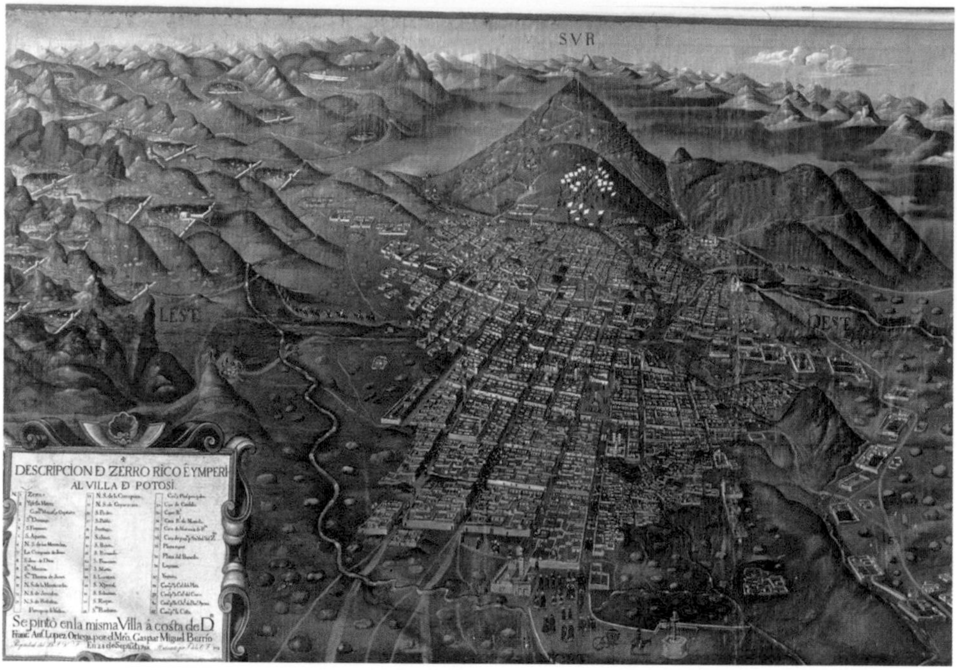

VI 一五四五年，西班牙人在當時屬於祕魯的波多西發現豐富銀礦。他們以棋盤式的規畫建立起一座人口稠密的城鎮，銀礦位於背景的山丘中。西班牙統治結束時，銀礦也已耗竭。

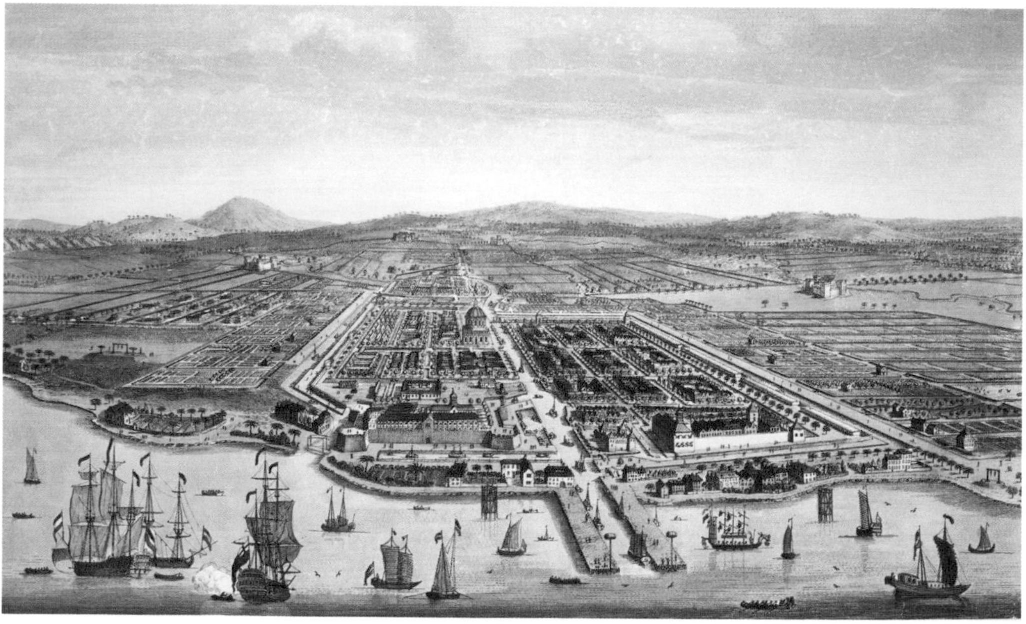

VII 巴達維亞深水港——荷屬東印度的首府。這幅約繪於一七八〇年的畫中，荷蘭船艦巨大的船身聳立在嬌小的中國戎克船周遭。

VIII 蠟染作品呈現一八九四年峇里島最後統治者阿納克・阿貢・南噶（Anak Agung Nengah）與荷蘭軍隊在龍目島（Lombok）上的最後戰役。

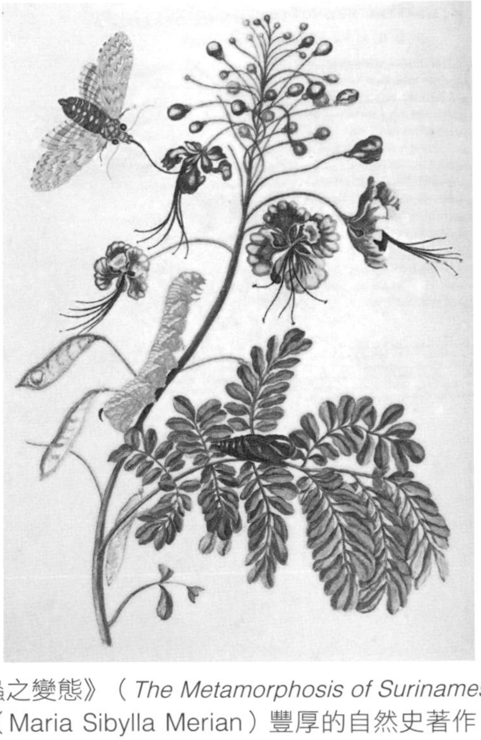

IX 出自《蘇利南昆蟲之變態》（*The Metamorphosis of Surinamese Insects*），瑪麗亞・西碧拉・梅里安（Maria Sibylla Merian）豐厚的自然史著作。這幅插圖為蘇利南婦女用來流產的「孔雀花」（Flos pavonis）。（中譯本由暖暖書屋於二〇二〇年出版）

X 倫敦市的東印度之家為全球商業公司的中心之一，也是大英帝國擴張的核心。飾有寓言式作品如《東方向不列顛獻上財富》（*The East Offering Her Riches to Britannia*）。

XI 一七五七年普拉西戰役。英屬東印度公司的羅伯特．克萊夫在當地貴族米爾．賈法爾（Mir Jafar）協助下，擊敗了統治孟加拉的納瓦卜。

XII 澳洲原住民藝術家湯米・麥克雷（Tommy McRae）素描中的其中一幅作品，約繪於一八八〇年。

XIII 亞瑟・菲力普（Arthur Phillip）總督令下，一七八九年於新南威爾斯被捕的班內隆（Bennelong）畫像；總督希望能了解其族群習俗。

XIV 十八世紀英國的「維吉尼亞最佳菸草」廣告。

XV　非洲的丹麥殖民者，背景中有一名工作中的奴隸。畫作日期為一八一七年九月，雖然丹麥已於一八〇三年廢奴。

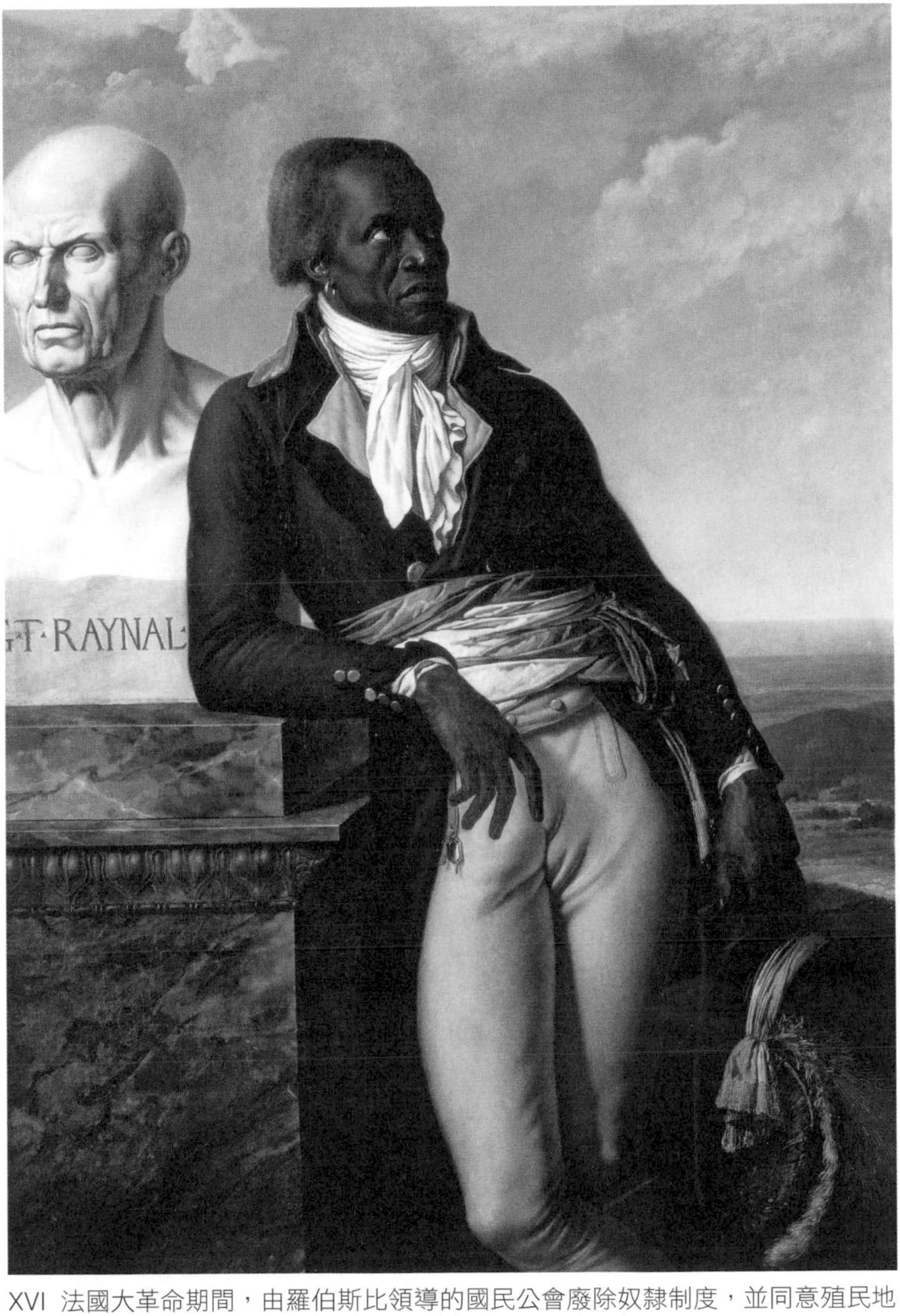

XVI 法國大革命期間，由羅伯斯比領導的國民公會廢除奴隸制度，並同意殖民地派遣代表參與法國國會。聖多明哥的代表是尚－巴普提斯特·貝利。此為吉羅德（Girodet）所繪。

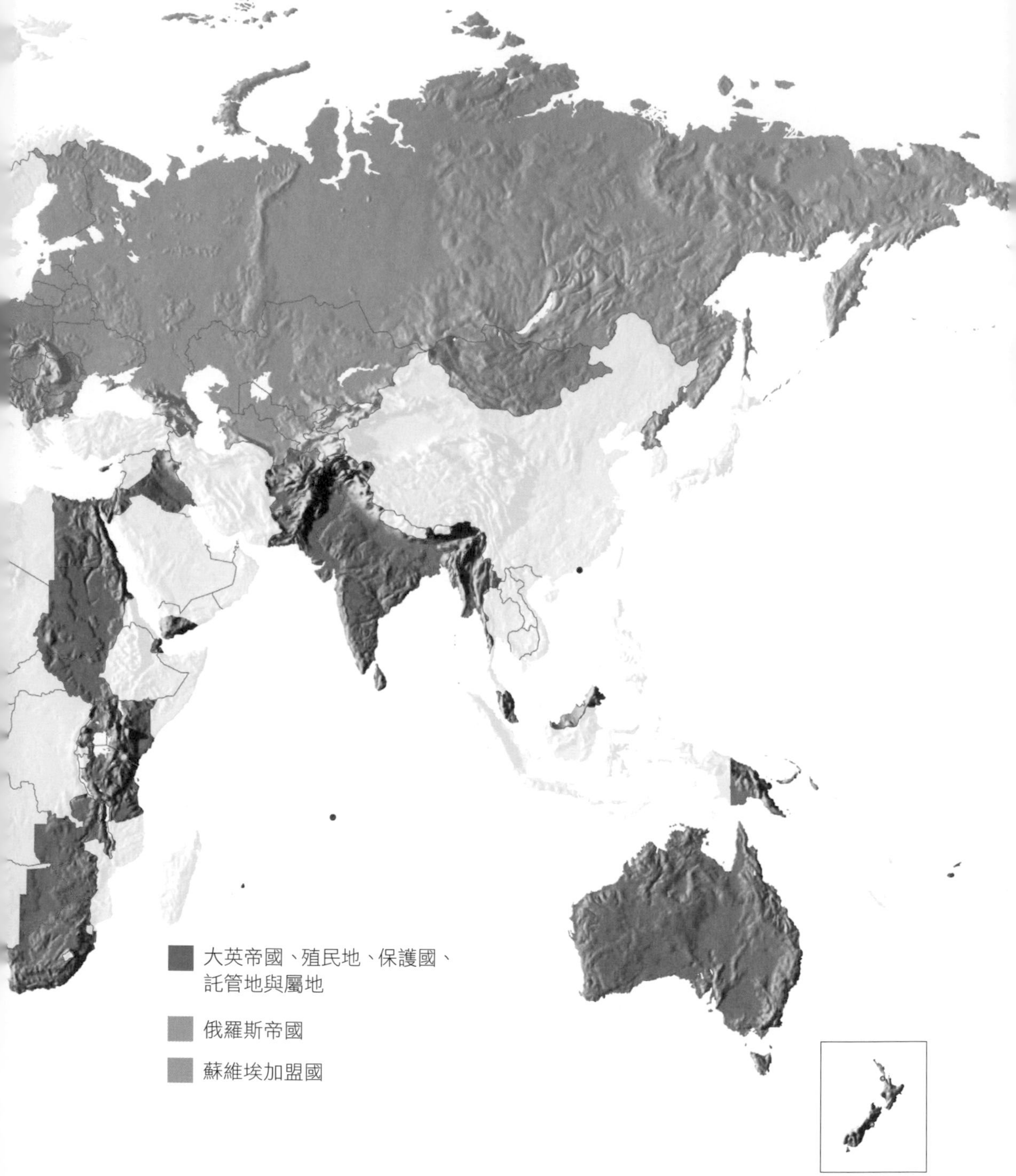
大英帝國、殖民地、保護國、
託管地與屬地
俄羅斯帝國
蘇維埃加盟國

大英與俄羅斯帝國

色塊表示曾由殖民列強統治的領土，但不一定為相同時間。例如北美地區東部各洲在一七七六年即不再為英國所有；一八六七年，阿拉斯加也脫離了俄羅斯。

XVII 十八世紀歐裔俄羅斯人開始對帝國內各色「異國」人種產生興趣。蝕刻畫從左上方到右下方分別為：吉爾吉斯人、來自克拉斯諾亞斯克的薩滿、雅庫特人、哥薩克人、韃靼人、波蘭人、拉普人、芬蘭人與亞美尼亞人。

XVIII 布爾什維克黨海報慶祝歐洲以外的人民貢獻麵包、肉品與奶油：「西伯利亞歡迎紅軍，蘇維埃俄羅斯歡迎西伯利亞」。

XIX 「歐非（Eurafrica）」是個從十九世紀流傳到二十世紀中的概念。一九三一年巴黎殖民地博覽會的海報宣揚「大法蘭西」。

XX 莫斯科夫．法爾公司（Th. Moskopf Fahr）約在一九一四年推出的德國廣告明信片，這類深受歡迎的影像描繪殖民地的田園風光，卻與現實相去甚遠。

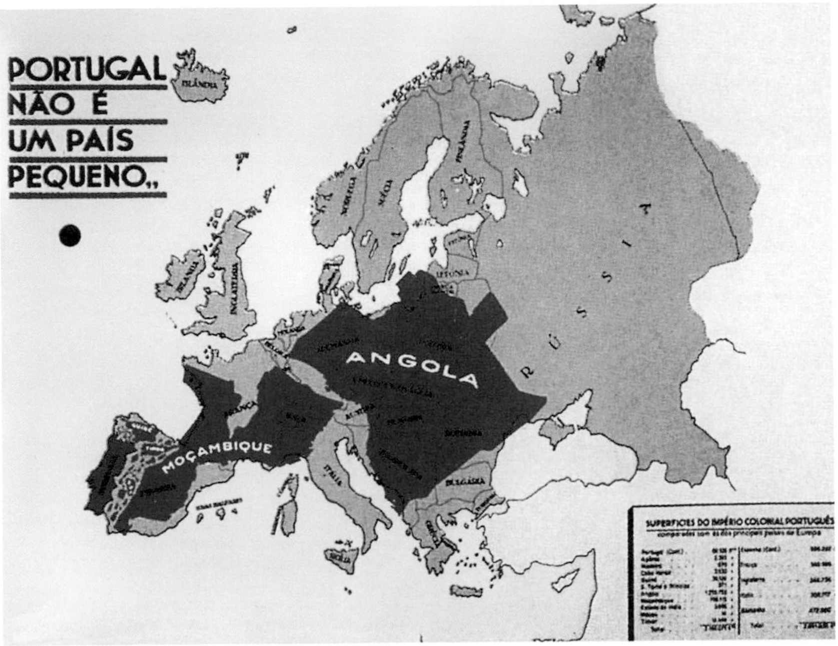

XXI 為了提升葡萄牙的帝國榮光，一九三四年薩拉札總統舉行了一場展覽。其中包含這張地圖，題為「葡萄牙不是小國」，比較了母國、莫三比克與安哥拉的相對幅員。

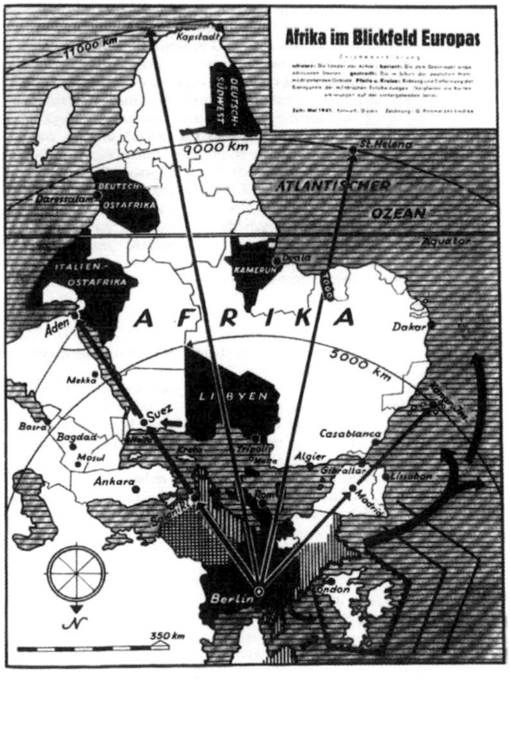

XXII 這張一九四一年的地圖顯示出柏林觀點下的非洲。除了贏回前德國殖民地，國家社會主義政府還計畫打造一個「中非聯合殖民帝國」，將區域內葡萄牙、比利時、法國及英國的殖民地融合為一。

XXIII 即便進入二十世紀，在比屬剛果的殖民想像中，天主教傳教士仍舊具有強而有力的形象。

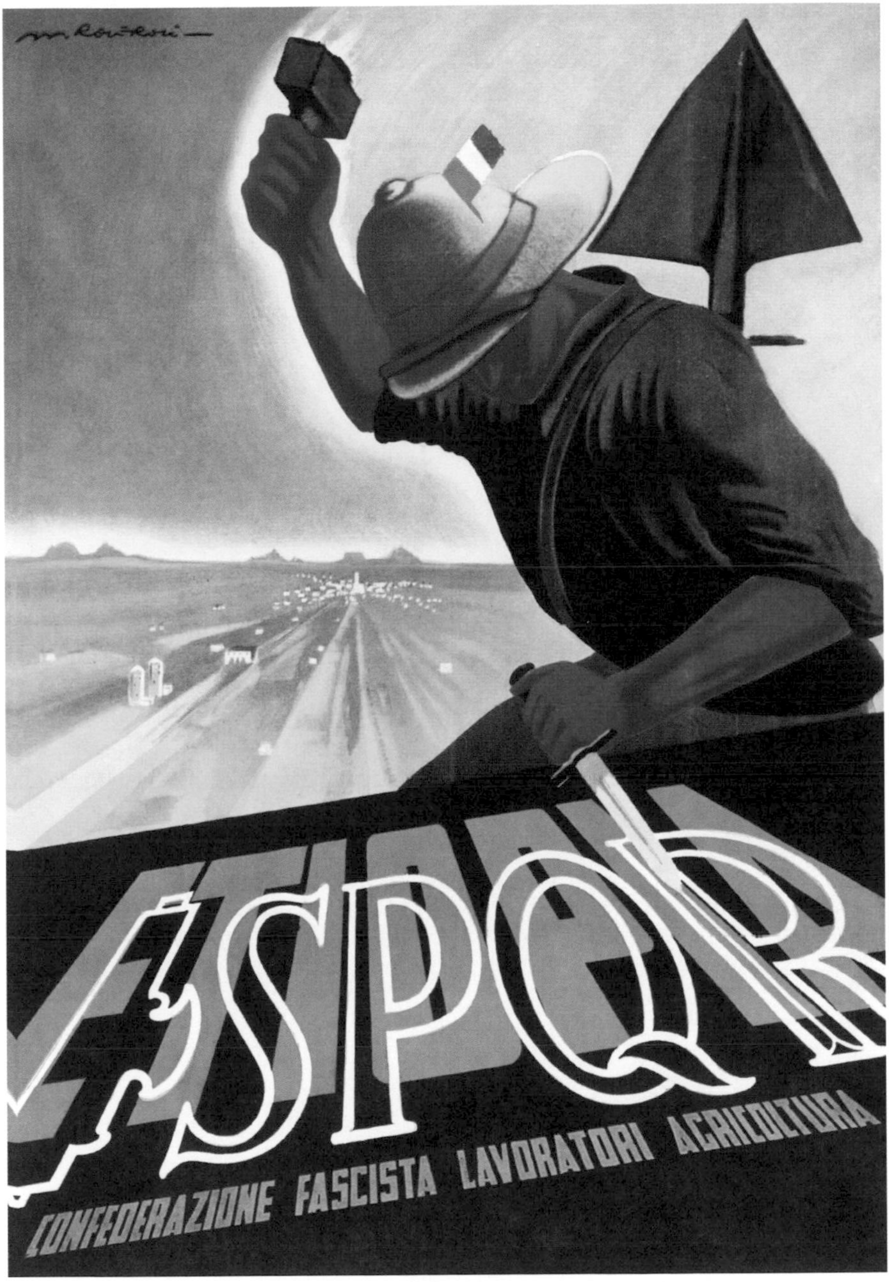

XXIV 墨索里尼從未遺忘古羅馬曾經征服所有已知世界這件事。這張殖民衣索比亞的宣傳海報運用了羅馬帝國的知名標語：SPQR（*Senatus Populusque Romanus*，意為「參議院與羅馬人民」）

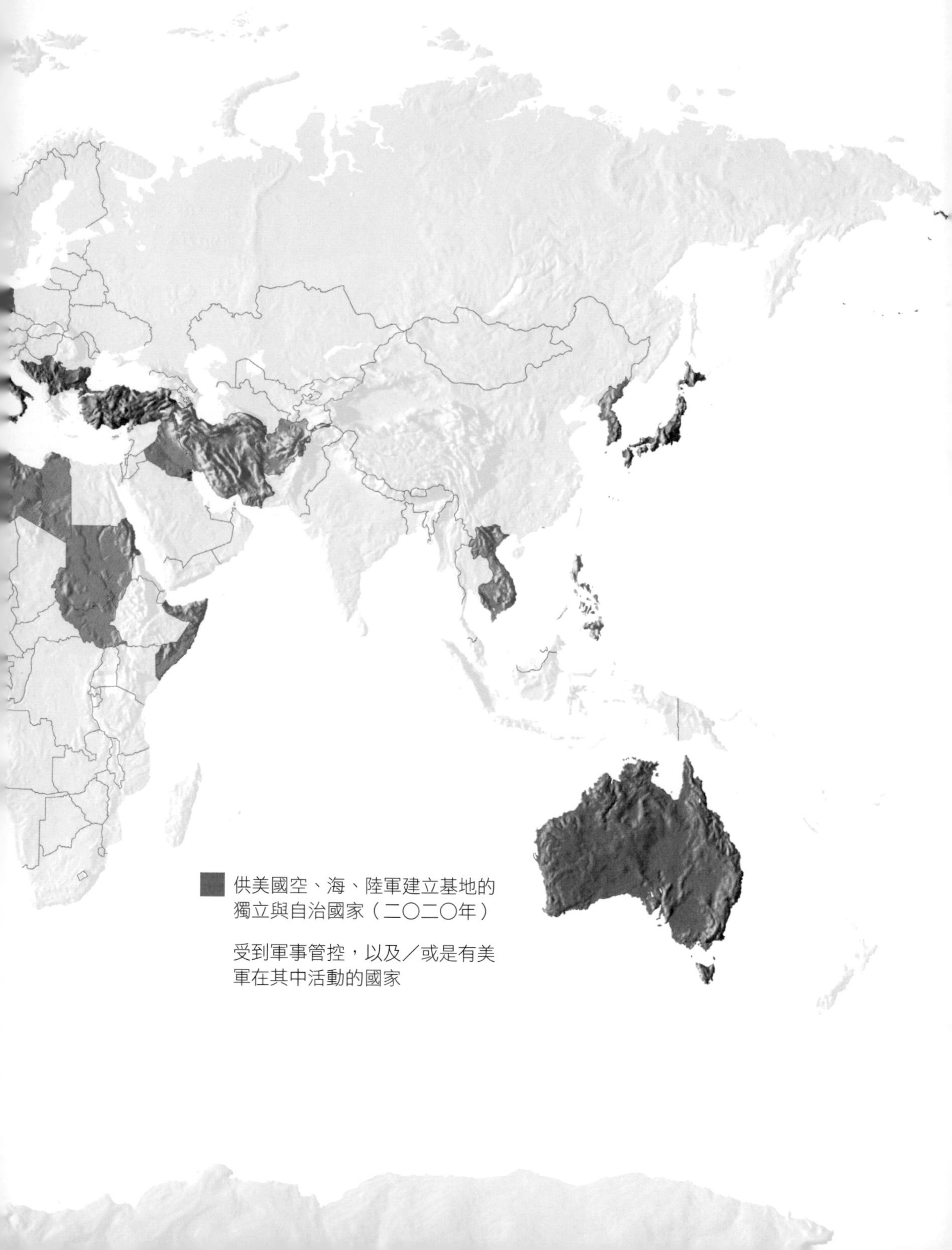
供美國空、海、陸軍建立基地的
獨立與自治國家（二〇二〇年）
受到軍事管控，以及／或是有美
軍在其中活動的國家

美利堅合眾國

美國行使權力的方式與傳統上的帝國大不相同，相較之下也不常占領海外領土。

XXV　描繪一八五三年馬修．派瑞艦長抵達橫濱的日本版畫，派瑞力圖敲開日本大門，開放與美國進行貿易。

XXVI　擁有四億潛在客群的中國市場，跟日本市場同時間在外國軟硬兼施促使之下，對外開放貿易。

帝國如何改變世界

從十三個帝國的崛起與衰落，
看帝國主義與殖民
如何形塑今日全球文明與政治的樣貌

THE AGE OF EMPIRES

羅伯特・阿爾德利克 編
ROBERT ALDRICH

林玉菁 譯

Published by arrangement with Thames & Hudson Ltd, London

Cartography: Isambard Thomas, London
Typesetting: Mark Bracey
This edition first published in Taiwan in 2022 by Faces Publications, Taipei

臉譜書房 FS0146

帝國如何改變世界

從十三個帝國的崛起與衰落，看帝國主義與殖民如何形塑今日全球文明與政治的樣貌

The Age of Empires

編　　者　羅伯特・阿爾德利克（Robert Aldrich）
譯　　者　林玉菁
編輯總監　劉麗真
責任編輯　許舒涵
行銷企劃　陳彩玉、陳紫晴、楊凱雯
封面設計　張巖

發 行 人　凃玉雲
總 經 理　陳逸瑛
出　　版　臉譜出版
城邦文化事業股份有限公司
台北市中山區民生東路二段141號5樓
電話：886-2-25007696 傳真：886-2-25001952
發　　行　英屬蓋曼群島商家庭傳媒股份有限公司城邦分公司
台北市中山區民生東路二段141號11樓
客服專線：886-2-25007718；2500-7719
24小時傳真專線：886-2-25001990；25001991
服務時間：週一至週五上午09:30-12:00；下午13:30-17:00
劃撥帳號：19863813　戶名：書虫股份有限公司
城邦花園網址：http://www.cite.com.tw
讀者服務信箱：service@readingclub.com.tw

香港發行所　城邦（香港）出版集團有限公司
香港灣仔駱克道193號東超商業中心1樓
電話：（852）2508-6231 傳真：（852）2578-9337

新馬發行所　城邦（新、馬）出版集團
【Cite（M）Sdn.Bhd.（458372U）】
41-1, Jalan Radin Anum, Bandar Baru Sri Petaling,
57000 Kuala Lumpur, Malaysia.
電話：603-90578822　傳真：603-90576622
讀者服務信箱：services@cite.com.my
一版一刷　2022年6月

ISBN 978-626-315-112-3
售價　NT$ 520

目錄

簡介
帝國綜覽

羅伯特．阿爾德利克（Robert Aldrich）

長年以來，美國學童都會複誦一句歡慶「發現」新世界的順口溜：「一四九二年，哥倫布航向藍海」。英國的學童則歡慶帝國日，至於法國學生也會滔滔不絕背出像詩歌般的地名：強德納果爾（Chandernagor）、瑪黑（Mahé）、卡利卡爾（Karikal）、本地治理（Pondichéry）與亞納翁（Yanaon）——它們都是在印度的法國飛地。西班牙人仍舊記得英勇的征服者，並維持跟南美洲共和國之間的關係，這些國家都被視為西語系家族的一部分。賈梅士（Camoens）的葡萄牙「發現者」冒險故事《盧濟塔尼亞人之歌》（*The Lusiads*）①對葡語系讀者來說，就像吉卜林（Kipling）或康拉德（Conrad）的作品之於英語系讀者，名氣不相上下。史丹利（Stanley）與李文斯頓（Livingston），布拉札（Brazza）與利奧泰（Lyautey）②都躋身殖民歷史偉人之列。東印度群島的貿易遺產充滿了荷蘭文化，包括以中國瓷器為藍本的「戴夫特」（Delft）瓷器，到熾熱的爪哇殖民主義小說家穆爾塔圖里（Multatuli）③都是如此。德國

① 全名為路易．德．賈梅士（Luiz Vaz de Camões），一五二四至八〇年，葡萄牙詩人。曾赴摩洛哥與摩爾人對戰，並於一五五三年後赴印度西海岸的果亞（時為葡萄牙殖民地）為國王服役，研究當地習俗、地理與歷史。隨後參加馬拉巴爾海岸與紅海遠征隊；五六年赴澳門。七二年發表史詩《盧濟塔尼亞人之歌》，此作名稱來自傳說中的英雄路修斯（Lusus），他跟隨奧德賽來到今日的葡萄牙，並將此地命名為盧濟塔尼亞。史詩內容為達伽馬與其他葡萄牙英雄繞過好望角，開闢通往印度新航線的故事。

人與義大利人則對自己短命的海外帝國較為陌生（雖然部分義大利人渴求恢復古羅馬榮光）；美國與俄國人則經常宣稱美俄不是帝國主義國家，然而事實並非如此。奧地利－匈牙利與鄂圖曼帝國的消失，則遮掩了這些已逝國家的部分帝國面向。

無論如何，近年來，部分是多虧了新文化史引介的視野觀點，以及後現代主義、性別研究、文化研究、底層研究與後殖民主義等不同取徑，過去每十年就逐漸消逝在歷史中的殖民世界，現又重新回到前殖民者與被殖民者的意識之中。從佛斯特（E.M. Foster）的《印度之旅》（*A Passage to India*）到瑪格麗特．莒哈絲（Marguerite Duras）的《印度支那》（*Indochine*）的電影版，大批電影將殖民主義送上大螢幕，呈現於更多觀眾眼前；電視劇《維多利亞女王的帝國》（*Queen Victoria's Empire*）則在黃金時段呈現殖民主義的樣貌。哥倫布航行五百週年、瓦斯科．達伽馬探險紀念日等紀念日，在一九九〇年代成為盛大慶祝、對立抗爭及學者重新評估西葡擴張的場合。接著則是二〇〇二年，荷屬東印度公司（Dutch East India Company）成立四百年的紀念。一九八八年是英國屯墾澳洲以來第兩百年；九〇年代中期還有印尼獨立五十週年；二〇〇四年則是法國－印度支那戰爭結束五十週年。這些日期提供了回顧殖民時期的機會，回望之中有時夾帶對殖民過往的美好回憶，有時則是譴責尚未獲正式承認的殖民剝削。

帝國意象

在詞語聯想遊戲中，「帝國」、「皇帝」與「帝國的」經常會喚起不同意象。有些人會想到羅馬帝國與其道路、水道、廣場與萬神殿、穿著長袍的軍團戰士與角鬥士。對其他人而言，這些字詞則讓人想起歐洲大陸帝國的人物，在巴黎自立為王的拿破崙、勳章滿身的奧地利大公或俄羅斯沙皇。還有些人可能會想到更具有異國色彩的王者——光華燦爛卻惡名昭彰的中國慈禧太后、長壽的日本昭和天皇，或時運不佳的伊索比亞皇帝海爾．賽拉西（Haile Selassie）④。但若被問到「帝國」，許多人可能就會立刻聯想到殖民帝國：哥倫布與達伽馬、西印度群島的莊園主，東印度群島的香料商、帶著木頭盔在中非赤道森林中披荊斬棘的探險家，或在印度主持午餐會的女主人。進一步詰問「帝國」代表的意義時，回應者——特別是那些非歐洲出身者——可能會提到奴隸制度、契約奴工、流放囚犯、征服與戰爭及種族屠殺等。

②亨利．莫頓．史丹利（Henry Morton Stanley），十九世紀英裔美國記者、探險家，曾遠征中非，尋找失蹤的英國傳教士李文斯頓。皮耶．薩沃尼昂．德．布拉札（Pierre Savorgnan de Brazza），十九世紀中法國探險家，在巴黎地理學會資助下，率探險隊為法國開闢通往剛果河右岸的通路。他在史丹利湖右岸建立的據點，以其姓氏命名為布拉札維爾（Brazzaville），後來成為法屬剛果殖民地首府，即現代剛果共和國首都。一八八六至九七年曾出任法屬剛果殖民地高級專員。路易．于貝爾．利奧泰（Louis-Hubert Lyautey），十九世紀末法國政治家及軍隊元帥。一九一二至二五年在摩洛哥建立了法國保護國制度。

③原名愛德華．道維斯．戴克爾（Edward Douwes Dekker），十九世紀最知名的荷蘭作家之一。一八三八年起，前往荷屬東印度群島，擔任不同殖民政府官職。五九年，擔任萬丹區域副長官期間，遭遇當地農民抗爭，調查之下發現抗爭始於荷蘭殖民政府推行的定植制度，以及代理稅收的當地酋長剝削。穆爾塔圖里向上級請命不果，遂辭去工作，返回荷蘭。五九年他以「穆爾塔圖里」（拉丁文「我已承受太多痛苦」之意）為筆名，出版了小說《馬格斯．哈弗拉爾，或荷蘭貿易公司的咖啡拍賣》，以其在荷屬東印度群島十多年見聞為本，描述定植制度與稅收代理人造成的雙重剝削。小說問世後，引起社會普遍重視，在爭議不斷中，加速了荷蘭政府廢除定植制度的政策。此書也翻譯成不同語言，影響了其他國家的殖民政策。

④一八九二至一九七五，生於伊索比亞南部貴族家庭，一九一六年政變中成為攝政王。一戰後帶領衣索比亞帝國加入國際聯盟，為對抗英法義殖民勢力，親近美日。二戰中對抗法西斯義大利，曾流亡英國。戰後在非洲聯盟曾有外交表現，但國內卻因施行君主獨裁而產生矛盾。一九七〇年因蘇伊士運河關閉造成國內民生困頓，七三年爆發內戰。七四年遭軍隊逮捕退位，隔年病逝。

「帝國」並不是個容易定義的詞，雖然最基本的形式就是政治中心的特定團體統治一批迥異而多元的他者（通常是遠方的國家與人群），一般多為軍事征服的結果。雖然「帝國」的定義並不精確，也不是能簡單指認的政權，卻也不只是單調索然的詞而已。任何時空背景下，帝國支持者常會高舉帝國帶給殖民者與被殖民者的優點及好處。相反地，反殖民主義者在帝國統治中，卻看到令人羞恥的敗戰、無理的政治宰制、經濟剝削、社會失權與文化疏離。今日觀察家傾向對帝國採取反殖民主義，而非站在支持殖民主義的角度。然而社會某些角落仍舊看得到緬懷帝國歲月的情感，甚或還有復興帝國的嘗試。雖然很少人會為帝國主義發出三聲歡呼，但在多數歐洲殖民地獨立一個世代之後，殖民擴張是否能獲得一聲（甚至兩聲）歡呼，仍舊是歷史辯論與公共爭議中會出現的問題。就帝國的主題進行跨越不同大陸與時代各異的比較性研究，可以進一步揭示殖民野心與收穫，以及帝國的成就與失敗。[1]

帝國是人類歷史的關鍵主題之一，追尋帝國起源必定要回溯早期的歷史年代。古埃及金字塔是為帝國打造者興建的，法老王征服了努比亞，藉著強迫勞動來修築自己的陵寢。聖經時代的尼布賈尼撒王（Nebuchadnezzar）統治巴比倫帝國。希臘在環地中海地區建立屯墾殖民地，希臘化時代的亞歷山大大帝將帝國推展到喜馬拉雅山側與恆河畔。羅馬帝國從蘇格蘭邊境伸到敘利亞，範圍從西班牙一路延及黑海。羅馬皇帝留在世上的帝國印記如此深刻，以至於後代的殖民者持續研究他們的書寫，試圖仿效他們的行徑。許多後世的殖民理論家主張，羅馬行政機構為統治遙遠省分與迥異人群，提供了治理範本；同時，羅馬帝國的道路與貿易網絡則持續成為經濟發展的模範。拉丁文的傳播，成為古典文明教化任務中不可或缺的一部分；取得令人垂涎的羅馬公民身分，則顯示了來自野蠻之地者獲吸納進入政治統治群體，是件多麼光榮的事情。[2]

羅馬帝國的「興衰」，特別是在十八世紀愛德華．吉朋（Edward Gibbon）的版本中，成為歷史研究的主流。然而，古代帝國思想並沒有在羅馬衰微後止步，卻在拜占庭帝國又延續了一千年。在西歐，查里曼（Charlemagne）於西元八百年之際，裹上帝國衣袍，雖然他的帝國後來在子嗣手上分崩離析，只有他發明的神聖羅馬帝國皇帝頭銜延續到十九世紀初。漫長中古世紀的文明衝突創造出新的帝國。從阿拉伯擴展出來的穆斯林開創了北非帝國，甚至跨過直布羅陀海峽，延伸到西班牙南部，直到七三二年才在普瓦捷（Poitiers）被查理．馬特（Charles Martel）擋下。十字軍啟動了自認為蒙神祝福的任務，要將聖地從異教徒手中解放出來。他們蜂擁進入中東地區，在賽普勒斯與黎凡特（Levant）⑤建立傀儡王國。透過不同形式的擴張，威尼斯也建立跨越亞得里亞海的貿易帝國；諾曼人（Norsemen）⑥則航向不列顛、諾曼第、俄羅斯與西西里島，登陸之處都留下維京聚落。

早期帝國並不限於歐洲。漢人也在東亞地區創建帝國，只是後來為蒙古人及滿州人所征服；漢人的帝國影響力最終含括了廣大的東亞地區，範圍包括西藏、越南到蒙古。室利佛逝帝國（Srivijaya）⑦在整個東南亞海島區域擴張，占婆（Champa）⑧、蒲甘（Pagan）⑨與高棉（Khmer）⑩帝國則競逐東南亞

⑤ 意指地中海東岸，包含今日的土耳其、伊拉克、敘利亞、黎巴嫩、以色列及約旦。

⑥ 也譯為北人或北方人，起源於丹麥、挪威、瑞典的古代歐洲民族。

⑦ 西元七到十二世紀以蘇門答臘島巨港（Palembang）附近為中心的印度化東南亞帝國，鼎盛時期的勢力範圍包含馬來半島與巽他群島多數地區。室利佛逝無文字，出土碑文皆以梵文撰寫；室利佛逝一字為梵文，另有依阿拉伯文譯為「三佛齊」。

⑧ 西元九到十五世紀間，由占族人在今日越南中部建立的印度化古王國。早期大量接受印度文化，信仰婆羅門教。十三世紀後開始部分改宗伊斯蘭。十五世紀遭越南後黎朝占領部分區域，十七世紀成為越南屬下的土司之一，十九世紀阮朝實行改土歸流，成為越南縣治，正式滅亡。

陸地的控制權。蒙兀兒皇帝掌控了南亞多數地區。日本天皇——今日唯一仍使用皇帝頭銜的君主——統治了大片日本群島，偶而也向外擴張他的領土。來自東方的鄂圖曼人征服了亞洲、非洲與歐洲區域，形成橫跨三大洲的帝國，是現代世界最長壽的帝國之一。南美洲的阿茲特克人（Aztec）⑪與印加人（Inca）⑫所統治的領域，也可稱為帝國；此外非洲撒哈拉以南地區各酋長統治的區域亦當如此。由此可知，帝國主義出現在世界各地。

現代帝國

現代西方歷史中，從文藝復興時期直到當今，各種樣貌的帝國一直是政治地景上的常見景象。包含羅馬帝國在內的早期歐洲經驗，為帝國創建者在征服新疆域、安置外移人口、建立貿易管道與政府架構上，提供了可供遵循的前例。殖民者宣稱擁有自然或神聖權利，可以接管無主土地，或他們認定為文化上或生理上較次等的人群所居住的土地。他們豎起旗幟，宣讀聲明，在他們認定為原始的非洲或大洋洲社會中，或中東與亞洲的「墮落」文化裡，宣揚新的宗主權象徵。他們擅自僭越，散布自己版本的文明——不論是基督教還是世俗價值；王權或共和；重商主義、資本主義抑或社會主義。他們將外國地點視為安置流放犯人、自由移民或從世界各地招募粗工的地方；其中包含許多世紀以來被他們貶為奴隸的非洲人，只為了將這些人運到遠方疆域，充作最便宜的勞動力。他們重新架構了「本地」社會，輸出自己的行政體系，以此取代當地統治者與法律。又或者他們將蘇丹、國王（rajah）與酋長貶低為自己統治轄下的諸侯。倘若土地掠奪及社會經濟邊緣化經常成為原住民族的命運，殖民者則保證提供良好治理、法律與秩序、現代化以及歐洲科技、醫療與教育等等好處。殖民者同時希望新取得的領土，成為生產食物、令人垂涎的貴金屬及其他有用原物料的寶庫。他們認為幾十年、也許幾百年後（或者在最「落後」的人群當中可能要更久以後），政治權力才會回到非白人的手中。他們很少想像（如果曾有這種想像）他們的統治會來到終點。雖然此事確實幾乎在全球各地都發生了，經常也就是兩、三代間的事；有些案例欣然發生，又或者經由戰爭、革命及去殖民化而帶來天翻地覆的改變。

從十六到十九世紀初年，帝國強權的擴張，是歷史的「大事」之一，帝國論爭也耗去了諸多筆墨。而確實，即便在帝國時代鼎盛時期，也罕有共識。雖然多數歐洲人（及其他殖民國人民）也許支持本土的海外事業——至少以某種模糊不清的方式，然而還是有許多反對聲浪。批評者經常認為擴張是為了可疑的利益，浪費了歐洲的「鮮血與黃金」；對於遙遠他方的顧慮，也將焦點從國內更緊急的事項上轉移開來。某些特別過火的帝國主義行動，激發了特定的反殖民運動，尤其是自十八世紀末展開，直到廢奴為止的反蓄奴運動。接著是十九、二十世紀之交反對令人髮指的勞力剝削（特別是在剛果自由邦〔Congo Free State〕境內）。殖民地的情況經常受到公開報導；一九三一年巴黎舉辦超大型的殖民博覽會（Exposition Coloniale）時，包含超現實主義者與共產黨人在內的反帝國主義者辦了一場反殖民展覽。由

⑨ 西元九到十三世紀間，緬甸歷史上第一個統一政權，信奉佛教，建都於緬甸中西部伊洛瓦底江畔的蒲甘，故名之。十三世紀亡於元朝忽必略汗之手。今日古都蒲甘仍留有上萬座佛塔，為世界遺產之一。

⑩ 西元九到十四世紀，控制中南半島的主要帝國勢力，鼎盛時期範圍北至雲南，包含今日的柬埔寨、寮國與越南、泰國及緬甸的一部分。十一、十二世紀鼎盛時期留下最重要的遺產，即吳哥遺址。

⑪ 西元十四到十六世紀，以墨西哥中南部為基礎建立起來的政治聯盟，政治中心設於今日的墨西哥城。後因西班牙殖民者利用聯盟成員間矛盾攻破，將整個中美洲納入西班牙殖民帝國。

⑫ 西元十五、十六世紀位於南美洲的帝國，為前哥倫布時期美洲最大的帝國。政治、軍事、文化中心設於今日祕魯的庫斯科。鼎盛時期帝國範圍涵蓋南美洲的西部區域，包含祕魯、厄瓜多、哥倫比亞、玻利維亞、智利與阿根廷的部分區域。

甘地（Gandhi）、胡志明（Ho Chi Minh）等人領導的反殖民民族主義運動在歐洲獲得許多人支持；種種延長殖民控制的嘗試，例如法國在阿爾及利亞（Algeria）的作為，又或者後來有些人視為帝國主義的美國在越南之軍事行動，在國內與海外都激了起廣大反對聲浪。

歷史學者也對帝國爭論不休；帝國與殖民研究是歷史研究中欣欣向榮的一支，過去三十年明顯可見復興之勢。學者提出許多關於帝國的詮釋。也許最受爭議的一項主題，是約翰・霍布森（John Hobson）在一九〇二年提出的：經濟是否為構成帝國擴張的「主要根系」，而帝國主義又是否為現代工業與金融資本主義的產物？[3]更晚近時期，在愛德華・薩伊德（Edward Said）一九七八年出版的著作《東方主義》（*Orientalism*）觸發下，學界的注意力轉向帝國主義的文化基礎，探究了某些以族群為中心的假設如何支持帝國擴張，以及帝國文化是否瀰漫於歐洲自身。[4]在殖民主義相關的各種議題中都能見到歷史理論的蹤影，例如關於「正式」與「非正式」帝國的討論——亦即政治主權相對於霸權的影響。部分歷史學者會區分「殖民主義」（屯墾社會的基礎）與「帝國主義」（在政治、經濟與文化上擴張進入歐洲人還未形成大規模人口的區域）。「自由貿易帝國主義」意指缺乏政治掌控的商業權力，有時會拿來跟強調正式政治霸權的帝國主義相互對照。「次帝國主義」（Sub-imperialism）指的是區域內殖民地的自主擴張；「內部殖民」（internal colonization）則用來描述一國核心地區剝削對待國內邊緣地區的情況。「新殖民主義」的提出，說明了被殖民國家取得正式獨立後，舊殖民國家持續行使影響力的情況。[5]在本書中，還會見到其他帝國主義各式種類的術語不斷出現。大量混雜的名稱與理論強調了擴張現象（以及似乎不可避免的必然後果——緊縮）的重要性，同時也點出了學者對此的興趣。

歷史研究的新發展，也讓學生對於殖民過往提出新的疑問。今日最能引起興趣的領域之一是性別與帝國；雖然在一個世代之前，很少有人研究跟擴張的性別本質相關的議題，或帝國中女性與男性扮演的不同角色，又或者性欲與私人生活等領域。[6]生態則是另一個殖民研究裡正在成長中的沃土，學者探究殖民者如何透過掠奪自然環境，導致某些動物如度度鳥的滅絕，他們引進能適應環境的新物種，也不乏藉著土地清理及建築水壩與鐵路，來重塑統治區域的自然景觀。[7]歐洲藝術家如何看待遠方風土人群的地景，成為歷史學家與策展人關注的重要主題。[8]東西方及南北方文化接觸的研究、各種不同類型的帝國接觸，以及這些接觸如何呈現在繪畫、文學、音樂、電影、時尚與食物上，已經擴大了觀看帝國的視角。帝國衛生醫療又提供另一當代研究的主要領域，以疾病與預防為重心，在許多殖民區域提供醫療照護，也激發了生理革命。[9]特別令人感興趣的領域，則在於殖民與後殖民時期中，帝國野心、經驗與文化如何協助國族認同成形。[10]至於各種特殊主題——從英國人在印度種下的大型樹籬，到歐亞之間的香料貿易發展——也都成為大眾讀物中會出現的題目。[11]

透過被殖民者的眼睛

殖民主義的受害人也逐漸展現出自己的觀點，他們針對殖民時期傳承下來的委屈不平而要求改正，或者要求象徵性承認政權曾對先祖施加的惡行。澳洲原住民聲討其土地所有權，一九九二年在坎培拉高等法院的「馬博裁決」⑬下，獲得了司法體制認可。非裔美國人與其他遭奴役非洲人後代的團體，為邪

⑬ 一九八二年，澳洲托雷斯群島民艾迪・馬博（Eddie Mabo）帶領其他族人與昆士蘭州對簿公堂，主張對托雷斯海峽群島的某個島嶼擁有合法所有權，並進行了長達十年的抗爭。一九九二年，澳洲高等法院宣判其中一名島民對該島擁有傳統所有權，並裁定無主地（*Terra nullius*）原則不適用於澳洲。這項決定被稱為「馬博裁決」，承認澳洲原住民擁有土地的權利，並在英國殖民者到來前就已存在，現在仍然存在。然而這一年馬博已經離開人世。

惡的奴隸貿易要求賠償，許多過去被殖民族群的文化領袖也要求西方博物館返還他們的聖物（與遺骸）。這類要求經常得到矛盾的回應，領袖並不願為殖民時代的錯誤行徑「道歉」，或為這類不公不義採取象徵性賠償之外的措施。儘管如此，荷蘭人在阿姆斯特丹還是為被奴役者豎立一座紀念碑；法國國會宣布奴隸制度與奴隸貿易是「違反人性罪」；德國人正式承認一九〇四年對今日納米比亞境內的赫雷羅人（Herero）進行過「大屠殺」。這些都是面對殖民過往邁出的一步，也許能夠促成前殖民者與被殖民者之間的和解。

然而在其他主題上，激辯仍舊持續不斷——例如法國軍隊在殖民時期的阿爾及利亞進行系統性施虐的規模；比利時人在剛果的殘忍程度；以及在南北半球間財富不均、不公義之情況上殖民主義所扮演的角色。關於當代全球化好處與缺失的爭論，則是發展與低度發展之間永恆不變的爭議。評論者會發現，近年來從北愛爾蘭到巴勒斯坦，從盧安達到亞齊，從蘇丹到東帝汶，這些血腥後殖民戰火的源頭，都起源於殖民時代。同時間，歐洲國家也面對艱困迫切的議題，尤其是跟移民、多元文化社會崛起，及國家內部不同族群間的經濟政治鴻溝有關；何況許多弱勢者正好就是前殖民地族群的後代。英法的都市暴動；荷蘭與德國的族群緊張；義大利、西班牙與其地中海對岸鄰國的衝突——種種議題都回響著殖民征服及其創造出的困難情勢。一九九〇年代的巴爾幹戰爭可以歸因於奧匈帝國遺緒及新興的塞爾維亞帝國主義。車臣（Chechnya）與納戈爾諾－卡拉巴赫（Nagorno-Karabakh）的民族主義者指控莫斯科反解構俄羅斯的帝國主義；伊拉克戰爭（二〇〇三至一一年）的批評者指控世界僅存的超級強權：美國正在重新打造新的帝國霸權。殖民遺緒、任意的「殖民主義」與「帝國主義」指控、大眾對於帝國的興趣、學者對於海外擴張的辯論——這些顯然仍舊是今日而非過去的議題。

對學者與一般大眾而言，這股興致背後有連串的問題。殖民行政體系是否創造出低度經濟發展，致使撒哈拉以南非洲多數地區裹足不前？還是相反地，至少在部分亞洲地區，殖民政權為一九八〇年代以降驚人的經濟成長（雖然也有數波明顯低迷時期）奠定了基礎工程？外國統治將不同文化團體結合成單一政體，同時長期限制行使自決與代議政府，這是為獨裁與貪腐打下基礎，或是種下多元主義、民主制與議會政治的種子？歐洲文化擴張是否對當地社會、文化與傳統帶來「致命影響」，還是引進了從性別歧視、嚴密階級、不平等的「封建主義」中解放的可能性？擴張背後的西方脈動，只是將種族主義正當化的原始貪欲，又或者在擴張事業背後有更高的理想與較為無害的結果？帝國主義者是英雄或惡棍，抑或是介於兩者間的某種角色？被殖民者總是被害者嗎？是否也可能是殖民計畫的合作者，甚或受益人？

因此，殖民歷史不僅侷限在探險地圖，征服年表、探險家；屯墾者與行政長官的萬神殿；或商業活動損益表之中。它碰觸的是西方文化自身的基礎：包含了治理概念及政治權利與權力透過人口延伸（或不延伸）的方式；種族、族群與意識型態的概念；經濟關係種類與發展模式；道德準則與個人行為標準；宗教、教育、科學與技術在現代世界扮演的角色。殖民主義研究就是針對歐洲人（及其他殖民者）對遠方土地人民發揮何種影響力的調查，但也會反映出美洲、亞洲、非洲與南海對歐洲自身所帶來的衝擊。同時要研究的，還有刺激歐洲人離開故土、接管世界多數地區的想法與意識型態。

帝國與世界

自一五〇〇年代以降的現代帝國主義確實遍布全球範圍，更是當代全球化最重要的貢獻者。我們可以回想在十八世紀中葉，加勒比海島嶼及南北美洲大陸進入歐洲強權的控制之下，這些強權也沿著非洲海岸及印度次大陸建立無數貿易站點，甚至還通往東亞地區。雖然到了十九世紀前數十年間，幾乎所有美洲國家都取得獨立，帝國主義者很快便擴張進入亞洲與非洲灘頭堡的內陸區域，並從澳大拉西亞（Australasia）⑭到北非，四處找尋其他可供擴張的區域。二十世紀初，英國王室統治四分之一到五分之一的全球人口與地表面積；法國宣稱是個擁有一千一百萬平方公里（四百二十五萬平方英里）與一億公民及子民的帝國；比屬剛果的面積則是比利時的七十三倍大。一九三〇年代中期是「新」帝國主義的高峰，南亞與東南亞完全由歐洲人統治，只除了難以抵達的喜馬拉雅山區域如不丹，以及持續作為英法殖民地緩衝區的泰國。多數中國地區與日本逃過歐洲接管的命運，然而從十九世紀中的鴉片戰爭開始，西方人向中國要求貿易與政治上的優惠，不論是帝國或後來的共和國政府都在掙扎中維持中央權威，以控制世界上最大的人口集合體。日本在「炮艦外交」之下被迫向西方開放，也從歐洲政府與經濟制度中學習，並模仿歐洲帝國主義，占領朝鮮、台灣與密克羅尼西亞的島嶼；到了一九三〇年代，東京的領導人正籌畫進一步擴張。一九一七年後，從波羅的海、中亞到太平洋，蘇維埃聯邦的共產黨新統治者基本上是依著新馬克思主義路線，再造了舊沙皇帝國。美國自從完成「天命」，從大西洋擴張到太平洋之後，便取代西班牙成為菲律賓的殖民統治者。更往南方，太平洋上的每一座小島，從相對大型的巴布亞紐幾內亞（Papua New Guinea）與新加里多尼亞（New Caledonia），到無數環礁小島，都落入殖民政府的掌控中；澳洲與紐西蘭雖以自身持續跟英國保持「殖民晚期」連帶關係為榮，卻也加入了對美拉尼西亞（Melanesia）與玻里尼西亞殖民統治的行列。在非洲，殖民統治的故事並未改變。隨著墨索里尼於一九三〇年代中期征服衣索比亞，整個大陸（除了賴比瑞亞以外；雖然賴國也是美國為解放奴隸所建立的殖民地，因此處於美國影響之下）實質上都由殖民強權統治。至於中東地區，一戰勝利方的協約國在一九一八年後瓜分了鄂圖曼帝國領土；嚴格來說這些領土是由國際聯盟代管，卻被視為殖民地。殖民者甚至搶奪世上無人居住的地區，從北大西洋上的狹小岩架，到南極的廣闊範圍都無法倖免。

帝國的成就至少從技術面來說，與帝國控制程度不相上下。主要案例之一是運輸。法國人建造蘇伊士運河，希望增加國際貿易量，結果英國反倒成了這條新海上航道的主要受益者，這條水道連接起印度與遠東地區。整個殖民世界中，出現了龐大的公共建設：貫穿北美洲與澳洲的加拿大太平洋鐵路與印度洋太平洋鐵路；穿越印度各地的主幹道系統；法國與比利時建造平行的鐵路線，以連結非洲內陸與剛果海岸。法蘭西火輪船公司（Messageries Marirtimes）⑮與鐵行輪船公司（Ｐ＆Ｏ）⑯等運輸企業整合了殖民港口與電報網絡，創造出國際通訊網。沿著交通路線，歐洲生產的產品、資本與移民湧進帝國。殖民地則將食物與其他消費商品運往歐洲；法國甚至從阿爾及利亞進口葡萄酒。新的工業發展提高了對原物

⑭ 意指亞洲南部，包括澳洲、紐西蘭與附近的太平洋島嶼，但不包含密克羅尼西亞與玻里尼希亞。

⑮ 創立於一八五一年的法國商業運輸公司，原名「國家輪船公司（Messageries nationales）」、「帝國輪船公司（Messageries impériales）」，於一八七一年更名為法蘭西火輪船公司，以簡稱「ＭＭ」聞名於世。一開始主要航線是針對東地中海的黎凡特地區，克里米亞戰爭期間也充作戰艦之用，因此拿破崙三世賜予波爾多－巴西航線特許權以為感謝，此為法國第一條跨越大西洋的蒸汽輪船航線。十九世紀下半葉至一戰前，伴隨法國殖民擴張、介入中東和遠東事務，法蘭西火輪船公司業務也進入黃金時期。遠東航線更是法蘭西火輪船公司的特許路線，西貢成為該公司的第二母港。一九九六年法蘭西火輪船公司出售成為法國貨櫃承運公司達飛海運集團（ＣＭＡＣＧＭ）的一部分。達飛集團為世界上第三大貨櫃運輸公司，由黎巴嫩裔法國人雅克·薩德（Jacques Saadé）創辦，總部設在法國馬賽。

⑯ 全名為Peninsular and Oriental Steam Navigation Company，因此又譯為半島東方輪船公司，成立於一八三七年，總部位於英國倫敦，一開始經營的是英國到伊比利半島的航線，因此名為半島輪船公司。西班牙內戰的「卡洛斯派戰爭」（Carlist Wars）（一八三三至三九年）期間，協助英國支持西班牙保皇黨，因此Ｐ＆Ｏ船員是唯一可以配劍的商船船員。Ｐ＆Ｏ後續贏得英國官方對埃及、黎凡特地區的官方郵務合約，並從一八四〇年代開始經營通往東地中海亞歷山大港及君士坦丁堡的客運航線。十九世紀後半地中海航線因為Ｐ＆Ｏ大型豪華客輪而生意興隆。

料的需求。來自摩洛哥、聖誕節島（Christmas Island）與諾魯（Nauru）的磷酸鹽可用作肥料；新加里多尼亞與加拿大生產的鎳則是鋼鐵中的重要合金。橡膠則是輪胎與絕緣體的重要原料——英國人在馬來西亞發展出橡膠莊園，荷蘭人與法國人也在東印度群島與印度支那有樣學樣，比利時人則從剛果收穫橡膠。熱帶島嶼的椰子油是工業肥皂的關鍵原料。繁忙港口如鹿特丹、馬賽及利物浦作為歐洲與廣大世界的地理介面，負責處理「殖民事務」；大批貨運業者、商賈與金融業者則仰賴殖民地賺取大批財富。

男性、女性與思想

如同貨物，男男女女也在帝國中移動。到了二十世紀初，英屬加拿大、澳洲、紐西蘭與南非屬地已經成功建立起白人移民社會，因此獲得王室之下的自治地位。大量英國移民社群住在羅德西亞（Rhodesia）、肯亞高地及亞洲的貿易港口。法國人也將阿爾及利亞轉變成移民社會，雖然長期以來義大利人、西班牙人與馬爾他人都比法國移民的人數還要多；在比較小的規模上，新加里多尼亞也是個南太平洋上的法國。德國殖民當局希望（雖然最後證實為徒勞）非洲殖民地會吸引數百萬德國人願意民移海外；義大利人則視利比亞殖民地為「第四海岸」，成為義大利南部（Mezzogiorno）貧困農民的移居地。[12] 直到二次大戰前，荷屬東印度群島的首府巴達維亞（Batavia）的歐洲人口仍舊在蓬勃成長。一九四〇年代，千萬名混血歐洲人從印尼移居荷蘭；阿爾及利亞於一九六二年獨立時，一百萬法國公民被「遣返」法國；一九七五年，葡萄牙由安哥拉與莫三比克撤退時，大約五十萬名屯墾者與其後代也搬回了葡萄牙。在殖民地的「永久」移民中，還包含簽訂短期契約的商人、政府官員、士兵與大量基督教、天主教傳教士，他們都算是殖民主義的其中一些關鍵團體。歐洲人對於能將河內、利奧波德維爾（金夏沙）、新德里與阿迪斯阿貝巴轉成歐洲風格的首都，深深引以為榮；政府房舍、大教堂與倉庫都是歐洲殖民主義鼎盛時代的建築象徵。

思想也透過殖民網絡流傳。除了各種「文明」支柱，歐洲人希望傳播他們對於「商業與基督教」的想法。然而，「自由、平等、博愛」的概念、「民族」作為獨立國家的想法、代議政治的好處、階級鬥爭的呼聲，這些同時也在帝國內迴盪：這些歐洲概念可被用來對抗殖民統治者。基督教神學是歐洲的主要出口內容，也變成美洲國家、菲律賓及許多南太平洋與加勒比海島嶼文化的核心成分。多數前殖民地的機構，如國會、法庭與大學，都以歐洲的原型為範本。同時間，廣大世界的概念也被引入歐洲。整個科學領域，例如民族學與人類學的起源，都仰賴在遙遠地區進行的田野工作。從十九世紀興起的神智學到當代的「新世紀」信念等神祕宗教，都不拘一格地借自非歐洲的宇宙觀。當畢卡索與其他二十世紀初的前衛藝術家在歐洲藝廊中看到非洲面具與大洋洲的雕像時，「原始」文化的藝術風格也對他們造成莫大影響。甘地的政治理念影響了美國的馬丁・路德・金恩（Martin Luther King）；越南及阿爾及利亞殖民地的獨立鬥爭啟發了許多後起的「解放陣線」。

鴉片戰爭之後，一八四三年P&O在香港上環設立辦事處，位於鐵騎樓下，故取名「鐵行」。P&O開始涉入鴉片貿易，負責載運印度生產的鴉片進入中國。四五年首開上海香港航線；五〇年代後擴展到南京條約、天津條約開放的各港埠碼頭。上海設立租界後，鐵行也在外灘設立辦事處；五〇年將歐洲至香港的航線延伸到上海為終點。後遭受怡和洋行、太古洋行的輪船競爭，只占少部分中國沿海與長江航線市場。

一九一四年，P&O購併當時英國最大的運輸公司英屬印度蒸汽船運公司（British India Steam Navigation）；一九二〇年甚至成立P&O銀行，後來出售給印度、澳洲與中國的渣打銀行，亦即今日的渣打集團（Standard Chartered）。二〇〇〇年後分別拆分公主郵輪業務售予嘉年華公司（Carnival），成為世界最大郵輪公司；另將貨櫃海運分售荷蘭渣華公司（Nedlloyd）及貨櫃市占率第一的丹麥馬士基公司（Masky）。〇五年將剩餘的港口業務出售給杜拜環球港務。

思想、人群與貿易貨物沿著帝國主義新的運輸與通訊路線進行國際移動，形成一個複雜且多邊連結的國際網絡。到了一九二〇、三〇年代，當交流更加快速，資訊也迅速傳播，歐洲國家可能也對外國影響抱持更加開放的態度，例如受到非洲與非裔美國文化的吸引，或稱「親黑派」（Negrophilia）[13]——帝國體系已經來到它最「完美」的表現型態；然而不滿的危機種子也迅速萌芽。二十世紀戰間期年代中，襲捲各地的帝國主義自然令人摒息，而此時帝國強權的分布與影響力也同樣值得注意。到了三〇年代，只有德意志與鄂圖曼人離開帝國統治者的行列（還有奧匈帝國，若以哈布斯堡在巴爾幹的殖民統治而言），而丹麥與西班牙等國家當時已僅剩帝國殘餘部分與往昔時光的回憶。

降下旗幟

一五〇〇年以降的殖民歷史進程中，所有歐洲強權及部分較小的國家一直是帝國主義遊戲的參與成員。許多成員涉入其中長達數世紀，有些則在多數前殖民地獨立或脫離後，仍舊緊抓著遠方屬地不放。英屬印度與法屬印度支那，比屬剛果及荷屬東印度群島早就降下旗幟，然而今日仍有五十多個領地在憲法上仍舊維持對遙遠國家的從屬地位，透過各種令人困惑的法律條文納入母國體制。美國的前阿拉斯加與夏威夷屬地成為一州（state），波多黎各與馬里亞納群島仍是「自由屬邦」（commonwealth），帛琉與密克羅尼西亞聯邦（Federated States of Micronesia）成為「連繫邦」（associated states），關島與美屬薩摩亞則是「非合併領地」（unincorporated territory）。法國的海外領地包含加勒比海上的馬汀尼克與瓜達露普、北大西洋上的聖皮耶與米蓋隆島（Saint-Pierre et Miquelon）、南美洲的法屬圭亞那、印度洋上的馬約特與留尼旺島（Mayotte and Réunion），以及太平洋上的法屬玻里尼西亞、新加里多尼亞與瓦利斯及富圖納島（Wallis and Futuna）。荷蘭管理安地列斯群島（the Antilles）中的六個小島，占有大片面積的格陵蘭島仍舊維持與丹麥的關係。西班牙擁有休達（Ceuda）與梅莉亞（Melilla）兩處在摩洛哥境內的飛地。英國的海外哨站包含百慕達（從一六八四年以來就由倫敦統治）以及其他大西洋島嶼，包含一九八二年柴契爾夫人成功從阿根廷手中奪回的福克蘭群島，以及充滿民俗色彩的聖赫勒拿與崔斯坦達昆哈島（St. Helena and Tristan da Cunha），此外還有一些西印度群島。歐洲的直布羅陀、英屬印度洋領地（租給美國作為海軍基地），以及東南太平洋上的皮特肯小島（Pitcairn）仍舊構成女王陛下的「王國與屬地」。[14]同時間，不同屬地的民族群仍舊發起行動，欲爭取從繼承舊殖民帝國而來的國家中獨立。

即便這些「帝國五彩碎紙」[15]仍舊存在，不同殖民地已處於去殖民化過程的不同階段，總體而言進行得相當迅速而全面。一七八〇至一八二〇年間，美國、海地及西葡兩國的南美洲殖民地紛紛獨立。多數晚期的亞洲殖民地則在二戰後十年取得獨立——一九四七年是印度、巴基斯坦與緬甸；隔年為斯里蘭卡；四〇年代末期則是印尼與菲律賓；接著是五四年一場血腥戰爭後取得獨立的法屬印度支那國家。到了五〇年代末期，多數中東、北非的大型國家都已獨立，只有法國還掐著阿爾及利亞不放好幾年。一九六〇年代則是絕大多數非洲國家獨立的年代，雖然葡萄牙仍不願放手，同時羅德西亞的案例則是裹足不前。到了七〇年代，即便最小的國家也踏上了獨立的道路，加勒比海與太平洋上遍布超小型的主權國家。波羅的海、東歐與中亞的附庸國家則需要等到蘇聯瓦解，才取得真正獨立。

國際環境的改變部分解釋了西歐帝國去殖民化的最後一輪進展。日本與義大利在二戰之後就失去了殖民地；這場戰爭也斬斷了歐洲殖民統治者與亞洲屬地之間的連結。在迫使英國放棄印度一事上，甘地的非暴力抗爭行動扮演了重要角色。日本占領結束，面對蘇卡諾（Sukarno）的民族主義，荷蘭人基本上無法重建對東印度群島的殖民控制。胡志明跟馬克思主義啟發下的民族主義者則在奠邊府（Dien Bien Phu）給了法國人羞辱的一擊。非洲的民族主義——包含自由立憲主義、社會主義中較基進的派別、或明或暗的極權主義——也加深了歐洲人與非洲子民之間的隔閡。一九四五年後的十年間，戰後復興重建讓歐洲人將能量集中在自己國內，五〇與六〇年代的繁榮期也提供國內經濟成長的大量機會。雖然當時歐洲人比過往投注了更多資金給衰敗中的殖民地，政策制定者同時也操心著行政、「綏靖」民族主義運動及公共建設投資的成本，因此並不總是願意擔起如此沉重的財政責任。法西斯主義與納粹主義戰敗後，曾經作為帝國主義基礎的種族主義假設就不怎麼站得住腳。民主權利的延伸、殖民世界中的教育與政治賦權也破壞了歐洲統治的獨占性。聯合國這類機構加上表面上高聲疾呼的美國跟蘇聯都在反對殖民統治的存續。海外屬地的反殖民力量幾乎無處不在增長，運用媒體、參選議會、直接行動，以及某些時候使用暴力來達成目的。歐洲各個首都的政治當局最終也必須面對必然之勢。一九四〇年代溫斯頓·邱吉爾（Winston Churchill）曾說，他成為英國首相，不是為了領導一個解體的大英帝國；然而不到幾年後，哈洛德·麥克米倫（Harold Macmillian）[17]卻大談「風雲變換」襲捲了英國殖民地。二戰甫結束時，一名法國國會議員主張，少了帝國，法國也不過就是歐洲的一部分；然而就在六〇年代初期，夏勒·戴高樂（Charles de Gaulle）確認去殖民成為法國政策，因其符合法國利益。荷蘭或比利時都未曾因為失去殖民地而元氣大傷。非洲游擊戰爭加上歐洲的政權遞嬗，一九七四年葡萄牙的「康乃馨革命」導致最後的大型海外帝國的終結。有些諷刺的是，過去宣稱殖民地是維持經濟與政治運作必要存在的國家，現在少了帝國也仍舊繁榮興旺。然則歐洲帝國之日雖已西沉，美國卻承繼了英國的位置，成為有主導地位的西方強權，該國繼續試圖在加勒比海、東亞與中東放大自己扮演的角色。[16]

帝國遺產

然而某些殖民建制確實以長壽聞名。從一五五〇年代到一九九九年，澳門都由葡萄牙人統治；荷蘭人在東印度群島部分地區，也於當地活動了三百年。其他案例中，正式殖民期相對短暫，影響卻十分深遠。法國人統治阿爾及利亞一百三十二年；南越則不到一世紀；摩洛哥作為法國保護國不到四十五年。英國正式統治英屬印度的期間是一八五八到一九四七年，然而在「印度兵大叛變」（Mutiny）⑱之前，東印度公司已經在南亞建立商業、政治與文化勢力長達兩個世紀。非洲撒哈拉以南地區的多數地方（除了南非與西非貿易站）的正式歐洲殖民統治持續了約七十年。德國的海外殖民統治僅歷時約三十年；中東託管地在英法控制下的時間也差不多如此；義大利的衣索比亞帝國僅持續了十年。然而，時間長短卻無法清楚呈現歐洲建制下外國統治造成的重要轉變；它們留給殖民國家的印記代表了殖民時期最明確的遺產。

⑰ 一九五七至六三年間出任英國首相，也是英國女王伊利沙白二世的第一任首相。他在邱吉爾首相任內初次入閣，蘇伊士運河危機導致安東尼．伊登下台後，繼任為首相。任內著重經濟成長，修補因蘇伊士運河而疏遠的英美關係，但也見證了大英帝國的末日餘暉，先是馬來亞獨立，後又有非洲殖民地紛紛獨立。他在一九六〇年發表一篇名為《風雲變換》的演說，進一步推升了殖民地獨立運動。麥克米倫的祖父創立知名的麥克米倫出版社，他本人下台後也擔任出版社總裁。

⑱ 又稱第一次印度獨立戰爭，當時英屬東印度公司僱用的大批印度軍起義，反抗英國，支持蒙兀兒帝國收復政權。英國人耗費巨資，以殘酷武力鎮壓一八五七年的叛變。同時也導致蒙兀兒帝國政權正式遭到廢黜，最後一任君主被英國人送到緬甸，最後死在仰光。亦即一八五八年前，英屬印度殖民地是由英屬東印度公司治理；印度兵叛變終結了這種治理方式，英屬印度此後直接由英國王室，也就是英國國會治理。

在歐洲情況也是一樣，帝國遺產仍舊顯眼。當英國人坐下來享用一頓咖哩，或法國人享用北非小米（couscous），又或者荷蘭人端上飯桌料理（rijstafel）⑲，他們吃的都是貿易的產物，這些商品與菜餚都始於殖民接觸的成果。甚至更隨處可見的咖啡、茶與許多香料都是歐洲與東方相遇下的產品。番茄、玉米與巧克力（以及煙草）則從美洲新世界被帶到歐洲海岸來。蔗糖是由西印度群島與印度洋上的殖民莊園，以及聖多美（São Tomé）、斐濟、納塔爾（Natal）⑳與昆士蘭殖民地進口的珍貴商品。少了「殖民地」食物的歐洲菜單將遜色不少，歐洲人用餐的瓷器也是東亞航程的紀念品。[17]

歐洲人的衣櫃與客廳同樣也有（或至少曾經有）殖民遺跡。中國風（chinoiserie）時尚在十八世紀可是熱門的生意，貿易商在中國尋求衣物、家具飾布與壁飾用的絲料。[18]「南京斜紋布」（nankeen）來自中國，而「馬德拉斯格紋布」（madras）與「卡利科薄綿印花布」（calico）則來自印度。澳洲的羊毛與南亞的棉在工業革命的工廠中會被紡成布料。十九世紀的家具製造商喜愛柚木與桃花心木等熱帶硬木，室內裝飾業者則在屋裡塞滿波斯與土耳其地毯，以及非洲象牙或南太平洋珍珠製成的物件。參加過遊獵的人在牆上掛滿狩獵獎盃，奇異的象腳桌或獅皮地毯仍舊會出現在滿室灰塵的骨董店。女性身上裝飾著源於南非的金飾鑽石，以及錫蘭的藍寶石。孩子們蒐集殖民地錢幣與郵票，士兵則驕傲展示殖民勳章。

今日歐洲人在他們的博物館中觀賞外國文化的藝術與工藝品，包含了大英博物館藏的貝寧銅像、法國吉美亞洲藝術博物館（Musée Guimet）的高棉雕像、荷蘭熱帶博物館（Tropenmuseum）的印尼織品。[19]「殖民」主題出現在建築上，無論是布萊頓皇家行宮的印度混合風，或布魯賽爾大皇宮烘焙師公會之家牆面上的土耳其人與美國原住民雕像[20]，都象徵著舊時代歐洲對遙遠地方的想像。倫敦郊外的邱園（Kew Garden）、巴黎的植物園與前殖民公園，佛羅倫斯與里斯本也有類似的植物園，這些在在見證了殖民動植物的採集與適應，也提醒我們歐洲人想要馴服荒野，以及蒐集具異國風情事物的欲望。紀念碑、雕像、紀念物與其他「紀念場址」持續見證了殖民主義倡議者將帝國印記留在都會地景與民族意識裡的種種方式。[21]

阿姆斯特丹與布魯塞爾郊區舊殖民博物館群內部展示的改進，顯示出對帝國歷史重新燃起的興趣。在其他層面上，歐洲遺產與更廣大世界的連結也相當明顯，特別是跟過往的殖民地。歐洲人聆聽在巴黎或倫敦錄製的世界各地音樂，有阿爾及利亞的拉伊音樂（rai）㉑或印度的邦格拉舞曲（bhangra）㉒。他們閱讀歐洲大出版社推出的離散文學，經常是由選擇住在歐洲的作者所書寫，例如薩爾曼・魯西迪（Salman Rushdie）㉓與塔哈爾・本・傑隆（Tahar Ben Jelloun）㉔。運動團體（特別是歐洲足球隊）成排

⑲ rijst意為米飯，tafel則是桌子的意思，這是一種荷蘭式的印尼菜餐廳，用餐時桌上通常會擺滿十到二十盤不同小碟的印尼菜餚。實際上這並不是真正的印尼用餐方式，而是荷蘭殖民時期以印尼宴會為靈感而發明的用餐方式，蒐集來自印尼各地不同菜式，供殖民者一次享用。引進荷蘭後，反而成為熱門的印尼餐廳用餐方式。

⑳ 為南非一省，最早於一八四三年成為英國開普殖民地的一部分。境內最大城市德爾班（Durban）為印度境外擁有最多印度人口的城市。

㉑ 一九二〇年代發源於阿爾及利亞港市歐朗（Oran）的樂種，流行於窮人之間，有意識對抗建制化的音樂傳統，因此吸引了希望能在傳統伊斯蘭價值引進現代化的年輕人。將區域、世俗與宗教音樂融合西方電子樂。八〇年代末期開始成為世界音樂中的主要樂種。傳統樂手多為男性，到了二十世紀末，女性樂手開始成為常態。歌詞多以各種社會議題為主。

㉒ 發源於印度旁遮普地區的民俗舞蹈音樂，通常由一群舞者樂師演奏節奏旋律強烈的舞曲。過去三十年間，混合嘻哈、浩室與雷鬼等樂風後，也跟著寶萊塢電影的流行，逐漸成為亞洲流行文化的一部分。

㉓ 一九四七年生於印度孟買，十四歲移居英國，劍橋大學國王學院畢業，為著名的印裔英國作家，所有作品都是以英文書寫。《午夜之子》一書獲得一九八一年布克獎。八九年出版的《魔鬼詩篇》因批評伊斯蘭教，而遭到伊朗精神領袖何梅尼下令追殺。

的球員出身背景大相逕庭。阿爾及利亞出生的席丹（Zinedine Zidane）是一九九八年世界杯冠軍法國隊的明星球員，八年後以教練身分再度帶領法國隊進入決賽。比起任何政治場合，板球運動與大英國協運動會更加持久地維繫著英國與前屬地及殖民地的連結。

歐洲主要城市已經成為吸納各地人口的大都會，包含英國的南亞人，法國的北非與西非人，還有荷蘭的蘇利南人與爪哇人，以及義大利的衣索比亞人與利比亞人——雖然人數比較少。清真寺、印度教與佛教寺廟為許多人提供崇拜場所與文化認同；社會上與文化上的融合、吸納與排拒議題，點出文化交錯的複雜性，這多半肇因於殖民時期創造出來的種種移民管道。在實際上與數據上，強迫與自由遷徙都改變了母國及前殖民地本身的人口樣貌。巴西以當地融合美洲印第安人、歐洲與非洲人種及文化的麥士蒂索（mestiço）文化為豪；美國宣稱自己是「熔爐」，雖然它仍舊是以受奴役的非裔美國後代與白人民族主義者等團體認同為主的國家。許多加勒比海與印度洋的前殖民地是許多文化與族群團體的家園——模里西斯有法國莊園主、非洲奴隸、印度契約奴工、華人貿易商的後代，家族系譜中往往包含許多不同根源的人。

然而，殖民者的社會卻面臨獨特、有時甚至嚴峻的挑戰，從相對單一的文化，要進而吸納許多男性與女性；這些人無論對於殖民過往擁有何種個人或集體記憶，經常都視舊殖民國為新的機會之地或可能的避難所。後殖民困境提供了一個機會——又或者是必經之路——讓這些一度驕傲認定希臘－羅馬與基督教準則、白人種族及歐洲技術與商業優越性為至高真理的社會，進入重新自我定義的過程。文化上的雜交與混種是典型的後殖民情況。

從歷史的長度、地理廣度與主題的複雜性來說，帝國時代含納了現代歷史的多數範疇，也是無止盡研究論辯的主題庫。本書會檢視一組特定的帝國：包含十六世紀以降從歐洲國家擴張到全世界的那些帝國——葡萄牙、西班牙、英國、法國、比利時與荷蘭等「古典」的廣大海外帝國；斯堪地那維亞國家比較不為人知的擴張地點；以及短命的帝國晚來者——德國與義大利。此外，跟其他幅員更廣闊的帝國相較，奧匈的大陸帝國（以及哈布斯堡領袖對廣大世界的興趣）展現出某些令人驚訝的類似之處。俄羅斯沙皇的帝國（與後繼的蘇聯與俄羅斯聯盟）、鄂圖曼蘇丹國與美國，都是帝國現象中的大陸性與跨洲際展現，跟其他擴張案例對照下，可以看到驚人的相似性與部分反差。涵蓋數百年歷史與地球多數地區的這些帝國並非現代世界僅有的帝國，然而本書篇幅卻不足以容納其他強權建立的帝國，例如中國或日本。因此本書檢視的是現代世界中有限的一群帝國，帝國裡的大陸與海外擴張倡議者有些共同點，包含某些跟歐洲及歐洲文化有關的基本概念、重商經濟及後續的工業資本主義經濟體系（雖然在蘇聯案例中是社會主義）、某些型態的科技發展（包含征服用的武器），以及導致帝國相互對抗的大國意識型態。

本書的目的在於對這些帝國經驗提供可讀性高的導引。書中的焦點會放在帝國本身，檢視擴張和收縮的模式與循環、促使帝國推動者採取行動的意識型態，以及殖民擴張反射回本土的部分反響。多數作者採取順時寫作，雖然也會依據不同帝國的重大差異有所調整。不同章節有各自專注的地緣政治、經濟、社會與文化議題。幾位作者將重點擺在史學與詮釋論辯，其他人則偏好對帝國興衰採取比較敘事性的架構。為幾個壽命最長的大型帝國——包含葡萄牙、西班牙、英國與法國——貢獻章節的作者，還需要在字數限制的特殊挑戰下，簡潔摘要地說明多元的帝國經驗，而市面上其實早已出版了成千上萬本長

㉔ 一九四四年生於摩洛哥菲斯的摩洛哥作家，但所有作品都以法文書寫。八七年以《神聖的夜晚》（*La Nuit sacrée*）獲得龔固爾文學獎。

篇專著。書寫擴張程度有限的帝國（例如斯堪地那維亞國家、德國與義大利）的作者，重點會放在引介讀者認識這些比較不為人知的擴張案例。關於美國與俄羅斯／蘇聯擴張的章節，則論辯這些案例是否該納入殖民主義與帝國歷史的廣大框架裡；奧匈帝國的章節也是如此。

這些章節針對不同議題提供導引、談及近期研究論爭的摘要，再指出進一步閱讀的方向，並意在對殖民史所激發的豐富精采議題，啟動更多討論。本書既非對殖民過往不切實際的懷舊，也不是對帝國意圖進行憤怒極端的苛責，這些作者尋求的並非做出權威性總結，而是要引起更進一步的提問。每個章節都以各自的方式，強調殖民過往對當今後殖民社會的重要性，正如殖民與被殖民國家也都在努力試圖理解這段令兩者緊密相連的過去。帝國主義的遺緒將會持續影響社會文化架構的變形、民族認同與意識型態論述的形成，以及牽動著被視為今日世界標誌的全球化過程。

鄂圖曼帝國
韌性的政體

尼可拉斯・杜曼尼斯（Nicholas Doumanis）

一四五三年的春天，當頑強的鄂圖曼土耳其人試圖突破君士坦丁堡城牆時，圍城者與被圍者都持續尋求預兆。對城內的拜占庭（Byzantine）人來說，失去這座城市表示神確實放棄了祂的選民。死亡或奴役肯定等待著他們。對穆罕默德二世（Mehmet II，一四四四至四六／一四五一至八一年在位）而言，勝利意味著上天賜予他帝國榮耀的命運。君士坦丁堡作為羅馬帝國的法定首都，且根據拜占庭人的說法，更是天上王國在人間的對應之地，這座城市具有非比尋常的象徵意義。正如當時一名義大利人所寫的，穆罕默德二世此刻宣稱有權「將統治延伸到整個基督教世界。」[1]穆罕默德二世也從中亞與伊斯蘭戰士傳統，以及征戰時同樣正值盛年的亞歷山大大帝身上擷取經驗，對他而言，奪下君士坦丁堡表示他將有權建立一個普世帝國。接下來的兩個世紀間，穆罕默德二世與其繼承者繼續打造出一個相應的雄偉帝國，範圍從馬格里布（Magreb，今日的阿爾及利亞）延伸到美索不達米亞（Mesopotamia，今日伊拉克），從匈牙利直抵印度洋。

鄂圖曼歷史因此經歷了兩段連續卻迥異的階段。現代初期的多數時候，鄂圖曼人是世界上最強大的軍事力量。所有鄂圖曼統治者當中最偉大的蘇雷曼大帝（Süleyman the Magnificent，一五二〇至六六年在位）統治期間，君士坦丁堡獲得整個遜尼（Sunni）穆斯林世界的認可，成為哈里發（Khalifa）所在地，而哈里發即「阿拉使者穆罕默德的代理人」。鄂圖曼蘇丹擔負著管理朝聖（hajj）的責任，成為聖城麥加、麥地那的守護者，並對塞內加爾到蘇門答臘之間的穆斯林，擁有至高無上的世俗性權威。帝國的第二階段從十八世紀中葉開始，但同時，歐洲強權取得宰制全球政治經濟的方法後，鄂圖曼也逐漸臣服在歐洲力量之下。到了這個階段，鄂圖曼人已經展現出過時帝國搖搖欲墜、聲名狼藉的形象，也成為歐洲人勾勒奢靡、頹廢的「東方」幻想主要的場景。為了生存下去，帝國極力復興，倘若不是一次世界大戰攪局，也許還能以某種縮小的樣態存續下去。

成立於一三〇〇年、一九二二年解體的鄂圖曼帝國是世界史上最長壽的帝國之一。我們要如何理解它的屹立不搖？而帝國又是如何對巴爾幹及中東地區——也許是世界史上軍事對抗最劇烈的地方——施加嚴格管控？

游牧背景

有些答案也許可以在中亞半乾燥大草原上找到，這裡是鄂圖曼土耳其人先祖的家園。就像匈人（Huns）與蒙古人，土耳其人也是形成部落聯盟的游牧民族，西元六世紀就開創了廣袤（雖然短命）的帝國。十一世紀時，土耳其人南遷，從地中海濱一直延伸到印度，他們形成一系列強大的國家，包含德里蘇丹國（Delhi Sultanates，一二〇六至一五二六年）與偉大的蒙兀兒帝國（一五二六至一七〇七年）。

游牧民族之所以能夠開創所向披靡的軍事國家，多半與草原放牧經濟極端不穩定的本質有關。如中國史家司馬遷紀載：「其俗，寬則隨畜，因射獵禽獸為生業，急則人習戰攻以侵伐，其天性也。」[2] 然而，危機時期經常發生，因此狩獵劫掠成為常態。極端氣候條件、牲畜繁衍無法預測的本質，以及激烈的牧地競爭都迫使游牧族群以貿易、狩獵與劫掠其他群體來彌補游牧之不足。對游牧生活方式來說，戰爭是家常便飯，牧民就像專業士兵，多數生命中的時光都用來強化騎術與武術。從羅馬到中國，許多偉大的帝國都遭受中亞部落聯盟的威脅，後者運用他們高超的行動力與箭術驅散並消滅敵陣。

游牧生活持續不安定的本質，同樣也導致中亞人民在形塑生存策略上採取靈活手段。身為移動人群，他們經常與不同文化交錯混雜，習慣接納並修改想法，以適應需求。當游牧民族軍隊遇到不熟悉的挑戰時，例如繁複的石造堡壘與海軍，這類特質就顯得極為重要。一如蒙古人，土耳其人對於戰爭技巧（例如圍城攻勢）與科技（例如投石機與火藥武器）都能很快上手，也就能降低科技較為繁複的定居國家所享有的優勢。游牧帝國因此能夠成長到驚人的規模。例如一二八〇年，中國海到波蘭之間的歐亞大陸多數地區，都由四個類似帝國或「汗國」（khanate）的政權統治。

然而在多數案例中，這些汗國都是不穩定的政體，在一兩代之間就崩潰了。鄂圖曼土耳其人不同之處，在於他們能將游牧民族的專長延伸到建國之上。在擴張、穩固與生存的過程中，鄂圖曼帝國似乎在漫長的歷史裡持續改造自己。

早期鄂圖曼帝國

鄂圖曼國家是從位於安納托利亞西北方、沿拜占庭帝國前線而立的小公國或酋長國（emirate）這樣的形式發跡的。拜占庭這個基督教帝國好幾世紀以來，一直扮演著基督教歐洲與伊斯蘭之間的屏障。就像其他主宰安納托利亞內陸地區的穆斯林公國一樣，鄂圖曼酋長國是由一群部落戰士組成，致力於對抗不信者的永恆聖戰（gaza）。建國者奧斯曼（Osman，約一三〇〇至二四年在位）復興了對抗拜占庭人的萎靡不振之聲勢，經過一連串軍事戰役更開拓出以布爾薩（Bursa）為中心的不小領土。他的繼承人奧爾汗（Orhan，一三二四?至六二年在位）、穆拉德一世（Murad I，一三六二至八九年在位）與巴耶濟德一世（Bayezit I，一三八九至一四〇二年在位）以他的成就為基礎，將奧斯曼王朝轉變成主要的區域強權。奧爾汗的主要功績是在歐洲土地上插旗；穆拉德一世則奪下亞德里安堡（Adirenople，埃迪爾內〔Edirne〕）這個通往歐洲的門戶，接著又征服色雷斯（Thrace）與馬其頓（Macedonia）的多數地區。在穆拉德與巴耶濟德治下，鄂圖曼人鞏固了在巴爾幹的勢力，將保加利亞國王變成諸侯國，並奪下地中海的重要港市：帖薩隆尼卡（Thessalonika，薩隆尼卡〔Salonica〕）。穆拉德於一三八九年的科索沃戰役中去世後，巴耶濟德將鄂圖曼威權延伸到東方的其他酋長國。隨著一四〇二年一場災難性敗戰，巴耶濟德被蒙古人俘虜處決後，緊接著爆發了長期內戰。穆罕默德一世（Mehmet I，一四一三至二〇年在位）與穆拉德二世（Murad II，一四二〇至五一年在位）則帶領著鄂圖曼人再度興起為區域強權，並為穆罕默德二世治下的黃金時代搭起舞台。

到了君士坦丁堡圍城之際，奧斯曼的後代已經從部落酋長轉變為蘇丹，戰士領袖帶領土耳其部落民組成的鬆散公國，也變成擁有固定首都的國家。從游牧走向定居國家，正是鄂圖曼歷史上將一再發生的變形轉化。安納托利亞的聖戰士公國在本質上是十分不穩定的實體，部分是因為他們維繫著中亞的多血統（polygeniture）制度，政治權力在所有男性親屬之間分配，而非傳給長子。也因此，在爭奪繼承權的過程中，酋長國經常陷入混亂。鄂圖曼人拋棄游牧民族的多血統分配傳統，改採有能者成為新蘇丹的新體系，然而有能者卻未必是長子。雖然這種做法並未完全解決繼承問題，卻仍促成了比較穩定的權力轉移模式，並產生一連幾位有能的統治者。奧斯曼王朝之所以能夠長存，似乎也是因為在尋求長久政治秩序的過程中，比較願意改變。例如，鄂圖曼對於長期聖戰的決心，並未影響它跟基督教王朝結盟聯姻，也能以此鞏固自己在區域中的權力。因此在一三四六年，奧爾汗透過跟狄奧多拉公主聯姻，與拜占庭皇室的坎塔庫澤努斯（Katakouzanoi）家族①結盟；巴耶濟德的母親也是拜占庭公主，他是在基督教王公及基督徒為主的軍隊支持下成為蘇丹。

鄂圖曼人的靈活多變可以歸因於他們住在基督教與伊斯蘭世界之間的邊境區域，文明不只在此衝撞，更常發生的，是在此互動與融混。[3]例如宗教匯融的各種形式——基督教、穆斯林、薩滿與泛靈信仰的融合在安納托利亞與巴爾幹比比皆是。基督教的人教堂被轉用作蘇丹清真寺。穆罕默德二世還成立了八所伊斯蘭教法學校（medrese）與其他宗教機構，讓君士坦丁堡變成新的伊斯蘭教育中心。隨著君士坦丁堡（或稱伊斯坦堡）到手，奧斯曼王朝開始大膽挑戰其他穆斯林強權，包含波斯的薩伐維（Safavid）王朝與埃及的馬穆路克（Mamluk）王朝。在塞利姆一世（Selim I）短暫在位期間（一五一二至二〇年），現今的中東、北非多數地區都被納入了帝國疆域，甚至遠及阿爾及爾（Algiers）。當塞利姆在一五一六及一七年擊敗馬穆路克人，掌控了麥加與麥地那之後，他便輕而易舉取得穆斯林世界的領導地位。塞利姆的繼承人蘇雷曼則更進一步，取得哈里發頭銜。

①即拜占庭帝國最後的巴列奧略王朝的約翰六世。他原本是皇帝約翰五世的岳父兼攝政王，卻有心爭奪帝位，受到皇太后、希臘正教與軍隊阻撓，故與奧爾汗一世結盟，並在其支持下返回君士坦丁堡登基。因此雖然奧爾汗與狄奧多拉公主年紀相差甚多（六十多歲與十四歲），坎塔庫澤努斯還是選擇透過聯姻鞏固勢力。一三五一年，約翰五世要求坎塔庫澤努斯歸政，後者自然拒絕，並再次讓拜占庭帝國陷入內戰，並帶來長遠影響。由於約翰五世背後有天主教勢力與威尼斯人支持，約翰六世則轉向老友奧爾汗。萬名土耳其軍穿過博斯普魯斯海峽，進入歐洲土地。一三五四年，在君士坦丁堡對抗伊斯蘭世界六個世紀後，穆斯林強權卻由拜占庭人自己運過海峽，最終在東歐建立了永久立足之地，開啟了土耳其人入侵歐洲之路。

軍事史學者經常偏頗認定鄂圖曼帝國的軍事優勢在於人數與勇猛。在整個現代初期階段，陣地戰並不常見，然而一旦發生，鄂圖曼人優越的戰略及訓練精良的專業步兵團——傳聞中的蘇丹親兵（Janissary）——通常都會贏得勝利。例如，一五二六年的摩哈赤（Mohács）戰役中，揮舞火槍的親兵與野戰砲對封建騎士組成的匈牙利軍隊展開屠殺。正如一名歷史學者指出的，這場戰役是「現代初期軍隊摧毀了中古軍隊」的見證。[4]在戰略與科技方面，鄂圖曼人主要會從敵人身上學習，以維持自己面對變化的優勢。一四四〇年代對抗匈牙利王國的冗長戰爭中，鄂圖曼人很快採納匈牙利的軍事科技，挫敗敵方的軍事優勢，因而取得勝利：在這個案例中關鍵是加農炮與可移動的碉堡。[5]接著鄂圖曼人就成了製造與使用大型加農炮的高手，這些正是他們在一四五三年擊破君士坦丁堡城牆的工具。堡壘主宰了現代早期的戰爭，鄂圖曼人經常運用重裝火炮、攻城塔、投石機與鑿隧道的方式，頑強圍攻邊界線上的城鎮。帝國於古典時期中，更展現出無以倫比的細膩動員與補給體系。鄂圖曼人開創了最有效的財務機制，以支持帝國的軍事行動；在軍隊調度上，更如一名專家指出的，他們擁有「精確靈巧行政管理的傑出表現」。[6]

直到晚近，歷史學者都認為鄂圖曼政治秩序是在穆罕默德二世到蘇雷曼（一四五一至一五六六年在位）之間，形成古典樣貌。但就像歐洲的封建秩序，我們很難找出這個系統的理想形式開始運作的準確時刻，而在討論所謂鄂圖曼「古典」形式中的制度樣貌時，其特有的機敏應變特質卻又歷歷可見。

關於古典鄂圖曼國家最令人驚艷的特質，也許是權力高度集中在蘇丹手中。相對於歐亞其他地方的國家，古典鄂圖曼政治體制的運作裡，並沒有土地貴族或豪門。相對地，部會首長、官僚、省府長官以及菁英將士，都是從訓練精良的奴隸之中招募而來。包含大維齊爾（grand vizier）②在內的最高階官員，基本上都是蘇丹的所有物，即奴隸（kul）。奴隸的主要來源是兒童徵募（devshirme），也就是一種針對基督徒家庭徵收的兒童稅：招募健康男童，將他們撫養成穆斯林，使之接受戰爭技藝或政府公務方面的訓練。戰犯則是另一個奴隸來源，然而兒童徵募卻能提供蘇丹親軍最可靠且熱誠的兵源：這支軍隊是古典鄂圖曼軍隊中最核心的組成要素。此外蘇丹的菁英騎兵隊——采邑騎兵（sipahi）也完全受到蘇丹控制，因為他們接受的土地采邑供養（timar）是跟騎兵服役的工作綁在一起的。土地采邑供養與封建采邑的類似之處，在於同樣會讓采邑騎兵全心投入征戰，然而供養的土地采邑仍舊是蘇丹的個人資產，不能世襲傳承。此一體系是源自拜占庭與塞爾柱（Seljuk）土耳其人的封建傳統，以此避免區域強權根基的形成。

整套體系就是為了賦予統治者不受限制的權威，而保障這套體制最殘暴的做法，莫過於單子繼承制。在統治者去世之際，繼位者的所有男性手足（也就是潛在對手）都會被處死。然而單子繼承制實在太暴戾，難以成為文明社會可行的繼承制度。在十九名年輕王子在首都遭處決、引起群情激憤之後，這種悲哀又不受歡迎的制度終於在一五九五年告終。7

上述政治體系在許多方面十分創新，卻未能成為帝國長治久安的基礎。隨著帝國行政機構漸趨複雜，需要更分殊專門的政務與軍事專家時，兒童徵募漸漸不足以應付所需。在蘇雷曼統治的晚年，開始會見到皇室家族成員涉入愈來愈多政府事務，亦即蘇丹王太后、蘇丹的姊妹、女兒及其夫婿干政。十七世紀時，擁有獨立資產的菁英家族也成為政務機關的重要招募來源；同時隨著土地采邑制度愈發不可

②相當於蘇丹的首相。

行，地方豪族也重新崛起。采邑騎兵及被招募為蘇丹親兵與官僚的奴隸也找到方法，繞過這個阻擋他們將財富地位傳給子孫的體系。兒童徵募正式於一七〇四年廢止，雖然蘇丹親兵仍舊是伊斯坦堡政治生活裡的顯要角色，卻早已不是蘇丹的菁英軍隊。

根據當時代與後世史家的記載，蘇雷曼大帝之死標誌著鄂圖曼帝國衰微的開始，然而整個十七世紀的古典時代中，鄂圖曼帝國仍舊是世界舞台上的強大要角。不過，正如丹尼爾・高夫曼（Daniel Goffman）的主張：「鄂圖曼帝國長壽的祕訣……不在於傳奇軍隊、忠心官僚、一連串有能的統治者，或特殊的地租體系；其實反而是在應對多元社會時所展現出的彈性。」[8]當帝國擴張、統治愈發複雜、戰爭軍費有如天價之際，國家行政、稅收與招募方式也隨之調整改變。獨裁也逐漸讓步給更加分殊且地方分權的政治秩序。

統治一個廣袤卻又多元的社會時，這樣的彈性即是關鍵。典型的鄂圖曼做法，是在國家權力不打折的情況下，照顧被征服者的利益。奧斯曼王朝希望被視為慈善公正的領主。一般來說，新征服的子民通常能保有自己的土地，非穆斯林（dhimmi）能保有自己的宗教信仰，只要他們支付人頭稅即可。即便鄂圖曼人仍舊致力於聖戰，鄂圖曼國家卻接受自己統治一個多元世界的現狀。不同宗教社群的領袖獲得社會地位上的認可，並定居在首都。至於外省行政，也是以靈活為關鍵。與其在帝國各處強加單一標準的行政法律秩序，鄂圖曼人會將本地傳統納入考量，因此地方利益與權利也成為新的帝國秩序的一部分。結果就產生了一幅行政、司法系統的繁複拼貼之作，其效果是讓蘇丹成為各派系利益的守護者。

帝國衰微最早出現的跡兆，是一六八三年的維也納戰役；此役是一四〇二年以來，鄂圖曼人在這片大地上碰到的首度重大挫敗。更明顯的是一六九九年的《卡洛維茨和平條約》（Peace of Karlowitz）——

鄂圖曼人被迫簽定這紙條約，割讓土地給奧地利。帝國在陸地上不再所向無敵，但直到一七七〇年代，它仍舊是主要軍事強權。稅務系統的全面改革減緩了軍費暴漲的後遺症，這也表示鄂圖曼人撐過了一場全球性的軍事財務危機，而這場危機造成了許多國家與帝國崩潰。[9]

衰頹與重生，一七七〇年代到一九〇八年

直到十八世紀後期，帝國才開始遠遠落後歐洲主要的對手國家。十八世紀後半葉，帝國因為經濟蕭條而萎靡不振，財政改革與廉價西歐產品打壞了鄂圖曼的商業與製造業。同樣具有毀滅性的，還有對抗俄羅斯凱薩琳女皇與法國革命派的混亂、昂貴的戰爭。此時的外國軍隊已經有能力威脅到伊斯坦堡本身。一七七四年，俄羅斯人在首都集結，迫使鄂圖曼政府（在正式信件往來中稱為「高門」〔Sublime Porte〕）簽下許多羞辱條約中的第一紙。《庫楚克－凱納爾吉條約》（Küçük-Kaynarca）承認俄羅斯為鄂圖曼基督教社群的保護者，此舉被解釋為獲得干涉鄂圖曼內政的權利。

在《庫楚克－凱納爾吉條約》之後，帝國存續成了歐洲外交圈中的長期議題，主要考量在於瓜分領土的方式，可能會影響到國與國之間的權力關係。此刻整個地球都未能倖免於歐洲「列強」的算計，後者已經發展出完全改變全球勢力平衡的政治、科技與經濟手段。歐洲經濟利益已經培養出利用看似無窮無盡的新能源，以達成前所未有經濟成長率與資本積累的手段。歐洲國家也將科學原則運用在政治、社會與財政體系上，達成理性化採行更管用且有效率的動員資源方式。整個十九世紀之間，歐洲的政治、經濟力量所向披靡，早先的主要強權如中國、波斯及鄂圖曼帝國都無法匹敵。因此問題並不是鄂圖曼為何衰退，而是它怎麼有辦法撐到二十世紀？

在十九世紀，只有明治日本成功橋接了西方（歐洲與北美）列強與世界其他地方之間益發擴大的實力落差。鄂圖曼人也試圖透過讓整個政治秩序現代化，來達到同樣的成果。在典型的靈活多變特質下，高門不拘一格地擷取各種歐洲模式，展開政府、軍隊與司法機構的改造；甚至到了世紀末之時，日本也成了取經的對象。在整個十九世紀，一直到一次大戰前夕，主要目標是將帝國轉變成類似現代民族國家，包含發展出國家與社會之間的愛國情操——大致像是法國革命時動員背後的那種情緒。到了二十世紀初，這些推動帝國現代化的企圖也開始開花結果。

改革動力來自《庫楚克－凱納爾吉條約》後一連串的戰敗與領土割讓。一七九二年，俄羅斯征服克里米亞（Crimea）與喬治亞，並於一八二九年再度取得更多領土。一八三〇年，希臘獨立；法國人占領阿爾及利亞。同時間，高門已經將多數地方行省的控制權讓給了區域強權，包含安納托利亞多數地區與巴爾幹等地。一八〇五至八二年間，埃及的實質運作就像個獨立國家。一八三一年，穆罕默德．阿里（Muhammad Ali）治下的埃及軍在孔亞（Konya）戰役大敗鄂圖曼軍；穆罕默德．阿里是自立為富庶埃及行省最高權威的鄂圖曼總督。隨著帝國榮耀消逝，區域、宗教與族群團體開始挑戰它的合法性，其中之一就來自伊斯蘭復興運動，最知名者為西阿拉伯的瓦哈比（Wahhabi）運動。瓦哈比主義者不承認鄂圖曼權威，並威脅著它對麥加與麥地那的控制權。另一股勢力則來自巴爾幹地區受過教育的基督教菁英，他們在啟蒙運動及法國大革命前例的啟發下，要求民族自決、移除鄂圖曼枷軛。這些知識分子與強大的基督教盜匪首領結盟，促成一八二一年的希臘獨立戰爭。這是巴爾幹地區第一場成功的分離反抗運動。

塞利姆三世（一七八九至一八〇七年在位）是第一位不因國家齟齬而囚禁外交使節的蘇丹，也是首先倡導政治改革的蘇丹[10]。接下來的一世紀中，鄂圖曼改革者發動了一場困難的運動，想透過統整帝國廣大複雜的行政司法體系，來創造一個現代化國家。政治勢力的集中得花上好幾代的努力才得以實現。改革中央政府則相對容易。從舊政權轉向現代體系表示得大幅擴張政府與公共服務。一七九〇年代到二十世紀初之間，鄂圖曼行政體系大幅擴張：官僚人數從兩千人成長至三萬五千人，公務員的人數也成長到五十萬之譜。世俗教育取代了個人關係，成為政府部門求職最重要的資格門檻。

在塞利姆三世治下，由於他親眼見證中型國家（如革命時期的法國）所能釋放出的力量，因此最初的努力就放在改革既有統治秩序上。到了馬哈茂德二世（Mahmut II，一八〇八至三九年在位）掌權，才真正開始創造現代化制度。一八三五至三九年間，中央政府開始分成不同部會。馬哈茂德的統治為所謂的坦志麥特時期（Tanzimat，一八三九至七六年）搭建了舞台；這個時代以所謂的「善意改革」（Tanzimat-I Hayriye）著稱，包含了倡議讓所有蘇丹子民無論宗教信仰均享有法律平等，同時引入國會體系在內的憲政。同時，馬哈茂德成功重建對多數行省的控制權，包含阿爾巴尼亞（一八二二年）、伊拉克與庫德斯坦（一八三一至三八年）、利比亞（一八三五年）與漢志地區③（Hijaz，一八四〇年）。

然而反抗改革的力量卻相當強大。一八〇七年，塞利姆三世遭到反動力量推翻，其中也包含蘇丹親兵，改革支持者被拖到首都的古代賽馬場遭到屠殺。蘇丹親兵特別頑抗任何針對軍隊的改革，經常對蘇丹治權造成威脅。一八二六年，馬哈茂德二世壓制了另一場蘇丹親兵暴動，並解散了整支隊伍。

由於鄂圖曼社會是由多元社群組合構成，每個社群都有特定的權利與優惠，因此政府改革經常引發

③位於高加索山區西北面的少數民族。

不滿。對許多穆斯林來說，最難接受的改革就是賦予非穆斯林平等的法律地位；這涉及了僭越伊斯蘭教法。然而，改革者熱衷於爭取宗教少數族群的忠心支持，特別是實際上以基督徒為多數的巴爾幹地區；何況這塊區域容易遭到分離主義煽動。到了坦志麥特時期，非穆斯林少數族群被組織成宗教信仰團體（millet），類似國中之國；每個團體負責收稅，並根據各自的法律執法，主持教育等相關的公共服務。改革派希望廢除這套隔離體系，創造出一致性的鄂圖曼公民身分。穆斯林厭惡自己高人一等的身分遭到威脅；同時，希臘人也特別害怕自己會失去權利優惠，尤其是兵役減免這一項。

憲政議程在一八七七年觸礁，阿卜杜勒哈米德二世（Abdülhamit II，一八七六至一九〇九年在位）在多數部會首長支持下，重返較為獨裁的政治體系。一八七八年，多數巴爾幹地區落入基督教分離主義運動之手，導致「鄂圖曼主義」讓位給「伊斯蘭主義」，新政權因此轉而專注在穆斯林子民身上（例如土耳其人、庫德人、阿拉伯人、韃靼人〔Tartar〕、切爾克斯人〔Circassian〕④、阿爾巴尼亞人的族群），將他們視為復興國家的根基。同時間，國家現代化與中央集權仍舊持續進行。到了阿卜杜勒哈米德二世的統治末期，比起前人，他對帝國的人力與物質資源已經擁有較高的掌控力。軍隊、地方行政、公共教育、通訊（蒸汽船運與鐵公路、電報網）及宮廷運作都有大幅進步。

在阿卜杜勒哈米德二世治下，鄂圖曼社會與經濟都呈現出許多現代化標誌。到了一九〇〇年，鐵路與蒸汽輪船已經取代了動物馱運與人力航行。一八三〇年代至一九一二年間，伊斯坦堡的人口從三十七萬五千人，成長到一百一十二萬五千人；伊茲米爾（Izmir）也從十一萬人，成長到三十萬人；薩隆尼卡則由七萬人成長到十五萬人；貝魯特則由一八〇〇年的一萬人，來到一九一四年的十五萬人。[11] 都市擴張主要是農業商業化及國內外貿易急速成長所致。一八〇〇至七〇年間受到廉價歐洲進口商品嚴重打擊的鄂圖曼製造業，現在則受到了明顯的振興。都市中心與近郊的工廠大幅增加，尤其在伊斯坦堡、薩隆尼卡、伊茲米爾與貝魯特等地；但同時工人組織與勞工抗爭也在增長。一九〇八年的伊斯坦堡有兩百八十五間印刷廠，蓬勃發展的批判性出版品嘲諷政治人物、諷刺現代生活，例如西式服飾的影響、車禍死亡率與西方精準時間觀造成的混亂效應。[12]一次大戰之前，薩隆尼卡與其他主要都市的年輕人愛上西式舞蹈、輕歌劇、自行車與電影。[13]二十世紀初的鄂圖曼社會仍舊以鄉村生活為主，但都市中產階級社會的生活習慣已經展現出明確的改變趨勢，亦如歐洲各地所能見到的那樣。

不穩定的源頭

然而，不論我們如何詮釋十九世紀的現代化進程，相較於歐洲列強，鄂圖曼的地位仍然在持續衰退中。到了一九〇九年阿卜杜勒哈米德二世在位晚年，鄂圖曼的處境較之以往顯然更加惡劣。就在日本發展出資金，自行成為殖民侵略強權，並於一九〇五年決定性擊敗俄羅斯之際，同時間的鄂圖曼卻讓出了多數歐洲與非洲領土。在大國支持下，塞爾維亞人、蒙地內格羅人（Montenegrins）與羅馬尼亞人在一八七八年正式獨立。《柏林條約》（The Treaty of Berlin）也允許保加利亞自治，奧地利與英國則獲得波士尼亞－黑山（Bosnia-Herzegovina）與塞浦路斯名義上的控制權。一八八一年，法國在突尼西亞建立保護國，英國則於隔年占領埃及。雖然鄂圖曼也是歐洲協調的一員，卻遭受如此重大的領土損失；意欲維持大陸權力平衡的歐洲協調，實質上卻是犧牲了鄂圖曼的利益。畢竟，鄂圖曼帝國被視為「歐洲病

④ 阿拉伯半島西北部沙漠地區，包含麥加與麥地那。

夫」，死亡似乎只是早晚的問題。

領土縮減並非唯一的羞辱。一八七八年，阿卜杜勒哈米德二世苦澀地抱怨，英國「似乎想將高門視為自己的殖民地，為自己所用」。[14]一八八一年，鄂圖曼財政被置於英法管理的公債管理局之下，並由希臘與亞美尼亞裔中間人管理。西方資金的投資在十九世紀最後二十年間大幅增加，同時正如同中國的情形，帝國被分成好幾個經濟勢力範圍。同一群列強也保障了基督徒商人的經濟與司法優惠（稱為「優惠條約」〔capitulations〕），引起穆斯林同行的強烈不滿。

可以肯定的是，列強之間的競爭同樣導致沒有任何歐洲國家可獨占戰略敏感的近東地區。至少就當時而言，這塊區域還是留在鄂圖曼手裡為佳。因此帝國在歐洲人的容忍態度下存活了下來，就像暹羅的卻克里（Chakri）王朝與中國清朝那樣。俄羅斯希望取得溫暖海域的港口，特別是對伊斯坦堡的野心，經常被英國阻斷，後者決心不讓通往印度的近東門戶落入對手手中。然而，同樣的歐洲協調卻也容許在強國在利益考量之下，蠶食鯨吞鄂圖曼領土。更有甚者，帝國命運還受到歐洲公眾意見左右，後者認為穆斯林——特別是土耳其人——是宗教迫害基督徒的野蠻人。有時候，公眾意見會造成對鄂圖曼帝國不利的外交政策，例如一八二七年列強介入，復興了希臘獨立戰爭；又或者英國首相格萊斯頓（Gladstone）利用一八七六年保加利亞平民遭到屠殺（所謂的「保加利亞恐怖事件」）後的公憤情緒，贏得一八八〇年的大選。

帝國的存續受到歐洲國內與國際政治變化左右，必然讓伊斯坦堡產生深深的不安感，同樣也影響了少數族群內菁英的效忠意識。例如，十九世紀後半葉希臘教育與文化機構快速擴張，許多機構更是受到希臘政府資助成立，強化了帝國對希臘人民族主義覺醒的恐懼。阿卜杜勒哈米德二世決定要提倡穆斯林利益，於是支持一八九四至九六年對亞美尼亞社群的大屠殺，以報復亞美尼亞民族主義者的行動。這些都反映出穆斯林菁英之間一股增強中的看法：基督徒少數族群應被視為帝國安全方面的負擔。他們特別顧慮的是，民族分離主義者藉由公開宣揚與誇大對基督教少數族群的宗教迫害（至少在鄂圖曼人眼中看來如此），來引進大國干預。二十世紀前十年，許多改革倡議者逐漸想要以特定族群——亦即土耳其人——為基礎來改造帝國。在齊亞・戈卡普（Ziya Gökalp）與尤素夫・阿克求拉（Yusuf Akçura）等知識分子的領導下，許多人開始對土耳其遺產與文化產生新興趣，進而發展出與穆斯林相對的土耳其意識，也因而形成了土耳其民族主義的溫床。

在這股民族主義覺醒的過程中，一般鄂圖曼人的貢獻程度如何？這是個很難回答的問題。十九世紀中，宗派衝突確實增加了。巴爾幹地區的民族主義革命明顯反土耳其也反穆斯林，而且更發生了對巴爾幹穆斯林的宗教迫害與驅逐等行為，這必然強化鄂圖曼其他區域對基督徒的敵意。同樣情況也發生在十九世紀起到一九一三年間，從俄羅斯逃出或遷徙出來的五到七百萬名穆斯林身上。黎巴嫩則是大型教派血鬥的爆發地點，主要牽涉到德魯茲派（Druz）⑤與馬隆派（Maronite）基督徒⑥。亞美尼亞人大屠殺（一九一五年）之前，一八九四至九六年與一九〇九年已經發生過大規模殺戮；同時還有一八四一到一九〇八年間在克里特島上間歇發生的基督徒與穆斯林的暴力衝突。然而也必須強調：這段期間，絕大多數鄂圖曼穆斯林、基督徒與猶太人仍舊持續和平共存。這段時期的特徵是，在東地中海沿岸蓬勃的世界性大都會中，各種宗教社群會彼此互動、共生共榮。在安納托利亞的北部與西部，穆斯林與基督徒持續

⑤ 德魯茲派是伊斯蘭教的異端教派，信奉神祕主義，自十一世紀起就住在黎巴嫩山地區。

⑥ 馬隆派信奉一種黎凡特當地特有形式的基督教，從十字軍東征以來便承認羅馬教宗的地位。

會共同慶祝許多節慶，敬拜相同的聖人，並從同樣的聖龕求神奇解方。二十世紀初，民族主義剛開始滲入大眾意識，阿拉伯語行省的子民直到一次大戰期間，都還接受帝國統治的合法性。多數安納托利亞的希臘人與亞美尼亞人是生活在穆斯林多數之間的少數族群，倘若族群關係惡化，他們將損失慘重。因此他們對於分離民族主義者的想法，並不是特別認可。[15]然而在帝國受到戰爭蹂躪的最後十年（一九一二至二二年）裡，當數百萬穆斯林與基督徒都因為宗教認同的緣故遭到迫害與迫遷時，他們的關係確實惡化到再也無法回頭了。

帝國終結，一九〇八至二二年

土耳其民族主義在鄂圖曼歷史尾聲響起時崛起。一九〇八年，土耳其青年團（Young Turk）運動主要由受過西式教育的軍官與官僚組成，目標是透過加速政治改革進程以讓阿卜杜勒哈米德二世下台，並重啟包含議會體系在內的憲政政府，來拯救帝國免於立即潰亡。雖然取了這個名稱，土耳其青年團並非民族主義運動，然而多數領袖都理所當然視土耳其族裔群眾為支持者來源。相對地，土耳其青年團的政治側翼——聯合進步委員會（Committee of Union and Progress，簡稱CUP）則將鄂圖曼主義放回了政治訴求中。如同土耳其青年團早期出版品中強調：「我們已經嘗試……捍衛所有鄂圖曼人的權利與利益。我們從未差別對待亞美尼亞人、希臘人與土耳其人。」[16]到了一九一三年一月，當聯合進步委員會自立為獨裁政權時，他們放棄了鄂圖曼主義。然而缺乏政治經驗、國會動盪不穩、對中央集權政策的反抗四起——在在都令聯合進步委員會的政策裹足不前。特別令人失望的是來自少數族群菁英的反應，他們一反鄂圖曼主義的精神，堅持保有優惠待遇。聯合進步委員會領袖因這些人的忘恩負義而感到荒謬，逐漸將重心轉向核心的土耳其族群。一九一〇到一三年間發生的一連串毀滅性軍事衝突，更導致土耳其青年團認真考慮要成立一個單一民族國家。葉門（一九一〇年）與阿爾巴尼亞（一九一〇與一一年）的反抗運動顯示出並非所有穆斯林團體都是可靠的。然而，一九一二年的巴爾幹戰爭失去了帝國多數剩餘的歐洲領土，才是真正的關鍵。保加利亞軍隊逼近伊斯坦堡帶來了危機感，與此同時，來自馬其頓與保加利亞的數萬穆斯林難民也湧入了安納托利亞。在安納托利亞當地，大批群眾杯葛希臘人商家，穆斯林開始公然對基督徒鄰居的存在表示厭惡。多數安納托利亞希臘人看到牆上的塗鴉，也開始移民到希臘或俄羅斯。到了一九一三年，鄂圖曼帝國不再自視為結合許多宗教的共同體，並也認為移除關鍵的基督教少數族群——特別是希臘人與亞美尼亞人——對帝國的安危至關重要。

我們並不完全清楚，聯合進步委員會為何在一九一四年讓帝國加入一次大戰中的德奧陣營。跟當時歐洲最強國家德意志的結盟，看起來肯定是有些機會取回失去的領土，以重建帝國。結果那卻是個致命的決定。帝國遭到多面進攻。英國經由加利波里（Gallipoli）半島發動計畫不周的攻勢，遭到鄂圖曼軍成功擋下，然而俄羅斯人卻深入安納托利亞的東北部，英國人也逐漸掌握了阿拉伯行省。鄂圖曼帝國雖然撐到戰爭終結，政府卻失去了對多數鄉村地區的控制權，使之落入盜匪集團手中；這些集團的規模因為逃兵而擴張。少數族群團體從戰略敏感區域移出，許多人死於迫遷之中。此刻的帝國政府由一小群軍事強人有效掌控，這場戰爭給了政府將亞美尼亞人從鄰近俄羅斯地區移出的理由，進而打消了俄羅斯人對東安納托利亞的領土主張。超過百萬公民死在迫遷、屠殺與飢餓中。[17] 一九一八年秋天，就在德國尋求和談之際，鄂圖曼人別無選擇，只能追隨。協約國強加的和平卻形同極端的處罰：安納托利亞的主要區域，包含伊斯坦堡在內，都被勝利國瓜分。然而剩下的鄂圖曼軍在加利波里戰爭英雄凱末爾·穆斯塔法（Kemal Mustafa）的領導下重新集結；在大眾支持下，國民軍重新建立安納托利亞為獨立的土耳其人的家園。一九二二年八月，國民軍擊潰希臘遠征軍，並在十月迫使英國放棄占領伊斯坦堡。一九二三年的《洛桑條約》（The Treaty of Lausanne）則確保了直到今日的土耳其共和國領土疆界，但卻也要求土耳其與巴爾幹國家——特別是希臘——進行人口交換，好讓安納托利亞與東色雷斯更加土耳其化。

諷刺的是，正式終結鄂圖曼帝國的其實是土耳其人本身，而非列強。今日以阿塔圖克（Atatürk，意為土耳其之父）之名廣為人知的凱末爾．穆斯塔法，在這個階段享有無人可匹敵的權威。他在一九二二年十一月一日採取了歷史性的一步。在阿塔圖克與許多民族主義者的心中，現代化到了此刻比起帝國本身更加重要。世界歷史上最長壽、也最穩定的多民族國家之一——鄂圖曼帝國，就此一筆勾銷。

【西班牙】現代殖民主義系譜

荷賽普・弗拉德拉（Josep Fradera）

卡斯提爾（Castille）、納瓦拉（Navarre）與阿拉貢（Aragon）三個王國組成的王室，在國王卡洛斯一世（Carlos I）任內（一五一六至五六年在位），實際上形成一個類似羅馬或加洛林（Carolingian）帝國傳統的帝國。卡洛斯一世被選為神聖羅馬帝國皇帝之後，以查理五世（Charles V）稱號聞名於世[1]。卡洛斯國家的政治實體的脊梁骨是由卡斯提爾王國構成，致力於向大西洋另一側加勒比海周遭的島嶼及陸地進行大規模擴張。卡洛斯稱帝與巨大擴張區域的成形，不但同時發生，兩者更是密切相關。在他與兒子腓力二世（Felipe II，一五五六至九八年在位）任內，擴張在美洲與菲律賓地區發展到極致；雖然後者並未繼承父親成為神聖羅馬帝國皇帝。一四九二年哥倫布發現美洲，很快接著是科特茲（Cortes，一五一九至二八年）成功征服墨西哥，皮薩羅（Pizarro，一五三二至三三年）拿下祕魯。菲律賓群島則在不久之後取得（一五六四至七一年）。

在歐洲人全然不解的世界中征服新領域與新族群，可被視為天主教西班牙統治者於伊比利半島內部擴張期的延伸。西班牙南方與東方的安達魯斯（Al-Andalus）穆斯林國家滅亡的歷史過程，傳統上被稱為「再征服運動」（Reconquista）。這個詞反映出來的，是卡斯提爾、葡萄牙及加泰隆尼亞－阿拉貢統治者所使用的種種意識型態假設與文化合理化藉口，都被人毫不質疑地接受了。此過程事實上代表的並非「再征服」，而是圍繞著伊比利諸王室形成的社會團體征服土地與人民的過程；這些團體好幾個世紀以來，一直透過鯨吞蠶食哥多華伊斯蘭哈里發國（Islamic caliphate of Cordoba）的方式，來擴展自己的領域邊界。[2]

這個征服過程從十三世紀開始，一直延續到一四九二年攻下格拉納達城（Granada）——恰與哥倫布出航前往美洲同一年。天主教徒與穆斯林在伊比利半島上並肩共存幾個世紀之後（雖然過程中少不了雙方發起的劫掠攻擊），北方的基督教國家開始展開系統性征服新領土，將領域不斷往南拓展。這些軍事行動的核心是一股奪取新土地的欲望，讓支持者成立諸侯國，並主宰、控制當地的穆斯林人口。[3] 多數案例中，被征服的安達魯西亞人都遭到無情殲滅；即便在加泰隆尼亞－阿拉貢王室所獲得的閃亮戰利品：馬約卡島（Majorca）與其他巴利亞利群島（Balearic islands）①上，穆斯林農民也幾乎在西班牙征服之後的一代時間內消失。存活下來的人僅剩少數，他們失去了過去幾個世紀耕種的土地，被迫活在社會邊緣求生。他們過去居住的區域被交給武裝團體，融入建構大型封建莊園的複雜過程、取代了古老的農耕與土地制度，同時也形成新類型的農民社會。安達魯西亞剩下的穆斯林人口則在幾處基督教統治者容忍下的邊緣飛地倖存，但後續也在剿滅行動中幾乎消失殆盡，例如格拉納達的阿爾普哈拉（Alpujarra）山區剿滅行動（一五六八至七一年）。穆斯林最終在一六〇九年遭到腓力三世（Felipe III）驅逐出境。因此「種族滅絕」的現代概念，是在中古晚期的西班牙南部創造出來的；這個無庸置疑的事實卻很難納入西班牙歷史的傳統敘事之中。

基督教王國在伊比利半島上推進邊界的政策，也為美洲征服開了先河。在這個脈絡下，派翠西亞・西德（Patricia Seed）指出，決定美洲被征服者降伏命運的《要求》（requerimiento）飭令，可以追溯至稍早的阿拉伯－穆斯林傳統。[4]在海外擴張的許多面向上——包括爭奪金、銀這兩種貴金屬；大規模奴役非洲人的政策；以及密集對世界各地派遣軍隊與科技等——葡萄牙人雖是先行者，卡斯提爾與阿拉貢人卻也緊追在後。這群基督教王國的軍事與社會力量都以卡斯提爾為中心，比葡萄牙人來得更為優越。由於葡萄牙人在非洲碰到瓶頸；卡斯提爾快速征服、宰制了加納利群島（Canary Islands）；再加上熱那亞船長哥倫布在西班牙「黃金時期」那股救世衝勁——以上都導致西班牙在大西洋上開拓了新的殖民疆界。某些人認為大西洋是通往日本與中國的捷徑，其他人則認為這是征服遠方不知名領土的途徑。[5]最早征服的西班牙島（Hispaniola，今日為多明尼加共和國與海地兩國所在的島嶼）打開了通往新殖民疆界的一扇門，也大幅強化了數世紀以來西班牙的擴張欲望。這股擴張主義將在文藝復興的思想與創新中經過重新包裝，但源頭卻可追溯到幾個世紀前伊比利半島與地中海的征服過程。

西班牙在美洲

西班牙帝國的基礎奠定於美洲及大西洋世界。此說法可以在兩個重要面向中獲得證實。首先，十六、十七世紀的西班牙王室享有大片歐洲領土。面對新教改革興起、致力於影響羅馬天主教的未來，以及西班牙哈布斯堡王朝在阻擋土耳其帝國持續於地中海擴張上的重要角色——以上在在對「西班牙王室」造成沉重的軍事、政治與財務負擔，後續也對卡斯提爾社會帶來嚴重影響。[6]第二個警示跡象同樣重要。十六世紀西班牙的帝國野心並不僅限於剛發現及剛開始殖民的廣袤美洲領土上，而是受到一股宰

①位於地中海西部，西班牙東部的島嶼群，目前是西班牙的自治區之一。群島是由馬約卡、梅諾卡（Menorca）、伊比薩島（Ibiza）及其他小島組成。

制世界的欲望驅使。這解釋了西班牙王室為何從未放棄在北美的擴張企圖，或打消征服亞洲、讓亞洲基督教化的計畫——包含從菲律賓基地出發征服中國。[7]這類在全球規模上表現出的自命不凡，最終雖收斂成較有節制的野心，但依舊無法遮掩當時西班牙帝國對自身歷史使命的期許。

到了十六世紀末，帝國的廣大幅員說明了帝國內部組織何以有那樣的特色。其歐洲領土一路從低地國延伸到義大利南部；殖民地則涵蓋多數中美洲與南美洲地區、加勒比海上幾座最大型的島嶼，另也據有菲律賓群島與一些非洲立足點。不同憲政安排的拼組方式被約翰・艾略特（John Elliot）定義為「合成王國（composite monarchy）」；至少在十八世紀末波旁王室（Bourbons）進入西班牙之前，西班牙帝國是由不同組成部分維持著各自的憲法體系。[8]一六四〇與五〇年代這幾十年是特別關鍵的時刻，因為部分小領土反抗馬德里王室的權威，其所造成的衝突導致葡萄牙與西班牙分離；卡斯提爾治下的加泰隆尼亞（位於伊比利半島北方）與那不勒斯（位於義大利南部）也分別出現嚴重爭端。關於西班牙帝國令人驚訝的另一面，則是美洲屬地與菲律賓群島在這個全球體系中的位置；或者更精確地說，兩地都缺乏任何憲政體系或代議政府，在行政上全然仰賴卡斯提爾王室直屬機構。有三項重要因素可以解釋這種獨特地位的形成。首先，在征服美洲殖民地的根本合法性上，王室朝廷與西班牙教會的內部一直存在著複雜爭論。[9]充滿教條詞藻的論爭根據的是中古晚期伊比利社會穩定建立起的準則，而論爭主軸不只是征服與控制美洲原住民的合法性，還牽涉到原住民能否被奴役的核心問題。此外，在建立帝國的重要階段，王室跟卡斯提爾主要城市之間恰好也爆發內部衝突。王室因此選擇從本土管理卡斯提爾的海外屬地（這個決定也產生了一大批相關法案，即所謂的《印第亞斯法案》〔Leyes de Indias〕），並依據卡斯提爾傳統，設立了一連串市政與政治－司法機構（「仲裁庭」〔audiencia〕）。最後，美洲帝國成立時的艱困環境，導致王室選擇直接掌控這些廣袤且遙遠的屬地，也因而設計出西班牙王室在歐洲領土上無前例可循的獨特行政架構。

西屬美洲的建立並沒有任何已制定的計畫可遵循。最早被征服的是加勒比海（一四九二至九六年），接著是墨西哥與中美洲的阿茲特克帝國（一五一九至二九年），最終落入西班牙人之手的是基多（Quito）、祕魯與智利的印加帝國（一五三二至三四年）。這些征服基本上是由伊比利半島資本主義者資助的一小群武裝流氓（huestes）所策動。他們受到快速致富的可能前景所吸引；行動不成功的話，那就掌控當地人民，期待未來坐擁財富也行。王室與各種行政人員——包含王家、市政與宗教——都是在殖民過程的稍晚階段才跟進，腳步接在這些征服外國土地的武裝流氓之後。至於宗教上或文化上為這些征服提出的合理化藉口，都是在領土倉促擴張之後才草草湊合而成。

在這種去中心化的擴張模式中，王室統治隨著私人團體對美洲原住民的土地和人群進行征服、破壞與占有之後接踵而至，且是透過無止盡的暴力手段發展出來的——在祕魯內戰（一五四四至四八年）中尤其明顯可見。[10]這類武裝衝突背後所呈現的互動張力，基本上是在以委託監護制（encomienda）②（或可說是印第安人在轉宗基督教的前提下投降）取得最大量原住民人口的過程中，各種征服初期的社會、民間與宗教參與者跟王室之間的抗爭拉鋸。時間一久，「印第安人死亡」情形一發不可收拾的消息傳回本土，王室開始嘗試對委託監護制施以某種程度的限制，特別是針對被征服原住民族強加的財務要求、強迫勞動與財產特許權的世襲傳承等項目。[11]在這段重要的抗爭中，最終是祕魯與墨西哥的委託監

② 為一種依賴體系，最初出現在羅馬帝國統治下的西班牙，由武力強大者保護弱小者，以換取對方的服務。後來西班牙王室在菲律賓與美洲進行殖民活動時，也用這種制度統治印第安人。

護主敗北，但王室的意圖卻是引入更長期的剝削計畫，而非終結殖民制度本身。甚至連支持恰帕斯（Chiapas）主教巴托羅謬・德拉卡薩斯（Bartolomé de las Casas）的基進派神職人士，或者最熱衷建立某種「神學共和國」的天主教會，也無法想像原住民能從支撐殖民架構的負擔中解放出來。「神學共和國」的支持者認為，將印第安人置於神父的保護下，就能遠離貪婪的殖民者之手。

不同殖民行動者之間的重要辯論，是由美洲征服所引發的人口災難所引起。加勒比海地區大幅流失原住民人口，只剩某些小島上還留下一小群人。西印度群島後來移入了大批歐洲與非洲人；後者是長達數世紀大規模的強迫遷徙的受害者。島嶼上發生的美洲原住民人口滅絕，後來又在大陸上無情上演，成了民族歷史學者阿弗瑞德・克羅斯比（Alfred Crosby）所定義之「哥倫布大交換」過程中發生的史無前例大屠殺——縱然並非事先計畫，但也不全然是意外。[12]八十多年間，美洲人口劇減。中美洲人口陡降為原來的二十分之一；印加帝國土地上的情況相對好一點，征服後的人口約為十分之一到六分之一，主要因為高原寒冷地區讓細菌較難傳播。[13]然而原住民族人口崩潰，不僅是因為當地人從未接觸過的傳染疾病（例如流感、痲疹、小兒痲痺與百日咳）；社會與精神因素也扮演了重要角色；此外還要加上殖民制度下的強制過度勞動。人口流失對於殖民社會的興起與成形的影響，無疑決定了美洲的未來。

美洲原住民族人口大幅度流失，標誌著前哥倫布社會的終結，其經濟、社會與文化結構也無法承受這樣的災難。在大規模破壞，以及帝國官方與早期私人殖民團體相互勾連的目標中（此刻兩者利益已經調和），新的殖民社會就此誕生。本地社會對抗和適應新主人的能力同樣也形塑著這個社會。一切再也不同，新形成的社會是根植在死亡、離散與屈從的斷層線上。如同卡洛斯・桑帕特・阿薩杜里安（Carlos Sempat Assadourian）所解釋，新興的殖民社會中，最具有動能的要素，就是兩大西班牙總督府──祕魯與墨西哥──轄內蓬勃發展的礦業；而那是以最能填補原住民人力流失的合理形式發生。[14] 銀礦業的技術進步是決定性關鍵，特別是一種稱為「與汞混合」的程序：運用水銀將礦砂由礦脈中分離出來。新的技術基礎立刻發展出蓬勃的產業，讓當地經濟發展的目標跟帝國需求接合在一起。[15] 四分之一個世紀後，新社會誕生，大型礦業城市（最好的例子是祕魯的波多西〔Potosí〕）與行政中心（多數是歐洲人口居住地）建立起新型態的農業與地方產業，而且在組織形式與商業外觀上，都跟前西班牙社會截然不同。貴重金屬生產出口至本土，為這些網絡提供動能：例如一五〇〇至一六五〇年間抵達賽維亞的黃金有一百八十一噸，白銀則有一萬七千噸。[16] 金、銀後續成為西班牙與南美洲出口產物最終站之間的關係核心；最終站包含了好幾個北歐國家及大亞洲社會，特別是中國。

為了滿足礦坑對廉價勞動力成長中的需求，帝國力量以各種方式鎮壓美洲原住民人口以滿足新產業的需要。最知名的案例，是祕魯的米塔（mita），這是總督托雷多（Viceroy Toledo）從一五七〇年代開始推行的大規模強迫勞役體系。此中解釋了由枯竭的本地人口服務帝國蓬勃經濟需求之間的矛盾。透過這些財政與勞力政策，多數西班牙的行政、經濟與社會組織到了十六世紀末都在新世界上了軌道。[17] 許多架構甚至在兩個世紀後仍未改變。

西班牙帝國是個殖民帝國嗎？

關於西班牙海外帝國的本質，最根深柢固的扭曲想法，是誤解了制度體現跟社會基礎之間的關係。許多世紀以來，這個由歐洲人、非洲人與美洲原住民組成的跨大西洋世界，都被強大的天主教救世主義給合理化了。一開始，西班牙神學家或許對征服殖民地的合法性有過不同想法，然而擴充西班牙子民與增加信仰基督靈魂的可能性卻很快將這些想法掃到一邊。此外，一四九四年《托德西利亞斯條約》（Treaty of Tordesilhas）高舉教宗賜予的征服許可，將大西洋圈分成卡斯提爾與葡萄牙兩塊地區，讓西班牙既成的征服事實又有了另一項合理化藉口。王室高舉強烈救世主義，也受到修會與西班牙教會的支持，他們肯定了按西班牙王室意志所推動的神聖任務；法國跟其他基督教強權對西班牙擴張的敵意，甚至更進一步肯定此舉。

隨著西班牙帝國擴張，為這片廣袤領土建立體制的挑戰也刻不容緩。這個過程產生了一六八一年的《印第亞斯法典彙編》（Recopilación de las Leyes de Indias）——收錄了數千份殖民統治相關詔令的浩大工程，為這個「紙上帝國」的龐大立法需求提供一份精良的指引。帝國的政治組織是源自更早的基礎，甚至來自征服之時跟某些原住民族簽訂的條約，但統治者也需要回應新的需求。帝國設立了總督府、軍區與市長，他們彼此之間毫無關係，而是直接回報給王室轄下的中央機關，主要是印地亞斯評議會（Consejos de Indias）——在各種機構、組織形成的「鑲嵌畫」裡，它就是中心。這個政治架構之下，仲裁庭作為最高的司法－政治權威，功能之一是抗衡王室聘任的行政官——不論是總督，或是在智利、瓜地馬拉偏遠地區管理印第安人的「治安法官（corregidor）」都是如此。體制架構在許多方面跟教會行政體系相互重疊，從主教區、教區到傳教團等教會的觸手仍舊依靠所謂王室恩庇，仰賴著王室本身的支持。所謂的卡斯提亞模式——城市代表集結成政治實體與國王共同立法，在殖民世界並不適用。同樣不適用的，還有類似第一英帝國③的路線，意即給予美洲領土某種代表權的可能性。這項選擇只有在拿破崙入侵西班牙的危機時刻才派上用場——當時開始有人建議將自由政治代表權延伸到海外屬地，授權他們派遣國會代表前往西班牙。

對於帝國體制的構成及帝國政治中荒謬的同化主義遠遠稱不上公正的評估，導致西班牙歷史學者矛盾地否認新西班牙與菲律賓的「殖民」本質——這也恰恰呈顯出不同研究領域混亂地重疊時，會產生的那種可笑文字遊戲。確實，長久以來西班牙人並未採用葡萄牙、英國或法國的「商館」（feitoria）、「莊園」或「殖民地」概念。他們是在十八世紀末英國與法國人打造出「殖民地」這個詞之後，才開始使用此說法。即便在當時，主要也是指加勒比海的產糖屬地。這些語意差別可以簡單解釋為「西班牙人比其他歐洲人花了更長時間，才用真正的名稱來稱呼某些事物」。然而，西班牙帝國確實建立在非常牢固的經濟組織之上，目標是不論在本土還是海外屬地，都要提升本土與本土子民的地位。這種經濟生產的組織方式的確可稱為「殖民」。此外，殖民情境是在未經辯論或節制的情況下，強加於原住民族身上；他們最好的土地、水源與資產都落入了西班牙人手中。

某些極具說服力的原因更是重申了西班牙海外屬地的「殖民」本質。首先，印第安人是唯一一群子民，必須支付人頭稅、滿足強迫勞役的需求，並購買西班牙商人出售的歐洲商品。這些商人還跟當地政治領導人有所勾結。這些強加的措施一直維繫到帝國終結，甚至在帝國裂解之後仍持續下去。簡言之，正是西班牙人向其他歐洲人展示了：在長期基礎上消滅、壓制與迫使大批人口屈服是有可行性的。亞當・斯密（Adam Smith）跟他的門徒並不認為西班牙是個適合英國複製、學習的案例，但這項認知並未阻擋其他英國人瘋狂追隨西班牙在亞洲的征服、殖民管理與經濟剝削模式。此外，非洲奴役人口的身影也出現在西班牙的美洲領地——十六世紀的聖多明哥（Santo Domingo）、十七世紀的祕魯海岸、十八世紀沿著整個加勒比海岸線發展的糖業大規模剝削實驗，統統都讓西班牙世界更往葡屬巴西或北歐國家在

③意指一四九七到一七六三年，英國在世界各地——主要是北美洲——建立殖民地的時代。

西印度群島的模式靠攏。[18]奴隸制度在整個經濟部門及後續大規模糖業生產中扮演的關鍵角色，應當被理解為大規模殖民過程的一部分。[19]

種族、種姓與帝國

一旦我們接受了西屬美洲與菲律賓被征服地區真實的屈從本質，確實也不能否認這些地方的發展在面對西班牙中央領導體制時，是享有相當程度的自主。當王室明確訂定規則，確保歐洲與海外屬地之間相輔相成的地位後，也就留給殖民社會相當大的空間來定義自己要如何發展。歐洲中心與殖民邊陲的遙遠距離，加上十七世紀摧毀西班牙的危機，兩者同樣提升了美洲地區的殖民地自主性。理解帝國內部的種族與社會疆界，對於了解這些殖民社會發展的某些面向，是極為重要的關鍵。

起點之一是西班牙人將美洲世界組織成兩個隔離「共和體」的概念：一個屬於印第安人，另一個則屬於西班牙人。此想法反映出對於「血統純淨」社會（亦即西班牙種族的純淨）的執迷，同時還有某些教會部門希望讓印第安人脫離西班牙殖民者的貪婪爪牙。征服後人口災難的影響；倖存者遭遷移到其他地理區，並與其他歐非人口混合，導致原住民社會解體；外加無數人託辭脫離社群以逃避高額稅收——在在都讓脫離原生社群的美洲原住民人數暴增。然而，維持隔離的原住民社群並設立傳教點，仍被視為解決兩難的解方：一方面要讓原住民人口處於西班牙的掌控下，另一方面又要避免兩個族群有大規模的接觸。但在殖民破壞之後，歐非移民的抵達導致跨種族性關係增加，大型都市中心與新經濟部門的興起帶動了對勞力、甚至是家務勞力的需求，於是這種以兩個隔離社群為基礎的殖民社會理想便成了烏托邦幻夢。

這個想法付諸東流後，衍生出種族上相互分隔的「共和體」，再由此慢慢衍生出西班牙人所稱的「種姓」（caste）社會（種姓一詞借自葡萄牙耶穌會教士，用來形容十六世紀印度社會中的階級區別）。在卡斯提爾這樣的社會裡（幾乎剷滅伊比利半島上的猶太人與穆斯林之後，他們習慣將種族汙名認定為會經世襲傳承下來），以身體外觀明顯可辨的差異為基礎的種姓概念在美洲找到了一片沃土。隨著時間過去，種姓之間的差異愈趨細微，因此發展出一組種族範疇與次範疇的複雜區分方式。即便有這套相當繁複且跟當代奴隸社會類似的分類系統，它對限制社會進步與社會文化階級形成的影響，仍需要詳細檢視。多數社會與經濟活動並不受種姓成員資格的限制，財產擁有與取得特殊專業的情況也是一樣。話雖如此，我們仍不清楚種姓階級中涉及的實際歧視程度究竟如何，純粹因為歷史學家對此的提問仍然不夠清晰。對於種姓與種族差距的完整知識，需要有更細膩的研究，包括要探討人們是否可以進入某些行業與專業、在行業內地位為何、婚姻市場的潛規則、法官與治安法官的行為，以及擔任市政或教會職位的資格要求等等。

身體外觀（亦即種族）差異並未造成影響的情況，似乎在十八世紀後半葉此種差異的功能性日益增加的過程中消失了。現代國家的發展產生新的法律與秩序需求，某些殖民社會團體有意識接受，並操弄其中的規則。管理教區的殖民地與教會行政人員負責進行最早的勞力普查時，對於人們的血緣產生愈來愈大的興趣[20]，而在城市的區位隔離與婚姻模式上，便可見到明顯的種族相關性。[21]這無疑是影響社會進步的關鍵因素，但卻未對有能力積累資產的個人造成阻礙。因此毫不意外地，政府禁止跨種族通婚，也隨之強化了殖民關係上的不平等基礎。正如薇瑞娜·史托克（Verena Stolcke）指出，在本土禁止跨種族婚姻的《一七七六年詔敕》（Pragmática Sanción）傳到美洲地區時，影響所及程度不能盡數，因為法案將在一個複雜的種族架構下施行。[22]詔敕的影響在古巴這類地區特別深遠，因為這裡的大批自由黑人與黑白混血社會群體將詔敕轉變成規範婚姻市場的工具。帝國的暮年因此籠罩在社會階級架構與社會排斥的文化議題中。這是歷史的諷刺之一，所謂的「有色種姓」——也就是奴隸後裔——逐漸在勞動階級中沿著社會階梯上升；然而在都市專業人士、軍隊與教會之中，帝國的種族文化卻抗拒著任何可能破壞以膚色或奴隸血緣為基礎的社會架構之行為。隨著超大型莊園興起，奴隸制度的改變也跟種族主義觀點的強化脫不了關係。

西班牙帝國的頂峰及其財政與政治挑戰

即便西班牙王室與十八世紀主要的國際政治潮流之間似乎有段距離，帝國仍然在這段期間達到高峰，也達到最大領土幅員。有三個因素可解釋這驚人的遲來擴張潮。首先，須將原住民人口明顯回升納入考量，再加上混血族群也同樣大量成長，而這些族群在文化上對歐洲人或非洲後裔都是包容接納的。其次，在南美洲，帝國邊界持續往南北擴張，同時伸入奧利諾科河（Orinoco）④與亞馬遜河流域等未受殖民的「空白」地域。第三，帝國邊陲地區愈來愈融入整體經濟與社會體系——不僅是美洲區域，西班牙部分地區也經歷了此一變形過程，例如加利西亞（Galicia）與加泰隆尼亞。最值得注意的是同時延伸邊界又融合邊陲地區的發展案例：一七七六年成功建立的拉普拉塔總督府（Río de la Plata）。[23]

倘若有任何理由能夠解釋長期區域擴張的加速，應該就屬帝國決定性融入了大西洋經濟活動中，這也是改革重商主義之下，經濟、社會歷經改變的一部分過程。這類改變最可見的面向，就是跨大西洋經濟交換的強化。[24]另一個比較不可見、最終卻很清楚明顯的面向，則來自於殖民經濟兩個主要部門的決定性融合：礦業與鑄幣，以及商業性農業生產逐漸以歐洲市場為目標，向其提供原物料（棉花、染料）及食物（糖、菸草與咖啡）。這兩個部門會逐漸融合，是受到一七六〇、七〇年代制定的商業與財政改革措施所影響；也跟以當地食物消費（包含安地斯山區生產的古柯等興奮劑）為導向的殖民經濟發展，及區域內需求的織品與家用器具生產緊密相關。關稅改革將西班牙壟斷的貿易體系（十六世紀先以賽維亞為主，一七一七年起則改以卡迪茲〔Cadiz〕為主），轉變成納入多個西班牙本土港口的寡占體系，部分目的在於放鬆貿易管制，增加關稅收入。[25]將目標放在更完整運用帝國優勢的新經濟政策，從一七二〇年代起就開始激起長篇論辯，但直到七年戰爭（一七五六至六三年）促使改革勢在必行，才真正獲得落實。

這場戰爭顯現出帝國的軍事弱點，也暴露出西班牙必須改革軍隊並為此籌錢的急切需求。西班牙國內也出現關於美洲機構（仲裁庭與市政會〔cabildo〕）內部讓克里歐人（Creole，意指出生在美洲的歐洲人）與西班牙人權力共享的質疑聲。[26]這些被啟蒙王權及其內閣視為核心的改革措施，主要涉及帝國財政與權力體系的劇烈重組，以便更加符合他們新的優先關注順序。就像法蘭西與英帝國的案例，戰爭費用及後續改革打亂了本土與殖民地都小心翼翼守護的內在權力平衡。[27]美洲透過非直接稅收、財政壟斷（特別是菸草）、「強迫貸款」與高額度關稅等管道蒐集來的金錢，全都被用來對抗經濟脈衝，提供國家捍衛帝國完整性所需的資源，以達到王室的主要政治目標。

美洲人身上增加的財政壓力，無疑也是一種巨大成本，這些成本既是經濟上的，也是政治上的。經

④南美洲第三大河，發源於委內瑞拉南部靠近巴西的山區，往西北流去，成為哥倫比亞與委內瑞拉的界河，最終注入加勒比海。哥倫布於一四九八年發現奧利諾科河口，此地為重要的石油與瀝青產區。

濟上，新制度讓某些產業由非正式經濟轉移至國家手中，又對其他產業產生了抑制作用；政治上，它又激起根深柢固的大眾不滿情緒，並於一七八〇在安地斯山，一八一〇年於新西班牙總督府轄地爆發衝突。[28] 一八〇八年拿破崙入侵西班牙，帝國管理體系遭到侵蝕，美洲殖民世界裡愈來愈強的矛盾情結將殖民社會捲入暴力漩渦，每個地方的保皇派或殖民地起義支持派都明顯不同。在這樣的情況下，唯一有能力形塑另一套文化政治論述的社會團體，只剩克里歐人的中產階級，他們也是十八世紀經濟擴張的主要受益者。

帝國西班牙的衰微

美洲殖民地分離主義者擊敗了西班牙軍隊，因此十六世紀在美洲打造的帝國於一八二〇年代的最後五年內正式消失。一八一〇年爆發的反抗行動，從一三年開始由西蒙．波利瓦（Simon Bolivar）領導，幾乎造成所有前殖民地的解放，並建立了六個獨立國家：委內瑞拉、哥倫比亞、巴拿馬、厄瓜多、祕魯與玻利維亞；雖然波利瓦本人想像的其實是單一的統一國家。即便西班牙統治者試圖收買美洲屯墾者，承諾在拿破崙戰後成立新的代議機構，卻仍舊面臨全面性潰敗。這項極具野心的計畫之所以失敗，最明顯是因為民族主義者與獨立派的力量在美洲部分地區爆發不可協調的衝突，而西班牙也無法接受美洲人的「聯邦」立場。

西班牙試圖維持中南美帝國，卻轟然敗北，但它仍然保有三塊非常重要的殖民地：古巴、波多黎各與菲律賓。正如威靈頓（Wellington）孜孜不倦提醒駐倫敦西班牙大使的，第一塊的古巴是當時世界上最富裕的歐洲屬地之一。這三個地方仍留在西班牙手中，是因為它們是戰略與軍事上極具價值的飛地，同時也因為一七六三至八二年間推行的改革在這些地方成功施展開來；這些改革跟當時在整個帝國內推行的改革是一致的。對比大陸上大型的總督府，這些島嶼飛地獲得大量軍事防衛資源，而這些資源都來自帝國其他地區，以當時的財政術語來說，可稱之為「稅金移轉」（situado）⑤。[29]

古巴因此成為以蓬勃蔗糖產業為基礎的經濟體，在鄰近的法國殖民地聖多明尼克（Saint-Dominique）遭到摧毀後引起的糖價大漲中，古巴收割了一波讓人艷羨的好處。從這個重要殖民地出逃至古巴的糖廠主推升了古巴的糖潮，但更重要的是，一八二〇年英國和西班牙簽署禁止奴隸買賣條約之前，此地存在鬆散而不受限制的非洲奴隸進口貿易。然而就像巴西跟美國南方發生的情況一樣，古巴奴隸制度高度盛行，跟國際上禁止奴隸貿易卻是同時發生的。奴隸貿易的禁止，起因於拿破崙戰後英國與絕大多數歐洲國家之間簽訂的廢奴協定，但西班牙當局卻對走私非洲人睜一隻眼閉一隻眼。古巴的糖潮帶來的結果，導致其他農作物被移到島上的不同區域，讓位給十九世紀的機械化莊園。將農作物移到肥沃中央區域的過程，讓古巴成了世界上首屈一指的蔗糖生產地，也因此成為西班牙國家（不但以古巴關稅建立自己在加勒比海的地位，還有許多剩餘利益挪回西班牙使用）與資本主義者眼中極具價值的殖民地。[30]在波多黎各，雙軌並進的蔗糖與咖啡產業——主要透過附近維京群島上丹麥屬西印度群島港口聖湯瑪斯（St Thomas）外銷北歐市場，同時輸出美國——形成的基礎，遠超過本土利益所求。就和古巴一樣，波多黎各蔗糖產業也依靠奴隸來推動，咖啡則主要由歐洲裔農民耕作。

⑤「situado」這個字在西班牙帝國時代雖然指的是已給付或已匯出之薪水或租金，但在帝國財政上，特別用來指皇家資金由一處皇家財庫搬到另一處財庫，以支付具有重要戰略意義的支出項目。這種稅金移轉制度最有名的，就是以墨西哥總督府的白銀，支撐加勒比海地區與菲律賓殖民地的軍事需求。

菲律賓一直是西班牙帝國中非常特殊的案例。這處最偏遠的西班牙屬地，是靠著結合各種稅收的複雜體系來支撐，包含當地稅收、來自新西班牙以「稅金移轉」形式出現的財務支援，以及十六世紀末在阿亞普科（Ayapulco）與馬尼拉之間建立的重要貨運連結所產生的關稅收入——亦即西班牙與中國帝國之間的貿易，以馬尼拉為中轉站。許多世紀以來，西班牙主要依靠南美洲白銀出口到中國市場（由於中國貨幣體系不使用紙鈔，白銀甚為搶手），才讓這個偏遠昂貴的殖民地得以維持下來。載銀前來的加雷翁大帆船（galleon）返航阿亞普科時，則滿載織品、陶瓷與其他令人垂涎的中國商品，以及東南亞島嶼出產的香料。帝國在東亞對抗荷蘭人與英國人攻擊時，菲律賓人也扮演了後衛的角色。

十九世紀初，當西班牙帝國的危機產生了要在政治與財政上讓菲律賓自生自滅的威脅時，馬尼拉政府卻想方設法讓群島留在西班牙手中。[31]不到幾年時間，沿續先前已經在美洲建立的路線，他們發展出驚人的財政壟斷部門。這項計畫中，菸草獲致根本的重要性；國家壟斷的煙草貿易很快成了菲律賓官方的財政基礎（持續到一八八二年），因此也確保了西班牙在中國海的持續活動。建立菸草壟斷事業，表示國家會轉變成某種經濟主體：需要徵收並控制某些省分的菸草種植活動、運送菸葉的體系、在馬尼拉處理成品的工廠與可靠的經銷體系。一八四〇年起，菲律賓的菸草壟斷事業也必須降價向本土工廠供應菸葉。國家壟斷事業的經理人必須嚴格控制菲律賓農民間常見的非法菸草種植活動，同時也要一面控制持續變動的零售業（混血〔華裔－菲律賓裔〕中下階層在其中扮演重要角色），就在此時，財政壟斷成為了殖民主義的主要工具。當菸草壟斷在經濟整合上扮演了決定性角色，軍事行動與蒸汽輪船也將殖民疆界推進內陸（呂宋〔Luzon〕島及未獅耶〔Visayas〕地區）及群島南方的民答那峨島（Mindanao）與蘇祿島（Sulu）的穆斯林領域。在西班牙統治的最後二十年，財政壟斷獲得鬆綁，稅務系統經過改革，政府也鼓勵西班牙資金投入。這些動作都是為了創造西班牙統治的新基礎，並與當地崛起的資本主義勢力及成立於菲律賓港口的歐美公司進行競爭。

一旦新專制主義王權在西班牙完全垮台後，在這些生產與財政基礎上，十九世紀自由派西班牙殖民主義的新模式應運而生。然而奇怪的是，那些曾經召集美洲與菲律賓同道中人一同形成單一代議機構的自由派，反倒從一八三〇年代掌權後，就將這些同僚從體系中隔離出去。因此，非但沒有代議議會與政治權利共享，他們還草草建立一個威權軍政府體系，而那也是一八三七、四五與七六年本土自由派憲法擱置過程中，唯一能夠填補殖民地政治真空的方式。（一直到後來，第一次古巴獨立戰事陷入膠著，奴隸制度終於在一八八六年廢止，西班牙政府才願意將代議權利延伸到古巴與波多黎各，然而菲律賓仍舊明確維持著殖民地地位。）[32]西班牙同化主義概念終於來到時，面對的卻是自相殘殺、互不信任的衝突，以及美國對西屬加勒比海地區日漸增強的興趣。但這並不表示西班牙束手默認四個世紀以來的美洲統治權就此終結。西班牙令人印象深刻的軍力展示（一八九八年有二十五萬西班牙士兵派往古巴），仍不足以鎮壓古巴起義；同時，擁抱美國帝國主義的威廉．麥金利總統（William McKinley）確實破壞了西班牙的反抗能力。一旦鬆開了美洲帝國，西班牙就不再是跨越大西洋兩岸，且還有觸角位於亞洲與北非的國家。

西班牙帝國模式

經歷冗長戰爭與數年美國軍事占領後，古巴在一八九八年獲得獨立。同年，波多黎各雖然也甩開了西班牙統治，卻又在一九〇〇年遭到美軍占領，成為美國的一部分，雖然只有有限的自主權。菲律賓同樣也在美國協助下趕走西班牙人，卻同樣遭美國控制，直到一九三五年為止。

這是西班牙帝國的矛盾，當它終於走到盡頭之際，卻又回到了類似十五、十六世紀的老路。從十九世紀中葉開始，西班牙本土海岸地區的人口成長，加上遠距運輸費用降低，在在鼓勵了成千上萬名西班牙人移民到美洲去，一如幾個世紀前他們先祖選擇的那種路線。直到一七六〇至七〇年代左右，前往海外屬地的旅程，主要都只能從西班牙南部與美洲重要大港通航的港口出發，旅客也僅限於水手、代理人與商人等維繫大西洋帝國兩側商業關係的團體。直到一八四〇年代之前，向外移居到西班牙剩餘的加勒比海殖民地，或前往美洲大陸前殖民地的人，都算少數且罕見。但從一八四〇年代起，卻發生了本質上的改變。來勢洶洶的外移潮讓大片舊帝國區域「西班牙化」，特別是那些仍舊在西班牙掌控之中的區域，然而影響程度迄今不明。一八五〇年代的立法調整終結了過去限制外移的政策，促成了大西洋另一側醒目的西班牙社會的誕生。此一趨勢持續到二十世紀頭幾十年，甚至在新宣布成立的古巴共和國中，西班牙移民仍舊受到歡迎。因此不意外地，二十世紀初的哈瓦那與布宜諾斯艾利斯都是擁有大批西班牙裔社群的城市，許多西裔政治、文化與休閒社團都享有很高的社會地位。

一八九八年西班牙敗給美國時，美國評論者將西班牙海外帝國比喻為一條鯨魚——這種動物的各部位都很有用。馬德里與華盛頓簽下一紙條約，西班牙獲得部分商業財政讓利後，帝國的支解便在巴黎一間外交沙龍中進行了起來。美國強化了對加勒比海的波多黎各及西屬亞洲的菲律賓屬地的掌控，此外它還有干涉古巴的能力。在整個十九世紀，古巴可是西班牙王冠上的那顆寶石。這紙協議標誌著西班牙在美洲地區及歐洲以外地區四世紀統治的終結，這段帝國歷史的長度值得我們停下來稍加省思。

這個危機四伏的帝國雖在預期中結束，卻不影響我們重新評估它在歷史中的地位，以及它對於形塑現代世界的重要性。雖然在掌握十八、十九世紀世界史變化上，西班牙帝國仍是關鍵，但它的故事卻尚未被人書寫完整。面對現代世界新興列強的擴張——特別是英國，還有法國、德國、美國與日本——西班牙帝國晚期訴說的是一個內縮的故事。[33] 本文試圖展現某些帝國衰落的機制，及其他帝國在現代世界發展中的崛起，並不只是　地緣政治的問題：伊比利半島帝國的消滅，在滿足北歐國家擴張進入南半球的需求上，提供了先決條件。因此西班牙帝國的衰微應當被這麼看待：它對現代帝國主義的經濟、社會與文化的特徵轉變，帶來了根本性的影響。

若將西班牙帝國視為歐洲舊世界與進行中的新世界發展之間的樞紐，也有其道理。四世紀的歷史累積出來的經驗，是形成眾所熟悉的今日世界的關鍵要素之一。然而長期以來，西班牙人自己提出的種種正當性辯護——包括天主教救世主義、王權帝國主義、對於海外領土人民的家父長式情感——都能在啟蒙運動和福音派基督教會描述擴張歷史經驗所援用的概念中，看到相應之處與自利式的自我肯定。然而，既然我們都不再信那套針對十九世紀所謂「以工業與運輸技術變革為基礎，並藉由對外傳播純正歐洲思想來達致理想」的說法，那麼西班牙帝國在歷史上的定位確實也需要重新評估。西班牙人無疑是先遣隊，更是後來延伸到二十世紀上半葉的歐洲擴張活動之中，最早進行的大規模實驗案例。事實上，這個由移民、宗教人士與宮廷官僚殖民整片大陸的偉大事業，加上意外延伸到亞洲的版圖，也正是首度長期宰制並限制非歐洲人的嘗試。他們的目標其實相當於創造一個新的社會，並要在世世代代中藉由自身的動力生生不息。從這些方面來說，這是個成功的案例。在此架構下，王權國家達成目標；本土也能滿足對財富與宰制的欲望；天主教會找到了理想地點，讓文化上與心理上均已衰竭的大規模人口轉宗基督教。後續種種發展的劇本，在十六世紀就已經譜寫出來了。

葡萄牙

打造新舊世界的帝國

吉兒・迪亞士（Jill Dias）

葡萄牙是第一個取得海外帝國的歐洲國家，也是最後放棄海外帝國的國家。在一五四〇年代，歐洲最小、最偏遠、最貧窮的國家之一，已經創造了規模為本國五倍大的商業帝國，幅員延伸全球多處。一六〇〇年前，帝國的重心已經從非洲、亞洲，移轉到南美洲，並於一八二〇年代再度回到非洲。雖然葡萄牙海外活動的本質從根本上產生了變化，但葡萄牙人仍舊無處不在。五個世紀間，數百萬人出發前往亞洲、巴西與非洲。不同地理區域間的親屬網絡維持著這些地方在歷史上的連結，而編年史家與詩人則強化了帝國的「想像的共同體」，構築出葡萄牙擴張的民族意識與神話。一如所有帝國，極端暴力的時刻也標誌著葡萄牙的歷史。它在海外奴隸貿易中扮演核心角色，導致一千至兩千萬名非洲人流散各地，在美洲地區創造出新的文化社會合成體。葡萄牙接觸所留下的文化遺產，也在後殖民社會的認同、語言與宗教中長存，其中包括從日本、澳門、印尼、馬來西亞與帝汶島（Timor），到巴西、安哥拉、莫三比克、幾內亞比索（Guiné-Bissau），與聖多美群島及維德角（Cape Vaerde）等地。葡萄牙本身很少成為帝國經濟的主要受益者，首要任務仍是中介角色。透過帝國推動國家復興是個永恆的幻象，帝國落幕時的葡萄牙，仍舊跟帝國發跡之初同樣貧困落後。

非洲的開始：從休達到幾內亞灣[1]

葡萄牙擴張，是從一四一五年十字軍隊入侵北非並征服休達（Ceuta）開始。這項行動取悅了教廷，後者急切希望能夠取回幾個世紀前，穆斯林政治強權在地中海區域從天主教會手中奪去的基督教領域；這讓葡萄牙一舉躍上了國際地圖，進入當時眾人的視野中。遠征行動的策畫者、「航海家」恩立克王子（Infante Henrique）[2]在一四三三年也成為大西洋上馬德拉（Madeira）島與附近島嶼的葡萄牙殖民行動擘畫者。編年史家將恩立克描繪成一位虔誠且具騎士精神的戰士，同時也是精明商人與活躍的奴隸商。三十年間，他運用剝削馬德拉島、農業、貿易與私掠的收入，來資助出航西非海岸的旅程，因此一四四〇年代中期，歐洲人首度接觸到塞內甘比亞（Senegâmbia）的黑人非洲社會。若說他主要的動機是尋找黃金與奴隸，但其實評估伊斯蘭的南方界線並招募非洲盟友共同對抗「摩爾人」也同等重要。

早期的遠征志在擄掠奴隸，而那既昂貴又危險，卻只能獲取少數俘虜；在十年內，此舉就演變成和平貿易關係。一四五〇年在阿爾金島（Arguin Island）①建立的「貿易商館」很快為其他人口更稠密的塞內甘比亞社群商貿關係所取代，這些社群屬於跨撒哈拉黃金、象牙與奴隸貿易的一環。沃洛夫人（Wolof）②的政治菁英希望取得馬匹，既是增添榮耀也為了滿足戰事需要，而葡萄牙人則樂於提供。雙方交換之下他們獲得了奴隸，一四五〇年代的交易價格是七名奴隸換一匹馬。每年有一千到兩千名黑奴抵達葡萄牙；一四四〇至六〇年間總數達到一萬五千至兩萬名。[3]

① 位於今日茅利塔尼亞。

② 分布在西非的非洲民族，是今日塞內加爾的主要民族，也分布在茅利塔尼亞、甘比亞。

一四七〇年左右，里斯本商人費爾諾・戈梅斯（Frenão Gomes）在皇家許可之下，派船前往獅子山。他們從馬拉奎塔（Malagueta）海岸發展出胡椒貿易，顯露出黃金海岸的豐厚潛力，另也進入尼日三角洲，並發現了聖多美群島。一四五五年，教宗尼閣五世（Nicholas V）宣布南大西洋為葡萄牙的領海（mare clausum），故而確認葡萄牙人擁有在幾內亞灣航行、征服的特許權利。這些權利在一四七九年的《阿爾卡索瓦什－托雷多和約》（Treaty of Alcáçovas-Toledo）中獲得確認，條約中葡萄牙將加納利群島讓給卡斯提爾，以交換亞速群島（Azores）、馬德拉島、維德角與「加納利群島以外、往幾內亞方向上已發現或未來將發現的土地……以及任何其他島嶼。」

教宗批准這紙條約的時間，剛好與若昂二世（João II）登上葡萄牙王位同時在一四八一年發生。這是頭一次，透過海路前往印度的政治目的獲得明確認可，不只是為了追求基督教的目標，也是為了控制利潤豐厚的東方胡椒與香料貿易。[4]阿方索・德・派瓦（Afonso de Paiva）與佩羅・德・科維良（Pero de Covilhã）這類能操阿拉伯語的猶太信使，展開了情報蒐集任務。一四八七年，他們喬裝成穆斯林商人從開羅前往亞丁（Aden）。科維良出航進入印度洋，造訪卡利克特（Calicut）③、果亞與索法拉（Sofala）④，接著從索馬利亞陸路前往衣索比亞科普特基督教（Coptic Christian）⑤統治者的宮廷，只是接下來三十年間都被留在此地。同時在一四八八年，巴特羅謬・迪亞士（Bartolomeu Dias）也繞過好望角，進入印度洋。

儘管如此，比起跟亞洲直接貿易的風險，征服非洲顯得更吸引人。一四九〇年代初期若昂國王向馬利與廷巴克圖（Timbuktu）⑥送出信使，以尋找黃金與基督教盟友。[5]占領與屯墾並非主要動機，若昂尋求的是可以進行貿易與傳教的永久基地。最早的聖喬治達米納碉堡（São Jorge da Mina）⑦是由葡萄牙運來石匠、木匠，連同木材與石材，在一四八二年建造而成。每年有十多艘船於此進行商業貿易，滿載黃金與其他珍貴貨品返回里斯本。[6]

葡萄牙貿易商滲透了非洲商業網絡，從剛果運回樹皮布與銅手環⑧，從獅子山取得可樂果（kola nut）⑨，從貝寧取得珠子，並沿著海岸進行交易。然而最重要的貨品就是奴隸——為了滿足米納（Mina）⑩內陸地區非洲黃金生產的挑工需求。當時有成千上百人是從濃密沼澤地的「奴隸之河」及尼日三角洲幾乎難以進入的林地中取得。

到了一四九〇年，塞內甘比亞外海的維德角群島及聖多美成了幾內亞灣商業與社會轉變的觸媒——兩者分別在一四五〇與七〇年代被發現。透過將這些地方賜予自費墾殖開發者，作為領主或船長領地，

③位於印度西南海岸的喀拉拉邦的重要歷史港口，今日名為科澤科德（Kozhikode）。

④位於莫三比克索法拉河口的重要歷史港口。

⑤原意為埃及的基督徒。當基督教成為羅馬帝國國教後，不少埃及人開始基督教化，因此成為中東北非地區最大的基督教社群。

⑥今日位於西非馬利共和國境內，撒哈拉沙漠南緣，歷史與地理上一直是北非阿拉伯人、柏柏人與黑人文明的交匯點、交通要道與文化中心。

⑦位於今日迦納的艾爾米納（Elmina），為撒哈拉沙漠以南最古老的歐洲建築。

⑧葡萄牙文為manilha，意為手環，通常以銅或黃銅鑄造，為西非地區的商業貨幣，殖民時期之前就已開始流通，持續作為貨幣或裝飾品使用到二十世紀上半葉。

⑨原產於非洲熱帶雨林的錦葵科植物，與南美洲的可可有關，高達二十公尺，果實稱為可樂果，可提煉出咖啡因，是可樂飲料的成分之一，也是命名由來。

⑩葡萄牙人在今迦納的海岸選了一片利於防守、又緊鄰金礦的海岸作為據點要塞的建設地，並命名為「埃爾米納」（Elmina，意即「礦藏」）。

且附帶完全的司法、建制、軍事與經濟權力，王室將這些島嶼納入了葡萄牙的勢力範圍。第一批屯墾者包含葡萄牙－猶太裔轉宗者（「新基督徒」）、吉普賽人及流放的葡人罪犯。一四九三年，若昂國王下令將所有遭卡斯提爾驅逐而至葡萄牙避難的猶太父母與孩子分隔開來，讓這些孩子受洗，送到聖多美進行殖民[7]；到了一五〇六年有六百人倖存下來。[8]

基督教擴張成為王室的首要考量。身為基督文明的掌旗官，迪亞士在非洲海岸的顯要據點立起石柱，上有十字架與葡萄牙國王的雙臂。然而若昂二世反覆訓誡非洲統治者，要他們放棄「偶像崇拜」的做法，卻遭充耳不聞。在米納地區，黃金貿易的重要性被置於基督教傳教任務之前，塞內甘比亞與貝寧的統治者對基督教展現的興趣為時短暫，遠征行動中的教士也沒能讓十五世紀或後世任何重要的非洲領袖轉宗。

剛果地區的菁英對歐洲影響的接受度比較高，因而讓剛果成了一四九〇至一五四〇年間，透過基督教與商貿進入非洲內陸，最有野心也最成功的試驗地點。密切的傳教活動導致剛果菁英在天主教信仰中被大量同化，雖然地方信仰與活動仍舊持續存在，而剛果基督教其實也展現著高度混融的形式。[9]海外奴隸貿易的規模在剛果達到了最大的程度。和米納的黃金不同，剛果的棕櫚布、木材與銅對葡萄牙人相對無利可圖。因此歐洲商品被用來交換奴隸——由當地統治者提供的戰俘、罪犯、孤兒與欠債者。剛果很快成為葡萄牙、聖多美及後來的巴西的主要奴隸供應地。

同時間，聖多美殖民者在貝寧的私人貿易情況也愈加劇烈。不同於剛果國王，貝寧統治者從未仰賴過歐洲商業，這一點從一五二〇年前對男奴出口實施禁運制裁可見一斑。然而，來自聖多美的貿易商與傭兵對貝寧的建制與信仰帶來了深刻的文化影響。他們透過出售毛瑟槍，支持統治者的擴張戰爭；大量黃銅手環被熔鑄成紀念牌，牌上的圖像與戰爭描述都融入了葡萄牙士兵、官員與貿易者的形象。[10]

抵達非洲不到一世紀的時間，葡萄牙人的影響從塞內甘比亞、幾內亞灣延伸到剛果，跟實際人數不成比例；一四五〇至一五〇〇年間的任何時間點，他們的人數可能都沒超過三百人。而到了一五〇〇年，已經有十五萬非洲人從塞內甘比亞、貝寧與剛果，被運到米納、維德角、聖多美、馬德拉或葡萄牙。長期的互動與貿易模式已然建立起來。

隨著通往印度的海路開通，王室首要看重的地點已從非洲轉移到印度。而曼紐一世（Manuel I）在一四九五年登上王位，他無視策士質疑航越好望角的用處，下令對印度派出遠征航隊。曼紐一世高調委託由瓦斯科・達伽馬（Vasco da Gama）[11]指揮的船隊執行任務，這個決定是出於救世信念，國王相信自己為神「揀選」之人，將重新征服耶路撒冷。曼紐一世新「大衛王」的形象，與一四九〇年代伊比利半島的穆斯林政權最後堡壘：格拉納達陷落、猶太人遭驅逐等明顯的千禧年趨勢，相互調和且合而為一。[12]

印度洋的貿易帝國

船長（瓦斯科・達伽馬）派遣流放罪犯之一前往卡利克特；他們將他帶去會見兩位來自突尼斯的摩爾人，他們會說卡斯提爾語及熱那亞語。他們對他的招呼如下：

惡魔抓了你；誰把你們帶來這？

然後他們問他我們遠道而來所謂何求。他回答——

我們來此尋求基督徒與香料。[13]

一四九七年十一月二十二日，從里斯本出發的五個月航程後，達伽馬的四艘卡拉維爾輕快帆船繞過好望角，沿著東非海岸往上行駛。受到壞血病嚴重影響的船員，在一四九八年二月底抵達莫三比克島。由於擔心遭到詐騙，同時急於獲得清水，他們往北駛往蒙巴薩（Mombasa）與馬林迪（Melindi）⑪之前，轟炸了這座城鎮。最終他們跨越了大洋，在古賈拉特（Gujarat）⑫導航員的協助下，於五月二十一日抵達了西印度的卡利克特。驚人的是，在若昂二世的情報人員網絡中，達伽馬與他的手下對印度洋世界幾乎一無所知——他們一開始認為卡利克特是基督教城市，還錯認印度教廟宇為教堂。印度洋社會的世故繁複對他們也屬意料之外；卡利克特統治者躺臥在金線刺繡布覆蓋的躺椅上接見達伽馬，周圍環繞著金銀杯、盆與花瓶。內心不安的達伽馬誇稱葡萄牙國王是歐洲最富裕的王室，並不需要金銀。他送出的微不足道的贈禮露出了馬腳：十二條皮帶、四件披風與六頂帽子、四段珊瑚枝、六個盆子、一盒糖、兩桶橄欖油與兩桶蜂蜜。令他感到羞辱的是，東道主拒絕這些禮物，表示它們甚至配不上從麥加歸來的最貧困商人。他們在卡利克特停留的餘下時間裡，葡萄人遭到來自官方的騷擾，來訪的穆斯林貿易商也訕笑嘲諷他們。經過三個月，達伽馬放棄耕耘與統治者的友誼，突然間揚帆返航。14

船隊在一四九九年七月返航，曼紐一世得意地宣布葡萄牙「發現了」印度，並自許為「衣索比亞、阿拉伯、波斯與印度的征服、航行與商業之主」。開啟印度洋廣大的商貿世界遠非國王最狂野的幻想所能及。偉大的海岸城邦，包含亞丁、歐姆茲（Ormuz）、奇爾瓦（Kilwa）、坎貝（Cambay）、卡利克特、麻六甲（Malacca）與廣東，這些長期以來的亞歐商貿重鎮，現在都是曼紐一世希望奪取的港口。

葡萄牙人了解到關鍵在於高超的海軍力量，因而打造出大型武裝商船（naus）隊。這類海上堡壘與倉庫可以承受整排加農砲透過舷窗開火的後座用力。一旦遭到意外攻擊，這些偉大港市的穆斯林、印度、馬來與華裔商人都無法對抗葡萄牙人的火力。[15]

達伽馬第一次遠航之後，很快又有更大型、更成功的商業出航緊接在後，包含十多艘以上武裝精良的船隊，部分船艦甚至載有千名士兵。船上載運愈來愈多葡萄牙騎士與貴族，這些人願意冒著生命危險，為東方開展的經濟與軍事機會，踏上繞過好望角的極危險航程。[16]對許多人來說，劫掠穆斯林貨運與聚落獲得的物質利益，顯然比和平的商貿活動更加誘人。對印度洋沿岸社會的統治者來說，葡萄牙艦隊與無情海盜船之間的唯一差別，只有更優越的海軍力量。

達伽馬首度抵達卡利克特後的七年內，葡萄牙人已經在印度建立了長久據點。[17]一五〇五年，葡萄牙王室建立「葡屬印度」（Estado da Índia），任命法蘭西斯柯・德・阿爾梅達（Francisco de Almeida）為首任總督。他的任務是在印度洋上建立葡萄牙海軍強權，透過封鎖紅海來終結穆斯林所掌握的香料貿易，同時還要奪取並強化東非的史瓦希利人（Swahili）港口：奇爾瓦及索法拉，以用作非洲黃金、象牙的主要出口港；這些物品是購買印度香料的必要資源。上述目標多數在一五〇九年達成，國王也下令阿爾梅達前往蘇門答臘、麻六甲與印尼群島中比香料群島更遙遠之地，「征服並帶回這些島嶼的國王及領主來此晉見。」[18]這項任務落到阿爾梅達繼承人的阿方索・阿布奎克（Afonso Albuquerque）肩上，此人正是葡萄牙東方擴張活動的指標人物。阿布奎克建造了一連串在地武裝堡壘來保護商館，以強化葡萄牙的海上控制權。知名堡壘所在地包括莫三比克島（一五〇七年）、果亞（一五一〇年）、麻六甲（一五一一年）與歐姆茲（一五〇七年）。

⑪ 位於印度西北海岸區域，此地人民擁有印度洋貿易的傳統。

⑫ 位於非洲肯亞加拉納河河口，瀕臨印度洋的港灣都市，古稱麻林地。

到了一五二〇年，葡萄牙船隻航經科羅曼多（Coromandel）海岸⑬，前往印度東部、孟加拉、勃固（Pegu，緬甸），與充滿香料的摩鹿加（Moluccas）群島，在這些地方以印度織品交換丁香、肉豆蔻與肉豆蔻皮。這些群島、飛地的統治者遭到征服或自願臣服後，便納入了葡屬印度，王室很快掌握了貿易活動。[19]幾個由葡萄牙商人自主統治的殖民地也開始崛起，其中最重要的就是澳門。[20]

分布範圍極廣的亞洲屬地，仰賴位於果亞的總督府統治，這是葡屬印度最重要的統一特質。從各方面來說，總督在三年任期內幾乎是擁有無限大權力的獨立統治者。在果亞，他由諮詢會議輔佐，會議成員包含主要的民政與司法官員、大主教、軍隊指揮官及顯要貴族。此地與北非類似，駐有大批葡萄牙軍隊，而高等貴族的地位顯赫。

實際上，葡萄牙人在亞洲的政治活動很廣泛，但也只流於表面。承認葡萄牙宗主權的統治者一般會支付象徵性貢金，因此本地政治行政體系多數都未受影響。[21]這些王室「屬地」的廣袤地理分布與文化政治上的多樣性，確實讓它們難以融入果亞強加的統一行政架構之下。此外，孟加拉灣、東南亞與遠東地區微弱的軍力，也決定性影響了葡萄牙在此地的互動模式。

一五一一年取得麻六甲後沒多久，葡萄牙冒險家就跟中國進行接觸。雖然一五二二年他們遭禁止登陸中國海岸，私下貿易仍舊持續進行，同時間自由貿易商也在一五四三年尋路前往日本。由於中國禁止臣民與日本進行貿易，葡萄牙人從中受益，成為南中國貿易活動的掮客。一五四〇年代初，他們將西式火器引進日本，帶來重大的政治影響。當地軍閥迅速採用新科技，一五七五年織田信長（Oda Nobunaga）在長篠（Nagashino）之戰中啟用三千名火槍隊，造成毀滅性效果，讓日本走上了統一的道路。[22]

至此，亞洲境內的葡萄牙貿易新網絡，相較於跟葡萄牙直接貿易顯得更加重要。多數亞洲境內的王家武裝商船都被「特許航程」所取代，由貴族跟其他關係良好的人組織起來，他們相互交換貨物關稅與某部分的利潤。利潤最豐厚的是果亞－麻六甲－澳門－長崎航線——早在一五六〇年代就提供胡椒、香料、絲綢、銅、金、銀與貴金屬等貨品。日本的銀礦開採更大幅推升榮景，白銀成為亞洲內部貿易的主要利潤來源：一五六〇至一六〇〇年間，葡萄牙人每年從日本運出兩萬兩千五百至三萬七千五百公斤的白銀，接下來的三十年間，出口更高達十八萬七千公斤。[23]多數白銀貿易是由廣東附近的澳門統籌；澳門從一五八二年起就由選舉產生的市政府管理，是某種商賈共和國般的實體。[24]

葡萄牙人在亞洲的活動也以大量的傳教為特色；到了一六三〇年代，葡屬亞洲地區有一千八百名傳教士。他們代表著各主要修會；人數最多的是耶穌會士[25]，接著則是方濟各會士（Franciscan）。超過三分之一的人住在果亞，另一個聚集中心則是科欽（Cochin）。耶穌會士也在東亞活動，特別是日本，還有衣索比亞、蒙兀兒帝國與西藏。到了十七世紀初，亞洲可能已經有約一百五十萬名基督徒。日本的基督教人口在耶穌會活動展開的第一個世紀中快速成長。當方濟各・沙勿略（Francisco Xavier）在一五四九年由澳門航向日本時，日本人視耶穌會士為吸引貿易的手段。雖然允許傳教對日本軍閥確實有利可圖，但日本政治統一後的政治文化氛圍卻比較無法容忍葡萄牙人，以及傳教士對國內事務的干涉。從一五五〇年代起，基督教傳教士遭到殘暴迫害，並於一六一四年被逐出日本。二十五年後，日本天皇禁止澳門商人前往長崎進行貿易；一六四〇年，澳門使館的六十一名葡萄牙成員遭到斬首，船隻遭燒毀。[26]

⑬ 印度次大陸的東側海岸，面對孟加拉灣。

葡屬印度轄下的聚落中，官方的葡萄牙商構成了主要社會團體，他們的重點業務是處理亞洲境內貿易。他們被稱為「已婚男子」（casado），這個概念源自阿布奎克希望在果亞與麻六甲建立永久殖民地的欲望；總督提供誘因給願意移居並娶當地改宗婦女為妻的葡萄牙人。就像葡屬非洲或巴西當地類似的「克里歐（殖民地出生的歐洲後裔）」（Creole）社群，這些殖民者仍舊對決定社會地位的種族或出身非常在意。混血者（麥士蒂索）被自稱「純種」者視為次等人，無論這些純種是出生在亞洲的歐洲後裔，或是來自葡萄牙的移民都是如此。

雖然不大可能確知有多少葡萄牙人住在亞洲，但往東方移民的規模無法跟移往巴西的人數相提並論。一五四〇年，若昂・德・卡斯特羅（João de Castro）總督估計葡萄牙屬地及中國到索法拉之間的商館，有六千到七千住民。四百人住在柯欽，兩百五十人住在麻六甲，一百五十人住在歐姆茲。到了一六〇〇年，「白人」已婚男子與軍人共計五千人，其中有兩千人住在果亞。印度以東最大的聚落是澳門，有五、六百人。整體來說，即便在主要聚落中，葡萄牙人仍舊只是少數族群；在麻六甲，爪哇人、華人、吉零人（Keling）⑭與馬來人明顯多過葡萄牙人。然而在果亞，即便印度教少數族群的人數頗眾，到了一六〇〇年代初期，基督徒仍舊占多數。整個葡屬印度境內，還有大量家務奴隸，包含女奴姬妾——果亞也許就有八千人。

有更大量的葡萄牙人住在葡屬印度的城市、官方聚落與軍營以外的區域。十六世紀的頭幾十年，商貿吸引了許多下層貴族與其他人士，他們希望從小額海岸貿易與傭兵工作中獲致財富。他們逃避葡屬印度的政治掌控，在王室利益圈外獨立運作。到了一六三〇年代，亞洲各地的白種與混血葡萄牙人口總數並未超過一萬五千人，其中五千人明顯是服務亞洲統治者的傭兵。[27]

葡屬印度在一六三〇年代開始萎縮。十六世紀的最後二十五年內，除了鄂圖曼帝國在紅海的勢力，葡萄牙人還得顧及伊朗（波斯）與蒙兀兒帝國的崛起。對葡萄牙官方勢力的衰弱而言，比起印度與亞洲強權，更重要的是英國以及（尤其）荷蘭陸軍與海軍的敵意行動。一六二〇至五〇年間，在荷蘭的攻勢下，葡萄牙失去了多數大型亞洲屬地，包含麻六甲與其他印尼、斯里蘭卡及印度東南部的關鍵哨站。一六六三年的條約簽訂後，葡屬印度幾乎只剩下果亞、達曼（Damão）、印度西海岸上的勃生（Bassein）與第烏（Diu）、澳門、東帝汶與少數幾處位於東非海岸上的聚落。

南大西洋的貿易與殖民，一五七〇至一八二〇年

從一五七〇年起，面臨著外國敵意行動與其他對東方繁榮事業構成威脅的困境，葡萄牙人的注意力逐漸西移，望向有利可圖的巴西糖業經濟。一五〇〇年，一艘原欲前往印度的培德羅・阿瓦雷斯・德・卡布拉爾號，意外停靠在巴西海岸，並依照一四九四年的《托德西利亞斯條約》，立刻宣稱此地為葡萄牙人所有。這紙條約經過教宗的祝福，將世界分別劃分成卡斯提爾與葡萄牙人的領域：經度三百七十度以東、維德角群島以西的土地屬於葡萄牙；以西的部分則屬於西班牙。托德西利亞斯線切過南美大陸的最東角，因此形成巴西最早的邊界。比起亞洲，在新土地進行殖民剝削有明顯的好處。由葡萄牙至此的海路比較短，危險較少，也比較不需要依靠年度風向轉變來航行。比起亞洲稠密人口與複雜的政治結構，沿著巴西海岸上散布的半定居美洲印第安人沒有中央集權的政治或商業體系，對外來侵略的抗拒也

⑭ 古代印尼與馬來半島的人稱呼印度人為吉零人，麻六甲至今仍有「Tanjung Keling」的地名，即印度人聚居地。

較小。即便如此，一開始葡萄牙人仍舊為印度洋的財富而著迷，對於巴西的染料木材、羽毛、猴子與鸚鵡並不感興趣。

到了一五三〇年代中期，葡人面臨到法國的殖民野心，於是便有占領巴西土地的急迫性；他們依循馬德拉島及聖多美的模式，將巴西分成十五個船長領地。一五四九年，船長領地之上又添了一個總督之下的中央行政組織。此後的二十年間，中央擴張了控制權，刺激了經濟發展，並將法國人趕出巴西南部。中央集權也獲得耶穌會傳教士的協助；此地的耶穌會士人數雖比不上亞洲，卻發揮了不成比例的影響力。

一五四〇年代，巴西的葡萄牙人口仍舊不到西班牙美洲的二十分之一。然而在歐洲對糖的需求成長之下，殖民速度快速增長。東北海岸地區的豐饒沃土與濕潤氣候非常適合種植甘蔗、菸草與棉花。受到土地取得容易及糖業利潤提供的財富與社會流動機會所吸引，葡萄牙移民發展出蔗糖種植園（engenho）——這個名詞包含了生產蔗糖的土地、房舍、奴隸、動物、技術與資本。最早幾代移民來自相對卑微的出身。到了一六〇〇年，超過五萬名包含許多女性在內的葡萄牙人集中生活在伯南布科（Pernambuco）與巴伊亞（Bahia）兩地。[28]上百間糖廠每年可產出超過一萬噸的蔗糖——占殖民地收入的八成。直到一六二〇年代，糖價飆高與產量持續成長的步調一致；到了一六四〇年代，巴西仍舊是世界上最主要的蔗糖產地。雖然從蔗糖上賺到錢，這些莊園的生活卻仍朝不保夕，產業依賴著借貸與奴隸，也受制於氣候條件與有限的科技。

糖業一開始的成長關鍵，仰賴的是當地圖皮（Tupi）人的廉價勞力。[29]王室在耶穌會的要求下，禁止以圖皮人為奴，而是透過和平對話，將他們轉為溫順的勞力。數千個圖皮家庭被移居到耶穌會保護並控制的傳教村落中，但這類村落卻成為劫掠奴隸者的目標，在蔗糖生產區內尤其如此。圖皮村民逃離殖民區域，加上天花與痲疹的高死亡率，於是造成一五六〇年代後勞動力大幅下降。此時卻正值糖業快速擴張之際，莊園主人遂望向非洲尋找解方。同時間，供應葡萄牙與大西洋島嶼的奴隸貿易已超過一世紀之久，再延伸到巴西也是很自然的發展趨向。十六世紀後半葉，大西洋奴隸貿易輸送了五萬名來自幾內亞、剛果與安哥拉的非洲人前往巴西莊園。[30]

對非洲造成的後果：擴張中的奴隸交易

隨著糖業興盛，葡萄牙人採取行動鎖定大西洋的另外一岸，在幾內亞灣再度建立權威，並前進剛果南部尋找新的奴隸與礦藏源頭，特別鎖定謠傳中安哥拉內陸蘊藏的白銀。來自聖多美的殖民者以盧安達島（Luanda）為基地，長期以來與非洲的安哥拉王國一起進行利潤豐厚的非法奴隸貿易；這個王國從寬札（Kwanza）河以南延伸到剛果邊界。由於一五二〇至六〇年間，葡萄牙王室未能攔截這股貿易潮，也未透過與安哥拉統治者建立和平關係有效扭轉情勢，因此在耶穌會支持下，王室遂決定占領、殖民這個王國。一五七一年，在寬札河至剛果之間這片有待征服的皇家殖民地上，一個地位不高的貴族保羅·迪亞士·德·諾瓦埃斯（Paulo Dias de Novaes）[31]獲得特許的一百英里荒僻海岸地，以及終身的總督任命。[32]他帶著三百到七百人入侵，也有傳教士隨行，在一五七五年二月二十二日抵達盧安達。高死亡率、農耕時期雨量不足與武裝非洲人的敵意，都造成這次進攻失敗。

然而諾瓦埃斯仍舊成功在盧安達建立據點。透過將征服來的土地獎賞給追隨者與耶穌會盟友，他也建立了未來殖民地的基礎，此外更從臣服的非洲酋長處獲得收受其進貢的奴隸之權利，非洲人交換到的則是葡萄牙人的「保護」及傳授天主教信仰。到了十六世紀末，巴西每年購入的三千名奴隸中，半數來自安哥拉。[33]相較於耶穌會對奴役巴西原住民的譴責，他們對黑奴交易卻無反感，因為這件事是經教宗豁免的。在非洲盟友與傭兵的協助下，諾瓦埃斯的繼任者積極於一六七〇年代間征服安哥拉。持續超過一世紀的戰爭與破壞，造成奴隸俘虜人數穩定成長；奴隸貿易也成為盧安達葡萄牙人的主要職業。

進入巴西的非洲奴隸——特別是來自安哥拉的人——最終達到平均一年一萬人之譜。然而，一六七〇年後，由於外國競爭及衝擊大西洋經濟的普遍性經濟蕭條，蔗糖與菸草的價格大幅滑落。巴西的經濟崩潰，要到一六九五年米納斯吉拉斯（Minas Gerais）發現金礦及後續的鑽石礦後，情況才獲得反轉。此一發現激起了一股殖民者的淘金潮，他們從不景氣的產糖區湧向北方，但很快又被葡萄牙來的移民（一年四千人）以及到一七二〇年為止每年進口約五、六千名非洲黑奴的數量所超越。到了一七七五年，米納斯吉拉斯有三十萬居民（占巴西人口的兩成），半數都是奴隸。[34]移民潮創造出一個不穩定的社會，王室花了十年以上的時間才有效控制下來。同時間，黃金產量成長迅速，到了一七五〇年代已超越十五噸。人口、經濟與軍事活動的南移，讓里約熱內盧（Rio de Janeiro）於一七六五年取代巴伊亞成為殖民地首府。蔗糖、藍草與稻米莊園的成長持續刺激著奴隸進口，而這個城市隨之成為連結巴西、安哥拉、莫三比克與印度的重要交易樞紐。

殖民政府、教會與商場上的高層人員間充斥著葡萄牙出生者；跨大西洋親屬網絡透過綿綿不絕到埠淘金的親戚維持不墜。官職、頭銜與軍銜的賜予，將當地寡頭與王室緊密連結起來。一七〇〇年後，大規模淘金與鑽石吸引到的移民（世紀末時有五十萬人），則進一步強化了當地人對葡萄牙的認同。[35]在十八世紀末之前，歐洲出生或巴西出生的葡萄牙人之間差異並不大，但在此之後巴西出生者的數量逐漸成長，他們就缺乏對葡萄牙的直接認識。

巴西：人口、文化與貿易

文化與知識上的依賴強化了殖民地與葡萄牙的社會融合。一八四〇年代前，葡萄牙任何屬地都不得成立印刷廠。此外，想學醫學或法律的學生，都要負笈前往本土的科英布拉大學（University of Coimbra），該校在殖民時代招收了超過三千名巴西人，從中強化了殖民菁英心中從屬於更廣大而包容的葡萄牙傳統的共識。[36]

即便葡萄牙移民源源不絕，到了一八〇〇年，非洲人與其後裔已經形成巴西最大的人口群體。雖然多數是奴隸，但由於四處可見的異族通婚與奴隸解放，因此黑人與黑白混血者構成了殖民地自由人口中的多數。[37]雖然外表看起來歐化，巴西的文化與社會底蘊卻主要受到非洲移民的影響。多數奴隸學會葡萄牙語、接納天主教，但持續湧入的黑人也維持著非洲傳統的活力。

如同北美地區，族群混合更常出自需求使然與主奴之間的剝削關係，而非如後來的殖民主義同情者所宣稱葡萄牙人有什麼種族寬容的獨特才能。[38]實務上，葡萄牙人的種族態度經常充滿極端偏見，尤其可見於跨種族互動頻繁的地區。混種自由人在法律上是殖民社會完整的成員，但實際上他們卻受到歧視。對於黑白混合的偏見卻不適用美洲印第安人身上——葡萄牙人與他們相遇之初，就已經發展出性與婚姻關係。

隨著巴西黃金流進葡萄牙，國王很滿意地發現，巴西正是他的「產奶母牛」。[39]然而黃金卻掩蓋了一件事實：在王室繁榮所倚賴的殖民收入上，葡萄牙本土的參與不過是邊緣性的。原先用來取得非洲奴隸的布料與其他貿易貨物，是從以英國為主的北歐國家進口，貨款則以巴西蔗糖與其他熱帶商品的銷售來支付。一六七〇年後這些商品價格大跌，葡萄牙的國債便增加了。巴西黃金讓葡萄牙輕忽了外部貿易失衡的狀況。黃金生產在一七六〇年代下滑時，殖民地商品在國際上的價格也下滑了，巴西於是陷入長期經濟蕭條。[40]葡萄牙王室收入銳減，政府赤字增加，黃金帶來的繁榮明顯讓葡萄牙成了更為虛弱的國家。

危機當前，需要更強而有力的措施來應對。葡萄牙首相塞巴斯欽·荷塞·德·卡瓦洛埃梅洛（Sebastião José de Carvalho e Melo，即後來的彭巴侯爵）期待帝國——特別是巴西地區——會重新啟動葡萄牙的經濟復興，以對抗對英國的經濟依賴；這並不是最後一次。他發起了基進的改革方案，讓巴西更加能夠回應本土需求，同時也改革財政流程使其向中央集中。當耶穌會士拒絕接受時，他沒收了修會資產，並將其逐出帝國。透過獨占公司將殖民地的貿易與發展國有化，正是設計來協助葡萄牙國民與外國商人競爭時更有勝算。在塞巴斯欽·德·梅洛的治理下，廣大的亞馬遜盆地成了外銷棉花、咖啡、原木、香料的產地，可可更是主要銷售目標。然而，一七七六年巴西出口量僅為一七六〇年的百分之四十。

其他相對有利的市場卻在這個世紀的最後二十年中，激起了巴西出口量的驚人成長。奴隸需求愈發劇烈，一七八〇至一八〇〇年間，每年從非洲進口的奴隸數量成長至兩萬人，一七六〇年只有一萬六千人；安哥拉供應了總數的百分之七十。[41]一八一五年的《英葡條約》（Anglo-Portuguese Treaty）有效地將合法奴隸出口限制在赤道以南的葡萄牙屬地，導致安格拉與其次的莫三比克成為主要供應地，繼而又推升了奴隸需求。因此不意外地，一八一〇到二〇年代間，奴隸販運的數量達到史無前例的高點。

一八〇七年，法國入侵葡萄牙後，若昂六世（João VI）與家族、朝廷、政府及一萬子民（包含文化菁英），在英國護送下前往里約熱內盧，里約成為帝國的財政與文化首都。[42]然而隨著一八二〇年葡萄牙自由派反抗之後，葡萄牙國會要求將國王送回國。國會同時取消了巴西近期獲得的帝國內王國的平等地位，也廢除朝廷駐在里約期間建立的新機構，並要求王儲培德羅（Pedro）返國。此時培德羅已在巴西出任攝政王。在巴西人殷勤勸留，英國也同意之下，一八二二年培德羅遂宣布巴西獨立，自命為王。[43]

非洲帝國，一八二二至一九七四年

巴西獨立預示著帝國的解體[43]，此刻帝國包含幾個相隔甚遠、位於非洲、亞洲與遠東地區的飛地：所謂「墮落的碎片」[44]；而王室對這些地方的控制，只能堪稱形式上的主權。這些地方的居民會說一點葡語，名義上是天主教徒，也不甚認真看待自己的王室子民身分。這些人來自不同屬地，有不同種族出身，而在維繫帝國上，非洲子民扮演的角色最為吃重，此地的財富幾乎都產生自奴隸貿易。因此在安哥拉，本地出生的歐洲裔寡頭，傳統上便占據了具聲望的軍隊、政府與教會職務，也維持著葡萄牙的影響力。然而他們可稱不上對里斯本服貼順從。若說他們支持葡萄牙主權，那也是以他們的方式來支持。

帝國的存續進一步受到國際大環境改變的複雜影響。漸漸地，當葡萄牙再度強調殖民主權時，也必須跟敵對歐洲列強的支持相互妥協。特別是奴隸貿易成了核心議題，這一點深刻影響到世人對葡萄牙非洲帝國的看法，尤其是英國人的看法。到了一八二〇年代，葡萄牙成了唯一尚未禁絕這種「可憎」貿易的歐洲國家。未能鎮壓奴隸貿易或強制執行反奴制度法律，顯露出葡萄牙對其非洲領地的軟弱主權，也給了英國一個輕鬆的道德說法來插手葡萄牙的殖民事務；英國從一八〇〇年代初期開始，就片面以葡英同盟的名義來定義葡萄牙的殖民關係。在葡萄牙，強調國家主權對抗英國介入帝國事務，主導了整個政治與公共論辯，也成為民族主義情感的重要焦點。[45]

十九世紀的政治家與評論家開始逐漸以帝國剩餘的部分，來解決葡萄牙認同與帝國命運的危機。一八二〇年革命後定下的原則強調了民族與帝國之間的連結，並且高舉普世價值、法律、政府與公民等啟蒙信念。直到一九一〇年共和國宣布成立之前，《一八二六年憲章》（Constitutional Charter of 1826）仍舊有效，從未中斷。此憲章將葡萄牙與其屬地統合在一個不可分割的國家之中，非洲與亞洲飛地轉變成本土的「行省」，有權派代表參與里斯本的國會。「偉大葡萄牙」的概念一直持續到一九七四年。然而試圖將海外「行省」納入本土行政架構的早期嘗試，很快在一八三〇年代就被視為不可行而遭到翻轉。同樣地，將公民與憲法權利延伸到非洲人身上，也只是部分施行，因為不管是何種散播葡萄牙文化的有效「教化行動」都是闕如的。

在國會論辯與報刊上，殖民問題與國家認同之間變得難以區隔；可以觀察到兩股重疊的論述。其一強調海外屬地的歷史價值，從中可見證偉大國家與過往的英勇行徑。此一觀點被另一股明顯更理性、卻也同樣充滿迷思的看法制衡：有人想像在非洲屬地上建立一個「新巴西」來拯救國家。這個想法是建立在十六世紀以來不斷受到覆述的信念之上，也就是認為非洲殖民地——特別是安哥拉——擁有無盡礦藏與豐饒沃土，可供歐洲殖民與資本轉化之用。

變化中的帝國想像

一八五〇年代首波推動這個夢想的系統性作為，大致上都失敗了。殖民地總督手上擁有的微薄資源，並不足以應付資本與人力短缺，而設計來逐步廢止奴隸制度的立法也多是紙上談兵。軍事征服安哥拉與莫三比克內陸地區以擴張葡萄牙主權的野心之舉，因為小看了非洲的反抗力量而慘敗，致命的熱帶疾病幾乎讓本土軍隊覆沒。[46]到了一八七〇年代，根據一份資料指出，安哥拉的葡萄牙帝國純屬「想像」，內陸的殖民哨站就像「流落在當地人口無盡汪洋中的孤島」。[47]

然而矛盾的是，正是那些「當地人」的產業讓殖民地免於破產。一八四〇至一九一〇年間，殖民飛地的繁榮絕大多數仰賴跟附近非洲社會之間的貿易。歐洲進口商品的價格較低，而與之相應的，卻是棕櫚產品、蠟、樹脂、花生、象牙，加上後來的咖啡與橡膠的出口價格上揚，這些殖民地輸出品大部分都來自非洲農耕、狩獵採集的獨立運作。可以肯定的是，多數貿易都避開了葡萄牙財稅管控。即便如此，安哥拉殖民地的關稅收入在一八四〇到七〇年代間翻倍成長。這種商業貿易是海岸地區葡萄牙公司的偏遠地區代理人（白人及土生白人）的主要活動。他們將過去的奴隸貿易路線延伸進大陸內部，尋找可供出口的產物，也擴散了葡萄牙人的文化與經濟影響。

葡萄牙長期宣稱擁有剛果河口地區，葡國政治家從一八二〇年代開始，就試圖將此地豐厚的貿易納入財稅掌控之中，然而此宣稱卻被一八八五年的柏林會議擊碎，會中各國承認了利奧波德國王的比屬剛果自由邦。葡萄牙則在八十幾歲的統治者同意之下，重新占領河流以南古剛果王國的首都聖薩爾瓦多（São Salvaor），以作為部分補償；這位統治者剛在一八八一年重申對葡萄牙王室的忠誠。此外還有另一種實現古老夢想的新企圖，葡萄牙以自認的歷史權利為基礎，將帝國擴張到橫貫非洲大陸，連起安哥拉與莫三比克，因此一八八六年葡萄牙正式宣稱擁有中非洲的一大塊區域。然而試圖占領這個區域，讓里斯本跟賽西爾·羅茲（Cecil Rhodes）⑮與英國直接槓上。一八九〇年一月，倫敦對里斯本下達正式最後通牒，停止一切區域內的行動。在別無選擇之下，葡萄牙只能讓步，接受英國提出的協商解決方案。一八九一年分別跟英國與德國簽訂的條約，終於決定了安哥拉與莫三比克的現代疆界。失去中非以及潛在的豐富礦藏與農業財富，使得葡萄牙將非洲帝國轉為「新巴西」的幻想胎死腹中。英國的最後通牒激起葡萄牙人的強烈羞辱感，也強化了捍衛帝國的民族狂熱。

然而葡萄牙同時面對「綏靖」與占領三個相距甚遠屬地的迫切需求，安哥拉、莫三比克與幾內亞比索三地幅員相加，相當於整個西歐。多數非洲社會仍舊各自獨立，雖然逐漸在傳教活動及現金經濟方面有所轉變。許多非洲統治者仍舊有動員數千名戰士的力量，可透過對外貿易取得武器對抗殖民占領。直到一八九〇年代引進機槍後，殖民軍隊才戲劇性地占了上風。即便如此，葡萄牙的軍事弱勢讓地方反抗行動持續延長，特別是在安哥拉與幾內亞比索地區，非洲人起義一直持續進行到一九三〇年代。[48]

莫三比克則經歷了最大規模的葡萄牙白人軍隊出兵行動；一千至兩千人參與鎮壓廣大的加札（Gaza）這個南部非洲「帝國」的軍事行動。根據葡萄牙政治官所述，帝國統治者恩剛剛哈納（Ngungunhana）擁有十萬支持者，「雖然並非全都是戰士，卻全都非常狂熱」。[49]葡萄牙軍隊只花了幾個月時間就在一八九五年擊敗了加札。決定性的戰役中，五百五十七名葡萄牙人與五百名非洲裔附屬士兵，只花了四十分鐘，就擊敗約一萬至一萬五千名恩剛剛哈納的戰士，多數都在機槍與來福槍口下遭到屠戮。恩剛剛哈納在大膽劫掠中遭擄；三個月後以俘虜身分被送去里斯本。流放亞速群島之前，「加札之獅」與妻妾、兒子、策士被關在囚車中遊街示眾，好奇的群眾夾道圍觀。[50]

加札軍事行動突顯了一群致力於葡萄牙與帝國復興的菁英行政官、軍官的興起。對「一八九五世代」來說，非洲戰役不僅是透過海外軍事勝利恢復葡萄牙過往榮光的愛國行動，更是對非洲屬地進行系統性經濟剝削的核心前奏。正如安東尼奧・恩尼斯（Antonio Enes）在一八九八年強調：「國家對於要求——必要時甚至強迫——那些不文明的非洲黑人……工作這件事，毋須顧忌。」這種心態在嚴苛的一八九九年殖民勞動法中受到標榜，讓強迫勞動明明白白合法化，直到一九五〇年代末期仍舊有效，幾乎未曾改變。

一八九〇至一九三〇年代之間，葡萄牙經歷了幾乎不間斷的經濟、財政與政治危機。一九一〇年取代王國的共和國試著透過下放行政權、廢止壟斷與降低保護主義，更有效地剝削帝國。然而這些政策卻受挫於殖民地原物料價格暴跌、一次世界大戰爆發，及第一共和本身在一九二〇年代碰上政治解體。

透過白人殖民開化海外屬地的需求，在葡萄牙政壇上意見多少是一致的。一九二〇年前，葡萄牙的城鄉窮人偏好外移到巴西，而不是非洲，後者等同於流放跟死亡。然而安哥拉與莫三比克的白種人口逐漸增加，部分是來自綏靖行動後定居的士兵，部分則是因為內陸商業漸漸由礦業與農業取代。白種殖民者增加導致當地根深柢固的土生白人菁英遭到冷落；教育水準與有限的晉升機會，讓他們的成員被排擠到官僚制度中的低階工作。

同時間，財務上搖搖欲墜的葡萄牙國家面對著敵對列強不斷分化隔離其殖民地的威脅，特別是來自英國的威脅。兩國相爭的重點之一，就是持續進行的奴隸貿易——即便葡國官方已廢止奴隸制度，一八七〇年代改以契約勞工取代。然而在一九一〇年前，多數殖民地企業契約僱用的非洲勞工，都是土生白人貿易商從仍然自治的內陸非洲社會中「贖出」的奴隸。聖多美咖啡與可可莊園的榮景，讓整個安哥拉

⑮ 英裔南非商人、礦業大亨與政治家，於一八九〇至九六年間擔任英國開普頓殖民地總督。他是大英帝國主義擁護者，透過支持殖民擴張，獲得許多礦業特許，並擴充了自己的勢力，更以英屬南非公司建立並控制以自己命名的殖民地羅德西亞（Rhodesia，後獨立成為辛巴威與尚比亞）。羅茲也是世界鑽石業龍斷集團：戴比爾斯的創辦人，同時熱衷教育事業，他在母校牛津大學創立的羅德獎學金，將許多英國殖民地菁英送到英國接受高等教育，延伸帝國的文化影響力。

陷入新一波奴隸貿易高潮，並在一九一〇年達到高峰。當時每年約有三千到四千名勞工訂下契約。早在一八七七年，盧安達的英國領事就已抗議所謂的安哥拉與聖多美之間自由移工的「鬧劇」，以及勞工像動物一樣整「群」運輸的非人道環境：缺乏隱私，也未區隔男女，還被迫跟豬隻、山羊、綿羊同睡。[51]譴責累積到後來，推動一九二五年在國際聯盟要求下完成的《羅斯報告》（Ross Report），報告中暴露了葡萄牙治下非洲的殘暴環境。

「新國家」與非洲殖民地，一九三〇至六一年

一九二六年，第一共和在軍事政變中結束，繼而開啟「獨裁政權」及一九三三年開始由安東尼奧·德·奧利維拉·薩拉札（António de Oliveira Salazar）領導的「新國家」。在一九三〇到六〇年間，他的政權再度專注於利用帝國來強化民族主義、激勵疲軟的本國經濟。一九三〇年採用的政策中，殖民地經濟活動嚴格地為國家一統的概念而服務，也表現在更新的「殖民協定」（colonial pact）上。論其核心，指的是更系統性剝削殖民地，提供原物料給本土工業，以及殖民地須作為葡萄牙生產者受到保護的市場。殖民地經濟國有化的措施，加上運輸公共建設的改善，使得殖民地榮景於一九四〇年代又重現了。二次世界大戰期間，由於國際需求及殖民地產品價格普遍上漲，殖民地皆呈現一片繁榮。到了一九五〇年，殖民地貿易生產的大量剩餘價值，成功補貼了葡萄牙長年的貿易赤字。自從失去巴西之後，這是殖民地首度為葡萄牙國家帶來相對榮景。[52]

在經濟上動員殖民地的同時，新國家意識型態有意識地透過言詞與想像，運用帝國來強化國家榮耀與認同。因此，對一九三一到三五年的殖民地部長阿爾敏多·蒙德羅（Armindo Monteiro）來說，帝國

在「財政、經濟與政治之上」，交融了過去及葡萄牙的道德和民族情感，帝國是「葡萄牙理想自身的同在（consubstantiation）⑯」。[53]

到了一九五〇年，沒什麼比葡萄牙的「同化」信條，更能突顯詞藻與殖民地現實情況之間的差距了。葡屬印度、澳門與維德角長期以來都被認為，在文化上及政治上是與本土同化合一的。然而在葡屬幾內亞、安哥拉與莫三比克，他們卻為多數非洲人設置了另一套特殊政策。「本地人」分離的法律地位，加上一套管理當地事務的特殊立法，是在第一共和時代帶著保護非洲人免受土地與勞動權利剝削的家父長式目標設立的。獨裁時代則以《本地人法》（Native Statue，一九二六年）持續維繫著隔離制度[54]，將「文明人（civilizados）」與「原住民（indigenas）」的區別制度化，後者由慣習而非本土法律治理。透過學習葡萄牙語、教育與接受基督信仰，才能獲得同化，或與葡萄牙出生的公民享有同樣的司法優惠。[55]立法的慈善口吻卻洩露了多數非洲人嚴酷的日常現實，缺乏教育與持續進行的勞力剝削有效地讓他們動彈不得。到了一九五〇年代，在安哥拉、莫三比克與幾內亞，只有不到百分之〇．五的非洲人，在文化上與殖民社會同化。[56]

從非洲人的觀點來看，在政府與私人商業代表的運作下，一九二〇至五〇年代愈發獨裁的殖民架構，似乎比起鄰近的其他殖民政權更加暴力壓迫。人口的單獨流動遭到限制，然而整個村落卻被遷移到可以輕鬆掌控課稅的地方。建築、搬運、礦業或蔗糖莊園、瓊麻、茶、咖啡或棉花等產業的殖民勞力需求，經常導致非洲工人遭受迫遷。隨著一九四〇年代榮景再起，強迫耕種棉花的情形更加劇烈。婦女與

⑯此字原本意指天主教聖餐禮中，以酒餅在神父祝聖時化身為基督血肉，稱為聖體同在。

兒童特別會受迫擔負農工與道路建設的工作。在安哥拉，白人殖民與莊園擴張奪走了非洲人所耕種的最肥沃土地。許多非洲人搬遷到難以進入的森林、灌木區或山區，遠在殖民軍隊或勞工招募可及的範圍以外，以避免與殖民世界正面衝突，或被納入殖民世界。

隨著國際壓力增加，在《聯合國憲章》與《人權宣言》頒布的脈絡下，葡萄牙再次明確重申合理化其帝國的同化原則。一九五一年修改後的憲法明確將葡萄牙定義為「多大陸國家」，由歐洲與海外省分整合成為一個不可分割的國家整體。

然而在現實上，一九五〇年代是殖民地中心如盧安達等地的種族緊張關係升高的年代。占據殖民行政職位、技術性與半技術性工作的麥士蒂索人與「同化」非洲人，面臨深信自身種族優越性的白人強烈的競爭。依據膚色而定的薪水差異相當普遍。[57]「安哥拉解放人民運動」（Movimento Popular para a Libertação de Angola）在一九五〇年代末期興起，要捍衛同化者（assimilado）的權益，[58]並在盧安達快速成長的黑人都市勞工階級之間贏得許多支持。到了五〇年代末，薩拉札的獨裁政權與其他歐洲國家的民主政府格格不入——後者正快速進行去殖民化。即便付出許多努力，五七年被派往非洲殖民地的新國家特務，仍舊無法阻止安哥拉與莫三比克萌芽的民族主義與解放運動。六〇年比屬剛果獨立，正是點燃安哥拉衝突的火花。六一年開始，葡萄牙政權公然遭到挑戰，不僅在葡萄牙本國，也在所屬的殖民地中。在安哥拉，試圖從盧安達監獄解放囚犯的行動，後續衍生出對白人咖啡莊園與行政單位的攻擊。[59]同時間，六一年十二月，果亞、達曼與第烏遭到印度入侵占領。在非洲，殖民衝突於六三年擴展到幾內亞，六四年則是莫三比克，十年間這三處非洲屬地都發生了對葡萄牙的武裝抗爭活動。

一九六一年，面對盧安達起事，葡萄牙通過許多措施，廢止強迫勞動、強迫耕種與《本地人法》。

將新重心放在形塑一個多種族社會[60]，更廣泛提供教育與醫療資源，非洲人的生活條件總算有所改善。較多的就業機會以及移動自由，導致大量非洲人由村莊外移到殖民城市中。由於當時的殖民地開放外國資本進入，三〇年代實施的保護主義措施也終於放寬，遂吸引了前所未見的大量白人殖民者湧入；這些發展都有助於高經濟成長率。六〇至七三年間，安哥拉與莫三比克的白人人口都翻倍成長，分別共有三十二萬四千人與十九萬人，讓海外省分作為葡萄牙之延伸的想法似乎終有所本。因此，直到一九七四年葡萄牙革命終於落實去殖民化、七五年正式讓殖民地獨立之前，超過十年的時間裡，葡萄牙政權依然能夠抵抗成長中的非洲民族主義浪潮，這是其他歐洲列強所不能及的。

荷蘭 具有帝國雄心的小國

艾斯特．凱普頓（Esther Captain）與古諾．瓊斯（Guno Jones）

一如其他前帝國，荷蘭內部也聽得到強大的反殖民主義及對殖民建制的批評聲浪。傾聽並留心這些聲音很重要；不單對本章作者來說如此——兩人都是後殖民荷蘭公民，並擁有東方（凱普頓）、西方（瓊斯）與荷蘭家族血脈這樣的混血背景。對於產出更平衡的荷蘭殖民統治歷史學及去殖民運動整體來說，這麼做也很重要。

在這方面，二〇〇二年是個不凡的重要年分。首先，為了慶祝荷蘭東印度公司（**Verenigde Oost-Indische Compagnie**，簡稱VOC）成立四百週年，政府特別資助、成立了委員會；其他官方機構也加入紀念的行列。這些場合面臨到各種私人倡議的抗爭活動，從對荷蘭殖民主義大加撻伐的論壇（講者有歐亞、荷蘭、印尼與摩鹿加族裔等背景），到成立「荷蘭東印度公司成立四百年？見鬼了！」委員會，不一而足。其次，眾所等待已久的西印度群島廢止奴隸制度紀念碑，終於在碧翠絲女王（**Queen Beatrix**）的主持下，於二〇〇二年七月一日在阿姆斯特丹揭幕，與會者包含許多荷蘭與國際貴賓。這重要的一步承認了奴隸制度為荷蘭歷史的一部分。然而許多參與落成典禮的人——多數都是黑人——卻被柵欄阻擋在貴賓視線與紀念碑本身之外。他們遭受的待遇激起了緊張關係與強力抗爭。

同時，沒人能否認歷史上荷蘭海外勢力的強大規模。荷蘭是個小國，然而從一六八二年建立荷蘭西印度公司（West Indische Compagnie，簡稱ＷＩＣ）開始，荷蘭的貿易、探險與剝削（在殖民與奴隸這方面）便跨越全球多處。在北美與加勒比海地區，荷蘭屬地從紐約（由荷蘭人建立並命名為新阿姆斯特丹），拓展到今日仍是荷蘭王國一部分的西印度群島，包含阿魯巴（Aruba）、波奈（Bonaire）、古拉索（Curaçao）、聖馬丁（Sint Maarten）、聖尤斯特歇斯與薩巴（Sint Eustacius and Saba）。在舊世界，除了印尼群島外，荷蘭還在非洲、印度與錫蘭（斯里蘭卡）沿岸建立貿易站，荷蘭波爾人（Boer，農人之意）更在南非好望角附近建立了主要殖民地。[1]

在許多方面，荷蘭確實從殖民中受益：個人創造財富，而國家財庫收獲了金錢；混合族裔的新人口群增加了國內人口多樣性。荷蘭的外交關係一向被形容為和平、利益與原則這樣耐人尋味的混合體。[2]歷史上，帝國主義被視為荷蘭貿易活動的附屬品。去殖民化展開之後，荷蘭人開始於全球事務中推廣人權，也為其他國家提供發展援助。身為自由貿易國及國際組織的活躍成員，荷蘭經常願意為其他國家以身作則，有時卻會忘了自身複雜的探險與剝削史。[3]

非洲與美洲：意外的帝國

討論本章的兩大主題：印尼跟蘇利南（Suriname）之前，荷蘭帝國事業的另外兩個區域也值得我們簡單介紹。這兩處均未被當成帝國來看待，然而兩者在不同的條件背景下，卻都可能造成了長遠影響。在此要談談非洲與北美洲。

南非聚落是荷蘭占領印尼的結果。進行香料貿易的荷蘭東印度公司船隻形成了在非洲南端靠港，於此補給食物、清水的習慣。一六五二年，在總督贊・范里貝克（Jan van Riebeeck）治下，荷蘭建立了一處由公司僱員經營的永久商站。這處商站很快擴張成殖民地原型，私人所有的農場由非洲奴隸來勞動耕作；到了一七〇七年，發達的程度甚至已經有將近一千八百名歐洲屯墾者，包含女性與兒童。他們主要自治，但最終仍受巴達維亞當局及遠在荷蘭的荷蘭東印度公司歐洲董事管轄。

這種接近完全獨立的制度，一直持續到十八世紀末為止。屯墾者使用的南非語（Afrikaans）逐漸跟家鄉使用的語言出現歧異。歐洲人占領區快速擴張，唯一的反對力量來自科伊桑（Khoisan）村落。殖民者都是粗獷的人，經常遠離都市地區。許多人與非洲女性養兒育女，生下的後代被稱為「峽角有色人種」（Cape Colored）。這一切所形成的社會氛圍，基本上已經脫離了荷蘭政府的掌控，而且與印尼跟蘇利南的情況截然不同。此地並沒有拉近荷蘭與非洲人距離的嘗試。

大約從一七八〇年起，南非白人與非洲人的關係開始惡化。隨著波爾人掌握更多領土，他們發現北方部族如科薩（Xhosa）人，比起科伊桑人更難以對付。一七九五年，另外兩支歐洲列強的到來，讓情況更加複雜。首先是法國人，當時已經征服荷蘭的法國人，現在打算也對荷蘭殖民地如法炮製。接著是英國人，他們支持奧倫治親王（Prince of Orange）為荷蘭的合法統治者，並以其名義奪取開普頓（Cape Town）。一八一四年的維也納會議宣布南非屬於英國。此後，這個地方就成了大英帝國故事的一部分，雖然從過去到現在這裡仍舊保有荷蘭源流中重要的成分，例如在法律、商業與土地所有權等領域都是如此。英語成了官方語言。英國移民大量湧入，卻未與波爾人形成連結。緊張關係持續升溫，直到過了臨界點，問題爆發開來：一萬兩千名波爾人決定離開殖民地建立自己的新國家，也就是從一八三五到四三年間發生的牛車大遷徙（Great Trek）。經歷數年的雙方敵意與流血衝突，新共和國：奧倫治自由國（Orange Free State）在一八五二年獲得承認。此後仍有多年的三方衝突，英國人、波爾人與非洲人都被捲入，最終在一八九九到一九〇二年的英國－波爾戰爭（Anglo-Boer War）裡，以英國勝利告終。一九一〇年，南非成為大英國協的自治領地，以英國與荷蘭人（不總是稱心如意）的平衡關係為特色，形成了一齣就算不到獨一無二、也堪稱不尋常的帝國終局。在憲法層次上更精確地說，荷蘭勢力留下了「種族隔離」的長久意識型態與政治遺緒，這個制度是由（阿姆斯特丹出身的）亨德里克·韋沃爾德（Hendrik Verwoerd）①所設計，並在經歷數十年堅忍不拔的解放抗爭與國際社會持續施壓之後才結束。尼爾森·曼德拉（Nelson Mandela）於一九九〇年釋放出獄，種族隔離政策的壓迫終於瓦解，由非種族主義、「一人一票」為基礎的民主制度所取代。

北美地區是否也經歷了類似的發展呢？一六〇九年荷蘭東印度公司僱用亨利·哈德遜（Henry Hudson）探索今日的新英格蘭地區，並在他傳來的回報鼓舞之下，宣稱此地為荷蘭所有。一六一四年，來自阿姆斯特丹與荷恩（Horn）的商人組成一間公司，推廣大眾前往名為新荷蘭（New Netherlands）的省分移民、屯墾與貿易。他們在此建立了奧倫治堡（今日的阿爾班尼〔Albany〕）與阿姆斯特丹堡（位於曼哈頓島的南端）。農民受到鼓勵跨越大西洋，到此移居屯墾。殖民地發展得還不錯，雖然一六四一年荷蘭人跟美洲原住民曾爆發嚴重衝突。到了五〇年，英國屯墾者在北部沿岸建立了另一座殖民地，並宣稱曼哈頓為其所有。六四年荷蘭人口達到一萬人時，總督彼得·史都維森（Peter Stuyvesant）被迫交出新阿姆斯特丹，後來這個地方變成了紐約。除了七三到七四年間荷蘭人曾短暫奪回據點外，此地一直以紐約為名，今日尚有少數占老家族傳統與街道名稱提醒著我們，荷蘭殖民地曾存

① 一九五八至六六年出任南非總理，六一年時宣布南非改制為共和國，退出大英國協，任內逐步以立法方式建立種族隔離政策。六六年在開普敦遇刺身亡。

在於此地。然而世界上其他地方的荷蘭殖民主義壽命卻要長久得多。

一個帝國與數個帝國：印尼與蘇利南

二〇〇五年，荷蘭外交部長班·伯特（Ben Bot）前往雅加達參加印尼共和國獨立六十週年慶典；光是在日期的選擇上，就是一趟充滿了象徵意義的訪問行程。這是荷蘭政府首度隱晦承認，一九四五年八月十七日是印尼當代歷史的關鍵之日（蘇卡諾〔Sukarno〕在這一天宣布印尼獨立，後來成為首任總統），而並非荷蘭正式移交主權給印尼的一九四九年十二月二十七日。在過去的年代，荷蘭政府從未有人出席這個前殖民地的獨立紀念慶典。

在西半球，蘇利南（英語中常稱為荷屬幾內亞〔Dutch Guinea〕）也在二〇〇五年歡慶獨立（Srefidensi）三十週年。在此案例，蘇方與荷方都對一九七五年十一月二十五日的分離日期無異議。至於荷蘭帝國的其他部分——西印度群島自治領地的荷屬安地列斯群島與阿魯巴，仍屬於荷蘭王國的一部分；這個部分本章則不予討論。

這些政治上去殖民動作的重大時間點差異，揭示了無法將「荷蘭帝國」視為單一整體的幾個理由。「荷蘭王國」涵蓋了極為不同的經濟、歷史、政治、憲政與社會情況。兩個前殖民地——東方的印尼與西方的蘇利南——在幅員上相差甚鉅。荷蘭在這些國家建立的行政統治措施也不相同，同時兩個去殖民過程之間的三十多年中，歷史脈絡也產生了重大改變。因此母國留給兩個前殖民地的遺產大相逕庭。

即便如此，兩個殖民地之間仍舊存在相似性與關聯性。對印尼與蘇利南人的種族歧視，被用來合理化荷蘭人出現在這兩國的事實。東方測試過的行政管理方法，有時也被施行到西方去。而談到不屈服於殖民主義及其遺產，印尼與蘇利南人的表現也有類似之處。然而在東印度或西印度群島，即便族群之間的距離成為殖民體系及其仰賴的意識型態基礎，殖民者與被殖民者的生活圈都未全然隔離。要了解印尼與蘇利南是如何被殖民與去殖民，我們必須了解到殖民者與被殖民者之間的區別有其彈性，還會隨著環境變遷與時俱變。

本章將討論四個主要問題。首先，荷蘭如何在印尼與蘇利南建立統治，與殖民宰制相關的行政措施有哪些？第二，在荷蘭統治過的國家中，荷蘭殖民主義留下哪些遺緒？第三，當地人民如何回應荷蘭統治與其遺緒？第四，這兩個國家如何去殖民？矛盾的是，要回答這些問題，也許最容易從現況入手，以及也要從比較觀點來看印尼與蘇利南。

印尼是一大片群島，幅員涵蓋一百九十一萬九千四百四十平方公里（七十四萬一千零九十六平方英里），人口約兩億六千四百萬人。[4] 蘇利南相較之下截然不同，幅員僅有十六萬三千平方公里（六萬兩千九百三十四平方英里），人口有五十五萬人。[5] 這種對比解釋了荷蘭作為帝國的自我形象，首要的參照對象是面向東方，而非西方；同時也說明了兩國的去殖民過程為何截然不同。[6]

印尼與蘇利南都是文化與族群多元之地，然而多元的方式卻不大一樣。印尼社會包含了三百個不同族群，此地通行兩百五十種語言。[7] 穆斯林是宗教上的絕對多數；事實上，印尼是世界上最大的伊斯蘭國家。蘇利南並沒有主要宗教。除了此刻人數稀少的原住民以外，蘇利南還有荷蘭農民、猶太、華裔、黎巴嫩、爪哇人（來自東印度群島）、移居內陸的逃亡非洲奴隸後裔（Maroon）、克里奧人（Creole，非洲裔或混血族裔）與印度教徒（來自英屬印度）。就人數來說，後四群人（人數依序遞增）定義了蘇利南族群的「馬賽克」樣貌，混血（métis）人口也在成長中。[8] 基督教、印度教與伊斯蘭都有不少信眾。

由於現有人口的祖先來自世界各地，蘇利南被稱為「世界一家」。這個詞反映出印尼與蘇利南多樣性的重要差異。荷蘭人基本上對於印尼人口組成幾乎沒有影響，因為歐洲人抵達之時，當地人口多樣性已經建立。相反地，在蘇利南，荷蘭藉由引進（或強迫遷徙）世界各地的人，建立了「自己的子民」。

印尼與蘇利南的荷蘭殖民統治

印尼原本是荷蘭的貿易殖民地，數百年來一直維持這個狀態；荷蘭在東印度群島的活動一直是以經濟利益為基礎。一六〇二年，荷蘭國會給予東印度公司特許狀，賦予它在印尼群島的行政權，及跟當地統治者進行貿易、簽訂條約的特許權利。東印度公司承認這些統治者及其法律體系，前提是與荷蘭的經濟利益不相衝突。因此直到一八三〇年左右，印尼主要仍是個貿易殖民地。[9]

隨著時間過去，荷蘭國家對於殖民地的掌控逐漸增強。一七九六年，國家接管了荷蘭人在印尼取得的資產，同時解除東印度公司在印尼的行政管理職權。[10]此後荷蘭透過國會聘任的總督直接統治印尼。荷蘭人對東印度群島多數地區採取放任政策，將統治集中在群島的特定區域，特別是爪哇跟安汶（Ambon，摩鹿加群島中最大的島嶼），[11]對於被稱為「外省」的其他島嶼，只行使有限權力。官方聲明中表示，荷蘭當局「應當避免擴張，並尋求與印尼統治者建立良好關係」，[12]此一政策持續到一八七〇年左右。後續有更多領土緩慢但確實地納入了荷蘭統治之下。例如亞齊蘇丹國（Sultanate of Aceh）——荷蘭一開始承認它的獨立地位，卻在三十年戰爭後被荷蘭接管了。[13]

所謂的放任政策並未阻礙荷蘭持續緊握它視為東方帝國核心的領土。例如在一八三〇年，約翰內斯・范登博斯（Johannes van de Bosch）總督於爪哇推動強迫耕作（cultuurstelsel）。[14]在這反映了爪哇從貿易殖民地轉變成農業殖民地的體系中，[15]荷蘭政權強迫爪哇人為歐洲市場種植甘蔗、藍草、胡椒、菸草、咖啡、茶與肉桂等作物，而且只支付勞工微薄收入[16]；這種剝削形式令人想起奴役與契約奴工。此一體系突顯了印尼作為被征服領土的地位；事實上，自一八五四年起荷蘭也是如此稱呼東印度殖民地。[17]

然而強迫耕作體系為時不久，一八九一年就遭到廢止。大約從一九〇〇年開始，荷蘭統治的指導原則就是所謂的「倫理政策」（ethical policy）。對爪哇人的公開剝削，讓渡給新的階段：透過對群島居民推動「開化任務」（mission civilisatrice）來合理化荷蘭人在此地的活動。由於「強大的國家權威」是開化任務的核心關鍵，荷蘭殖民當局自此開始透過軍事力量，對外省建立了有效控制。從一九二二年起，荷屬東印度群島正式成為荷蘭王國的一部分，不再只是區區屬地。即便如此，主權仍舊握在長期忽視印尼民族主義的中央政府手中。印尼民族主義雖在一九〇八年左右興起，後續幾十年間卻遭受打壓，擴大了荷蘭人與印尼人之間的鴻溝。一九三六年，溫和派民族主義以人民議會（People's Council）的形式展現，這是荷屬東印度政府的諮詢機關，然而「人民議會」（Volksraad）的成立並未標誌自治的開始。因為荷蘭也遭受世界經濟危機重創，因此歷史學家艾爾斯貝・羅歇－雪爾頓（Elsbeth Rocher-Scholten）稱一九三〇年代為「二十世紀印尼在荷蘭統治下最受壓迫的十年。這段統治持續到一九四二年，因為日本的占領而突然畫下句點，也由此翻轉了殖民階層。」[18]

蘇利南的情況也是一樣，利益追求是荷蘭殖民統治誕生與建立的主要因素。一六六七年，亞伯拉罕・克利金森（Abraham Crijnssen）以澤蘭（Zeeland）省之名，從英國人手中奪下蘇利南。荷蘭西印度公司會同阿姆斯特丹市政府與艾爾森・范・索梅爾斯迪克家族（Aerssens van Sommelsdijck，「蘇利南公司」所有人），共同管理蘇利南。[19] 東印度荷蘭人在當地的活動與貿易息息相關，相較之下，他們在蘇利南則建立了以奴隸制度為基礎的莊園經濟；印尼當然也存在奴隸制度，但不像在美洲那樣作為荷蘭殖民主義的基礎。[20]

蘇利南一開始的奴隸是原住民，後來當地也開始引進非洲人充作莊園勞力。跨大西洋奴隸貿易中，英國、法國、葡萄牙、西班牙、荷蘭人以及其他人會從非洲進口奴隸，賣到美洲與加勒比海各地。[21] 據估計，荷蘭奴隸貿易商占了整體跨大西洋奴隸貿易額的五成，人數約達五十五萬五千人。[22]

一七九一年西印度公司崩潰時，荷蘭國會決議將殖民地的管理權，從「特許蘇利南公司」（西印度公司擁有部分股權），轉移到「國家殖民地與屬地會議」。總督代表的不再是「特許公司」，而是荷蘭國家。然而，此一變化並未終結奴隸制度，此制度直到一八六三年才正式廢止。[23]

從一八七三年至二十世紀初年，荷蘭用爪哇與英屬印度招募來的契約勞工取代莊園中的奴隸；但這些爪哇與印度契約勞工的工作條件，其實與奴隸並無太大差異。[24] 一八九八年生於帕拉瑪利波（Paramaribo）的蘇利南思想家兼運動人士安東．德康姆（**Anton de Korm**）在《我們是蘇利南的奴隸》（*Waij slaven van Suriname*，一九三三年）一書中，對殖民者與被殖民者的複雜權力關係提出分析，並譴責奴隸制度以及取代奴隸的契約奴工剝削。[25] 德康姆補充，只要飢荒、貧困、失業、殺嬰與不良的醫療照護持續影響許多蘇利南人的生命，他們就幾乎跟奴隸沒有兩樣。

直到二次大戰時，蘇利南仍舊處於直接殖民掌控之下，代表荷蘭行政首長的總督可以越過蘇利南的人民會議行事，而後者也確實缺乏代表性；第一次全民普選直到一九四九年才舉行。[26] 一九五四年，蘇利南獲得荷蘭王國內部的自治地位，不過二十年後主權就移交了。

文化多元主義vs同化

對印尼與蘇利南人來說，荷蘭政策代表什麼意義？整體而言，印尼發展成具有二元政治架構的文化多元社會；而在蘇利南——特別在廢奴之後——荷蘭統治的領導方針則是同化。

在東印度群島，長期以來，荷蘭的統治以多元法律與行政體系著稱。特別是殖民統治者拒絕將荷語及基督信仰傳播給印尼人的想法，主要出於領土幅員、人口眾多，同時伊斯蘭更是根深柢固的信仰。荷蘭在印尼的統治與嚴密的種族分類緊密相關。一八五四年，殖民行政當局開始將人口分成三類：歐洲人（特別是白種荷蘭人，但也包含法律上承認的印尼與歐洲混血後裔）、「外國東方人」（特別指華人與阿拉伯人）及「本地人」（即印尼人）。一八九二年，種族分類成為將印尼本地族群隔絕在完整的荷蘭公民身分之外的基礎。三十萬名歐洲殖民上層階級適用的法規，與六千萬印尼人適用的法規截然不同。根據荷蘭政府設定的資格，是否夠格稱得上是個荷蘭人，要看此人能否通過教育、訓練、職業、升遷、婚姻、社會契約與地位的標準，之後才能取得歐洲菁英地位及相應的特權。種族群體間的界線可以跨越，但並不影響殖民架構與荷蘭對印尼的主權控制。殖民政府認為，讓殖民地所有居民都接受荷蘭文化並取得同等權利將危害荷蘭霸權。殖民當局引述「尊重（殖民地）人口族群差異」為由，合理化這種二元特色。結果就是，殖民地官僚體系中有影響力的職位，多數都由歐洲菁英階級人士出任。直到一次世界大戰結束，這種以種族範疇為基礎的「二元體系」才受到嚴峻挑戰。[27]

在一八六三年廢奴之前，蘇利南存在著兩種「法定社群」：奴隸與自由公民，兩者各自適用不同法律。整個白人族群、殖民社會的經濟與政治菁英，以及大批被視為「有色」的人口，包括白人男性與黑人女性的後代，都被歸類為自由公民。在某些狀況中，黑人及解放奴隸與其子女，也可能是自由公民。法定的奴隸類別中，主要包含黑人與一小群有色人。無庸置疑，這個群體內沒有白人。社會與政治上，白人都是掌權者，[28]而歐洲的生活方式、文化與宗教都是社會典範。黑奴仍舊是順服屈從的一群；直到廢奴為止，殖民政府對他們的語言、文化或宗教毫無興趣。然而與印尼不同的是，一八六三年後發生了根本上的變化，殖民政府決定要讓所有蘇利南人口，無分種族，全都變成單一語言及文化社群，並以荷語為官方語言。這個同化政策一開始是針對黑人推行的「開化」任務，目標是將他們改造成「荷蘭好公民」。他們積極推廣基督教信仰、西式教育及荷語。另一方面，非裔蘇利南語、文化與宗教則遭到積極鎮壓，例如使用任何黑人語言者都被視同犯罪。[29]在此文化政策下，歐洲的一切都被呈現為成功典範，非洲－蘇利南文化則揹上落後標籤。[30]從一八九五到一九三三年，相同的同化政策也運用在印度與爪哇契約勞工身上，這些勞工取代了莊園中的奴隸。根據羅傑斯（Rutgers）總督（一九二八至三三年）的想法，蘇利南的殖民政策目標就是讓「整個蘇利南人口，不分白棕黑黃，無論歐洲、美洲、非洲還是亞洲裔，都融合為單一語言文化社群，適用單一法律體系，包含家庭與繼承法。因此蘇利南將成為荷蘭的第十二省。」荷蘭的殖民當局非常清楚自己在東西方採行的是不同途徑。范里爾（Van Lier）引述荷蘭殖民部長康寧斯伯格（Koningsberger）一九二八年對蘇利南爪哇青年的演講，他說此地教育的目的「跟荷屬東印度教育不同之處，在於後者的教養與教育最高原則，是維持發展其自有語言、行為與慣習；但在蘇利南，一貫目標則是讓所有種族都融入一個荷蘭語言及文化社群，也會將爪哇人包含在內。」[31]

然而在一九三〇年代，殖民政策卻發生了根本性改變。一九三三年上台的凱爾斯特拉（Kielstra）總督在荷蘭殖民地部長威爾特（Welter）的支持下，透過建立東印度模式的村落社群，區隔出「亞洲家庭法」與學校，來鼓勵保存興都斯坦（Hindustan）與爪哇文化。凱爾斯特拉無視克里奧菁英的強力反對，而這群在蘇利南崛起的菁英此刻於國會中展開了抗議。殖民政府認為新政策會給予這些蘇利南經濟所仰賴的爪哇及興都斯坦契約勞工公平的對待。然而同時間，這項政策也有「分而治之」的功能。雖是如此，蘇利南的印度人與爪哇人也未能逃脫同化政策的後遺症，即便同化的高峰已經結束。如同歷史學者漢斯．蘭索德（Hans Ramsoedh）在一九九五年寫下：「對契約勞工的後代來說也是一樣，荷語及荷蘭文化的同化，是社會向上流動的必要條件。」

雖然廢奴之後，蘇利南法律中不再明白高舉種族的不平等，但蘇利南社會長久以來是個種族階層化的社會。二次大戰剛結束那幾年，爪哇人主要在莊園中工作，印度人是小農，黑人則從事非農工作，其他有色人種是低階公務員，歐洲人則占據高階職位。[32]

荷蘭殖民主義的影響

荷蘭殖民主義的影響，在東西方並不相同。有些人認為荷蘭人對印尼的影響不算大，蘇利南則被視為徹頭徹尾的荷蘭產物。[33]在蘇利南，荷語成了官方語言，基督教仍舊享有顯赫地位。在東印度，荷蘭人面對的不是像蘇利南這樣的「空白國度」，而是大量人口，由許多族群團體及擁有自己法律體系的政體所組成。荷語及基督教幾乎對多數人口毫無掌控力量，且在獨立之後，殖民者的語言與宗教也未能在印尼社會保有重要影響力——現在的官方語言是印尼語（Bahasa Indonesia），而非荷語；至於伊斯蘭也仍舊是主要宗教。一九九八年，葛特．烏絲汀迪（Gert Oostindie）總結這兩種相對的經驗：「在西方，也只有在西方，這些荷蘭人統治下的被殖民者，多數是他們自己帶到當地去的；而在亞洲……他們則是闖入者，後來更被認為只是『在石頭上留下一些刮痕（krassen op een rots）』。（反而）在加勒比海，他們創造了自己的子民。」[34]

雖然這個判斷在某些面向上確實正確，但尚需更多細節補充。蘇利南被殖民者的反應，不僅是接受荷蘭殖民當局的統治那麼簡單，他們也曾抵抗並轉化荷蘭的影響力。原住民及逃亡的非洲奴隸後裔曾掀起對抗奴隸制度的游擊戰，甚至曾經成功威脅到殖民體系本身。[35]爪哇與印度契約勞工也在莊園中抗議剝削。[36]至於蘇利南克里奧文化民族主義者也反抗同化政策。[37]蘇利南通行的語言：蘇利南語（Sranan Tongo）在殖民時期被視為「次等」語的污名，是透過持續使用此語言才得以移除。教師兼傑出詩人亨尼・德齊爾（Henn de Ziel）以特列佛沙（Trefossa）為筆名，精采展現出蘇利南語可以表現最隱微深刻的思想情感的能力。

荷蘭對蘇利南的文化影響，多年來也歷經了「克里奧化」（Creolized），發展出一種結合基督教與其他宗教信仰的合成宗教。[38]官方語言[39]也發展出自己的變體：蘇利南荷語，最近被荷語聯盟（Dutch Language Union，包含荷蘭、比利時、蘇利南及南非）認可為在蘇利南使用的特殊方言。

將荷蘭對東方殖民地的影響視為「不算大」，顯然過於忽視了當地荷蘭殖民經驗中的某些面向。東印度殖民地中產生以膚色為基礎的殖民位階，仍舊存在於印尼，雖然現下僅是非正式分類方式。「本地人」無法獲得殖民社會給予歐洲人的好處，例如歐式教育或殖民官僚制度中的高位。正如荷屬東印度殖民地總督及後來的殖民地部長博德（J.C. Baud）在十九世紀末大膽直陳：「語言、膚色、宗教、慣習、血統、歷史記憶——在這些面向上，荷蘭人與爪哇人截然不同。我們是統治者，他們是被統治者！」[40]

一九五二年遭到荷蘭政府撤銷護照時，歐亞裔知識分子古斯・克蘭圖瓦爾（Guus Cleintuar）也曾遭遇這類歧視。官員向他解釋，由於克蘭圖瓦爾的荷蘭裔曾祖父未能在一八九二年前合法承認他的兒子，所以克蘭圖瓦爾從來就不是荷蘭國民。因此，克蘭圖瓦所稱的「多代以來」的荷蘭公民身分，並不存在。一九九二年，克蘭圖瓦爾引述這個事件，指出「荷蘭國家無遠弗屆的法定主義，試圖擺脫殖民過往的不幸遺產」。[41]

然而從克蘭圖瓦爾的個人經驗來看，殖民者與被殖民者之間並不存在嚴格二分法。在東西方，這兩個族群都經常跨越邊界，雖然理論上這種跨越與殖民體系並不相容。要延續這個體系，「自由公民」與「奴隸」（就蘇利南而言）或歐洲人與「本地人」（就印尼而言），必須劃清界線。然而在東西方，理論與實踐不一定相符。[42]歐洲男性與「本地」或「黑人」女性的混血後代，在東印度殖民地稱為「印歐人」（Indo-Europeans），在蘇利南則稱為「有色人」。[43]多年下來，他們也爭取到跟白種殖民者相等的法律平等地位（在東印度殖民地被視為歐洲人，在蘇利南則是自由公民），即便他們仍舊處於社會階層中的中間位置。一九〇〇年左右，殖民政府明確認定跨種族關係威脅到歐洲人優勢，因此將在殖民地建立白種「荷蘭」家庭視為理想做法。[44]

另一種跨越疆界的方式，是個人從殖民社會底層團體，透過「垂直」的社會及法律流動往上爬。在某些情況下，東印度殖民地的「本地」印尼人可能獲得跟歐洲人平起平坐的地位。蘇利南蓄奴時代成功逃離奴隸制度的「自由黑人」，偶而也能在殖民社會中崛起至醒目位置。案例之一是伊莉莎白．參孫（Elisabeth Samson），這位獲釋女性奴隸靠著自己的能力往上爬，最後成為富裕的咖啡莊園主。參孫本人也僱用奴隸當作勞力。[45]另一個案例是楊．恩斯特．馬茲利格（Jan Ernst Matzeliger），他在一八五二年生於蘇利南，母親是一名女性黑奴，父親則是白種德國工程師。自由人馬茲利格在一八七一年前往美國，八年後他發明了製鞋用的鉗幫機，掀起製鞋的產業革命。[46]

自由、去殖民與移民

二次世界大戰後，印尼與蘇利南兩地經歷的去殖民歷程相當不同。印尼在兩場血腥的獨立戰爭之後，才迎來一九四九年國家主權轉移；然而蘇利南——諷刺的是荷蘭影響力仍將明顯可見——卻在一九七五年毫不費力取得獨立。東印度殖民地與蘇利南對荷蘭所具有的不同重要性，以及兩個獨立日期之間荷蘭國內與國際上對殖民關係的態度轉變，都導致這兩段經歷大相逕庭。

東印度殖民地長期都是荷蘭最有價值的屬地，然而印尼民族主義也由來已久。印歐裔與印尼裔民族主義者有時同道，有時卻也有利益衝突，[47]一九四九年主權移交發生的許久之前，印尼就已經開始爭取群島的內部自治。[48]一九三六年，人民議會通過內部自治動議，卻被荷蘭拒絕。

一九四二至四五年日本入侵並占領荷屬東印度群島，終結了歐洲人宰制歲月。歐洲人在戰爭期間的日記與回憶錄顯示，對他們來說日本占領代表著「殖民階層的完全翻轉」。[49]同時間，在意識型態上，基進印尼民族主義與日本將西方占領者趕出亞洲的企圖相互重疊。一九四二年十二月六日的廣播演說中，威廉明娜女王（Queen Wilhelmina）對東西印度殖民地提出自治願景，[50]然而她的承諾被印尼民族主義者視為毫無意義。[51]一九四五年八月十五日，在日本投降的兩天後，[52]蘇卡諾與哈托（Hatto）領導的民族主義者宣布印尼獨立。[53]

荷蘭遂開始竭盡所能，留住所謂的「翡翠腰帶」（Gordel van Smaragd），亦即印尼群島。當荷蘭政府與民族主義者無法就賦予印尼更高度自主權的戰後協議內容達成共識時，武裝戰爭就此爆發。一九四七年七月與四八年十二月發生的戰鬥，在荷蘭國內被美化為「警察行動」，然而在印尼史學上，卻稱為荷蘭軍事侵略。[54]荷蘭最終在一九四九年十二月二十七日移交主權給印尼，在此之前荷蘭國會歷經冗長論辯，政權轉移被視為國家創傷。下議院議員葛布蘭迪（Gerbrandy）表達了當時普遍的感受：「我們在震驚中放棄了偉大的東印度（Insulinde），此地蜿蜒在赤道附近如一條翡翠綠帶，但是此刻我們已無法重振當地的法律秩序。」[55]

這樣的情緒性宣言透露了政治人物對印尼獨立的普遍態度。由於荷蘭統治被視為理所當然，因此獨立被認為是突然斬斷了開化任務。然而，荷蘭政治人物也將前往荷蘭的印歐裔與摩鹿加移民（各有二十萬及一萬兩千五百人）視為荷蘭國家中比較「不自然」的部分。一開始荷蘭面對這群新到埠者在政治上的反應是相當防衛性的；[56]先不論涉及就業的經濟考量及一九五〇年代的屋源短缺，他們都被認為在「精神上與生理上」不適合荷蘭生活。

以筆名查理・羅賓森（Tjalie Robinson）及文森・馬修（Vincent Mahieu）而聞名的歐亞裔記者暨作家楊本（Jan Boom），在試圖取得前往荷蘭的貸款上也遭遇困難。他花了四年多時間寫了各種申請，向政治人物請願，才讓他跟他的家庭得以離開印尼；雖然他其實是父母造訪荷蘭時在那裡出生的。一九五五年，抵荷一年後，他寫下：「因為父親是荷蘭公民，我也是。倘若父親是印尼公民，我也可能是印尼公民。但我仍舊是我自己。護照不能決定我這個人，然而（悲傷的是）卻決定了某些掌控我的力量。雖然國家並不擁有我。」[57]

蘇利南的獨立之路與印尼大相逕庭。諷刺的是，威廉明娜女王在關於更高自主權的演說中，她想的是「抓緊」東印度，實際上那反而影響了荷蘭與西印度殖民地的關係。從一九五四年開始，包括蘇利南在內的西印度殖民地獲得了自治權。[58]一九五四年九月八日通過的荷蘭、蘇利南與安地列斯群島法案中，蘇利南獲得荷蘭王國內的自治權利。比起一九三〇年代的印尼民族主義，面對溫和派的蘇利南民族主義，[59]荷蘭的反應也比較溫和。在印尼民族主義危機以及後續的主權移轉之後，環境已經大不相同。[60]經歷印尼去殖民過程的創傷，一九五四年的法案讓人鬆了一口氣。[61]隔年，荷蘭國會議員欣然看到威廉明娜女王之女茱利安娜女王順利出訪蘇利南，[62]他們認為此舉強化了「王國意涵」：亦即荷蘭與前南美洲屬地之間的親密關係。[63]

雖然在新的憲法條文下，正式的官方定義中蘇利南與荷蘭在王國架構內平起平坐，但就經濟與憲政而言，荷蘭仍舊是實力較強的一方。基進派蘇利南民族主義團體在律師愛迪・布魯瑪（Eddy Bruma）的領導下，要求終結兩邊差距。運動一開始採取民族主義與文化上做出回應的方式，針對荷蘭在蘇利南的文化宰制與其留下的遺緒而提出訴求，最終卻走向要求蘇利南獨立。這有部分也是因為蘇利南希望在國際組織中發出自己的聲音。由於外交政策仍舊是「國家事務」，因此自治情況中並不允許蘇利南向國際發聲；一九五九年荷蘭在聯合國譴責種族隔離的決議案中棄權一事，令蘇利南尤其感到挫折。[64]

一九七〇年代，蘇利南民族主義者的抗爭碰上了荷蘭政壇多數黨的去殖民化傾向。布魯瑪領軍的民族主義共和黨（The Nationalist Republican Party，蘇利南民族主義者）加入了一九七三年掌權的聯盟。由於歐洲在非洲、亞洲與加勒比海的殖民地此刻多數都已獨立，荷蘭似乎面臨了跟世界不同調的危機。一九六九年，荷蘭曾提供軍事支持，鎮壓了古拉索（荷屬安地列斯群島）有史以來最大型的起義。荷蘭士兵進入「海外」行動的國際媒體報導，在國內外都破壞了荷蘭身為進步國家的名聲。現在荷蘭想甩掉殖民者的形象。因此隨著讓蘇利南走向「完全政治獨立」的情勢成熟，加上主政的荷蘭左派政府當家，往前走的道路已經很清晰明確了。荷蘭的蘇利南移民人數逐漸增加，在七〇年代演變成政治問題，這也讓荷蘭政治人物更加願意盡快朝蘇利南獨立之路推進。獨立之後，蘇利南人將正式成為外國人，進入荷蘭的管道也將受到限制。因此，進步的去殖民政治議題，與荷蘭民族國家排拒蘇利南人口的欲望攜手並進。[65]諷刺的是，蘇利南獨立留下的遺產，正是原定要避免發生之事：大批（前）公民同胞湧入母國。從六〇年代末一直到七五年，關於即將獨立的「謠言」導致大批人口外移到荷蘭，這股從殖民地湧入母國的移民潮是歷史中絕無僅有的。[66]

正如我們所見，印尼與蘇利南在政治上去殖民化，並未終結殖民心態。白人與有色人種之間的差異，過去一直是殖民社會的特徵，現在則以弱化的形式，展現於面對獨立之後從殖民地湧入荷蘭的移民那種防衛心態；部分問題根源仍不脫膚色差異。然而，荷蘭社會似乎也對這種歷史遺緒有所調適；荷蘭的印歐裔與蘇利南人現在據稱已融入荷蘭社會，雖然這些前殖民地出身的荷蘭公民，仍舊保有「彼」與「此」、「當下」與「當年」、「黑」與「白」、「我們」與「他們」之間的旅人心態。

歐洲帝國主義的門外漢

——斯堪地那維亞

努德・傑斯柏森（Knud J.V. Jespersen）

比起偉大的歐洲航海國家在現代早期建立起廣袤帝國，並在全球歷史留下長久標記，斯堪地那維亞的海外屬地在幅員與歷史重要性上，都微不足道。部分原因來自這個區域相對落後的經濟發展，同時也必須從歐洲最北邊的地理位置來理解。漫長寒冷的冬天經常導致水面凍結，因此整年之中長達好幾個月的時間，都阻礙了船隻固定航行的可能性。斯堪地那維亞在歐洲海外擴張的整體歷史中的貢獻，必然不大。另一方面，斯堪地那維亞國家的殖民經驗仍舊是整體模式中的一環，更成為斯堪地那維亞歷史中一段特殊的組成元素。因為這種種原因，此段歷史還是值得一說。

葡萄牙與西班牙人為歐洲人開啟海外世界的兩個世紀後，到了十七世紀中期，斯堪地那維亞人才開始對於前往遙遠大陸取得領土一事認真展現出興趣；而此時的葡萄牙人、西班牙人、荷蘭人與英國人早已建立了穩固基礎。斯堪地那維亞人的興趣不在新發現（如維京人時代），單純只是想在殖民貿易豐厚利潤中分一杯羹。另一個重要動機，在於當時盛行的重商主義經濟信條，認定國家必須自給自足，維持貿易順差。為了在競爭漸趨激烈的世界經濟中達到這些目標，就必須擁有海外殖民地。於是這也讓如何直接進入利潤豐厚的東方市場，成為斯堪地那維亞現代初期的重要政治議題。

現代初期的斯堪地那維亞是由兩個大型的國家構成：包含芬蘭在內的瑞典王國，以及丹麥－挪威雙王國，由丹麥的奧登伯格（Oldenborg）王室統治。1

從地理上來說，由於瑞典王國擁有芬蘭，因此疆域含括了斯堪地那維亞半島的北部與東部，波的尼亞灣（Gulf of Bothnia）與芬蘭灣也包含在內。唯一通往國際貿易路線的自由進出口，是經過斯堪地那維亞半島西海岸哥塔河（Göta River）河口窄區，此地最後形成了大型商業城市哥特堡（Gothenburg）。除此之外，所有瑞典貨運都必須通過澤蘭（Zealand）與史卡尼亞（Scania）之間的狹窄海峽，此處直到一六五八年為止，一直是丹麥海軍緊密管控的丹麥水道。

由於這些地緣政治現實，瑞典缺乏可出海的船隻進行長程貿易的傳統。相對地，它成功建立了跨越波羅的海（Baltic Sea）的東歐貿易經濟。然而這些基本情況卻在十七世紀中葉發生了變化——經過對丹麥一連串的戰爭並於戰事中得勝後，瑞典終於取得丹麥在斯堪地那維亞半島上的省分領土，海峽也因此從丹麥內海變成國際水道。更重要的是，瑞典還掌握了德國西北方的大型貿易城市布萊梅（Bremen），正是這個城市讓國際貿易路線得以直通瑞典。一直要到此刻，對瑞典政府來說，取得海外殖民地才成為實際的考量。

另一個大型國家丹麥－挪威含括今日的丹麥及挪威本土，以及什勒維希－霍爾斯坦公國（Schleswig-Holstein）。和瑞典人不同，丹麥人與挪威人可以自由進出從北角到易北河之間的開放海岸線。也多虧溫暖的墨西哥灣流，一年當中多數時間，這條海岸線上的許多天然港口都不會結冰。然而丹麥內部水域及波羅的海在冬季那幾個月卻經常結冰，因此會長期癱瘓瑞典運輸。丹麥－挪威因此擁有長程航行的天然環境優勢，並以遠溯至維京時代的海軍傳統為傲。2

中世紀的丹麥與挪威曾是兩個獨立王國，一三八〇年兩國統一於丹麥國王治下。聯合王國持續到一八一四年，拿破崙戰爭後重劃歐洲地圖，挪威的聯合體制被迫轉讓給瑞典。瑞典－挪威聯合體制則持續到一九〇五年，歷經超過五百多年的外國統治後，挪威終於完全獨立。

北大西洋遺產

一三八〇年，當挪威與丹麥簽訂聯盟條約後，挪威遙遠的北大西洋屬地也跟著母國進入聯盟之中，因此成為丹麥帝國的一部分。這些屬地包含法羅群島（Faeroe Islands）、冰島與格陵蘭，這些是維京時代由挪威移民殖民的區域。原始移墾者的後代持續承認挪威為母國，但最終也接受丹麥國王為宗主國。一八一四年，當挪威脫離丹麥聯盟，這些北大西洋屬地仍舊留在丹麥主權之下。除了冰島之外，它們今日仍舊是丹麥聯合王國的一部分。[3]

冰島於一九四四年二次大戰期間，明確與丹麥切斷關係；當時冰島受到英國占領，而丹麥母國卻為德國人所占。自從一九一八年就開始享有半獨立狀態的冰島，自此成為獨立的共和國。法羅群島在一八二一年獲得丹麥郡治的地位，因此融入成為丹麥的一部分，也因此這群島嶼被納入一八四九年的丹麥民主憲法。二次大戰期間，法羅群島就跟冰島一樣，也受到英國占領。與母國實質上分離的五年期間，法羅人的分離運動興起，並於一九四八年促成了一項自治安排，在丹麥憲法架構下給予法羅人高度自治權。法羅群島仍舊在丹麥北大西洋聯合王國中保有這個自治地位。

而與冰島、法羅群島不同的是，由於氣候嚴峻以及跟母國之間距離遙遠，北歐人對格陵蘭的殖民既微弱又斷斷續續。維京時代曾有過短暫成長，當時北歐人足跡曾遠達紐芬蘭（Newfoudland），此後格陵蘭的北歐殖民逐漸淡化，甚至消失了數個世紀之久，將北極地區留給原居此地的因紐特人（Inuit）。然而十八世紀初，丹麥與挪威的殖民者及傳教士再度回到格陵蘭，並在西海岸建立不少聚落。同時間，在哥本哈根政府的支持下，他們經營了格陵蘭與母國之間相當規律往來的貿易路線。因此，是從這個階段開始，才有了真正意義上的格陵蘭殖民。

即便跟格陵蘭的交通品質不佳又不穩定，丹麥仍努力維持對這個北極島嶼的主權。這些努力終在一九一七年獲得肯定，丹麥將西印度所屬島嶼割讓美國的條約中，也獲得美國正式承認丹麥對格陵蘭的主權。即便格陵蘭位於西半球，同時還有美國國內升高的反對聲浪，格陵蘭仍舊是丹麥的殖民地。

然而二次大戰期間，當美軍基地設在格陵蘭時，丹麥主權遭到了暫時弱化。這項安排是美國政府與當時丹麥駐華府大使亨利克．考夫曼（Henrik Kauffmann）獨立簽訂的條約，並未經德國占領下的丹麥政府同意。此條約後續在一九四五年由丹麥解放政府承認，從此以後，丹麥允許美國在格陵蘭設置軍事基地；相對地，美國也承認丹麥對格陵蘭的主權。

一九五三年丹麥修憲後，進一步強化與格陵蘭的關係，後者的地位從殖民地變成丹麥聯合王國的一部分，就跟法羅群島一樣。從一九七九年起，格陵蘭人也享有廣泛的自治權：不同於丹麥本土及法羅群島，格陵蘭決定不加入歐盟。然而在此也須持平而論，格陵蘭的經濟依然大大仰賴丹麥的年度補助款，以及仍舊活躍於島上的美軍基地收入。

前進美洲的瑞典

早在一六二〇年代，瑞典政府就開始思考跨足海外。然而瑞典在歐洲的衝突中愈陷愈深，導致這些計畫一度停擺。直到一六三〇年代晚期，才又在現實考量下重啟計畫，他們試圖在德拉瓦河西岸建立一處瑞典殖民地，距離今日的費城不遠。4

這個想法的原始發起人是個荷蘭商人，名叫彼得．米努特（Peter Minuit）。他先前曾是附近的荷蘭殖民地：新荷蘭的領導人物，也跟當地原住民有豐富的交易經驗。由於跟荷蘭同鄉交惡，他轉而接觸瑞典政府，成功吸引領導人加入在德拉瓦河口建立瑞典貿易站的計畫。這項計畫實現後，便可能從荷蘭人手中搶走部分利潤豐厚的毛皮貿易。

在瑞典與荷蘭資金的贊助下，米努特帶著瑞典政府的詳細指示，帶領兩艘跨洋船艦在一六三七年十一月離開瑞典，要在指定區域建立起瑞典殖民地。他在一六三八年三月抵達目的地，隨即便設立了貿易站，以當時統治的瑞典女王之名，命名為克莉絲汀娜堡（Fort Christina）。河畔堡壘就蓋在從當地人手中購得的土地中間。他實現了在北美大陸建立瑞典殖民地：新瑞典的計畫，也讓瑞典政府插旗海外的夢想成真。

然而瑞典的殖民事業終究失敗了：從頭到尾只延續了十七年，在一六五五年時突然告終。位於附近的新荷蘭總督彼得．史都維森最終決定占領毫無防衛的瑞典殖民地，並將其納入荷蘭屬地，以此結束兩方對抗的紛爭。然而過沒多久，荷蘭的北美殖民地反而也被英國占領，成為大英殖民帝國的一部分。同時間，這個區域的主要城市新阿姆斯特丹，也改名為紐約。

針對瑞典殖民事業的失敗，有人提出了各種解釋。首先，比起荷蘭與英國，瑞典在北美屬於後進國家。瑞典人抵達時，英國已經在新英格蘭以及南方的馬里蘭與維吉尼亞建立了殖民社群。荷蘭人也在曼哈頓島西南的中介區域運作了好幾十年。因此，這個小小的瑞典殖民地想要在不干涉英荷既有利益的情況下，跟美洲原住民建立長久貿易往來，是相當困難的。其次，瑞典殖民地在當時的殖民環境中，一直都算小型且重要性不高。到一六五〇年，已經有將近四萬四千名英國殖民者住在美洲東岸，荷蘭人口則超過四千。瑞典殖民者卻僅有寥寥一百八十五人，很顯然，這麼少的人口必然要在英國人與荷蘭人占多數的環境下，看人臉色討生活；而也正如前述，此情形在一六五五年告終。

第三，殖民地與瑞典母國之間的交通極為有限。在一六三八至五五年間，總體來說只有十一艘來自瑞典的船抵達此地——也就是一年還不到一艘。等到船隻確實到埠之時，多數船員與乘客都因為船上不健康的生活環境而喪命。這種粗簡的交通情況可以歸因於瑞典仍舊深陷歐洲戰爭，但難以避免的結果卻是，殖民者認為自己遭到母國遺棄了。因此當荷蘭發動最終攻擊時，孤單的他們並無法組織起來、有效抵抗對手。

新瑞典的歷史最終只是一段為時不長的間奏，然而瑞典在這個區域卻留下了長久的影響。長期以來，此區域都被視為瑞典文化區；即便到了十八世紀末，此地依然有超過一千兩百人懂一些瑞典語。來自母國的瑞典牧師仍舊持續服務六群瑞典會眾，直到美國獨立建國為止。而要到一七八九年，瑞典國教會才決定不需要再派遣牧師到美洲，自此以後新瑞典殖民者的後代子孫才完全融入了使用英語的更大社群之中。

西非響起的瑞典間奏

瑞典試圖在西非取得永久據點，以涉足成長快速的美洲奴隸貿易，但也只能稱得上小有所成。相關計畫於一六二〇年代在執政圈中被提出討論，卻也因為瑞典介入三十年戰爭而推遲了二十年。直到一六四八年的《西伐利亞和平條約》（Peace of Westphalia）之後，計畫才又重啟。瑞典取得了布萊梅－凡爾頓（Bremen-Verden），因此得以進出開放海域。[5]

非洲計畫的重啟，要多虧路易・德・吉爾（Louis de Geer）這位出身荷蘭、歸化為瑞典公民的工業大亨。他自掏腰包出資，但也獲得瑞典政府授予特權——德・吉爾在一六四八年十二月裝備了兩艘船，並被派往西非，準備以瑞典女王的名義建立永久的瑞典貿易站。

這次的出航頗為成功。一六五〇年，代表路易・德・吉爾的船隊領袖亨利克・卡爾洛夫（Henrik Carlof）跟費圖（Fetu）①當地的國王達成了正式協議，讓瑞典人買下海岸角（Cape Coast）②附近的一片土地，並允許他們在此建立貿易站。瑞典人後續在海岸角的東西兩側又建立起更多的貿易堡壘，他們跟已經在當地建立勢力的英國、荷蘭奴隸貿易站展開激烈的競爭。瑞典人維持著優勢，一直到一六六三年才在英、荷一連串輪流軍事襲擊之下，被迫放棄。當時，英荷兩國已陷入因《航海法案》而起的衝突，因此瑞典便淪為兩大海權爭奪非洲水域的戰爭犧牲者。從此之後，瑞典企圖長期介入跨大西洋奴隸貿易的嘗試步入了歷史。

交換優惠而來的小島：聖巴瑟米

瑞典最長壽的海外屬地，是個靠近法屬西印度瓜達露普島的小島：聖巴瑟米（Saint Bethélemy）。然而，它是在歐洲的擴張史即將告終之際，才落入瑞典手中。一七八四年，瑞典國王停留巴黎期間簽訂了一紙條約，於是法國將這座無人島讓給瑞典，以交換哥特堡的貿易優惠。[6]

隔年，一艘瑞典軍艦在這座小島停泊，當地唯一的吸引力是它乃一座天然良港。長達好幾個月的停留期間，船員建造了第一批房屋（後來將成為繁忙的港市），並以當時瑞典國王古斯塔夫三世（Gustav

III）之名，命名為古斯塔維亞（Gustavia）。接下來幾年，聚落穩定成長，最終成為知名的商業城鎮。此地在法國大革命與拿破崙戰爭時期發展到巔峰，扮演交戰各方之間的中立自由港，也在中立的瑞典旗幟下，從蓬勃的貿易中享受了短暫繁榮。

然而拿破崙戰爭結束時，聖巴瑟米的光輝歲月也突然告終。致命的一擊在一八三一年落下，英國再次向美國運輸業開放加勒比海的港口。這一步讓瑞典港口顯得多餘，轉運港的角色也就此結束。一八〇〇年代的幾十年間作為瑞典資產度過了黃金歲月後，此刻這座島嶼反成為負債；更糟的是，接連幾次毀滅性颶風，摧毀了剩餘的商業建設。瑞典政府考量到這些悲傷的事實，遂於一八七八年決定將島嶼還給原主人：法國。對瑞典來說，海外事業的時代確實結束了。

尋找西北通道

一如其他歐洲統治者，丹麥國王克里斯汀四世（Cristian IV，一五八八至一六四八年）也密切注意荷蘭與英國的海外活動，嫉羨著亞洲貿易注入阿姆斯特丹與倫敦等商業重鎮的豐厚利潤。這位自信的丹麥王者心中認定，他也可以如法炮製西方海權國家的成功經驗。問題在於丹麥人應該採取哪條路線，才能直接通往令人垂涎的亞洲市場，又不會跟既有的貿易國家發生正面衝突。當然，最好的解決方式有別於傳統繞過非洲南端的做法，應該另找一條通往印度的航線。在這樣的考量下，新點子浮現了：尋找繞過美洲或亞洲大陸的北方路線。從丹麥的觀點來看，這個想法特別有利，因為這條路線會經過丹麥國王

① 位於今日迦納的古非洲王國。
② 位於今日迦納，葡萄牙人、瑞典人相繼在此建立貿易堡壘，今日列為世界文化遺產。

握有主權的北大西洋。然而早期荷蘭的嘗試已經清楚指揭示，俄羅斯以北的東北通道並不可行。因此丹麥政府決定試圖找出，是否存在一條美洲大陸北側的西北通道。[7]

為了回答這個問題，一六一八至一九年間一支遠征隊整裝預備出航，並且招募到有經驗的挪威航海船長嚴斯・孟克（Jens Munk）領導遠征。他率領了一艘護衛艦、一艘小型船艦，以及六十四名船員。一六一九年夏天，遠征隊離開哥本哈根，駛往新近才剛發現的哈德遜灣，要由此探索內陸地區，也許這樣就能找到一條通往亞洲的路徑。

然而這次任務卻證明了這條路行不通，並以悲劇收場。在冰冷的北極氣候中，兩次嚴酷寒冬奪走了不下六十一位船員的性命。嚴斯・孟克跟最後倖存的兩名海員在極為英勇的努力下，成功裝備起一艘小船跨越大西洋，因為護衛艦必須留在原地。經過兩個月危險又疲憊的跨大西洋航行後，他們最終在一六二一年夏天抵達挪威海岸。在這次嘗試之後，所有欲進一步開拓西北航線的計畫全都遭到凍結。剩下的唯一選擇就是禁得起考驗、途徑非洲南端的橫越印度洋航線。

國王的印度事業

丹麥試圖透過傳統路線前往印度的序曲帶著幾分喜感：一切始於一個充滿野心的荷蘭商人（其實是冒險家，名叫馬賽利斯・德・波舒維爾〔Marelis de Boshouwer〕）自信滿滿的伎倆。

波舒維爾已經在印度從商多年。一六一七年秋天，他前往哥本哈根請求謁見國王克里斯汀四世，並宣稱自己是代表錫蘭皇帝：康提的賽納拉特國王（Rajah Senarat of Kandy）而來。他自稱代表當權者，向丹麥國王進呈錫蘭與丹麥正式條約的提案。透過這紙條約，丹麥將獨占錫蘭對歐洲貿易十二年，並允許在島上建立許多貿易站。

明顯受到巧言令色的荷蘭人以及這項提議可能開展的驚人局面所吸引，國王在條約上簽了名，並下令整備四艘大型海軍船艦，不日內出發前往錫蘭。這次遠征是由二十四歲的海軍將領歐弗・吉耶德（Ove Giedde）指揮，並由新近成立的東印度公司提供資助，而該公司最大的股東就是國王本人。這次遠行是在一六一八年十一月啟航從哥本哈根出發，經過了五百三十五天的航程後，艦隊於一六二〇年五月十六日抵達錫蘭島。

然而等待著他們的卻是意外與震驚：康提國王全盤否認條約細節，整趟遠征眼看就要一敗塗地，荷蘭冒險家的生動想像將淪為悲慘的結局。吉耶德將軍卻沒那麼容易被打垮。既然國王的路行不通，他改為與另一名當地王子——坦焦爾（今日的坦賈武）③大公（nayak of Tanjore〔Thanjavur〕）——訂定協議。他代表丹麥國王向大公買了印度次大陸東南海岸上的一塊地，並獲得授權在此建立碉堡，他將其命名為丹斯堡（Dansborg）。丹麥殖民地泰蘭格巴爾（Tranquebar）由此開始。

當時泰蘭格巴爾只是個小漁村，被幾平方英里內陸區域包圍。然而良好的位置正好開啟絕佳機會，可以利用當時區域內葡萄牙與荷蘭貿易商的衝突，推動貿易在中立的丹麥旗幟下進行。因此接下來的二十年間，在丹斯堡的槍枝保護下，泰蘭格巴爾發展成繁忙的商業中心。裝載亞洲貨品的船隻也定期出發前往哥本哈根，讓東印度公司的股東極為滿意。

然而，由於十七世紀中期丹麥與瑞典幾乎長期處在戰爭狀態，丹麥政府無法提供船隻前往遙遠的泰

③ 位於今日南印度。

蘭格巴爾。事實上，兩邊的交通幾乎斷鏈長達三十年。直到一六六九年丹麥船隊再度於港口下錨，兩邊才又重建關係。眼看殖民地在英勇且深具經營概念的丹斯堡指揮官轄下，不但撐過了隔離時期，甚至比三十年前更加繁榮，船隊指揮官鬆了一口氣。換句話說，丹麥在印度的插旗之地毫髮無傷，而且就長期而言，更將成為丹麥的重要資產。十八世紀晚期，在當時列強的全球對抗局面中，丹麥所處的中立地位讓該國對亞洲的貿易發展到頂峰。

一七五五年，除了最早的丹麥重鎮泰蘭格巴爾外，還加入了孟加拉地區的第二個殖民地：一個名為塞蘭普（Serampore）的小聚落，就位於胡格利河（Hugli）西岸的英屬加爾各答附近。一七五六年，偏遠的小島群：尼可巴群島（Nicobars）④也被納入了丹麥領土，並以當時丹麥國王之名，改名為菲德烈克群島。新的塞蘭普貿易站很快成為丹麥亞洲貿易的重要中心，但尼可巴群島卻令人失望：瘧疾肆虐的氣候讓島嶼不宜人居，因此從未在丹麥貿易網絡中扮演任何角色。

遙遠的印度貿易站網絡將巨量財富帶回哥本哈根。水岸前的龐大新倉庫正是歷史見證者——十八世紀結束前的幾十年，亞洲貿易讓沉睡的丹麥首都變成世界級城市，死氣沉沉的商人階級也成為富裕的大都會菁英。

然而這段驚人榮景卻是奠基於脆弱的條件之上，也就是在英國與拿破崙法國的大對抗中，丹麥維持中立的能力。由於丹麥保有中立地位，商船大量被交戰各方用來運輸物資，以避免遭敵方攔截；這類高風險事業的收益驚人。然而丹麥的中立地位卻在一八〇七年陡然告終，因為英國擔憂大批丹麥海軍可能會落入拿破崙手中，決定採取預防行動。夏季將要結束時，一支英國遠征軍攻擊哥本哈根，經過數日砲擊後，丹麥政府決定將海軍拱手讓給英國，但同時也參戰對抗英國，戰爭持續到一八一四年。經過此事之後，維持丹麥長程運輸的基礎全都不復存在。[8]

戰爭期間，丹麥的印度屬地遭到英國占領。最後雖返還丹麥，但很快地，丹麥已明顯無法繼續維繫對遙遠前哨站的定期運輸。丹麥政府對這些殖民地失去了興趣，也由於孤立無援，這些地方便於一八四五年賣給英屬東印度公司，但尼可巴群島不在此列，因為東印度公司對它沒有興趣。一八六八年，這些島嶼免費割讓給英國。然而此後幾年，英國當局仍試圖對丹麥政府施壓，要他們干涉以這些島嶼為基地的馬來西亞海盜。這些島嶼後來則成為英屬印度流放罪犯之地。

這就是丹麥在印度事業的終局。丹麥在此立足並不久，也沒留下太多長久的痕跡。泰蘭格巴爾的丹斯堡在丹麥資助下獲得整修，當地仍有不少基督教會眾，源流可追溯至十八世紀初，這些教會是由丹麥敬虔主義（Pietist）傳教士所成立。今日，塞蘭普已被納入加爾各答大都會的一部分，這裡有印度最早的基督教大學，是於一七九三年由浸信會（Baptist）傳教士所成立，他們就在這塊丹麥小飛地中打造出一片安全之處。

黑金

就像許多歐洲國家，丹麥也試圖在十七、十八世紀蓬勃的奴隸貿易中分一杯羹。要想達到這個目的——如前文所見——就得插旗西非，而這裡正是黑奴被運往美洲前的聚集區。

一六六一年，丹麥非洲公司首度成功在幾內亞灣取得一小塊落腳處，在經過重重困難與挫折後，丹

④位於緬甸外海的孟加拉灣，今日屬於印度。

麥的政府代表終於在一六九四年獲得允許，成立永久的奴隸站，並以當時丹麥國王之名，取名為克里斯汀堡（Christiansborg）。整體而言，丹麥於此地活動並不安全，也高度仰賴當地非洲部落與大型歐洲奴隸貿易代理人之間無窮無盡的政治遊戲。因此，多數時間丹麥人獲得的利潤都很微薄，但在十八世紀晚期時來運轉的那幾年，丹麥人確實也成功擴展了他們的影響範圍，在弗爾他河（Volta）口的西岸建立了另外四座碉堡。

法國大革命後，由於關注的重心轉向人權，歐洲各地的公眾意見也逐漸開始反對奴役制度。在此背景下，一八〇三年丹麥通過禁止奴隸買賣的法律，非洲的碉堡一夕之間失去價值。因此也成了貿易公司與國家財政的經濟負擔。這些地方逐漸荒蕪，遭到相關各方的忽視，直到一八五〇年才被交給英國作為象徵性付款。英國人之所以接受這筆交易，只是想避免讓法國人買走。整體來說，丹麥人在西非微弱的過往活動仍舊是一段不重要的間奏，僅在丹麥本土留下少許痕跡，也只在今日的迦納留下了幾個丹麥地名。

「王冠上最美的珠寶」

丹麥在印度與非洲的屬地都不是正常定義下的殖民地，而只是貿易站，況且總是要看當地統治者與強大航海國家的臉色。然而加勒比海上的三個熱帶島嶼：聖湯瑪斯（Saint Thomas）、聖約翰（Saint John）與聖十字（Saint Croix），卻是真正的殖民地，就位於波多黎各的東方；在某個程度上，這三座島也成為丹麥移民的屯墾區。

聖湯瑪斯是個無人居住的岩石小島，一六七二年為丹麥西印度公司所占。西印度公司受到天然良港吸引，而這裡可以提供船隻良好庇護。在形式上，此島屬於西班牙國王，然而當時國王諸多事務纏身，因此默認了丹麥的占領之舉。一七一八年，西印度公司又染指了附近的無主島嶼聖約翰；一七三三年再從法國手中買下比較大的聖十字島。加勒比海上的丹麥小帝國於焉形成。直到一七五五年，這些島仍舊是丹麥西印度公司的私產；然而當年公司破產後，島嶼正式成為丹麥國有財產，由王家任命的總督管轄，並有常設軍團駐紮。

島上經濟仰賴蔗糖產製。蔗糖莊園裡的苦工是靠大批從非洲進口的黑奴來完成，他們在白人經理與莊園主的密切監視下勞動。這是個勞力密集的生產過程，奴隸人口很快就超越白種人口數倍。一七五四年，白、黑人口比例為一比八，十八世紀末的經濟榮景時期，黑人人口更進一步擴增。白種人口形成一小群菁英，過著殖民地主人的舒服生活。

在情況較好的年歲（也就是沒有毀滅性颶風且降雨量適當的年度），莊園能產出大量的過剩原糖，再送回丹麥進行精製加工。十八世紀末，這段商貿交通為母國帶來大量財富，因此商人奈爾斯・萊伯格（Niels Ryberg）上書國王時，認為將這三座島形容為「王冠上最美的珠寶」再恰當也不過。

然而迎來新世紀的同時，這段冒險也已日薄西山。這背後有好幾個不同的理由。首先，一八〇三年對黑奴進口的全面禁令導致勞力全面短缺，也因此致使薪資上揚。其次，對英戰爭（一八〇七至一四年）大幅削減了丹麥的運輸能力，也讓貨物價格大幅上漲。最終則是歐洲市場引入甜菜根糖，代表蔗糖不再具有競爭性。

因此在十九世紀，島上過去繁忙的糖廠逐漸沒落，人口減少，丹麥政府的支出卻穩定成長。簡言之，維持熱帶殖民地的基礎已經不復存在。在此背景下，丹麥開始談判出售這些島嶼，經過複雜的外交過程與丹麥內部公投後，三座小島在一九一七年三月三十一日的軍禮下，以美金兩千五百萬元的價格，轉讓給美國。

丹麥在這三座加勒比海小島上，確實活動了超過兩個世紀的時間，然而今日只有極具眼力的觀察者，才能發現丹麥過去活動的痕跡：幾幢丹麥建築風格的房屋，以及幾處地名。丹麥時代留下的印痕如此之少，主要是因為丹麥屯墾人口從來就不多。如前所述，打從一開始，黑人就占了絕大多數人口，即便是小型的白人社群也有很強的普世都會性格。這個社群裡慣用的語言是英語與荷語，很少人講丹麥語。只有軍營及行政機關的官員必然是丹麥人，但他們待的時間通常也不久。殖民地轉讓給美國之後，丹麥人仍選擇待在島上，迅速與多數人口同化，變成新美國文化的一部分。相反地，一小部分解放奴隸卻選擇搬到丹麥，並首度在當地的白人人口中，形成為數不多卻顯眼的群體。然而過了幾代之後，這個群體也完全融入了丹麥人之中。

斯堪地那維亞的海外擴張：角落現象

始自十七世紀並結束於二十世紀的斯堪地那維亞國家的殖民事業，一直以來都是很邊緣的現象。比起其他殖民列強，它們的海外活動時程較短，也從未在受影響的地區留下永久的政治或文化印記。與此同時，這也是個角落現象，因為斯堪地那維亞人的行動自由，只在列強允許的範圍內才有空間發揮。只有在大國家的行動受到相互爭戰的限制時，他們的事業才能發展成功。很顯然，斯堪地那維亞國家最大的海外成就是締造於十七世紀末英國與荷蘭交戰，以及十八世紀末英國與法國在世界各地開打之時。因此當一八一五年較和平的大環境重建起來後，斯堪地那維亞殖民冒險者也就面臨了窮途末路的命運。

然而無論角色多麼邊緣，斯堪地那維亞國家的海外經驗仍舊為自身的漫長歷史增添了一絲異國色彩，否則這些國家的歷史似乎總是受限於溫帶北方與狹窄波羅的海區域的範圍。因此，海外事業的歷史也許正好也提醒了斯堪地那維亞地區：就和地球上其他地方一樣，此地一直都是這個廣大世界的一環，也高度仰賴這個世界的整體運作——無論是就為善或作惡而言。

【英國】潮浪的統治者

克絲汀・麥肯錫（Kirsten Mckenzie）

一八〇七年，在那個約克夏郡少見的悶熱春季，對保守黨（Tory）候選人亨利・拉瑟爾斯（Henry Lascelles）來說，大英帝國代表的是福禍相倚。截至十八世紀末，將近兩百年殖民擴張所積聚的財富，已經改變了英倫群島的社會與地理地景。此時大眾文化對於所謂的「新富」（nouveau riche）暴發戶的著迷，或者「粗俗」（vulgar）一詞在當時被賦予我們今日普遍理解的意義，這些事都並非意外。[1] 其中有部分是因為在帝國財富的影響下，一七八〇至一八二〇年代之間，英國貴族人數大幅擴張，人數達到史無前例的多。[2] 這些有錢的「納波布老爺」（nabob，意指從印度獲得財富的人）以及西印度群島的莊園主，成為公共論爭與大眾諷刺文學的主角。類似《納波布老爺》（*The Nabob*，山謬・富特〔Samuel Foote〕著於一七七八年）與《西印度人》（*The West Indian*，理查・康柏蘭〔Richard Cumberland〕著於一七七一年）這樣的喜劇，都在倫敦劇院裡大受歡迎。英國鄉間隨處可見的帕拉第歐式（Palladian）豪宅①，許多都是利用英國擴張進入大西洋世界或印度（逐漸占多數）取得的財富所興建。

約克夏的拉瑟爾斯家族也運用在西印度群島積聚的財富，打造了最顯目的莊園之一，除了用作住家之外，更是政治權力的神經中樞。在海爾伍德大宅（Harewood House）中，他們打造出新古典世外桃源的意象。這裡是帝國財富所能達致之境界的精采典範，內部由羅伯特・亞當（Robert Adam）裝飾，庭園造景則由「能幹」布朗（Capability Brown）打造。這座以十八世紀無瑕品味打造的新豪宅裡，住的卻不是古老貴族世家（事實上房子建成比家族的侯爵爵位還早了幾十年），住戶跟加勒比海奴隸經濟之間的關係匪淺。這種種事實，都在莊園當時代所展現的樣貌中被人小心除去了。一位前莊園僱工寫的當地導覽手冊總結了一切：眾神可能也以為極樂世界就在這裡。[3]

雖說此時帝國已經在英國國內據有中心角色，也無法讓大眾睜一隻眼閉一隻眼。帝國暴力的醜聞在政治機器運作下浮上檯面，例如一七八八年試圖彈劾英國駐孟加拉總督華倫・哈斯汀（Warren Hastings）一事。然而對許多人來說，特別是那些利用帝國財富攀上英國社會階梯的人，也許最好還是別看、別知道，也別聽這些事情。然而社群知情的鉤子總會勾破暴發戶的絲袍。一八〇七年，當英國廢除奴隸貿易時，拉瑟爾斯家族也在競爭激烈的約克夏郡選舉中落敗。他們被形容為「奴隸貿易的捍衛者」，家族「成就仰賴淌血的非洲」，拉瑟爾斯家遭到不滿的約克夏成衣工人指控試圖將西印度群島的勞動方式移植到英國工人身上。[4]然而，英國人永遠不會是奴隸。[5]

大英帝國擴張興衰的四百年間，亨利・拉瑟爾斯的政治冒險大約落在半途。之所以從他的故事開始談起，是因為這個故事點出了三個主題，恰恰是我想處理這段漫長歷史的核心取徑。這些主題明顯出現在十八、十九世紀（雖然早先在十七世紀已有先聲），而它們也將於很大程度上主導二十世紀帝國沒落時的環境。

①帕拉第歐（Andre Palladio）是文藝復興晚期北義大利的知名建築師，他的活動範圍主要在威尼托省，並在當地留下許多帕拉第歐式豪宅別墅。他將羅馬古典神廟立面、立柱與教堂圓頂應用至一般建築上，形成帕拉第歐風格。這種風格不只侷限於義大利，甚至遠播到英國和北美地區。

首先，若說英國創造了帝國，帝國也創造及再造了英國自身。倘若英國的帝國擴張以及後續的崩解，改變了全球千百萬人的生命，那麼英國與英國人自身其實也受到這段歷史所改變。其次，此一轉變不只發生在社會層面，也發生在個人認同上。拉瑟爾斯家族可能透過帝國財富重新打造自己，但在更廣大的層面上，若談及英國與殖民地如何塑造種族、性別、階級與地位的概念，帝國經驗便至關重要。這些改變的認同方式產生了實質的政治影響，例如在個人權利與自由的實踐這些方面。我的第三個主題則在於，英國的財富與自由被斷定為來自剝削他人與剝奪他人自由的方式。正如一八〇七年約克夏成衣工人都很清楚的，誰該被包含、誰又被排除在這些權利與自由之外；這也將成為英帝國歷史進程中的關鍵辯論場域。

這段歷史從哪裡「開始」，當然是同樣受到激辯的議題。都鐸王朝（Tudor）時代征服的愛爾蘭，是否為英國最早的帝國宰制案例？倘若如此，威爾斯與蘇格蘭真的能被視為帝國權力中心的一環嗎？愛爾蘭人、蘇格蘭人與威爾斯人都是英國全球擴張中的重要成員，但無庸置疑，他們的土地處於英格蘭政治經濟宰制之下。雖然可能有更早的起源時間點的爭議，我還是從十七世紀開始談起大英帝國，當時全球性的經濟與領土擴張正以史無前例的速度展開。

大局已定：約一六〇〇至一七八〇年

大英帝國的第一個百年中，形成這個概念的「大英」跟「帝國」兩字，在一般人的理解中都不是當代意涵。一六〇三年的聯合王國（Union of the Crowns）納入了英格蘭、蘇格蘭與愛爾蘭三王國。（蘇格蘭的）國王詹姆士六世／（英格蘭的）詹姆士一世，用不列顛（Britain）這個字來指涉他的領土[6]，但要等到一世紀後，「不列顛人」（Briton）的概念才會在大眾之間生根。[7] 同樣地，「帝國」的想法也不一定帶著海外擴張的野心。然而到了十七世紀末，多數帝國征服的模式已經穩固了下來：透過榨取海外原物料的方式，財富湧進英倫群島；占領土地（及保衛土地不受歐洲對手侵略）以保障資源的榨取；同時維持這些經濟所需的強迫勞動，還演變成大規模強制人口販運，規模之大是世界前所未見的。到了十八世紀初，這些事業的成功代表了，英國人的身分認同可謂取決於他們是對抗天主教法國與西班牙的新教全球強權國家。

某些歷史學家主張，十六世紀的北美洲與加勒比海地區的榨取式莊園聚落，是源自十五世紀愛爾蘭的前例。[8] 北美大陸的第一個永久聚落是一六〇七年建立在維吉尼亞詹姆士河畔的聚落。其他的則往北邊發展，例如一六二〇年的普利茅斯（Plymouth），以及一六三〇年在麻薩諸塞灣的殖民地。一六二三年，聖克里斯多福（St Christopher，即聖吉茲〔St Kitts〕）成為英國人屯墾的第一個加勒比海小島。接著又有其他占領得來（例如一六二五年的巴貝多〔Barbados〕）或從西班牙等對手手中奪得的小島（一六五五年的牙買加〔Jamaica〕）。英國人早年曾展現出對新來者與原住民的文化包容，但並不長久。對歐洲人來說，大西洋世界原住民對既有社會組織與經濟模式的冥頑不靈很令人惱怒。歐洲人對於土地與勞力的貪婪需求，很快導致當地發生暴力事件。例如，一六二二年有組織的反抗行動，幾乎掃除了整個維吉尼亞殖民地。就像先前愛爾蘭已經發生的情況，「文明的」殖民者教化「野蠻」先住民的種族主義式論調，很快贏得支持。一開始是菸草，後來則是蔗糖，這些現金作物讓北美大陸與加勒比海的英國事業大獲成功。這就有如主角在等待現身的大好時機——大西洋世界帝國擴張的這齣戲，還可以被寫成英國對抗天主教對手：西班牙與法國，並爭奪全球霸主地位的反抗大戲。

在北美與加勒比海地區，「自願」簽下賣身契的契約白人僕傭（部分是流亡囚犯，另有部分是貧困的英國人）很快取代了有限的原住民勞力。一六四〇年代起，黑奴開始由非洲進口，到了十七世紀末，他們已經變成最受歡迎的勞力來源，特別是在北美大陸的南方殖民地與西印度群島。隨著黑白種族之間的經濟與社會分化愈來愈大，自由人的財富地位逐漸建立在奴役束縛之上。因此黑人被摒除在大西洋世界興起的立法會議之外，然而白人聚落卻愈漸固著於此地。

倘若大西洋世界的擴張是受到棉花、蔗糖與菸草等作物的種植驅動，那麼東方的利益動機則是藉著貿易從當地的產品榨取利益。在歐洲人對於亞洲作物貪得無厭的需求驅使下，特別是針對胡椒與香料，加上絲棉織品等製成品，英屬東印度公司在一六〇〇年獲得了皇家特許。到了十七世紀末，這間公司將會成為經營亞洲貿易的歐洲公司第一把交椅。它還將在十八世紀期間取得自己的帝國。跟亞洲進行貿易風險極大。除了運輸成本高以外，在馬來群島或印度本土沿岸建立永久貿易站（稱為商館〔factory〕）的當地條件也相當不穩定。歐洲貿易對手——特別是法國人——無時無刻無所不在，甚至還會爆發暴力衝突。十七世紀時，印度貿易多半要靠英國人在次大陸既有權力架構中斡旋來進行。到了十八世紀，隨著蒙兀兒帝國沒落動搖區域穩定，情況開始轉變，東印度公司也開始利用當地聯盟關係來攫取政治權力、奪取土地。為了取得稅收以資助成長中的貿易體系，並支持公司軍隊捍衛英國商業利益，在某些人眼裡，領土擴張勢在必行。英國在印度的征服成果讓所有先前的帝國擴張相形失色——光是孟加拉一地（一七五七年由羅伯特．克萊夫〔Robert Clive〕在普拉西戰役〔Battle of Plassey〕勝利中奪下），就帶給英國兩千萬新子民與三百萬英鎊的歲收，可用來建立龐大的新軍隊與行政體系。[9]

到了十八世紀，東印度公司由中國進口的茶葉，加上大西洋世界靠著奴隸經濟種出來的蔗糖，逐漸成為英國人餐飲中常見的品項。茶葉在北美殖民地也很受歡迎，正因如此才有後來一七七三年茶葉被倒進波士頓港的事件。在英法爭奪大西洋世界控制權的昂貴戰爭之後，英國人試圖彌補財務損失，大受歡迎的茶葉就成了課稅的完美商品。這些殖民者不該付點保護費嗎？但此舉卻激起憤怒反應，所謂的波士頓茶黨事件只是好幾起課稅抗議之一，這些事件最終卻導向美國獨立戰爭（一七七五至八三年）。如同英國政治家埃德蒙．伯克（Edmund Burke）所承認的，在部分人遭到奴役、其他人卻非如此的社群裡，「那些自由者肯定極為驕傲且看重自己的自由。」[10]

測繪人類與自然世界：約一七八〇至一八一五年

喬治三世：但殖民地呢，彼特先生？

彼特：美利堅現在是個國家了，陛下。

喬治三世：是嗎？我們只得試著習慣了。我還看過更奇怪的事呢。我看過五條腿的羊。[11]

從後見之明來看，一七八三年失去美洲殖民地對英帝國擴張而言並非永久挫敗；至少並不比亞倫．班奈特電影中喬治三世的反應來得多嚴重。大西洋世界的帝國跟一七八三年後的帝國發展之間有一些相似性[12]，但十八世紀末確實畫下了大英帝國本質上的分水嶺。歷史學家所稱的「第一」與「第二」英帝國之間的主要差異之一，在於地理。自從一六〇〇年，跨越大西洋的帝國擴張是西向擴張，往北美大陸的東岸推進並穿越加勒比海。自此刻起，重點則逐漸向東轉，朝向印度並跨越太平洋前進。帝國的重心將從大西洋轉向印度洋。[13]

要是沒有十八世紀末的太平洋探險，重心的轉移就不可能發生。跟這個時期的探險最密切相關的人，就是詹姆士．庫克船長（Captain James Cook）。一七六八至七九年之間，庫克三度領導太平洋探險，直到最終死在夏威夷島人手中。庫克探險對英國探測太平洋前緣發揮了關鍵的作用，這片令人生畏的大洋缺乏主要大陸，只有星羅棋布的小島，在航海者仍舊無法精確計算經度的時代，是很容易讓人迷失的地方。庫克的航行固然是航海勝利，但最初也是設計來以他種方式測繪這個世界的。船上塞滿新奇、實驗性的科學儀器，載運著藝術家與科學專家如約瑟夫．班克斯（Joseph Banks）與丹尼爾．索蘭德（Daniel Solander），庫克的船隻成了旅行實驗室——這是科學革命與啟蒙運動的知識狂熱下產生的新型態探險的繼承者。[14]他們不只試圖以地理學的方式測繪新世界，還對自然與人類群體進行分類。索蘭德身為當代最重要的分類學者林奈（Linnaeus）的學生，自然不是浪得虛名。庫克的航程部分也是設計來蒐集資訊用的，而這些資訊也會轉交至當時正在演化中的各個歐洲科學分枝，後者對於原始資料的需求無窮無盡。繼這些探險之後，接踵而來的不只是往太平洋的土地擴張（特別是澳洲），另外更有關於人性新的思考方式。

十八世紀末關於文明的啟蒙社會理論，之後將在十九世紀結出了種族劃分的苦果。也許是這個原因，導致在大眾對帝國的感受中，庫克一直就有如一道雷電。早在一七八〇年代初期，庫克被「表揚」為帝國烈士與英雄。歷史畫作描繪他死在夏威夷島民手中，銘文也將他神化：庫克在代表宇宙聲名與大不列顛的寓言人物伴隨下升入天堂。到了十九世紀末，澳洲白種殖民者將庫克視為「創建者」，而他們寧願忘記此地用作罪犯流放的殖民地淵源。二十世紀末則出現另一種不同角色形象，在反殖民論述中，庫克被視為歐洲壓迫者先鋒。「我要提醒你，當時可是我們宰了庫克。」我聽到夏威夷民族主義者在一九九〇年代的會議上驕傲宣稱。在大眾記憶裡千變萬化的世界中，一名十八世紀海灘鬥毆的被害者[15]成了十九世紀的英雄，後來又變形成二十世紀末的惡人。

從十九世紀中期開始，澳洲殖民地的屯墾者就積極推崇庫克為「創建者」，因為是從他的航行開始，才有人測繪此地與紐西蘭海岸線。這種說法很方便地避開了多數澳洲屯墾區一開始都是罪犯流放地，或也是由此擴展開來的事實。隨著美國獨立，強迫罪犯橫渡大西洋已經不再可行。英國犯罪問題的解決方法，就是透過把罪人送到世界的盡頭來遏止犯罪。第一艘罪犯流放船在一七八八年抵達植物學灣（Botany Bay）。接下來七十年，超過十五萬人將登陸澳洲海岸。新南威爾斯與范迪門之地（Van Diemen，今日塔斯馬尼亞島〔Tasmania〕）的流放殖民地，早年生活情況相當艱辛困苦。相較於庫克航程給主事者的印象，此地氣候更加嚴峻，原住民人口也更多（且充滿敵意）。然而除了「致命海岸」再真實也不過的恐怖環境之外，[16]降低支出並確保聚落生存繁榮的現實需求，卻也減低了監獄規訓的嚴苛程度。他們很快發現，當勞動可以創造個人收益時，罪犯會工作得更加起勁。因此從這些模糊不清的監獄管理中，一個具有創業精神的社會崛起了。最早的財富建立在捕獵海豹和鯨魚等活動上，後來則又加入放牧與羊毛生產。如此一來，他們卻毀了澳洲大陸原住民族賴以為生的經濟基礎。澳洲白人屯墾社會的成功，就像先前的北美社會一樣，都是建立在對當地先住民族的人口毀滅與暴力掠奪之上。

善意的帝國：[17]約一八一五至八〇年

到了十九世紀，英國在亞洲、非洲與太平洋地區經歷前所有未有的領域擴張。與之相應的還有在中國與西屬美洲的「非正式帝國」，亦即非正式受到英國控制的國家被拉進英國貿易圈中，有時甚至是強迫性的，例如一八三九至四二年與一八五六至六〇年，英中的鴉片戰爭。然而除了加拿大、南非與澳洲外，新的正式殖民地都不是屯墾殖民地。十八到十九世紀英帝國本質的改變，對於後啟蒙時代分類（與管理）人類世界的方式深具啟發意義。白人屯墾殖民地的管理，跟亞非地區非歐洲人口占多數的殖民地遵循的統治模式之間，有一道愈來愈大的鴻溝。白人屯墾的殖民地本身特別熱衷於擴大此一分野，將自己與印度之類的殖民地區隔開來。他們需要展現出自己的社群與英國社群地位相當，應當獲得相同的政治權利。當「白人身分」在十九世紀中逐漸成為權力的穩固象徵時，享受「自由英國人」社會的政治權利的白種英國子民，以及被視為附屬人民且受到統治的棕黑膚色英國子民之間，分際也愈來愈明顯。[18]「白人屯墾的殖民地，」凱瑟琳・霍爾（Catherine Hall）寫下，「是圍繞著雙重需求而建構起來的：趕走原住民，並建立屯墾人口取而代之。」[19]在後面幾世紀有時被汙名化為「文化自卑」（cultural cringe）的白人屯墾者對於得到英國認可的執念，必須放在這個脈絡下理解。殖民地對於歐洲服飾、衛生與兒童教養標準的執迷（在此僅列舉其中幾項），是出於個人、社會與政治認同等相互連結的需求。政治領域裡，這些野心將在十九世紀中葉開花結果，白人屯墾殖民地也將獲得議會代表席次，以及後來負責當地事務的立法會。

一八一五年拿破崙戰爭結束時，英國以世界最現代化的工業國家之姿，崛起成為全球的經濟霸主。到了一八二〇年代，約有百分之二十六的世界人口居住在被定義為英國所有的土地上。[20]幅員廣大的領土跨越了全世界範圍，英國試圖對大批人口建立控制力，而在文化與種族上，這些人都與英國人自身十分不同。隨著這些改變而來的是，關於帝國本質的辯論也日漸增加。在許多改革者心中，這種經濟與政治的宰制需要有相應的道德與人道制高點才行。爭論重點在於「英國人究竟該是哪種帝國主義者？」的深刻危機：是虔敬正直？還是無神而墮落的帝國？十九世紀初的幾十年中，人道主義改革派的觀點逐漸在政治領域取得上風。他們既支持孱弱無依者：婦女、兒童、奴隸與帝國的原住民，也想要轉變英國自身。他們體現了一種性別化政治行動的新視野：工業化後在經濟改變驅動之下的白人中產階級男性，要以更人性化的形象，擔負起塑造世界的重責大任。人道主義者的意識型態能量一開始被導進關於奴役制度的論爭中。這些爭論不只運用道德說詞，奴隸本身的證詞更是強大武器[21]，他們所用的語言還提倡自由勞工的美德，並批評在全新的工業化世界中奴役這種方式的落後。

反對奴隸貿易運動，首先在一八〇七年導致拉瑟爾斯家族失勢，後來運動更進一步反對奴役制度本身，並在一八三四年開花結果。政府透過補償奴隸主的形式來保護財產權。這是一種獨特帝國視野的勝利，這種視野將英國的國家性格與人道情感連結起來，讓反奴役制度變成「國家美德的象徵」。[22]強調自由勞工與道德，讓運動本身在整個國家新的道德氣象裡深具吸引力。它提供了一種方式，讓英國人以本身固有的道德感及對自由的熱愛，留給外國人深刻印象。強調殖民方法上的道德優越性，也改變了英國人看待自己殖民地的方式。在風行英國的道德改革與反奴役制度的大環境中，關於殖民的新觀念也在一八二〇與三〇年代獲得大眾接受。奴工道德低落及無效率等等，這些用來質疑奴役制度的論點，也被高舉來反對罪犯勞動。英帝國境內在一八三四年廢除奴役制度；六年後，英國國會就終止將罪犯流放到新南威爾斯的做法，雖然在范迪門之地後來還持續了十年之久，而且各種醜聞層出不窮。西澳地區則出於勞力需求，罪犯流放持續到一八六八年。

從反奴役制度開始，距離保護原住民族免於剝削，其實也只剩一步之遙。一八三六年，英國與外國原住民保護協會（British and Foreign Aborigines Protection Soceity）在倫敦成立。一八三七年，國會在就帝國內原住民族現況的聽證中，發現南非、澳洲與北美的殖民造成了災難性後果。這個特別委員會的全名特別具有啟發性：「關於英國屯墾區所在國家境內原住民及鄰近部落應採取措施，以保障其應有正義及權利；並於其之中傳布文明；領導其人和平自願接受基督宗教之特別委員會」。大白話來說，關於白人與黑人平等的人道論爭，是奠基在「黑人應該接受基督教化，並以白人條件加入白人社會」之上。

然而，無論是獲得解放的奴隸或被殖民者似乎都不為所動。他們拒絕被轉變成溫順馴化的自由勞動力，反而偏好自給自足，並追尋自己的文化與經濟目標；這一點並不令人驚訝。結果造成的緊張關係開始阻礙到改革的意識型態。除此之外，人道主義者開始被殖民地內的主要對手視為重大威脅，包括放牧者與其他在南非、澳洲、紐西蘭與加拿大尋求占領發開大片土地、無所顧忌、也不理會原住民受保護與否的白人。人道主義者跟他們在英國及殖民地的對手之間，掀起了一場意識型態之戰。原住民特別委員會展現出來的殖民視角，遭到屯墾者無情對抗，後者宣稱他們才是真正將文明帶到殖民地的人，他們投入了對「野蠻人的戰役」。放牧者與盟友採用的語言，正是以「資本主義進展和文明受到野蠻人威脅」為主，好用來對抗人道主義的論調。[23]我們現已身處後帝國時期，雖然英帝國的種族階層與經濟剝削早就受到應有的批判，但大家仍應了解殖民活動內在的多樣性。在相互競爭的想法之間，它的內部實為斷裂不一的。

最終，人道運動所承諾要對原住民公民與土地權利付出更多關注，卻只是曇花一現。它基本上無法阻止原住民族在白人無情經濟擴張的壓力下，遭到快速驅趕。到了十九世紀中，改革派籠罩在一股深沉的幻滅之中。挑戰對原住民權利之忽視的道德理想開始遭到放棄。強調人類本質一致性的人道情感（雖然假設非歐洲文化應該接受「文明」洗禮），開始讓位給十九世紀後半葉風行的社會達爾文主義與科學種族主義。作為這些改變的顯形，凱瑟琳．霍爾指出，湯瑪士．卡萊爾（Thomas Carlyle）的述作〈黑種人問題偶談〉（Occasional Discourse on the Negro Question）（一八四九）（後來改名為〈黑鬼問題偶談〉〔Occasional Discourse on the Nigger Question〕〔一八五三〕），「標誌了公眾人物可合理正當坦承自己相信黑人本質卑劣的時刻，而且還能宣稱他們生來就該被宰制，永遠都不可能達到歐洲文明的層次。」[24]

在地被殖民者以自己的方式解決問題所引起的事件，也突顯了這些意識型態的改變。到了一八六〇年代，英帝國遭遇一連串深刻衝擊，普遍被解釋為英國的政策與價值遭到拒斥。解放奴隸或被征服的「原住民」都不認為自己「應當」採取行動，讓自己變成一支基督教化、可動員的勞動力。西印度群島的莊園並不平靜，前奴隸也尚未獲得完整的公民與政治權利。加勒比海地區的緊張情勢於一八六五年爆發，釀成牙買加的摩蘭灣反叛事件（Morant Bay Rebellion），總督愛德華．艾爾（Edward Eyre）使出極端暴力將其鎮壓下來。此後，即便在加入立法會的少數黑人成員抗議下，牙買加的立法會仍舊自行放棄開議，傾向由英國直接統治。艾爾處理起事的方式——將四百三十九名牙買加黑人吊死，六百人遭杖刑，數千棟房子被摧毀當作報復——在英國的白人之間激起激烈論辯。此一論辯演變到後來不只關乎解放黑奴的本質，也探討了艾爾的行為本身。紐西蘭事件也激起人們對於人道改革的類似幻滅感。在紐西蘭，一八四〇年的《懷唐伊條約》（Treaty of Waitangi）本欲調和歐洲人與原生毛利人（Maori）之間土地所有權的爭議，反倒卻開展了超過三十年的武裝衝突，而最後證實毛利人是十分強大的敵手。

這些十九世紀中期的創傷中，最嚴重的打擊發生在新帝國的核心——印度。印度人記憶中的「大反叛」（Great Rebellion，英國有時仍會稱作「印度軍大叛變」〔Indian Mutiny〕）在一八五七年爆發。到了十九世紀中期，英屬東印度公司的私人軍隊進行一連串兼併與戰爭後，英國統治的疆界已經擴展到次大陸多數地區。英國利益與沿著英國文化路線進行印度社會「改造與改進」的計畫是一致的。安全疑慮無所不在；因此一八五七年也透露出跡象：英屬印度政府（印度人以此指稱英國政府）對於情況的掌握不大可靠。

反抗行動始於孟加拉軍隊中的印度士兵，他們抗議擦抹彈匣的油用的是儀式上不潔淨的動物油脂。這可能是設計來一次同時激怒印度教徒與穆斯林士兵的舉措，而英國當局對於抗議的高壓反應更令事態雪上加霜。一開始的抗爭僅是一簇小火花，卻點燃了對英國掌控印度政治、社會與經濟的深層怨恨。起義行動從軍隊士兵蔓延到都市與鄉村人群中，並造成北印度陷入暴力混亂。叛亂的理由各地不同，然而一大部分印度人認為支持英國人比起響應反叛者，更符合自己的利益。最終起義行動以失敗收場，然而叛亂期間廣泛傳播的預言卻非無的放矢：自普拉西戰役以來，東印度公司的統治不會超過一百年。這次叛亂之後，東印度公司的統治就結束了，印度改由王室與國會直接治理。若說印度叛變的明確動機有其複雜性，英國人重新控制大局時的艱苦戰鬥、雙方各種算計下的施虐暴行，也都留下了影響力可觀的餘波。我們感懷十八世紀末、十九世紀初英國的在印統治時，態度要極度謹慎，[25]當時那個世界懷抱的任何英、印之間跨文化融通的短暫期望，都在一八五七年灰飛煙滅。殖民統治者與臣民之間的既有鴻溝更加擴大，至於按英國路線在印度與其他非屯墾殖民地進行改革與改善的可能性，也都一去不復返。

新帝國主義：約一八八〇至一九一〇年

在十九世紀中期這波情勢發展之後，出現了「不太友善的帝國觀」。[26]正是這種銳利的種族、文化與權力的視角，最終構成所謂「瓜分非洲」（scramble for Africa）與十九世紀的「新帝國主義」。在十九世紀末之前，英國對占領非洲土地並沒有太大興趣。但牽涉到非洲居民時——如前文所見——其想法卻恰好相反；大規模綁架非洲居民推動了十七世紀以降大西洋世界的奴隸經濟。兩百年後，雖然大西洋奴隸貿易的人口後果已經深深撼動這片大陸，然而土地卻尚且相對不受干擾。英國人在西非占有彈丸之地，是為了進行奴隸貿易與其他商業之用。此外他們還有峽角殖民地（Cape Colony），這是十八世紀末拿破崙與法國革命戰爭期間，英國從荷蘭人手上兼併而來的，主要是為了保護通往印度的海路不受法國威脅。然而到了一九〇〇年，英國已經占有非洲大陸上大片土地。東南亞的發展也許沒那麼戲劇化，但英帝國也占領了緬甸與馬來半島。

英帝國在十九世紀末的驚人領土擴張，始於一八八〇年代的涓滴細流，終於十年後的漫天大洪。戰略與經濟考量都是背後的解釋因素之一。阻止其他崛起的歐洲帝國列強擴張進入該區域，也是其中的原因，例如舊仇法國，或新近統一的德國。到了十九世紀末，英國自拿破崙戰後享有的無可挑戰之帝國地位，已經明顯走向了終點。同樣明顯的，是特定資源與市場經濟的重要性，例如棕櫚油、象牙與天然橡膠等原物料愈顯貴重。這些戰略與經濟要素也促使了「非正式帝國」的進一步擴張。就像鴉片戰爭迫使中國接受英國自由貿易這種啟人疑竇的好處（正如西蒙．夏瑪〔Simon Schama〕所稱的「毒品帝國主義」〔narco-imperialism〕），[27]這種強迫影響力也在一八七〇與八〇年代延伸到土耳其與埃及。一八六九年蘇伊士運河興建時，是由法國和埃及出資建造，後者於一八七五年被英國買斷。運河讓英國到印度的航行時間減半，同時也提升了先前取得的幾處領土的戰略重要性：一八一九年的新加坡、一八二六年占領的幾處麻六甲海峽據點，以及一八四二年的香港。一八八二年，英國在埃及利益上採取了最後攻勢——入侵並「占領」該國。

十九世紀末的新帝國主義不只攸關戰略及經濟利益，同時也促成了對於英國及殖民認同的新思考。十九世紀末是歐洲列強之間高度競爭的世界，因此對於海外非英國人民的控制也逐步提升。此時相當普及的各種演化論思想認為種族可以透過競爭而演化。以歷史學者比爾・納森（Bill Nasson）的話來說，「民族優越的種族思想，沉溺於征服戰爭的光榮文化，以及英國擴張相對廉價的成本」刺激了一股帝國狂熱。[28]但這不只關乎認同，而也涉及了權力。對一八九五至一九〇三年保守黨的殖民地大臣約瑟夫・張伯倫（Joseph Chamberlain）來說，獲得英國民意對帝國的支持，這件事至關重要。這場帝國任務以白種人氣魄與高漲的軍事男子氣概為表現，就呈現在流行的歌舞雜耍表演、藝術、文學、教育與青少年運動中，例如男童軍。

然而新帝國主義者無法為所欲為。即便帝國之子讀著魯迪亞德・吉卜林的書，或沉浸在《少年週報》（*The Boy's Own Paper*，一八七九年創刊）上激勵人心的冒險中，大英帝國下的世界各地仍有不同的視野與看法逐漸成形。黑白社群中都有愈來愈多的反帝國主義認同及政治動員運動。澳洲的基進民族主義者使用大眾流通的出版品，為教育改革後開始識字閱讀的新一代人，提供了效忠於帝國之外的其他可能視角。全國性畫報如《澳洲公報》（*The Bulletin*，一八八〇年創刊）則讚頌澳洲地景作為號召，並以田園生活的理想願景嫁接積極反亞裔的白澳概念。如同這份報紙在一八八七年所宣稱的，「沒有黑鬼，沒有支那人，沒有印度水手，沒有大洋洲土人，也沒有廉價有色人種勞力的供應商——這些都不是澳洲人。」[29]澳洲批判英國養出廉價黑人勞工，正是他們破壞了白種工人的權利。然而最終，效忠於帝國的牽絆仍舊勝出一籌。南非的白人可就不同了。南非白人（Afrikaner）共和國與英帝國主義之間的苦澀南非戰爭（一八九九至一九〇二年）埋下了南非白人民族主義的種子，在將近五十年後更結出種族隔離政策的苦果。

對抗殖民壓迫的組織性反抗並非新鮮事，如前述，十九世紀中葉出現帝國控制危機，從前文所點出的情況可見一斑。然而，到了十九世紀末，大眾教育普及與殖民地所有種族的識字率提升，卻造成了始料未及的效果。這種轉變在殖民國家的語言與政治制度下催生了民族主義運動，並使歐洲統治的意識型態遭到拒斥。比方在印度這樣的殖民地，英國仰賴當地識字的知識分子擔任基層行政人員。然而提供給這些行政人員的教育，同時間也催生了一代批判者，他們可以運用新技能，以殖民政權的語言評論殖民政權。[30]印度國民大會（Indian National Congress）在一八八五年成立，繼而也號召更多印度人加入英國行政組織。到了一九〇六年，它致力於推動印度自治，並朝向大眾運動的方向發展，包含一九一九至二二年間由聖雄甘地（Mahatma Gandhi）所領導的一系列運動。一九一二年成立南非原住民民族會議（South African Native National Congress，此為非洲民族會議前身）的那一批人，同樣也是由接受傳教士教育的菁英中脫穎而出，他們能夠在自己的議會中對抗白人。即便這些人不斷向英國當局請願保護非洲人權利，但在英國人與南非白人的協商中，這類組織經常遭到邊緣化。因此一九一〇年南非聯盟成立後，南非白人可說是完全放任白人至上主義發展。

衰弱與遺緒：二十世紀

十九世紀新帝國主義達到高峰時，西利（J.R.Seeley）在一八八三年出版的《英格蘭的擴張》（*The Expansion of England*）一書中說出了那段有名的話——英帝國是「一不小心」造就的。這種評斷並非無憑無據，正如比爾．納森最近也如此指出。這個帝國缺乏地理連貫性、統一的法律架構，或任何單一語言或宗教。帝國所擁有的土地是於四百年的跨度中，在毫無任何一致模式的情況下取得的。這四百年中，英國人對帝國抱有的情感及支持，也參差不齊得驚人。[31]然而，若考量英國人這種模糊態度所造成的龐大全球性影響——包含經濟剝削與千百萬人受到大規模迫遷——西利言論中的幽默感，現在聽來可不只是區區「暗淡」足以形容。

英帝國主義的遺緒持續激起激烈論辯，也招惹不少人的火氣。談起帝國仍舊會碰觸到人們的敏感神經（好壞兩方面都有），部分理由在於去殖民經驗離我們這一代仍然很近。英國投入一次世界大戰對抗歐洲對手的威脅，好保有自己的霸權地位，更動員了大批帝國人力與自然資源。戰後瓜分戰敗帝國的戰利品時，土耳其與德國遭到裂解，導致英國透過託管地來擴張對中東地區的控制。似乎少有明確證據顯示英帝國權力受到影響。但一次大戰的代價十分高昂，不只是在人員方面如此。戰後英國對美國這個債主欠下大批債務，此一新興的世界強權與維持歐洲人直接的殖民統治體系之間並無瓜葛。[32]二十年後，隨著第二次世界大戰爆發，英國再度需要聚集起帝國資源來應戰。戰爭中期，情況對英國而言十分棘手——日本人在一九四二年進入新加坡；澳洲似乎也即將遭到入侵；印度則陷入「退出印度」（Quit India）的大規模公民不服從運動中。

就像第一次世界大戰時所發生的情況，美國顯現了它逐漸上升的全球霸權之勢，這一次他們靠的是在太平洋上引爆原子彈。因此二戰後的英帝國即使在領土方面似乎毫髮無損，但去殖民的種子已經種下。對於國家利益想法的改變，以及各種不同外部壓力，在在都構成了帝國崩潰的理由。英國資本從帝國投資項目轉向美國與西歐的蓬勃經濟。全球軍事、財政與經濟霸權已經決定性地從英國轉到了美國手中。殖民地的民族主義運動也對在地的英國勢力造成影響。多數狀況中牽涉到議會遊說與民眾抗爭，這些可能會遭到暴力鎮壓；但在某些地方（如肯亞與馬來亞），還發生了武裝對抗的情形。擊敗納粹的種族主義暴行與日本帝國野心後，在人權宣言與聯合國成立的背景脈絡下，國際間對帝國主義的批評聲浪日益高漲。

去殖民一旦發生，浪潮便襲席捲而來。二次大戰一結束，一九四七與四八年間，英國結束在印度次大陸與巴勒斯坦的統治。一九五七至六〇年代中期，大批新興獨立國家從非洲、加勒比海與馬來半島的殖民地誕生。二次大戰後的二十五年間，整個英帝國勢力的世界體系幾乎崩解。正如一九六〇年英國首相哈洛德．麥克米倫（Harold Macmillian）也在南非國會中大談：「轉變之風正襲捲這座大陸。」種族隔離的建構者也許打算嚴陣以待，卻導致悲劇結果；然而他們畢竟是少數。麥克米倫所指的那些反殖民的民族主義者不只在非洲攻城掠地，更橫掃了整個帝國。

有一種說法經常認為，比起其他歐洲同路人，英國在二次大戰後退出帝國的方式比較有尊嚴而少有暴力。自治「準備」的說法也許讓英國的撤出行動容易一些，但這並未減少過程中的暴力流血。倘若留給他們自行處理，帝國撤出的過程也許會更為緩慢。民族主義領袖如肯亞的朱摩．肯亞塔（Jumo Kenyatta）與馬來亞的東姑．阿布都拉曼（Tunku Abdul Rahman）本身也許並未提倡武裝起事，但民族主義運動確實從動亂中獲得助益。[33]英國人顯然無意長期對抗暴力。各地經驗不一而足：即便有些地方英國人乾脆地離去，或是以相對容易的方式使之離去，其他地方仍舊得面對難以轉圜的情況——例如一九四八年的巴勒斯坦，或者前一年的印巴分治。所謂英國去殖民未如阿爾及利亞或印度支那那般嚴重的辯解，對於經歷過潰解暴力並深受其害的人而言，其實並無慰藉的作用。比起打造某種「歷史資產負債表」，比較英國與其他歐洲列強的紀錄，還不如將英帝國主義置於更廣大的歐洲帝國時代來理解，那也許還更有價值。

相較於去殖民與帝國衰微的歷程所暗示的——至少在文化、想像與認同的層次上——帝國事實上比我們想的更具韌性。正當英帝國似乎落入某種界外暮光區域之際，一九八二年英國與阿根廷的福克納戰爭卻顯露出依然存在的帝國神經，而且還（根據憤世嫉俗者的說法）引開了眾人對柴契爾政權保守黨藍營並不正向的注意力。在大眾文化中，也有所謂的「帝國復興」（Raj revival）主題的時代電影吸引觀眾目光，通常是以美國資金拍攝製作。[34]

去殖民似乎在國際上白人中產階級之間啟發了強大的後帝國想像與懷鄉情感。《印度之旅》（*A Passage to India*，大衛・連恩〔David Lean〕導演，一九八四年）、《遠離非洲》（*Out of Africa*，悉尼・波拉克〔Sydney Pollack〕導演，一九八五年）、《欲望城》（*White Mischief*，邁可・瑞佛〔Michael Radford〕導演，一九八七年）及其他電影上映之後，探險鋼盔成為時尚，「英屬印度」（British India）這樣的連鎖服裝品牌蓬勃發展。自從五〇年代大批移民從印度次大陸與西印度群島抵達英國後，這些情形實際上與八〇年代的英國生活經驗大相逕庭。縱使這些電影有隱晦批判帝國主義（對比著誇張偏執的「主流」，片中主角總顯得有些離經叛道），它們卻也同時美化了殖民經驗，甚少著墨於女性家長統治的後果，例如啟發了《遠離非洲》的凱倫・布利克森（Kren Blixen）的肯亞農場回憶錄。梅莉・史翠普穿著八〇年代版的殖民時尚，優雅穿越非洲草原——對法語人士來說，就是《印度支那》（*Indochine*）（雷吉斯・華格尼耶〔Régis Wargnier〕導演，一九九二年）裡的凱薩琳・丹妮芙（Catherine Deneuve）——該片的觀眾被捲進帝國懷舊的玫瑰色夢幻場景中，絲毫未曾思考這些女主角的生活對少數族群所受壓迫的影響。[35]我們再度面對自由與不自由的矛盾主題。肯亞這樣的殖民地提供給布利克森等女性追求獨立與個人實現的機會，但卻跟剝削「她的」基庫尤人（Kikuyu）脫不了關係。帝國復興電影代表的，是偽善家父長制影像與剝削原住民土地、勞力以維持這類生活之間的鴻溝，也正代表了英帝國本質核心的複雜性。

關於帝國的論辯，學者與大眾之間經常存在著對不上頻率的對話；對於歷史轉變的問題，前者通常試圖提供複雜、講究品質的答案，而後者卻尋求直截了當（且常是道德性）的評斷。關於英帝國以及其他所有帝國的論斷，應當探問的是道德責任、原因，以及影響。倘若清楚明白的答案無可避免地在拐彎抹角中遭到迴避，那並不奇怪。任何一部四百年全球擴張的興衰史，難免總是複雜且充滿矛盾。這就是歷史的樣貌。也許比起其他衰頹的帝國，對於二十一世紀初的國家與社群，英帝國擁有的是難以衡量的文化、語言及結構性影響力。

去殖民期間，反殖民運動促進了國家統一，但這些新國家的地理界線經常都是在過去的世紀中，由帝國介入所規畫出來的。甚至在更深刻的層面上，英帝國主義對於世界人口模式更帶來了重大影響。一千一百萬名受奴役的非洲人（絕大多數都是被英國人帶到美洲）持續構成人口中的重要部分，包含今日加勒比海絕大多數的人口。隨著奴役制度結束，契約勞工制度也將大量印度人與華人從本土帶到其他國家，如新加坡、馬來西亞、南非、模里西斯、千里達與斐濟。英國人及其後代奪走北美及澳洲原住民的土地，並大量迫遷原住民。[36]就人口組成來說，英國本身也有所轉變，特別是從二十世紀中葉之後，接受了來自前帝國區域的大規模移民潮。

我們不能僅從領土擴張、軍隊移動、原物料榨取及行政官員生活的角度來思考英帝國歷史——在此只是點出四種比較「傳統」的可能角度。對於帝國的認識，可以指出我們在此時此地生活方式的來由；這種文化現象對於我們日常生活造成了深刻長遠的影響。這是一種思考認同、也思考今日仍舊架構著社會的種種分野的方式。今日世界中的英語霸權，突顯了英國帶給全球的文化影響。然而英國自身同樣也被改造了。帝國就存在於傳統上我們視為「英國」獨有的事物核心之中：例如階級制度（拉瑟爾斯家族就很清楚）、蔗糖（英式甜點怎能少了這一味？）；當然了，還有下午茶。

〔法國〕
帝國與祖國

賈克．費摩（Jacques Frémeaux）

十六世紀以降，利希留大主教（Cardinal Richelieu，路易十三的首相，一六二四至四二年在位）與柯爾貝爾（Colbert，路易十四的首相，一六六五至八三年在位）等法國政治人物開始支持大港口的商人與船主從事殖民冒險（這些港口包含南特〔Nantes〕、波爾多〔Bordeaux〕與馬賽），以期保衛法國市場與海外利益。因此，法蘭西帝國開始往幾個方向擴張。在北美地區，從羅倫斯河谷地開始，法國人首先殖民了新法蘭西（今日加拿大）；一六〇八年建立了魁北克（Quebec）；一六四二年則是蒙特婁（Montreal）。接著，版圖往南延伸到路易西安那，當時涵蓋了整個密西西比河盆地，並在一七一八年建立紐奧爾良。在加勒比海地區，他們在馬汀尼克（Martinique）、瓜達露普、西班牙島東側（聖多明哥〔Saint-Domingue〕，後來的海地）、格瑞那達（Grenada）、聖露西亞、多明尼加與托貝哥（Tobago）進行屯墾。南美大陸的圭亞那（Guyana）隨後出現了更多屯墾區，殖民者於一六三五年建立起卡宴（Cayenne）。法國人對印度也有興趣，一六六四年法屬東印度公司成立後，他們在一六七四年建立本地治里（Pondicherry），一六八四年則有了昌德納果爾（Chandernagore）。法國人也占領印度洋上的島嶼，包含馬斯克林群島（Mascarene）中的波旁島（Île Bourbon，今日的留尼旺島〔Réunioin〕），以及法蘭西島（Île de France，今日的模里西斯）。這些島嶼成為法國船隻亞洲航程的重要中停點。

王室帝國

法蘭西帝國的擴張讓英國統治者相當憂慮。他們並不希望看到法國擴張，繼而阻礙了大西洋沿岸的英國十三殖民地往西擴張的可能；同時，杜布雷（Dupleix）領導下的法屬東印度公司，也讓英國同業的股東們心中警鈴大作。威脅撲天蓋地而來，以至於英國政府在一七五五年初向法國宣戰。隔年歐洲爆發的七年戰爭迫使法國縮減海外投資，與此同時，優異的海軍力量讓英國得以征服法屬加拿大，並占領法國在加勒比海與印度的屬地。英國與普魯士結盟贏得戰爭後，按照一七六三年議和條約的條件，法國必須放棄新法蘭西及密西西比河東岸的所有土地；路易西安那讓給了西班牙，作為後者將佛羅里達讓給英國的補償。根據此條約，法國只會剩下幾個殖民地：馬汀尼克、瓜達露普、半個聖多明哥、波旁島和法蘭西島，以及紐芬蘭外海的聖皮耶與米格隆島（Saint-Pierre & Miquelon）。至於印度，法國人獲准保留既有的五處港口，卻不許進一步擴張。

然而，此次挫敗並未終結法蘭西帝國的野心。法國藉著參與美國獨立戰爭來對付英國，於一七八二年再度取得塞內加爾與托貝哥，但總體而言是靠著與殖民地的貿易帶來無與倫比的榮景。法國與亞洲的連繫也大幅成長，於是為馬斯克林群島帶來大量財富；同時，西印度群島出口到法國的蔗糖、咖啡與棉花量也逐漸成長。一七八八年，法國的殖民貿易量超越了英國。但此光景卻難掩其黑暗面。殖民地莊園勞力的主體：非洲奴隸對於自身處境愈來愈不滿，因此令人憂心的反抗隨時可能爆發。在法國，啟蒙時代哲學家如孟德斯鳩、伏爾泰及孔多塞（Condorcet）譴責奴役制度是對人權的根本迫害；一七八八年成立的黑人之友會（Société des Amis des Noirs）則鼓吹廢除奴役制度。同時間，西印度的殖民者反對終結法國的奴隸貿易或奴役制度，而且他們也批評規定殖民地只能在法國旗幟下跟母國進行貿易的專有貿易制度（exclusif）。有些人甚至要求殖民地脫離巴黎獨立。

法國革命與帝國

整個殖民地建制受到一七八九年革命與後續發展的深刻撼動。革命的國民議會雖通過《人權宣言》，卻拒絕廢除奴役制度；一七九〇年後繼的國民立法會議同樣無力。直到一七九四年二月，新成立且更為基進的國民公會在羅伯斯比（Roberspierre）的支持下，決定廢除奴役制度。但此時已經來不及拯救殖民地了。從一七九三年初就對法國宣戰的英國，此時已經占領了好幾個法屬西印度島嶼，而奴隸暴動猖獗的聖多明哥也已經落入自由黑人革命領袖：杜桑・盧維杜爾（Toussaint Louverture）的手中。法國人只剩下加勒比海的瓜達露普與圭亞那。此外他們還失去了印度的前哨站。波旁島在革命後改名為留尼旺，拋棄了舊制度王朝所取的不光彩名稱；法蘭西島則成為法國私掠者的基地，由此攻擊英屬東印度公司的船隊。在一七九〇年代後期執政的督政府（Directory）領導下，拿破崙・波拿巴發動埃及遠征，希望能在此插足，以威脅英國在地中海及印度航路的地位。這次遠征大幅提升了他個人的聲譽，畢竟這是阿拉伯穆斯林國家首度遭到占領，而最終卻仍以失敗收場。尼爾森（Nelson）摧毀法國艦隊後，遠征軍孤立無援；波拿巴在一七九九年九月返回法國；一八〇一年八月在英國、土耳其的施壓下，法軍被迫投降。

一八〇二年三月，在法英簽訂《阿棉和約》（Peace of Amiens）之後，此刻已成為第一執政的政治新星的拿破崙，確實成功收回法國在革命前夕擁有的屬地。然而其殖民政策卻未遵循革命原則，他重啟莊園奴役制度，並重新占領聖多明哥；杜桑．盧維杜爾遭到逮捕，遣送法國，並於一八〇三年四月死於法國。法國與敵國之間的和平並不長久，戰爭再度於一八〇三年五月爆發。當年三月，波拿巴預期到可能再度燃起的敵意，他已經先將路易西安那以少得可憐的八千萬法郎賣給美國的湯瑪士．傑佛遜總統，以期與美國人打好關係。一八〇四年已自立為帝、在歐洲所向披靡的拿破崙，繼續追求他的偉大事業：與俄羅斯合力攻擊英國，將他們趕出印度。因此他向阿爾及利亞、敘利亞及波斯派出偵查隊。然而強大的海軍威力當前，這些計畫也不過是幻夢一場。特拉法加戰役之後，英國海軍盛容空前，法國的殖民地一個接一個落入英國手中。拿破崙的帝國終於破滅之際，法國的海外殖民地已一個也不剩。

重建海外帝國

一八一四年的《巴黎和約》讓法國再度取回一七八九年時擁有的殖民地，但法蘭西島（模里西斯）、聖露西亞與托貝哥除外。當時的部分領袖，包含海軍部長波爾塔男爵（**Baron Portal**）及大西洋重要港口波爾多、南特與地中海港口馬賽的造船公司，決心以法國船艦征服大洋，重返往日榮光。他們積極想重新占領返還法國的土地，卻導致悲劇後果。載運軍隊前去重新占領塞內加爾的美杜莎號（**La Méduse**）護衛艦發生擱淺；多數船員逃上救生艇後死於飢渴。這次事件被畫家傑利柯（**Géricault**）的一八一九年畫作《美杜莎之筏》（*The Raft of the Medusa*）永遠記錄了下來。儘管如此，法國仍舊牢牢掌握著塞內加爾、馬汀尼克、瓜達露普、留尼旺與五個印度城鎮，此後這些殖民地被稱為「舊殖民地」（**vielles colonies**），有別於一八三〇年後取得的法國屬地。

所有接任法國政府都在重建海外帝國上有所貢獻。波旁復辟時期（一八一五至三〇年）重新占領了

「舊殖民地」，並將注意力轉向北非。一八三〇年七月五日，法國人入侵阿爾及爾，在鄂圖曼蘇丹名義宗主權統治之下的阿爾及爾迪伊（Dey of Algiers）獻降該城。此後，七月王朝（一八三〇至四八年）、第二共和（一八四八至五二年）及第二帝國（一八五二至七〇年）期間，法國持續征服廣大的阿爾及利亞其他地區。這些政權也在大洋洲及遠東地區開闢新領土：一八四二年占領大溪地（Tahiti）；西貢於一八五九年落入法國手中。然而，殖民帝國最大規模的擴張卻發生在第三共和期間（一八七〇至一九四〇年）。法國將突尼西亞及摩洛哥納為保護國，還取得西非與赤道非洲領地、馬達加斯加、印度支那及南太平洋等地的領土。一八七一至一九一四年間，本來約為七十萬平方公里（二十七萬兩百七十平方英里），擁有七百萬人的海外屬地，擴張至一千一百萬平方公里（四百二十五萬平方英里），人口將近五千萬的規模。

一次世界大戰後，透過國際聯盟的託管地制度，法國的控制範圍仍舊持續增長：從被擊敗的德國手中奪走托哥（Togo）與喀麥隆（Cameroon）；從敗北的鄂圖曼帝國手中拿下敘利亞及黎巴嫩。一九三〇年左右的法國屬地將近一千兩百萬平方公里（四百六十三萬平方英里），擁有六千六百萬人（法國本土僅有五十五萬一千平方公里〔二十一萬兩千七百四十一平方英里〕，人口為四千兩百萬人）。法蘭西殖民帝國是僅次於英國的世界第二大帝國。法國超過百分之九十的殖民地都位於非洲，但也在亞洲、美洲與大洋洲擁有屬地，因此確實可說是「跨越五大洲的帝國」。

法蘭西解放者

查理十世（Charles X，一八二四至三〇年在位）的高度反動政權將征服阿爾及爾視為基督信仰的勝利，但這類中古十字軍意識型態的痕跡很快便從官方政策中消失。一八三〇年以降的各任法國政府都高舉承襲自大革命的三色旗幟，也標榜自己是啟蒙時代與一七八九年《人權宣言》精神的繼承者。其中兩任共和政府最擅長調和全面征服式的帝國主義與道德準則之間的落差。在維克多・舍爾歇（Victor Schoelcher，一八〇四至九三年）的指導影響之下，第二共和政府終於在一八四八年廢除奴役制度。第三共和期間，皮埃爾・薩沃尼昂・德・布拉札（Pierre Savorgnan de Brazza，一八五二至一九〇五年）解放了非洲剛果盆地遭阿拉伯販奴商人捕獲的奴隸；同時間約瑟夫・加利耶尼將軍（Jeseph Gallieni，一八四九至一九一六年）則終結了馬達加斯加的奴役制度。在穆斯林國家，對猶太人與基督徒少數族群的歧視也結束了。

法國人更開始將自己文明的基本建制帶到海外。他們建立小學與中學，經常引介母國的課程，並對所謂的「本地」菁英宣揚法語及文化。另一方面他們也對學習當地傳統產生興趣：例如一八九八年於西貢成立的法國遠東學院（École Française d'Extrême-Orient）就在重新發現柬埔寨雄偉的吳哥考古遺址一事中，扮演了重要角色。巴黎歷任政府也堅持認為，有必要改善海外殖民地的醫療與衛生，大批醫生與學者在這方面有傑出表現，例如一八八〇年在阿爾及利亞研究瘧疾的阿方瑟・拉韋宏（Alphonse Laveran）發現了這種使人衰弱的疾病宿主；一八九四年，以香港為基地的亞歷山大・葉爾辛（Alexandra Yersin）則找到了導致瘟疫的芽孢桿菌。第三共和催生了巴斯德研究院（Pasteur Institutes）網絡，目的就是要發展並提供對抗傳染病的疫苗。

法國的殖民遊說

取得帝國不是涉及全法國民族的計畫。十九世紀的法國人很少外移；外移者經常被視為與母國社會格格不入者。多數殖民地位於熱帶或赤道的氣候區，對歐洲人來說很難適應，唯一能吸引數量較多屯墾者的殖民地是北非，特別是阿爾及利亞。當地約半數的屯墾者確實是法國人；其他則多數來自西班牙、義大利及馬爾他島。法國與南歐其他地區新殖民者的湧入，在第一次世界大戰後幾乎完全停止。海外的法國人也有幾個特定的代表性群體，包含軍官、政府官員、傳教士（主要是天主教徒，也有部分新教徒）、莊園主人及商人。他們受到快速社會向上流動的機會或豐厚利益吸引而來；但另一方面——尤其是在帝國主義年代之初——他們要在艱苦環境下過著孤獨的生活，許多會人因為過勞或疾病而英年早逝。

在法國的統治階級中，「殖民冒險」通常被視為不受歡迎的事業。具有愛國野心的法國人應當在萊茵河前線對抗普魯士，一八七〇年後敵方則變成德意志。立場偏左翼者則反對殖民征服，認為那與民主原則有所悖反。共和國領袖——特別是萊昂・甘必大（Léon Gambetta，一八三八至八二年）與茹費里（Jules Ferry，一八三二至九三年）——卻得以在殖民黨（Parti Colonial）的支持下，克服反對聲浪。殖民黨並非正式組成的政黨，而是一群遊說支持海外擴張的人士。這群人包括陸海軍軍官、商人、造船公司及探險家。阿爾及利亞的屯墾者與其他擁有法國公民身分者選出代表，由他們前往法國國會。一九一四年前，最知名的就是尤金・艾提彥（Eugène Étienne），他代表阿爾及利亞的奧朗區（Oran），也多次出任政府內閣首長，甚至被暱稱為「殖民者的聖母」（Notre-Dame des Coloniaux）。這些人組成了一批私人組織，其中有包含巴黎地理學會（Société de Géographie）在內的地理學會；法屬非洲委員會（Comité de l' Afrique Française）、法屬亞洲委員會（Comité de l' Asie Française）等推廣帝國不同區域的社團；以及統合商業利益的殖民地聯盟（Union Coloniale）。政府的上下議院分別設有殖民地核心小組（groupe colonial）。

法國為何想要殖民地

「殖民政策是工業政策之女」，茹費里如此宣稱。工業革命無疑在對外擴張上扮演了重要角色，也讓法國陸海軍享有無可匹敵的技術優勢——所有歐洲軍隊都是如此。此刻對遠征軍來說，運輸與軍事物資的補給簡便了許多，新式的武器也大幅強化武力。國家財富讓國家擁有不須顧慮預算赤字的餘裕，追求殖民政策的財政手段已經到位。在工業與商業圈中，對外擴張也對尋求新利潤的欲望火上澆油。一九一四年，帝國占去了法國對外貿易額的十分之一強，僅次於英國與德國。法蘭西帝國也吸引到投資，在資本輸出總值中排名第三，僅次於俄羅斯與拉丁美洲。一九三〇年代的經濟大蕭條中，帝國的商業角色愈形重要，成為某種財務避風港，吸引到三分之一的法國外貿量，以及百分之四十到五十的對外投資額。

希望法國持續扮演世界強權之一的民族欲望，無疑也是推動獲取殖民地的另一項要素。征服阿爾及利亞肯定了法國海軍力量的復興，重建了拿破崙戰爭期間受到侵蝕的地中海勢力野心。波拿巴的姪子：拿破崙三世在一八四八年成為王子－總統，數年後自立為帝。他夢想推動一項偉大的阿拉伯政策，欲透過引進現代科學技術，讓阿爾及利亞成為東方「復興」的模範。他還談到要在遠東建立「名副其實的帝國」。然而拿破崙三世在一八七〇年的普法戰爭中遭到重挫羞辱，導致法國將亞爾薩斯與洛林兩省割讓給德國，他的政權也就此告終。新第三共和的多數黨領袖費里與甘必大視海外領土征服為保衛法國國際地位的手段。一八八五年，費里宣布：「缺少行動，則缺少涉入世界事務的影響力，相信我，對偉大的國家來說，無異於遜位，而且這可能來得比你所想像的更快；這表示會由（世界強權的）第一階，退到第三或第四階。」他強調，殖民地可以在世界各大洋為法國海軍提供軍事基地與補給港口。軍方後續也強調殖民地供應了法國軍隊的兵源，而法國人口比德國少得多。一九一〇年，注定要成為一次大戰重要軍事領袖的查爾斯・曼金（Charles Mangin）出版了題為《黑色力量》（*La Force Noire*）的書。他提議為法國軍隊招募大批非洲士兵。

法國如何取得殖民地

許多不同先決條件合理化了殖民征服。例如阿爾及爾的占領來由，是當地領袖胡笙迪伊公開羞辱法國領事，而阿爾及利亞人又對載運著法國全權公使的船隻發射大砲後，報復行動隨之而來。法國首度遠征交趾支那（Cochin China）並於一八五九年奪下西貢，則是為了報復天主教傳教士遭到謀殺。貿易自由與保護成為占領塞內加爾與尼日盆地的部分理由；對抗奴役制度則成了擴張進入剛果盆地與查德的合理藉口。一八八一年入侵突尼西亞，則是基於靠近阿爾及利亞邊界所謂的部族動亂。除此之外，帝國也可以不斷累積各種干涉動機，例如摩洛哥的案例。當地政府一開始在一九〇三年遭到指控，無法維持與阿爾及利亞的邊界穩定；接著卡薩布蘭加（Casablanca）發生反歐洲居民的動亂，也給了法國人在一九〇七年接管港市的好理由；最終則是反蘇丹叛亂，導致法軍在一九一一年出兵占領了摩洛哥首都菲茲（Fez）。

整個法蘭西帝國主要是透過軍事力量建立起來的。經過長期衝突以及一八三九至五七年間幾乎毫無人道可言的暴力之後，阿爾及利亞被打到屈服。過程同樣暴力、時間卻沒拖那麼久的，是一八八〇至九七年間法屬西非的征服行動。摩洛哥的征服雖然沒那麼殘酷，卻也在一九一二至三四年間發生苦戰。在印度支那，中越安南的征服——特別是北方的東京——需要法國投入龐大軍事力量，尤其要控制中越邊境更不得不如此。制服馬達加斯加也花了好幾年的時間。相對地，一八六三年柬埔寨統治者接納法國為保護國的聲明，目的是要保護自己的領土免遭懷著野心的鄰國——暹羅與安南皇帝——的侵略。法屬剛果則是在一八七五至八二年間，由布拉札和平占領。從八五至八七年間，探險家奧古斯特・帕維（Auguste Pavie）單靠如簧口舌，不費兵卒，就讓寮國統治者屈服。然而在之後的時光，即便是自願臣服法國統治的國家也經常爆發叛變。其中有些規模很大，例如一八七一年在卡比利亞（Kabylia）爆發的阿爾及利亞動亂；不過一直到一九四六年底越南爆發的共產黨起義之前，其他起事都不足以威脅法國人的掌控。

另一種用來取得殖民地的工具是國際外交。在十九世紀，法英之間的協議是保障法國與海外屬地順暢溝通的關鍵。巴黎與倫敦之間的首紙「英法協約」（entente cordiale）簽訂於該世紀中葉，由路易－菲力普的首相法蘭索瓦・基佐（François Guizot）與英國首相亞伯丁爵士（Lord Aberdeen）所簽署。這紙條約讓征服阿爾及利亞與占領大溪地得以順利進行。拿破崙三世治下，法英持續維持著和諧的關係，後來卻急轉直下，主要是因為法國政府對一八八二年英國占領埃及感到不滿。一八九八年，尚－巴普提斯特・馬爾尚（Jean-Baptiste Marchand）帶領一支法軍從法屬剛果向東進軍，在上尼羅河流域的法紹達（Fashoda）遭遇剛占領喀土木（Kartoum）的基欽納爵士（Lord Kitchener）的英軍，導致一場國際危機發生。法國被迫放棄所有染指埃及的企圖。第二紙英法協約則是由英王愛德華七世（Edward VII）與法國外交部長泰奧菲勒・德爾卡瑟（Théophile Delcassé）簽訂，最終以對英國有利的方式解決了整個「埃及問題」。在交換條件下，英國放手讓摩洛哥成為法國的保護國。而在對抗德國的殖民野心上，法國政府也獲得倫敦方面的支持。為了交換德國放棄對摩洛哥的主張，法國人將赤道非洲的一小塊屬地讓給了德國的喀麥隆殖民地。

如何治理帝國

法蘭西帝國從來就不是由單一機構治理，雖然有些人希望能由中央統籌治理。一直到一八八一年，殖民地都置於海軍部管轄下，並設立了殖民地副部長的職位。一八九四年則有一個完整的殖民部，但即便如此，這個部門也未包含所有海外屬地。阿爾及利亞一開始是在戰爭部轄下，從一八七〇年開始，則轉由內政部管理。突尼西亞與摩洛哥則歸屬於外交部之下，後來又加入敘利亞與黎巴嫩。這些明顯異常的安排導致不同海外屬地適用不同法條。阿爾及利亞在理論上與本土類似的體系中，行政組織分成若干省分（département）。摩洛哥與突尼西亞則是保有自己主權的保護國，因此原則上，只是受到法國的一般性監理。敘利亞與黎巴嫩則是法國以國際聯盟之名監護的託管地；巴黎在此的任務是盡快引導兩國邁向獨立，然而針對另外兩塊託管領土——托哥與喀麥隆——卻未明確表示可能朝這個方向發展。

然而所有法國海外屬地都有某種相似性。每個殖民地都由一名直接向巴黎負責的高階官員統治，此人通常會有總督頭銜。在他治下設有行政官或督察官組成的中央集權的行政架構，這些人享有各式各樣的權力：他們嚴密監視地方社區中的本地官員（例如北非的村長或鎮長〔caïd〕）；他們收稅、組織警察武力，並仲裁爭端。他們也負責公共工程、執法與公共衛生，可以判強制入獄或罰款。總督羅伯・德拉維涅（Robert Delavignette）曾寫下，他們才是「帝國真正的領導者」。他們經常被批評有弱化本地領袖權力的傾向，比起英國人的「間接管理」，他們偏好更嚴厲且直接的統治方式。另一方面，支持者注意到他們都受過殖民學院的良好教育，這間訓練學校在一八八九年成立於巴黎，而這些人的適任性也鮮少遭到質疑。

總體來說，對於殖民體系本身的批評相當有限。即使有批評，通常也是來自公眾人物或政黨對權力濫用的責難，而非批評殖民本身的原則。最強的壓力來自社會黨（Socialist Party），知名領袖尚・饒勒斯（Jean Jaurès，一八六九至一九一四年）譴責法國在摩洛哥征服過程中所使用的暴力，他甚至拒絕在摩洛哥保護國的條約制定中投票；然而他也沒有為已經征服的國家訴求獨立。真正基進的反對聲浪來自法國共產主義者，他們在一九二〇年另行成立共產黨，並且受到了列寧啟發，他們系統性譴責所有形式的帝國主義。一九三六年人民陣線政府贏得大選，這個政權雖由社會主義者主掌，卻獲得共產黨人默默支持，因此後者放緩了對政權的攻擊，也自我設限於要求殖民改革的訴求範圍內。按照他們及大多數法國人的想法，海外殖民地留在法國體系內比較有利；在他們的想像中，法國體系提供了安全與自由，還有機會從法國無產階級的社會流動中獲利。

被殖民者的情況

地方人民所受的對待也有許多相似性。婚姻、繼承與本地人之間的合約，仍舊受到本地法律舊習的約束。然而若是民事或刑事犯行，則以法國刑法處置。法國民法通常只適用牽涉到歐洲人的財產或土地交易；同時，殖民地雖然擁有絕對的宗教自由，公民與政治權利卻會受到限制。多數時候，本地人若不是完全缺乏投票權，就是受到極大限制；集會結社權利也是如此。媒體受到嚴格控制，警察或行政官可以不經審判就將當地人囚禁或罰款。當地人也可能隨時被強制參與道路維護或公共服務，一次大戰後年輕人可能被迫入伍。很少有人能獲得法國公民身分；公民身分只給予願意遵守法國民法，也就是放棄各種傳統習慣的人。

日常生活中並沒有種族隔離的官方政策，所有人都可以使用交通工具、公共空間、學校與醫院。法國人對於這種融合感到驕傲，並以此對照英美的態度。雖然費里宣稱「較優越的種族」有權利及責任要教化「較低劣的種族」，但種族主義卻從未出現於官方的主張。然而在個人行為上，法國殖民者絕非無懈可擊。殖民者中有著貶低本地人的傾向：態度從善意家父長制、冷漠到殘酷都有。「殘酷」通常限於語言上表現的暴力，但有時也會延伸到肢體暴力。社會中存在著真正的平等關係，雖然通常很少見。有些曾在法國受教育的知名本地人物發現到，法國殖民者與本土法國人的行為存在著明顯差異。後者似乎比其他背景的法國人展現出更開放的態度。

某些黑人可能受到法國保留給傑出學者的訓練，因而繼續接受高等教育，最終甚至擔任重要職位。來自瓜達露普的卡密爾．莫特諾（Camille Mortenol）是一八四七年解放的奴隸之子，他獲得了高中文憑，並於一八八〇年贏得獎學金進入頂尖的巴黎綜合理工學院（École Polytechnique），後來成為船長。一九三一年，來自塞內加爾的低階官員布萊思．迪亞涅（Blaise Diagne）成為殖民地副總督。一九三八年，來自法屬圭亞那的黑人菲立克斯．艾布耶（Félix Éboué）獲任命為瓜達露普總督，在一九四〇年法國被納粹德國擊敗後，首先響應戴高樂將軍領導的自由法國，並獲任命為法屬赤道非洲總督。二次大戰後，圭亞那裔參議員蓋斯頓．莫內維爾（Gaton Monnerville）在一九四七到六八年間，仍繼續出任參議院議長。一九六〇到九三年間出任象牙海岸總統的菲立克斯．烏弗埃－博瓦尼（Félix Houphouët-Boigny），以及六〇到九三年的塞內加爾總統利奧波德．賽達．桑戈爾（Léopold Sédar Senghor），曾分別於不同時間在五〇年代的第四共和政府內出任閣員。

這些閃亮職涯引起世界上其他地區的許多少數族群艷羨，例如非裔美國學者杜波伊斯（W.E.B. Dubois）；但法國殖民地這樣的發展機會僅限於擁有特權的少數人享有。普遍貧窮的生活讓多數黑人都無法進入高等教育機構，這些機會是保留給顯貴人士之子或法國教師所留意到的少數特別傑出學生的。即便條件等級是可與法國同儕平起平坐的人，一樣會遭到打壓，只因為他們是本地人，例如軍隊中已屬罕見的本地軍官更是鮮少能脫離低位階往上晉升。這種情況一直持續到一九四五年後——此刻為時已晚，不足以讓新近獲得升遷的軍官感受到自己可能在法國體系內擁有成功職涯。從此以後，社會流動的主要結果，會表現在形成未來獨立國家的菁英階級上。

帝國作為法國的生命線

一九一四年後，法國人遭遇的磨難讓他們更緊抓著與海外屬地的連結不放。一九一八年一次大戰結束後，對這個遭受戰禍蹂躪的國家而言，帝國似乎是維持人口與經濟地位的最佳手段。殖民地部長阿爾貝．薩羅（Albert Sarraut）在一九二〇年談到「更偉大的法國，安全不再仰賴四千萬人，而是一億人，且還要能夠從比母國大二十倍的統一疆域內，尋求基本所需的全部資源。」來自馬格里布（北非地區）與其他非洲區域的士兵出現在法國境內已是常態，顯現出他們在捍衛國家安全上的重要性。甚至連小學中也頌揚布拉札、約瑟夫．加利耶尼元帥（馬達加斯加征服者）及于貝爾．利奧泰元帥（摩洛哥的征服者）等偉人成就。香蕉、可可與稻米的廣告經常以異國風情地景與身著傳統服飾的人物妝點。這類圖片中最知名的，也許是以開心的塞內加爾士兵為主角的巧克力飲品巴納尼亞（Banania）的產品包裝，後來這張圖片卻被視為有冒犯性，在一九七〇年代時消失。一九三一年在巴黎舉行的國際殖民地博覽會，六個月期間吸引了約八千萬名訪客，也增進了大眾對於殖民地的認識。

二次大戰期間，帝國成為一項關鍵議題。一九四〇年，當法軍面對必然的潰敗時，問題因此浮現：政府是否應該放棄本土，到海外去持續作戰。絕大多數掌權者拒絕這項解決方案。貝當元帥（Marshal Pétain）的政府以跟德國簽約議和、讓帝國免於被占領的命運為傲，也因此保存了國家重建的機會。相對地，貝當的對手戴高樂將軍帶領的自由法國則堅持帝國也應該參戰。戴高樂成功讓法屬赤道非洲與其他殖民地加入陣營，並控制住敘利亞及黎巴嫩，同時自由法國的士兵也協助英軍對抗維希（Vichy）政權的軍隊。一九四二年十一月，英美軍隊登陸摩洛哥及阿爾及利亞後，所有法國屬地都在他的指揮之下，阿爾及爾還成立了臨時國會，運作到法國本土解放為止。因此北非成為歐洲解放的基地，同時間美軍則運用新喀里多尼亞（New Caledonia）發動對抗日本的太平洋作戰。

殖民地的支持確實愈來愈不可或缺。一次大戰期間，殖民地供應法國將近六十萬名士兵與二十萬名工人。後續也有種種要提升這些殖民地貢獻的積極措施，而所有殖民地也都引進了徵兵制。一九四〇年，法軍派出六十四萬名殖民地人士與北非屯墾者投入戰爭，其中包含十七萬六千名阿爾及利亞人、八萬名突尼西亞人、八萬名摩洛哥人與十八萬名非洲黑人及馬達加斯加士兵——整體而言，約占百分之十的戰鬥軍力。這些軍隊英勇作戰，許多人死於戰鬥中，或遭俘虜。武裝命令並未隨著法國戰敗而結束，殖民地人士成為戴高樂自由鬥士的主體。一九四三年後，法軍使用美國裝備在北非組建兵力，殖民地軍團便再度成為最主要的戰力來源。到了一九四四年，六十三萬三千名士兵中有百分之六十都是「本地人」。剩下的百分之四十中，絕大多數是法裔阿爾及利亞人（後來以黑腳〔pieds-noirs〕著稱），許多人從未到過法國。這支軍隊偕同大英國協與美國軍隊，一起在突尼西亞、法國與德國作戰。

戰爭期間共同的苦難經驗似乎強化了法國與海外屬地之間的連結。戴高樂將軍在一九四四年布拉札維爾殖民地總督與行政官員會議開幕的場合上，談及「決定性紐帶」。一九四六年十月通過的第四共和憲法，以「法蘭西聯盟」（Union Française）取代了「帝國」一詞，本質上便暗示著兩者間不會消解的連帶關係。建立如此帝國的法國人已經習慣視帝國為國家遺產不可分割的一部分。一份一九四九年民調顯示，百分之八十一的人認為擁有殖民地對國家有利。五〇年代初期，皮耶・蒙德・法朗士（Pierre Mendés France）宣布擁有海外屬地的法國，在人口與幅員上與美蘇不相上下，仍舊是強權國家。及至一九五三年，他的內政部長法蘭索瓦・密特朗（Fraçois Mitterand）寫下，感謝非洲屬地讓法國得以是「從剛果到萊茵河的第三片國家大陸（nation-continent）」——再度將法國與美蘇相提並論。當時有些人甚至開始想像新歐洲（歐洲經濟共同體在一九五七年成立）與所謂「歐非」（Eurafrica）架構之間的連結，並在這個架構下保留非洲屬地。

政治沿革

很長一段時間裡，帝國的政治架構都沒什麼變化。一八七〇年後，西印度群島、留尼旺、塞內加爾、印度貿易站與阿爾及利亞全都選出議事代表前往巴黎。但在超過七十年的時間中，卻從未有人提出要延伸這些權利，令所有殖民地雨露均霑，又或者為這些殖民地想像某種地方分權、類似英國殖民地的建制。二戰結束時，賦予更大程度自由的欲望，轉譯為祖國法國更大程度的吸收同化：殖民地代表受召前往巴黎，坐在新成立的議會中，負責為第四共和籌備一套新憲法；塞內加爾人拉明・蓋伊（Lamine Gueye）推出的一九四六年法案使所有法蘭西聯盟成員得到法國公民身分，然而殖民地並沒有脫離法蘭西聯盟的法定權利。在此法案之下，一切都指向最終目標：讓殖民地公民與法國公民同樣「法國化」。整個概念是奠基在雙重幻覺，或可說雙重誤解之上。

首先，帝國人民並沒有永遠受到法國掌控的欲望。絕大多數人即便不想跟舊殖民強權切斷所有連繫，也都希望能夠自治。他們受到殖民征服不過是晚近的事，而且心中也深刻了解自己是屈服於武力威脅之下。他們經常承受的羞辱待遇更加激化這種意識。法國文化固然有其真實的吸引力，卻未減損他們對自身民族文化的熱愛。阿拉伯人與印度支那人對自己的古老文明都相當自豪，西方人確實也承認這一點；至於非洲文化雖然長期以來被視為「原始」，卻也透過人類學者及現代藝術家的作品贏得新的敬重。一戰後，印度支那與馬格里布人開始醞釀獨立運動，雖然多數仍舊相當溫和。二戰之後，他們在美蘇支持下獲得力量，也從聯合國、阿拉伯聯盟（Arab League）等國際組織，埃及、印度等國家獲得協助。這些國家也是新近取得獨立的國家。

其次，法國人本身從未認真想像法國本土要與海外屬地形成真正的聯盟。很少人相信原住民族已經準備好擁抱法式體制，許多人認為賦予他們政治權利代表著殖民的終結。他們擔心一旦當局放棄那不可一世的權力，此後便無法鎮壓叛亂。他們也擔心獲得權力的當地人當選後，將對法國統治產生敵意。有些人甚至預見了法國本身的政治生活會出現的恐怖後果。一九五〇年代末期，法國統治下的非洲國家人口總數跟母國人口不相上下（四千五百萬人），但海外人口成長速度卻快上許多。同等權利長遠來看可能會造成大批來自海外的議員當選，同時代表著「原住民」行政官將取代法國行政官——這不只會發生在殖民地，也會發生在法國本土境內。沒人想看到母國變成「殖民地的殖民地」。

經濟沿革

法國當局幾乎不曾改變自己對於法國與殖民地經濟關係的原始想法：帝國注定是持續擴大的原物料供應者，及製成品購買者。所以要盡一切努力提升當地產量，藉以提高生活水準，以及相應的殖民地購買力。國家的海外支出長期以來受限於原則之下——此原則事實上在一九〇〇年轉變為法律，本土預算只能包含所謂的「主權」支出，亦即軍隊費用及海外屬地法國官員的薪水。原住民官員與警察的費用、興建維護行政建築、醫院與學校的費用，都必須由殖民地本身負責。它們還必須支付自己的公共建設，如道路、港口、鐵路等。必要資金透過稅金舉債籌措，利息也由殖民地本身的預算支付。

一戰後有人提出財政體系變革。一九二三年，殖民地部長阿爾貝・薩羅提出「殖民發展全面計畫」，是為強化法國與殖民地之間的連結而設計的。一九四一年，他的繼承者、維希政權成員之一的普拉頓准將（Admiral Platon）也提出類似計畫，目標在於「統合帝國內的生產與交換」。自一九四六年起，法國預算預期將貢獻在殖民地的經濟社會發展上。在國家補助款支援下，「經濟社會發展基金」（Fonds de développement économique et social，簡稱FIDES）特別為此應運而生，但很快政府就發現支出過高。一九五六年後，記者雷蒙・卡地亞（Raymond Cartier）想出的標語廣受歡迎——「要柯雷茲省；不要辛巴威殖民地」（La Corrèze plutôt que la Zambèze）；他主張財政援助應該提供法國本土的區域發展，而非海外殖民地。事實上，法國預算中增加的支出並未過於高昂，只是要求納稅人為了宗主權愈來愈不穩的國家而犧牲，似乎有些不智。

暴力去殖民過程

戰後時期突顯了這種事態發展的嚴重性。一九四五年五月，阿爾及利亞發生大規模起義，馬達加斯加也在一九四七年叛變。這兩個案例中，動亂都遭到暴力鎮壓。然而在敘利亞，英國的干涉迫使法國政府在一九四五年五月的大馬士革動亂當前有所讓步：法國必須從敘利亞及黎巴嫩撤軍，並如早先一九四一年保證過的，允許兩個國家獨立。

印度支那的戰爭則因為日本占領期間失去權力的法國當局，在一九四五年希望重新掌控這些國家而爆發。越南共產黨人宣布獨立，而法方試圖跟他們達成協議卻未果。戰爭在一九四六年底爆發。經過七年的戰事，九萬名法國士兵、更多越南共產黨軍隊及成千上萬平民死亡後，戰亂以奠邊府軍事災難作結。幾個月內，日內瓦會議除去了法國在越南、柬埔寨及寮國的所有政治影響力。

一九五四年十一月，阿爾及利亞民族解放陣線（Algerian National Liberation Front）武裝分子發動的阿爾及利亞戰爭，最後證實也是場類似的災難——兩萬五千名法國士兵、五千法國平民，以及二十到三十萬阿爾及利亞人失去生命。即便軍事上這場戰役並未敗北，但急就章的獨立卻也導致災難性後果：整體而言，一百萬名法裔阿爾及利亞人被迫流亡，失去所有財產，遭到強迫「遣返」；數萬名與法國人密切合作的阿爾及利亞人遭到屠殺，特別是所謂的「哈基」（harki，法軍的當地輔助軍隊），此外他們被迫流亡的人數也不相上下。

這兩場衝突更對國內政治造成了影響。印度支那戰爭尤其激起強大的法國共產黨暴力運動，他們跟越南共產黨站在一起對抗法軍。法國政府最終放下了對印度支那的控制，讓一般大眾鬆了一口氣。然而阿爾及利亞戰爭卻造成了重大分裂。相較於印度支那戰爭只動員專業士兵，卻有一百萬法國年輕人在北非地區服役，引起大眾敵意。反戰運動人士的背景相當多元：從立場傾左翼者、知識分子與學者、天主教與新教教會，全部都團結起來，反對政府拒絕讓阿爾及利亞獨立的舉措。他們尤其譴責軍隊使用的種種不人道手段，其中包含了刑求虐待。這場衝突讓法國瀕臨內戰邊緣。一九五八年五月，阿爾及爾軍隊叛變，推翻了第四共和，也讓戴高樂將軍重新掌權。戴高樂用上他所有權威，對抗法屬阿爾及利亞的擁護者，並終結了這場戰爭。一九六一年四月，他成功鎮壓了一場軍事政變，接著又鎮壓了祕密武裝組織（Organisation armée secrète，簡稱OAS，反對阿爾及利亞獨立的恐怖組織）的顛覆陰謀。這個組織透過一系列暗殺行動，希望破壞戴高樂與阿爾及利亞民族主義者談判的政策。法國終究在一九六二年三月舉行公投，百分之九十一的人贊成跟民族主義者一起制定的《埃維昂協議》（Évian Accords），讓阿爾及利亞獲得獨立。

協議去殖民過程

雖有這些釀成血腥悲劇的衝突，但卻無於摩洛哥與突尼西亞是由各自的領導人透過協商獲得獨立的事實。這兩個國家也曾見證重大危機，卻未爆發公開衝突。摩洛哥在國王穆罕默德五世的帶領下，突尼西亞則是在總統哈比卜・布爾吉巴（Habib Bourguiba）領導下，於一九五六年獲得承認獨立。其他非洲國家也是透過和平手段取得獨立。一九四六年取得法國公民身分後，法蘭西聯盟的人民看到了獲取更多自由的方式，也進而讓他們的訴求能被聽見。自一九五六年起，第四共和給予非洲殖民地及馬達加斯加聯盟內部的自主地位；一九五八年的第五共和憲法則以「法蘭西共同體」（Communauté）取代法蘭西聯盟，另也明確訂定讓所有成員追求獨立的條文。就在各地方政府紛紛提出請求之際，非洲殖民地與馬達加斯加迅速在一九六〇年獲得獨立。

去殖民過程並未對民意造成長久影響。民調顯示人民從初期就已經認同這種轉變的需求。戴高樂將軍也有能耐將此讓步舉措加以包裝，以合乎國家榮譽感。他以長篇大論證明沒必要緊抓著「貧脊、昂貴，且無前途」的屬地，同時也沒必要對抗去殖民的全球趨勢。他表示，將過時的帝國主義改換成經濟文化合作，將促成全球新近獨立國家對法國的善意，也因而將令法方受惠良多。於是，他成功打造了一連串外交與軍事協議，讓法國在後殖民非洲站穩了腳步。

儘管如此，一九六二年後帝國的一部分仍舊存續了下來。馬汀尼克、瓜達露普、留尼旺與法屬圭亞那這些「舊殖民地」，全都在一九四六年變成法國省分，因此不在去殖民的行列中。部分海外屬地——包含葛摩群島（Comoros）、吉布地（Djibouti）、新喀里多尼亞、法屬玻里尼西亞、瓦歷斯及富圖那島——並不想在一九五八年加入法蘭西共同體，但仍舊保持與法國的連結。然而後續發生的一九七五年印度洋上葛摩群島的獨立（除了馬約特島仍屬法國管轄）、一九七七年非洲之角的吉布地獨立，兩者都順利進行，法國也仍延續著在兩地的利益。南太平洋上的新喀里多尼亞在一九八〇年代經歷嚴重危機，但在一九八八年後則繼續走在追求獨立的和平途徑上。二〇一八年，新喀里多尼亞獨立公投失敗，但未來還將面對更多民意抉擇。

對後續的法國政府來說，這些有時被稱為帝國「五彩碎紙」的地方其實並非毫不重要。合作政策讓法國持續涉足非洲。達卡附近的維德角（Cape Verde）與紅海入口吉布地的軍事基地，都在冷戰期間扮演重要角色，也保障了石油供應。直到一九九五年，法屬玻里尼西亞都被用作核爆測試中心；法屬圭亞那則是火箭發射基地，特別是供歐洲亞利安火箭計畫（European Ariane Program）使用。法國擁有的那些無數島嶼、群島屬地，也表示從一九九四年起，該國就享有長達三百二十公里（兩百英里）的離岸專屬海洋經濟區域，含括範圍廣達一千一百萬平方公里（四百二十五萬平方英里）。

整體而言，殖民過程已在法國集體記憶中留下不可抹滅的印記。阿爾及利亞戰爭導致支持法國人續留阿國的遣返者（rapatrié）和哈基後代，與為阿國獨立而戰的那群人相互對抗。大批法國人事實上都是阿爾及利亞移民的子孫。來自法屬西印度群島的人多數都是奴隸後裔，他們仍舊要求法國為參與奴役制度的過往公開表示「懺悔」。以國際尺度而言，各方對殖民所致影響的評估矛盾不一，就連在法國當局內部，看法也不盡相同。國會於二〇〇五年二月二十三日通過法律，對參與法國殖民地成就的男女，表達國家的感謝之意。巴黎市政府將一座紀念碑獻給一九六一年十月十七日在民族主義者組織的抗爭中，死於警方之手的阿爾及利亞人；同時政府當局不久前則拒絕在馬賽附近的馬里尼昂（Mairignane）豎立獻給祕密武裝組織成員的紀念碑。距離法國殖民史要成為單純的學術主題，恐怕還有很長一段路要走。

俄羅斯
兩個帝國

葛瑞姆．吉爾（Graeme Gill）

俄羅斯有兩個帝國，從一五五〇年代到一九一七年的沙皇帝國（Tsarist empire），以及較具爭議的蘇維埃帝國（Soviet Empire）——成立於一九一七年，一九九一年覆滅。雖然它們共享大致相同的實體空間（邊緣區域則有部分差異）與類似的地緣戰略思考方式，且前者更提供了後者深刻的歷史文化遺產，兩個帝國之間仍有顯著的差異。

帝國的物質基礎

俄羅斯帝國的核心地帶，是圍繞著莫斯科城市附近的歐亞大平原。到了十六世紀中，此地已經成為斯拉夫公國群中的佼佼者，並成為一連串王位繼承者（沙皇）的王座城市，這些王者似乎全都懷抱著擴張意圖。然而此意圖的經濟基礎卻很薄弱。俄羅斯的生長季非常短暫，大約是其他主要糧食生產地的一半，這個國家大部分地區都不太適合農業發展，耕種方式更是原始。因此，俄羅斯大概每三年就會碰上一年歉收。[1]農業剩餘資源難以有穩定產量，於是有礙獨立的貴族的發展和壯大，也就難以對絕對王權的崛起形成可能的障礙。但農業積弱也使沙皇的國家很難創造足夠財政歲收，以供強大的國家機器逐步成長。微弱的經濟基礎以及咸認須從他處獲得補給的需要，則是菁英圈中擴張主義者擴張欲望背後的其中一種驅動力。

俄羅斯國家核心地帶的位置，可提供另外一個重要角度，來解釋帝國何以需擴張。莫斯科位於廣大平原上，缺乏可抵禦外侮、保障安全的實體屏障。從南方與東南方進入莫斯科的通道大開，十三世紀中期，莫斯科也是從這個方位被納入蒙古帝國。莫斯科因此在蒙古宗主權下度過了將近兩百五十年。西方與北方的土地也缺乏重要的障礙，而這個方位上也有他們歷史上的強大對手：立陶宛－波蘭與瑞典。十六世紀圍繞著莫斯科發展起來的國家認為自己對抗外侮的能力十分脆弱，於是解決方案之一就是擴張國家的領土範圍，讓邊界盡可能大幅遠離首都區。

沙皇帝國的成長

在沙皇的宗主權下，莫斯科崛起成為主要的俄羅斯公國，逐漸擴張轄下控制的領域。在甩去了「韃靼桎梏」後，尤其在（恐怖）伊凡四世（Ivan IV）的統治下，這個新俄羅斯國家開始向外擴張。到了十六世紀中期，第一個俄羅斯國家：前基輔羅斯公國（Kievan Rus）的多數疆域，早就已經歸入莫斯科的穩固統治之下。俄羅斯國家現在開始展開擴建帝國的過程，納入了過去從來不屬於俄羅斯的土地；在某些案例中，甚至將敵方軍隊所有的土地據為己有。十六世紀下半葉，伊凡對喀山（Kazan）、阿斯特拉罕（Astrakhan）與克里米亞的汗國發動攻擊，這些汗國遭到征服，邊界因此推展到裏海畔。一五八〇年代初期，一支由葉瑪克（Yermak）領導的哥薩克人軍隊翻越烏拉（Ural）山脈，攻下西伯利亞的秋明（Tiumen）汗國。十七世紀，西伯利亞遭到征服，俄羅斯人於十七世紀中期抵達太平洋海岸。沿著河流水道建立的木造碉堡成為毛皮貿易城鎮的據點，然而適合農業的大規模區域屯墾，則要等到接下來的兩個世紀才會發生。一九一五年西伯利亞鐵路完工後，這個地區才建立了可靠的交通路線。俄羅斯的探險與殖民主要是由毛皮貿易推動，甚至還延伸到阿拉斯加，直到一八六七年此地賣給了美國為止。十八世紀時，俄羅斯控制的區域推進到蒙古邊際，進入今日的烏克蘭南部，幾乎直抵高加索山脈邊緣，西端則伸到了波羅的海國家，還包含波蘭、今日的白羅斯（Belarus）與烏克蘭西部。這些收穫都仰仗軍事力量。十九世紀時，遠東的阿姆河（Amur）流域、南方的哈薩克（Kazakhstan）、突厥斯坦（Turkestan）與高加索地區，及西方的芬蘭、波蘭餘部與今日摩爾多瓦（Moldova）地區，全都被收攏到俄羅斯的控制之下。在這片廣闊的土地上，俄羅斯的疆界從一四六二年的兩萬四千平方公里（九千平方英里），擴增到一九一四年的一千三百五十萬平方公里（五百二十萬平方英里）。[2]

這波擴張受到經濟與戰略因素推動。前進西伯利亞幾乎全然出自經濟因素，為的是掌控利潤豐厚的毛皮貿易，以及開發區域內的天然資源，特別是可耕地、礦產與木材。往南進入「新俄羅斯」（主要是烏克蘭南部與伏爾加河〔Volga〕流域中下游），則是受到壓制區域內蒙古汗國勢力殘餘的意圖所驅使，並且也要開發大草原西部的肥沃黑土地。掌控這個區域，也就能獲得南向主要河流的控制權，因而得以進入黑海。西進則主要出自於戰略考量，俄羅斯試圖在國家核心地帶與具有敵意的西方列強之間，建立起緩衝區。奪取芬蘭，更是出於將國際邊界推離首都聖彼得堡（一七〇九年起）的企圖；取得入海通道也是針對波羅的海區域的重要地緣考量。俄羅斯強化在哈薩克與突厥斯坦的控制力，部分是出於地緣戰略因素，與英國試圖在西南方封鎖俄羅斯有關，從克里米亞戰爭就可見一斑。俄羅斯的回應之道，是將自己控制的領域往英屬印度的方向推進。這個區域很快便因為棉花生產的關係，而有了重要的經濟價值。進入高加索地區，則是因為同為東正教基督徒的喬治亞人請求支援，而同時俄羅斯也認為有必要穩定這處宗教與文化的十字路口，因為此地區被視為可能動搖帝國南部穩定的潛在威脅。

俄羅斯力量的擴張與帝國建立，將大批擁有迥異語言、文化與歷史的人群，統統置於帝國掌控之下。帝國內有超過百種不同族群團體，存在著大量不同的語言、宗教、文化與經濟生活。從北方不識字的馴鹿畜養人，到貝加爾湖畔的佛教遊牧民族；從俄羅斯中部的農奴，到聚落範圍之外的正統猶太人；從車臣穆斯林部落，到大城市中受過教育與文化薰陶的俄羅斯菁英——整個帝國就是一幅不同族群、宗教與文化認同所拼出的織錦畫。俄羅斯人是人口最多的族群，一八九七年時占了總人口的百分之四十四；然而若納入斯拉夫烏克蘭人與白羅斯人，整個斯拉夫族裔則占了帝國人口的三分之二。[3]隨著帝國擴張，許多族群發生大規模遷徙。特別是俄羅斯人遷入傳統上的非俄羅斯區域。這類族群擴張通常是受到經濟機會驅策，但也有行政措施為團結帝國而介入。

即便俄羅斯帝國主義部分是受到經濟誘因驅動，但直到蘇維埃時期之前，對於新吸收的領土卻少有開發舉動。即使西伯利亞的天然資源有部分的開發利用，卻一直到蘇維埃政權時期，才大規模開發了這個區域的礦業資源，以推動經濟發展。沙皇帝國的工業發展主要發生在十九世紀最後十年與二十世紀頭十年的衝刺期，但也僅集中在莫斯科（以織品為主力）及烏拉山脈與烏克蘭的煤礦。帝國多數其他區域的發展仍舊相對落後；西伯利亞在帝國中的主要任務，是用作政治犯的流放地。

帝國政府

沙皇帝國中並沒有太強烈的本土與殖民地的差異，部分是因為俄羅斯是個陸上帝國，缺乏明確的區隔。這也反映在行政架構上。雖然首都需要下放某種程度的權力給地方，卻是下放到行政區或省

（gubernia），而大致上又是依據行政而非族群界線來劃分。此情況也反映在統治菁英的組成上。俄羅斯菁英自視為歐洲價值的繼承者，在這個立場上，他們也開放非俄羅斯人加入菁英階級，從俄羅斯統治圈中為數不少的波羅的海地區日耳曼人可見一斑，在十八世紀期間尤其如此。

通常省是由民政長官領導，然而某些邊境區域、首都及其他特殊的重要省分則是由直接隸屬於皇帝的總督領導。[4]總督直接對中央政府負責，也由中央政府派任；並不對被統治的人民負責。此一體系大體一直維繫到一八六〇年代的「大改革」期間，才在地方事務的管理上，引進某種代議政府；然而這段期間內，總督的權力更於一八三七年獲得某種強化。代議團體（地方諮議會〔zemstvo〕）不論在參與人員還是管轄權限上，都受到了嚴格限制。它們最重要的角色是表達啟蒙思想的論壇。芬蘭與波蘭則不受一般行政統治，兩地在內部事務上擁有極高的自主權。

省級總督的權力甚至比中央皇帝的權力還大。專制王權在十六世紀建立，即便有不少弱勢皇帝導致中央王權在十七世紀初崩潰[5]，此一原則仍舊維持到一九〇五年。沙皇或皇帝擁有至高權力，並援引神聖權利的原則，相信自己無須對任何子民負責。政府官員只是諮議性質，官位褫奪就看帝王心意。雖然部分官員在不同時刻都曾對政府政策造成重大影響——十九世紀初的史貝蘭斯基（Speransky）與阿拉克契夫（Arakcheev）及十九世紀末的威特（Witte）都是很好的例子；形式上他們仍是皇帝的傀儡，最終決定權總是握在皇帝手裡。一九〇五年革命後引進的改革，透過引入由選舉產生的立法機構：杜馬（Duma），似乎修正了帝國機構的專制主義，但實際上還是對帝國特權沒有太大的制衡力量。

理論上高強度的中央集權並非總能落實在現實中。主要原因是國家官僚體系不是一部很有效率的機器，若要有效統治這個帝國，它也無法輕鬆克服所需跨越的巨大地理距離。問題不光出在通訊緩慢又不堪用（這反映出當時科技發展的狀態、俄羅斯多數地區的經濟落後，以及距離的問題），許多官員更是貪腐——比起有效治理，他們更有興趣中飽私囊。這段期間的多數時候，他們當中許多人也缺乏合格施政所需要有的教育程度。

這套帝國制度是建立在俄羅斯例外論的意識型態上。隨著君士坦丁堡在一四五三年落入土耳其人手中，以及一五八九年獨立出來的莫斯科東正教宗主教座（Moscow patriarchate），「第三羅馬」的信條於焉誕生——它宣稱羅馬與君士坦丁堡都背叛了真正的宗教，現在莫斯科才是這個宗教的中心。莫斯科成了第三羅馬，卻不會有第四個。這個概念強化了政治和宗教領袖經常提起的「神聖俄羅斯」概念，意指王朝、教會與人民的結合；那也反映在對許多人而言象徵了俄羅斯神聖地位的三個概念上，即「正統、獨裁、民族」。這種意識型態建構強調了人民與皇帝及教會的統合，以支撐起大眾對王權的信念與忠誠。十九世紀期間，當國家上層行政階級失去普世性格，反而比過去更加俄羅斯化時，這種意識型態也愈發顯著。俄羅斯例外論也成為俄羅斯擴張主義的基礎。

帝國的地緣政治角色

從帝國擴張伊始，俄羅斯一直尋求在國際舞台上扮演一個與主要強權相襯的角色。它追求這個角色的主要場域是歐洲。從彼得一世（Peter I）的時代、將首都移往新城市聖彼得堡這樣的象徵性動作開始，俄羅斯有了一扇「對西方之窗」，此後俄羅斯多數的動作也都是朝向歐洲發起。然而，由於帝國在非正式手段（財政與商業力量）上居於弱勢，俄羅斯被迫以外交及軍事國家行動為主，在國際場域上尋求擴張的影響力。

俄羅斯的野心看在西方眼裡，自然引人憂心。歐洲領袖對於俄羅斯擴張歷史相當熟悉。此外，俄羅斯人被視為粗魯野蠻，缺乏西歐人的精緻修養；「俄羅斯熊」這種譬喻很受歡迎。西方執政者對於俄羅斯軍事力量也頗為忌憚。主要原因不在於俄羅斯武器的先進程度，而是想像中那源源不絕的農民兵。西方領袖擔心大量俄羅斯軍隊於中歐壓境的可能性；一八一四年擊敗拿破崙後俄軍進入巴黎的景象更強化了這股恐懼。這類考量表代著俄羅斯在西方的利益戰場上，這個帝國總是面對不友善的國際環境。

俄羅斯不斷試圖克服自身所處的地理侷限。北方與東方缺乏全年不凍的港口。而在西方與西南方，俄羅斯通往廣大世界的海洋通道是控制於潛在敵方手中的狹小咽喉點：進出波羅的海（也就是自聖彼得堡出發）必須通過瑞典與丹麥之間的狹窄海峽；從黑海港口出發則必須通過達達尼爾海峽（Dardanelles）。這個情況讓俄羅斯的海洋活動，不論是軍事或商貿，都受制於人；這也是俄羅斯一直試圖打破這種桎梏的原因。克里米亞戰爭（一八五三至五六年）的起因，部分也出自於俄羅斯希望控制達達尼爾海峽、移除這層限制的渴求。

第一俄羅斯帝國的崩潰，最終是由歐洲競爭者的敵意行動所引起的。一九一四年一次世界大戰爆發，導致俄羅斯帝國與德意志及奧匈帝國正面衝突，兩者都在其西部邊界上。就軍事而論，這場戰爭對俄羅斯來說幾乎從一開始就是場災難。到了一九一七年，連續敗戰導致俄軍士氣渙散，公眾輿論也轉向反戰情緒，沙皇尼古拉斯二世（Nicholas II）遜位，不只讓俄羅斯王權告終，也標誌了帝國的終點。但走向崩潰並不完全是敗戰所致——帝國權威遭到國內發展的侵蝕，這個原因也很關鍵。

沙皇帝國的衰敗

克里米亞戰爭敗北後的半個世紀中，俄羅斯社會在政府施政與經濟發展下遭受巨大壓力。政府對克里米亞戰爭的回應，是展開大規模自由化。當時引進的「大改革」包含建置地方與區域自治政府（zemstvo）、建立比較常態的司法體系，還有教育體系的擴大、開放與重新架構，以及解放農奴。前三者協助開創了自由的中產階級社會足以興起的條件；到了世紀之交時，中產階級仍舊只占帝國人口很小的一部分，卻在主要城市的教育與文化生活中舉足輕重。也就是這樣的情況致使許多革命領袖誕生。改革的另一層面：解放農奴也是一項關鍵。雖然農民長期以來的要求得到滿足——也就是對土地擁有控制權——但背後要付出的代價卻迫使多數農民陷入長期債台高築的困境。結果造成農民普遍的不滿。

解放農奴也推升了當時另一個現象的發展，亦即農民脫離土地進入城市，投入新近崛起的工業領域工作。十九世紀的最後幾十年，俄羅斯經歷了驚人的工業成長，部分是由財政部長與當時的首相塞吉・威特（Sergei Witte）主張的國家政策推動。這股工業發展改變了經濟，以及國內工業聚集的區域（主要是莫斯科與聖彼得堡、烏拉山部分地區，以及烏克蘭的採礦地區）。工業發展導致大量人口湧入城鎮，發展出都市勞動階級。這些人的生活條件非常困苦：住宅不足導致許多人住在公共營房，必須將家人留在村落老家。當時幾乎沒有公共設施或社會機構來照顧他們的需求，也缺乏協助他們對抗僱主的法律保障。這就創造出一種環境，讓這些崛起的勞動階級易於受到革命吸引。

知識分子也對沙皇統治體系愈來愈失望。在整個十九世紀，許多受過教育的俄羅斯人受到西方影響，會拿代議政治體系較開放的社會，來跟自己的俄羅斯經驗相互比較，但是國內前後幾任沙皇卻持續主張專制統治。到了一八六〇年代，一場革命運動已經開始興起。革命運動中的不同勢力缺乏統合，對於策略、戰術（例如恐怖行動的使用），以及取代現狀的體系，全都缺乏共識。一股起初非主流但重要的力量，受到卡爾・馬克思（Karl Marx）與其早期俄羅斯門徒喬治・普列漢諾夫（Georgii Plekhanov）的想法影響。最後當帝國崩解時，正是這股革命運動的力量掌握了權力。

沙皇拒絕權威受到限制，尤其拒斥憲法與代議政治的可能性，在此狀況下自由派的圈子也益發躁動不滿。包含革命與自由派在內的不同勢力似乎在一九〇五年合流了。隨著俄羅斯在日俄戰爭（一九〇四至〇五年）中敗北，革命隨即爆發。雖然遭到強力鎮壓，那卻也迫使沙皇通過一系列措施，以求穩定情勢。內政部長兼當時的首相彼得・史多利平（Petr Stolypin）引進影響深遠的土地改革計畫，希望在鄉間創造穩定的農民階級。同樣重要的還有一九〇六年創立的杜馬——允許自由社會參與政府的議會組織。然而沙皇仍舊擁有杜馬未開議時專制統治的權力，同時也能隨意解散杜馬。一段時間之後，保守派操弄投票權，加上沙皇動用解散權，讓杜馬無法發揮任何有效的實質權力。儘管如此，第四屆杜馬（一九一二至一七年）對沙皇的出兵政策與帝國政權的批判仍舊逐日升高。

戰爭帶來的壓力加上前半世紀間造成的緊張局勢已經足以推翻政權。當沙皇尼古拉斯二世遜位後，他的兄弟拒絕即位，俄羅斯領導階層也缺乏足夠力量讓王權復辟。結果是造成了八個月的空窗過渡期，這段期間公眾輿論愈發基進，馬克思革命運動的一支：布爾什維克黨人預備要奪取權力。他們在一九一七年十月採取行動，接著展開重組帝國的行動。

蘇維埃帝國的成長

以「帝國」一詞來描述蘇維埃聯盟會有相當的爭議。蘇維埃領袖本身拒絕將這個詞套在他們自己身上。他們擁抱的意識型態認為帝國是源於資本主義，因此社會主義的蘇聯不可能是個帝國。當然，這也表示「帝國」這個詞帶有特別負面的內涵，冷戰期間將這個詞與蘇聯牽扯上，也特別深具意識型態色彩；雷根總統使用的「邪惡帝國」一詞就是很好的案例。然而，蘇聯覆蓋了與沙皇帝國多數重疊的領土，包含了多數相同的族群，且同樣主要由俄羅斯人統治。雖然在許多方面與前人迥異，但在其他許多層面卻也有類似之處；因此「帝國」一詞並非無的放矢。

布爾什維克黨人在一九一七年奪取權力之時，立即遭遇自家領土上的武力衝突。直到一九一八年三月的《布列斯特－利陶夫斯克條約》（Treaty of Brest-Litovsk）終止戰事之前，德國前線仍舊相當活躍。然而三個月後卻爆發了持續到一九二一年的內戰。沙皇倒台後，舊帝國的許多地區紛紛宣布獨立。新的蘇維埃領袖接受了芬蘭及波羅的海地區的愛沙尼亞、拉脫維亞與立陶宛獨立；同時在提前夭折的發動戰爭企圖後，也接受了波蘭獨立。這些是前帝國中，唯一成功獨立的地區，且不意外地，這些都是帝國內最靠近西方的區域。任何欲重申俄羅斯控制權的企圖，都可能引起更多西方勢力的介入。波蘭還奪取了部分今日白羅斯與烏克蘭西部地區，羅馬尼亞則占領了貝薩拉比亞（Bessarabia）。

前帝國的其他地區也尋求脫離俄羅斯。烏克蘭在一九一八年一月宣布獨立，遭到新成立的紅軍入侵，但是直到內戰結束之際，共產黨人的控制才算穩固下來。高加索的喬治亞、亞塞拜然與亞美尼亞共和國也在一九一八年五月發表類似宣告，這反映了追求獨立的政府崛起，但卻在一九二〇至二一年的蘇聯入侵中遭到推翻。前帝國的其他地區裡，蘇維埃主要透過軍事力量的延伸來進行控制。

到了一九二〇年代初期，蘇維埃已經控制了前帝國領土的多數地區。邊界的進一步變化則是發生在大愛國戰爭（Great Patriotic War）前夕——蘇維埃如此稱呼第二次世界大戰。一九三九年九月，蘇聯取得波蘭占領的白羅斯與烏克蘭地區；一九四〇年三月芬蘭的兩個地區納入蘇聯之中；一九四〇年六月羅馬尼亞將貝薩拉比亞割讓給蘇聯；一九四〇年八月波羅的海國家再度被納入蘇聯中。雖然這些占領直到戰後才真正穩固（此時俄羅斯也取得了部分東普魯士地區），除了波蘭與芬蘭之外，蘇聯已重建起沙皇帝國的疆土。

蘇維埃帝國

從一九一八年第一部憲法以來，就形式而論，蘇維埃聯邦是由名義上的自治共和國組成的聯邦政府。這些共和國的數目隨著時間而有所不同；一九三六年憲法建立了十五個共和國的大架構，並一直持續到蘇聯解體為止。共和國依照族群界線建立，亦即每個共和國應該是一個特定族群的家園，雖然實際上每個共和國內都是多族群共存，也都有不少俄羅斯人。各個共和國的族群標榜雖讓最主要的族群擁有自治的外表，但卻也成了一九九一年國家崩解的主因。

這個國家雖然形式上是個聯邦，實際上卻走中央集權路線。共和國政府的自治權力不多，最重要的決定都掌握在莫斯科手上。其中的重要影響因素是共產黨。這個高度中央集權且服從教條的組織是蘇維埃體系實質的權力核心。蘇維埃在行政上有效掌控這個體系的能力是政權存活的重要因素，也是蘇維埃跟沙皇帝國最大的不同之處。

蘇維埃體系植基於一套正式的意識型態：馬克思－列寧主義。這套教條主要以馬克思與蘇維埃國家創建者列寧（Vladimir Lenin）的書寫為基礎（雖然在史達林上台時期，他的書寫也納入其中）。所有政策都奠基於這套意識型態之上，至少在形式上是由這套意識型態來引導一切決策。在廣泛的政治教育系統中，蘇維埃全體公民都被期待吸收這套意識型態的價值，因此也要擁抱並支持它所代表的一切。意識型態的主要角色是讓現有的蘇維埃體系合法化，而要完成這個目標，便得透過歷史的詮釋，以及達到社會最終的理想樣態：由推行共產主義累積起社會與經濟發展。追隨馬克思－列寧主義的人得以建立社會主義，並隨之達致共產。形式上，從一九三六年起，蘇聯就號稱已是個社會主義社會，因此接續的任務在於建立共產主義。在這套意識型態引導下，政黨是最適合領導共產主義建設並統治國家的機構。與此相關的象徵符碼強調普通的勞動男女，跟其他帝國的符號形成強烈對比。

這套意識型態的關鍵原則是平等。此原則的達成，除了要消滅私人所擁有的生產力，還要轉由國家提供主要資源，包含教育、醫療、住居、交通與就業。其中一個重要的面向，就是各族群團體之間所謂的平等。一開始，布爾什維克黨人鼓勵發展原住民族文化。蘇維埃統治的前十年，有大量資源投入支持國內非俄羅斯人區域之民族文化的發展與成長。這個「在地化」過程不只導向非俄羅斯文化開花結果，也讓許多非俄羅斯人所在區域的行政機構愈顯重要。然而隨著一九二〇年代末期推動工業化與集體農業生產，在地化政策遭到反轉，斯拉夫人（特別是俄羅斯人）被送到全國各地擔任領導。這跟推動國家「現代化」的渴望有關，因此必須仰賴那些「比較先進」的民族成員。一九三六年開始全面推行俄羅斯化政策，是專門設計來消滅族群團體間的差異，好讓所有人都變成俄羅斯人。這一點在大愛國戰爭期間再度獲得強化，此時史達林已正式讓俄羅斯民族主義復活，作為鼓勵愛國及戰爭動員的手段。隨著史達林在一九五三年過世，極端俄羅斯化雖然較為緩和，但一般原則仍舊存在。一九六四年到蘇聯垮台之間，實務上族群中的菁英擁有在共和國內及下層階級內行使權力的較大自由。[6] 儘管如此，整個蘇維埃時期內，即便史達林本人出身喬治亞，俄羅斯人仍確實主宰了政治體系，就如俄羅斯主導整個聯邦那樣。

蘇維埃帝國最重要的特徵之一就是大規模的經濟發展。統治者運用高度中央集權的經濟體制來主導發展，將革命之際仍以農業國家為主體的俄羅斯，轉變成戰後的超級強權之一。這主要是依賴強迫工業化與集體農業生產來實現。在蘇維埃的案例中，本土與殖民地的經濟關係仍然爭議不休。[7] 無庸置疑，莫斯科剝削了各共和國的經濟潛力，例如中亞幾乎被轉變成棉花的單一生產區，亞塞拜然的石油與烏克蘭的穀物及煤礦都遭到榨取，如何運用卻是由莫斯科的計畫者來決定。所有共和國的發展都必須以蘇維埃經濟的整體發展為首要考量。然而這些剝削只是故事的其中一部分。許多共和國也從蘇聯的運作中獲利良多。經濟上，部分共和國無法自給自足，必須仰賴中央有效的補助來維生；少了蘇維埃的投資，許多共和國也無法達到這種經濟發展程度。另也有許多族群不只獲得教育機會，還在蘇維埃的努力下，獲得書面文字，並將族群文化記錄下來。顯然，許多非俄羅斯族裔人士也在蘇維埃體系中獲得掌權職位與影響力。因此蘇聯並不只是一個剝削的帝國架構，也是為共和國成員帶來益處的體系。

蘇維埃的地緣政治角色

從建國以來，蘇維埃國家面對的是西方國家幾近無情的敵意。有部分是因為蘇聯所代表的意識型態，威脅了西方國家的組織方式。蘇維埃版本的現代性拒絕了西方國家立基的資本主義原則，甚至對許多人來說，提供了另一種看似更有吸引力的選項。然而蘇聯也被視為地緣政治威脅，從一開始就很明顯，因為這個新國家拒絕許多既有的國際規則（例如取消沙皇時代欠下的債款），而且還試圖支持尋求推翻西方政府的革命團體。從一開始，蘇聯就展現一種救世特質，力圖將共產主義傳播全球。當這個新國家試圖走出自己的路線時，國際環境卻敵意環伺。這種外在敵意正是激勵史達林領導階層在一九二〇年代末期選擇快速工業化與農業集體生產的主要因素。這些發展被視為能帶來兩種正面效果：削弱國內敵人，與建立國家的軍事力量，以提升自衛能力。這種經濟現代化的範疇相當廣泛，讓國家在十年多的時間裡成為主要工業強國。也確實，這波工業發展足以讓國家經得起大愛國戰爭時代的德國入侵，並聯合西方盟友，擊潰納粹威脅。

蘇聯從戰爭中崛起，成為全球兩大強國之一。他們重建了遭到破壞的工業，受到摧毀的城市也重生了，軍事力量更在核武發展下大幅度提升。戰後，蘇聯獲得俄羅斯／蘇維埃帝國有史以來最高的國際政治影響力。它在全球各地都是舉足輕重的角色。雖然冷戰期間有來自西方列強的對抗，表示它並無法總是遂行意志，然而在全球舞台上，蘇聯明顯比過去的俄羅斯享有更高的地位。它的船艦航行七海，外交官與特務人員穿梭全球，影響力遍及四面八方。[8]

歷史上讓俄羅斯最為關注的中東歐地區，也最清楚可見蘇聯所投射之力量的標記。由於二戰之故，蘇聯得以再度於這塊區域建立有效的帝國控制。這裡有時會被稱為蘇維埃的「外帝國」（external empire），跟蘇聯本身的「內帝國」形成區別。這個「外帝國」幾乎包含了整個中東歐與巴爾幹地區，只除了希臘、南斯拉夫（一九四八年脫離蘇聯）、阿爾巴尼亞（一九六一年脫離），也許再加上羅馬尼亞（一九六〇年代後期疏遠莫斯科），其他國家——包含波蘭、德意志民主共和國（東德）、捷克斯洛伐克、匈牙利與保加利亞——多數都是蘇聯底下安靜的衛星國家。這些國家被各種不同國際組織綁在一起（主要是華沙公約組織及經濟互助理事會〔Council for Mutual Economic Assistance〕），靠的是受到嚴密控制的經濟連結，以及蘇維埃政黨對於地方共產黨的掌控。領導人事改變及主要政策決定，幾乎全都要先經過莫斯科同意，地方國家才能通過。事實上，統治這些國家的人無異於蘇維埃領袖的地方總督。

雖然莫斯科對區域內國家的政經架構所施加的標準化程度有某些差異，最終它們仍都要看蘇維埃的臉色。當一個國家太出格時，例如一九五六年的匈牙利與一九六八年的捷克斯洛伐克，蘇聯就會動用軍隊來重建秩序。這個「外帝國」建構了蘇聯與西方之間在地圖上的政治緩衝區，然而在一九七〇年代蘇維埃經濟遇到困難時，「外帝國」也成了經濟上的負債。

蘇聯還有獨特的非正式帝國工具：國際共產運動。世界各地未執政的共產黨經常獲得大量來自蘇聯的資金與協助，通常也遵循莫斯科的命令，於是多數都成為俄羅斯政權的代理人。這個情況持續到一九五〇年代末期蘇聯與中國的分裂，導致國際共產運動也隨之出現分歧。從那時起，蘇維埃與中國共產黨開始競逐非執政共產黨的忠誠。此一發展大幅削減了非正式帝國的力量。

對於國外的執政與非執政共產黨的支持，持續耗竭蘇維埃的財政。同時因為試圖支應冷戰的蘇維埃陣營與軍備競賽，蘇聯投入了大量軍事預算。當經濟在一九七〇年代陷入困境時，這類支出占了很大比例，在蘇維埃帝國的崩潰上也造成影響。

蘇維埃帝國崩解

政治與行政架構上，蘇維埃帝國與眾不同。其政治與經濟架構高度融合，加上整體的高度中央集權特徵，便創造出一種獨特的體系。這種高度中央集權的體系，某些人稱之為「極權」，表示國家經濟是由政治領袖直接控制，且會成為領導集團所操縱的工具，以政治目的。在達成一九三〇年代的快速工業化與戰後重建時，這種架構相當有用；然而來到六〇至七〇年代，需要形塑一個更消費導向（與大眾需求一致）的社會時，這類架構就不怎麼令人滿意。然而，與其改革體系，蘇維埃菁英寧可得過且過。到了一九八〇年代中期，經濟已經陷入危機。

為了回應經濟危機，蘇維埃領袖戈巴契夫（Mikhail Gorbachev）引入一連串經濟、政治與文化領域的改革措施，其中還包括外交政策。[9]然而這些措施既未完善統合，也未有效落實，因此經濟情況並未獲得改善，反改革的政治勢力與大眾不滿節節上升。最重要的是，部分非俄羅斯共和國中出現了升溫的民族主義情緒。一九八〇年代末期這股情緒開始高漲，被共和國菁英用來向中央施壓以爭取獨立。同時間，外帝國也出現來自群眾的壓力，而後續戈巴契夫拒絕協助統治菁英鞏固權力，這些國家遂脫離了蘇維埃的控制。一九九一年八月反戈巴契夫的政變失敗後，蘇聯便循著共和國的結構崩解：內帝國崩解後，十五個共和國變成十五國個獨立國家。

蘇維埃帝國的崩潰與歐洲殖民帝國衰敗，都帶來同類型的後果：殖民地獨立。俄羅斯本身也獲得獨立。俄羅斯境內雖有超過百種以上不同的族群團體，境內的俄羅斯人仍占絕大多數——約為百分八十三左右（不像蘇聯整體，到了一九八九年，俄羅斯人僅占總人口的百分之五十．八）。[10]蘇聯解體後俄羅斯縮小的疆域雖是由蘇維埃所界定，卻是以傳統上莫斯科公國的領土為主，再加上俄羅斯歐洲部分的南北區域，以及沙皇時代便開始殖民的西伯利亞。俄羅斯帝國來到終點。

〔奧地利—匈牙利〕打造中歐

華特・索爾（Walter Sauer）

奧地利—匈牙利帝國是在哈布斯堡王朝獨裁統治下形成的多民族、多族裔國家集合體。雖然在民族主義壓力與一次世界大戰敗北之下走向終點，但奧匈帝國確實曾是十九世紀的歐洲列強之一。即使哈布斯堡並未打造海外帝國，卻在歐洲內部進行明顯的擴張，一九〇八年兼併了巴爾幹地區以穆斯林人口為多數的波士尼亞與赫塞哥維納（Bosnia and Herzegovina）。此外，缺乏海外殖民地並未阻止奧匈帝國涉入許多遠方事業——從讓埃及與蘇丹屈服在西方帝國主義之下，到鎮壓中國的庚子拳亂，不一而足。來自第里亞斯德（Trieste）港的貿易商、奧匈帝國的科學家、傳教士與探險家的影響力遍及殖民世界的不同角落。公開擁抱國際野心的維也納政府更是支持十九世紀與二十世紀初歐洲的「集體殖民主義」。

部分透過征服所形成的哈布斯堡帝國本身是由帝國首都進行中央治理，以「歷史民族」（historic nationalities）與境內子民之間的階級、政治權力與經濟發展差異而聞名。十九世紀期間，帝國更飽受族群叛亂與政治運動所苦，某種程度上，確實也帶有其他地理差異更大的帝國的痕跡。這些帝國則形成了現代國際地景的一部分。

現今，因為大家對於中歐歷史的興趣日漸提升，奧匈帝國的歷史也不免引起興趣。此趨勢似乎沒有減弱的跡象，理由非常明顯。早在一九七〇年代初期，東西方的專業歷史學者之間已有一陣蓬勃討論潮，但一九八九年後的政治發展卻帶來了新挑戰，當時適逢東歐與東南歐的社會主義政權解體，以及後續社會菁英在意識型態上的調整轉向。除了對歷史的興趣上升之外，經常還會有對早期詮釋的修正——以史蒂芬・貝勒（Steven Beller）的話來說，就是「重新發明中歐」。[1]對於過去的批判性、現代性那種超然淡漠態度，也已經被（雖然有些矛盾的）文化遺產分析所取代；「中歐」成了當前尋索身分認同的參考點。[2]

數世紀以來，中歐長期是個文化、政治與經濟上相對一致的地區，直到一九一八年為止，哈布斯堡王朝則是其國家架構的中心。這一點其實算不上新鮮事。[3]發生改變的是人們對於這個帝國的認知。民族主義者將這個多瑙河王國視為「民族的監牢」（Völkerkerker）、心懷啟蒙思想的人對於帝國拒不開放民主權利的批評，都讓位給擁抱多元民族文明那樣的懷舊形象——那是「一個心懷子民的帝國」。美國藝術史學者黛安娜・雷諾茲（Diana Reynolds）回顧了奧地利人在波士尼亞－赫塞哥維納的政策，也將其與（比方說）德意志帝國主義相互做區隔，她的評論中甚至還用了「奧地利母親」[4]這種說法。此一觀點將「漫長二十世紀」（艾瑞克・霍布斯邦〔Eric Hobsbawn〕語）終結時的中歐後現代研究，連結到多年前由克勞迪歐・馬爾吉斯（Cludio Margis）所發起、偏哲學取向的奧匈帝國歷史本質的新評估上。[5]然而此趨勢也取用了前現代的概念之一——是過去奧匈帝國在最後數十年中，由帝國本身的主要知識分子開始向外散布的：他們視奧匈帝國為明顯受到不確定命運擺布的舊帝國，然而文化多樣性卻也讓帝國免於新時代那種不人道的混亂所苦——換句話說，提供了現代**國家**之外的另一個選項。

在文學領域中，約瑟夫・羅斯（Joseph Roth）的小說《拉德茲基進行曲》（*The Radetzky March*），或羅伯特・穆希爾（Robert Musil）於《沒有個性的人》（*The Man Without Qualities*）書中對卡卡尼亞的描述，都可見一斑。今日已成傳奇作品的《皇太子作品集》（*Kronprinzenwerk*）中也有類似的概念；此書出版受到魯道夫皇太子（一八八九年自殺）的建議影響，他希望能讓奧地利重現榮光，於是如此題名。此作品是一八八五年至一九〇二年間，以德文與匈牙利文同時出版的百科全書式研究，在一千兩百頁中，涵蓋了超過四千五百幅插畫，意欲保存哈布斯堡帝國治下所有消逝中的社會文化生活方式及相關記憶。[6]在兩次世界大戰及九〇年代巴爾幹地區不同戰爭與國際干預的背景之下，書中相對平和的世界那種理想形象，很符合今日的特定需求。因此，專家注意到《皇太子作品集》中的哈布斯堡王朝觀點與共產帝國崩解後的中歐熱之間的相似處。同時他們也不無諷刺地推斷：「每個人都在尋求自己找不到的東西，而不滿足於眼前所有。」[7]

哈布斯堡的興起

在此簡要說明哈布斯堡王朝的歷史，也許有助於增加我們的理解。一五二六至二七年前，中歐有三個後來形成奧匈帝國核心的國家，當時統一在單一家族的統治之下，也就是哈布斯堡家族。這個轉捩點的發生，是因為匈牙利－波西米亞國王路德維希二世（Ludwig II）在對抗鄂圖曼人的摩哈赤戰役中去世（見三十四頁）。根據一五一五年的婚姻繼承條約，年輕的哈布斯堡大公爵斐迪南（Ferdinand）[8]於是控制了以下區域：

——奧地利大公國，與數個擁有家族連帶關係的阿爾卑斯山領土（例如提洛爾〔Tirol〕跟史泰爾馬克〔Steiermark〕），從一二七八年開始就受到哈布斯堡王朝統治。十五世紀上半葉開始，哈布斯堡家族持續擁有神聖羅馬帝國國王或皇帝的頭銜。

——富裕的波西米亞王國（連結摩拉維亞〔Moravia〕及數個西利西亞〔Silesian〕公國）也是神聖羅馬帝國的一部分，從十二世紀開始受到數個不同王室統治。

——匈牙利王國（大致包括今日的匈牙利、斯洛伐克、克羅埃西亞與羅馬尼亞西北部），九世紀時受到馬札爾（Magyar）移民占領，是東歐與南歐之間重要的戰略與經濟橋樑。

哈布斯堡家族想要繼承先前由雅蓋洛王朝（Jagiellon）出繼的王位，過程卻相當艱辛。當時社會轉變在歐洲各地迅速發生：富裕城鎮的中產階級要求要有更多權利，鄉村地區的農民不滿之聲逐漸高漲；宗教改革者如馬丁・路德（Martin Luther）與烏利希・慈運理（Ulrich Zwingli）及革命者如湯瑪斯・閔次爾（Thomas Müntzer）的教導，對許多人來說，似乎合理化了政治改變的要求。即便在哈布斯堡家族已經統治了兩百五十年的奧地利土地上，也能聽到同樣的政治訴求聲，特別是來自維也納中產階級的聲音。一五二二年部分領導人物遭到處決，以求鎮壓之效。斐迪南國王發現自己在匈牙利與波西米亞還碰到更大的問題：分別代表貴族、野心勃勃中產階級與教士的議會，各自打著自己的利益算盤。

一五二六年十月，斐迪南當選波西米亞國王，但二十年後卻得面對第一場叛變。許多人同情宗教改革，但哈布斯堡人卻戮力提倡天主教的反改革立場，於是導致更多衝突發生。一六一八年五月，這些衝突升級成所謂布拉格拋窗事件（Defenestration of Prague），引發了三十年戰爭。兩年後，天主教盟軍在一片血腥之中鎮壓了波希米亞反抗勢力。

匈牙利的情況更糟，這裡從一開始就有社會階級的分野。大地主選擇斐迪南大公作為他們的國王，但貧窮的貴族卻偏好豪門出身的約翰・札波堯伊（Johann Szapolyai）。當斐迪南對匈牙利發動軍事攻擊時，札波堯伊卻向鄂圖曼蘇丹蘇雷曼二世（Süleyman II）尋求協助。後者在一五二九年進攻維也納，攻擊雖被擋下，匈牙利仍舊一分為三：一部分在哈布斯堡的控制下；一部分在鄂圖曼人控制下（包含首都布達〔Buda〕）；以及札波堯伊繼承人控制的外西凡尼亞（Siebenbürgen，位於今日的羅馬尼亞）。哈布斯堡對匈牙利的控制，要等到一六八三年鄂圖曼第二次圍攻維也納失敗後才算穩固了下來（見第一章）。後續哈布斯堡軍隊在薩伏伊的尤金王子（Prince Eugene of Savoy）帶領下，成功重新征服匈牙利、克羅埃西亞，以及部分的塞爾維亞。[9] 一六九九年簽訂的《卡洛維茨和平條約》，再加上強力鎮壓匈牙利貴族，才真正鞏固了哈布斯堡的掌控。

到了十八世紀初，哈布斯堡家族及與之相互連結的各族裔貴族豪門，已經取得了皇帝頭銜、掌控大片中歐地區，也強制施行天主教反改革運動。另一方面，當奧地利王室的西班牙系繼承血脈在一七〇〇年後繼無人之後，他們便失去了西班牙及包含義大利南部在內的殖民地，只剩下後來將成為比利時的區域被納入了奧地利治下。相對的政治穩定性及奧地利巴洛克運動的強大文化翻轉力量，讓後世史學家將查理六世（Charles VI）的帝國描述為「強權」。然而，他們卻未注意到各種農民起義與都市下層階級抗議掀起的持續性社會動盪，以及宗教異議人士的不斷反抗。奧地利哈布斯堡家族的男性血脈於一七四〇年後繼無人時，歐洲列強對王室所發動的政治和軍事挑戰，既向那個時代決策者、也向後世史學家顯現了，這個偉大強權的內部基礎有多麼薄弱。[10]

查理六世的小女兒瑪麗亞・德蕾莎（Maria Theresa，一七四〇至八〇年在位）女大公為了保衛自己的王位而掀起的戰爭，務實地引進改革以協助王室存續。改革中逐步解放農民，使之不受貴族地主剝削，這麼做不只是要刺激增加食物產量，長期來說，也是要擴大國家的稅基。中央權威的擴張，也帶來國家行政機構的一致性與效率，同時創造出經濟復興所需的法律架構：第一步就是限制天主教士的過度濫權。一七四八年和平條約在艾斯－拉－夏貝爾（Aix-la-Chapelle，今日的亞琛〔Aachen〕）簽訂時，即便奧地利被迫放棄部分義大利北部（給西班牙波旁王室）與西里西亞（給普魯士）的領土，卻確保了哈布斯堡－洛斯林根（Habsbourg-Lothringen）王朝的命運。在瓜分波蘭的架構及鄂圖曼帝國初衰的情況中，哈布斯堡甚至斬獲不少土地：波蘭南部、加利西亞（Galicia，烏克蘭西部）與布柯維納（Bukovina，今天羅馬尼亞部分地區）。

啟蒙、革命與拿破崙

生命中的最後幾年，瑪麗亞．德蕾莎相對溫和的改革卻被兒子約瑟夫二世（Joseph II，一七八〇至九〇年在位）的嚴厲政策所取代。同時間，奧地利與歐洲各地的社會與政治情況也面臨重大進展。經濟領域中，資本主義貿易、殖民政治與工業革命開始從大陸西側往東擴散。中產階級要求政治權利的姿態也愈來愈自信，侵蝕了專制王室與權貴的利益。皇帝與策士在啟蒙哲學的影響下，試圖運用有限度的改革來操弄事態的發展：改變土地所有權的封建情況，例如廢除農奴制度；法治體系也有所改革；容許宗教寬容，進一步限制天主教會的權威；以及短暫放鬆言論審查。[11]

然而當奔向自由開始踩到權威的紅線時，管制便開始收緊，特別是在約瑟夫的下一任繼承者——奧地利的法蘭茲二世（一世，一七九二至一八三五年在位）治下。一七九〇年代，「雅克賓」黨人（同情法國革命者）的數次圖謀行動皆遭到阻止。[12]哈布斯堡王室雖然擋下了革命的直接影響，但經濟與政治的穩定只是相對的，拿破崙的軍隊在一八〇五年進軍維也納時，並未遭到太多抵抗。

奧地利、俄羅斯與普魯士的封建王室聯軍在一八一三及一五年擊敗「新來者」拿破崙時，也為歐洲各地的政治復辟開啟了康莊大道。一八一四至一五年重構歐洲的會議之所以在維也納舉行，某個程度上，也是認可了哈布斯堡對拿破崙的頑抗。在領土方面，奧地利帝國（法蘭茲在一八〇四年宣稱自己是奧地利皇帝，兩年後解散了無用的神聖羅馬帝國）的主要斬獲是威尼斯與薩爾斯堡。維也納會議的重要性在於重劃了許多邊界（包含許多海外殖民地的邊界）、歐洲各地合法王室的政治復辟，以及歐洲列強之間的多邊協議。「歐洲協調」為一次世界大戰前的國際關係奠定了相對穩定的架構，也許可視為某種歐盟的非正式前身。[13] 此一新體系的最重要人物之一，也將成為未來幾十年中奧地利最有影響力的政治家，那就是首相克萊門斯・文策爾・洛塔爾・馮・梅特涅（Clemens Wenzel Lothar von Metternich）。[14]

不論是「歐洲協調」或者奧地利、俄羅斯與普魯士國王之間的「神聖同盟」都沒能遏抑日漸增強的自由主義、公民權利與民主趨勢。隨著愈來愈多的社會與民族動盪，加上一場經濟危機的影響，一八四八年三月在奧地利與許多其他歐洲國家，都發生了政治革命。在維也納、布拉格與其他帝國內城市，主要訴求是屬於政治與社會性質的；然而在布達佩斯，走在前線的卻是平等的民族權利。初期讓步之後（包含梅特涅下台並同意採行新憲法），舊秩序的政治代表很快又再度出手壓制。一八四八年十月底，反抗城市維也納遭到帝國軍隊圍城攻下，而且還對平民施以過度暴力攻擊。國會遷移到偏遠的摩拉維亞城市克羅梅日什（Kremsier），在當地準備草擬新憲法。軍隊也被派往匈牙利鎮壓革命，並獲得俄羅斯人大力支持。一八四九年十月，獨立運動領導代表在阿拉德（Arad，今日羅馬尼亞的一部分）遭到處決。[15]

後續的「新專制主義」時代中，也就是十八歲登基的法蘭茲．約瑟夫皇帝（Franz Joseph）統治初年，雖以王室、軍隊與教會的反動聯盟為特色，但也有許多人期待已久的經濟、行政與教育改革。[16]然而，面對來自國外愈來愈強的挑戰力量，包含義大利統一、法國及普魯士的擴張主義，這個貴族結合教士政權的政治基礎仍舊過於薄弱。對抗薩丁尼亞（Sardinia）的血腥戰役之後，由於薩丁尼亞先是獲得法國及後來的普魯士與義大利支持，奧地利於一八五九年失去倫巴底大多地區，一八六六年則接著失去威尼斯。此刻也標誌著一八四八年以來占上風的反革命運動的潰敗。經過許多心不甘情不願的憲政實驗，皇帝與其他領導人物最終於一八六七年十二月同意通過一部自由派憲法。這部憲法規範了基本的民主權利，選舉權建立在財產資格限制上，並由此產生兩院國會；同時除了部分有明確定義的「共同事務」之外，賦予匈牙利自治權。[17]從此刻起，哈布斯堡帝國稱為奧地利－匈牙利帝國。

這些初始憲政程序及奧地利與匈牙利之間的妥協安排（Ausgleich），似乎讓王室得以脫離新專制主義實驗失敗的巨大政治危機。然而，這些舉措的「勉為其難」本質卻也成了政治衝突再起的溫床：捷克的民族主義者並不滿意；上層階級的放任自由主義態度跟漸趨好戰的勞動階級社會需求有所衝突；說德語的自由派實業家與匈牙利封建地主的經濟利益之間，也只存在表面的妥協。經過十多年自由派政府（在國外以一八七八至七九年占領波士尼亞－赫塞哥維納聞名——此舉經「歐洲協調」在柏林會議中授權，並以鄂圖曼蘇丹的名義正式施行）以及十五年的保守派政府統治，德語族群、斯拉夫與匈牙利民族主義者之間的衝突升高，到了十九世紀末，內部的政治穩定早已如昨日黃花。部分統治者——特別是皇太子法蘭茲．斐迪南大公（Franz Ferdinand）——以逐漸嚴密的極權統治來因應。同時間，歐洲國家間的相互敵視、鄂圖曼帝國的不穩局勢，以及沙皇俄羅斯內部的動盪，全都提高了戰爭可能爆發的危險，最終那將吞噬的不只是歐洲，還會殃及所有殖民地。一九〇八年違反國際法併吞波士尼亞與赫塞哥維納，部分是為了轉移國內的危機，卻是最後導致一九一四年六月二十八日法蘭茲·斐迪南大公在塞拉耶佛（Sarajevo）遭到暗殺的其中一步，而此事造成了第一次世界大戰及奧匈帝國的終局。

在封建帝國與多民族國家之間

從奧匈帝國這段簡短的領土及政治史中，我們可以歸納出兩個常態。首先，這是一段**大陸**擴張的過程（後面我們將檢視這段過程與歐洲海外擴張之間的連結）；其次，因此產生的帝國穩定性，仰賴哈布斯堡王室與各領土封建菁英及天主教會之間的聯盟；後續階段帝國也建立了中央集權的官僚制度。中產階級、鄉村農民與非天主教人口的利益，只在受到壓力之下才會納入考量，且常常是心不甘情不願的。

然而，表面上的數據卻相當驚人：一次大戰爆發前不久的一九一〇年，包含波士尼亞與赫塞哥維納在內的多瑙河帝國，幅員廣達六十七萬七千平方公里（二十六萬一千平方英里），人口有五千一百四十萬人。這樣的總面積讓奧匈帝國成為歐洲第二大國（僅次於俄羅斯），還擁有第三大人口數（僅次於俄羅斯與德意志帝國）。[18]然而，帝國在十九世紀下半葉的政治影響力節節衰退也是不可否認的。到了二十世紀初，這些領土與人口相關的驚人數字，已經被不可避免的內部衝突以及經濟上跟西歐的競爭力大幅下降等事實所掩蓋了。一九一三年，從國民生產總值來看，奧匈帝國僅是歐洲國家中的第五位；若以平均生產總值來看，則是第十一位。[19]上面這兩個因素造成帝國強權地位遭到侵蝕，在「歐洲協調」中的影響力也因此下降。此刻的帝國愈來愈常扮演沉默觀察者的角色，當歐洲人討論外交事務時，「多瑙河病夫」也開始加入「博斯普魯斯海峽病夫」的行列。

現在我們應該要來進一步檢視哈布斯堡帝國三個主要的社會—政治面向。

微弱的民主

除了從皇帝身上硬擠出的短命克羅梅日什憲法，以及一八六〇年代初的實驗外，直到一八六七年底，帝國內才就憲法達成協議。而實際上是存在著兩部憲法：一部屬於奧地利，另一部則適用於匈牙利，透過複雜的規範共同運作。雖然從中世紀開始，在所謂的王室土地上，就有稱為「代議會（Ständeversam-mlungen）」的政治參與機制，但政治代表也僅限貴族、教會與個別城鎮。此時兩個王國都成立了國會，也都是兩院制，擁有法定憲政基礎，儘管國會權力都受到政府強力限制，尤其皇帝更是享有廣泛特權。最重要的是，一八六七年國會體系受限於加諸投票權上的限制：投票權跟相對高額的稅務相互連結，一開始有超過百分之九十的人口無法產生任何形式的議事代表。一八八〇年代這些規定放寬，成為主要政黨形成的基礎。經過工人運動多年抗爭，一九〇六年開放了普遍平等的投票權，雖然資格仍舊僅限男性。

較諸其他國家，奧匈帝國的憲法發展似乎有些矛盾。與沙俄及鄂圖曼帝國（另外兩個大型多民族國家）相較，至少某些人口在政治過程中享有某種程度的參與，基本的人權與民權相對受到保障。但若較諸西歐國家（即便這些國家的情況也難稱得上完美），它的憲政政府就來得比較晚，且直到最後運作範疇仍舊有限。此外，帝國歷史上也缺乏任何解放傳統。數世紀以來，哈布斯堡統治者持續使用各種建制力量的手段來鎮壓所有異議運動，無論是意識型態或政治上的異議。十八、十九世紀所有革命企圖全都失敗了，解放潮流也都在萌芽之際就遭到言論審查、監視，或因缺乏公民勇氣而無法發展。即便一八四八年農奴獲得解放，鄉村地區依然持續維持著封建生活；很顯然，自由主義相當微弱，也缺乏民主意識。一八六七年協議成立奧地利－匈牙利帝國後，兩個王國內的媒體、集會與政黨中有大量的公共事務討論，但通常限於都會中心，而某些禁忌主題如軍務或皇室越軌行徑也不在此列。除了少數例外，鄉村大眾的政治教育仍舊是教士與土地貴族的領域。

由於極度缺乏政治參與的機會，大眾的「奧匈」認同其實也流於膚淺表面。人民對於帝國城市維也納與皇帝法蘭茲．約瑟夫本人具有強烈愛國情緒；皇帝一開始不怎麼受到愛戴，然而其受歡迎程度卻隨著他的政策未能讓國家成為世界強權而升高。當帝國內部衝突升溫，他卻幾乎成為聯合國家的唯一象徵。「倘若極端正確不會墮落成為極端錯誤，導致社會和平永久消失的話——像奧地利這樣，權利毫不留情反對權利、民族反對民族、傳統對抗傳統的國家裡，在某些案例、某種程度上，只有統治者的神聖治權能夠公正地調解、斡旋並解決爭議。」這些話出自與一九〇六年選舉改革相關的民權手冊之中。[20]當然，從中世紀以降，哈布斯堡統治之下多數政治實體都有某種參與機制，然而在萌芽的大眾媒體與其他大型組織的協助下，民粹煽動者可以輕易將這些轉化成民族主義意識型態。

多民族國家中的民族主義

根據最後一次人口普查紀錄，就帝國的語言使用者的百分比來說，百分之二十四為德語；二十為馬札兒語；十六．四的捷克語及斯洛伐克語；十．三的克羅埃西亞與塞爾維亞語；十為波蘭語；八為盧森尼亞語（Ruthenian，烏克蘭人）；六．四為羅馬尼亞語等等。即便在帝國的主要兩大領土範圍中，憲法上享有特權的民族也都不是多數族群：德語族群占西斯列森尼亞（Cisleithania，即奧地利側）人口的百分之三十六，匈牙利則有百分之四十八為馬札兒語使用者。[21]

然而問題不在多種語言。從十八世紀開始，政府機構就已經發展出某種能力，可以運用不同語言與不同團體溝通——雖然匈牙利高層只允許使用馬札兒語。事實上，倘若不是因牽涉到某些族群犧牲他人利益而享有憲法與實質特權，單一國家中不同語言、文化與宗教的混合，甚至可視為潛在對所有人都有益的事。一八六七年的妥協中，尤其犧牲了捷克人的利益。一八七〇年，帝國內試圖將雙王國變成三王國（奧地利—匈牙利—波西米亞），卻在德語族群與捷克極端派的反對之下失敗。在匈牙利側，馬札兒語族群的優勢地位是法律中白紙黑字寫下的，因此犧牲了羅馬尼亞、斯洛伐克與烏克蘭語族群的權利。然而，克羅埃西亞人卻在匈牙利境內享有一定程度的自主權——無疑是為了感謝他們在一八四八年出兵相助。即便是一八六七年有限度的讓步，對享有既定特權的德語族群來說，也已經做得太過：一九八七年，奧地利政府試圖在波西米亞及摩拉維亞引進雙語制度時，他們激烈的反斯拉夫宣傳行動導致惡名昭彰的「語言暴動」與國會癱瘓。從一八八〇年代以降愈來愈激烈的反閃族主義，也是出自德語族群及基督教組織，他們針對的是上層階級猶太成員（例如在維也納與布拉格），但也同時針對帝國東側（例如在加利西亞）經濟上遭邊緣化的猶太人。

在民粹主義菁英的代表下，升溫的衝突是針對以民族劃定之團體的法定地位而產生，此情形可被視為社會中缺乏適當的個人政治權力所衍生出的替代爭端。例如，由於缺乏投票決定共同政治制度的民主權利，那麼產生共同政治思想與行動的前提條件之一便付之闕如。此舉也讓政治上具主導地位的族群菁英，會在犧牲國家整體的情況下，運用或建構自己的「民族」語言、象徵與認同，來強化或延伸其權力基礎。這個情況也可與西歐其他民族國家互相比較，它們所定義的「民族」也排除了少數族群；然而在奧匈帝國，這些發展卻發生在一個擁有強烈封建性格、原就具有分裂潛能的多民族國家中。不同民族主義陣營愈基進，他們就會愈想加入鄰近的「民族國家」（例如大德意志或斯拉夫聯邦），甚或建立自己的國家（例如獨立的匈牙利，或者某些人夢想在巴勒斯坦建立猶太國家，或在非洲建立猶太的屯墾殖民地），以滿足這些願望。

經濟落後

回頭審視歷史，我們可以說十九世紀末的奧匈帝國具有以下特色：缺乏政治參與的廣泛傳統，因此存在著政治冷漠的情形，且人民對國家的認同愈來愈稀薄；不同族群菁英之間的敵對情況愈演愈烈；最終國家機構發現自己日漸難以運作。這些都是哈布斯堡王室與其政治盟友施行壓制政策所導致的結果。後來在外來壓力下所施行的不情願的改革，也已經無力回天。此處種下了帝國經濟發展史學家所說的國家崩毀之因。帝國的最後幾十年中，國家無法運用新的經濟上行機會，來奠定其政治穩定。「帝國的崩裂並非必然，然而帝國政治體制明顯難以適應現代經濟成長所帶來的壓力。」[23]

特別是在一八二〇至七〇年間，西歐與哈布斯堡王國之間的經濟鴻溝加深。拿破崙戰爭與義大利戰爭的後續影響（例如確保帝國強權地位的成本），以及一八四八年三月革命與新專制主義前的社會停滯（例如確保特權菁英宰制的成本），也都可算是帝國崩毀的原因。然而在匈牙利妥協——特別是一八七三年國際經濟危機——之後，有一股相對快速的成長趨勢，包含一連串技術創新、部分領域的大量公共建設發展，同時還創立了有效率的銀行與企業。不過在成長與經濟生產力上，區域間的差異極大。服務業與工業主要集中在帝國奧地利側的經濟成長區域（包含石油生產突飛猛進的加利西亞），然而匈牙利側卻仍以農業為主。結果就是偏遠農業地區遭到邊緣化，工人遷徙增加（特別是前往兩個首都：維也納與布達佩斯），以及大批人口外移，多數是前往美國。兩側的財富分配不公卻未獲任何實質改善，因此導致城鎮工人與鄉村農民進行無數抗爭。但就整體而言，國民生產總值可以說是成長的。一八三〇至七〇年間年度人均成長率不過是百分之〇．五。一八七〇至一九一三年卻成長了百分之一．四五。雖然這個數字仍舊遠落後於瑞典及丹麥，稍遜於德意志帝國，卻略勝挪威與瑞士，而比起比利時、法國與美國則好多了。[24]此時，奧匈帝國與西歐的經濟鴻溝已經開始縮小。

不同區域持續保有各不相同的經濟首重項目。下奧地利、摩拉維亞與波西米亞工業的主要發展目標（通常是由自由派德語企業主導經營），是將他們的產品銷售到內陸與海外。出於這個原因，一八五〇至五一年間取消與匈牙利的邊界關稅就至關重要，對德意志帝國與其他西歐國家所進行的自由貿易也是如此。對外的自由貿易政策自然受到了比較不具競爭力的匈牙利農民反抗。此外，俾斯麥（Bismarck）治下的德意志帝國更技巧性運用對外貿易與關稅政策，強化自身相對於哈布斯堡帝國作為主要政治強權的地位。然而無論如何，經過了一八七三年國際經濟危機之後，歐洲傾向保護主義，也因此在一八八〇年代，兩個陣營得以同意溫和關稅政策。此舉將兩方的需求均納入考量，卻歧視了南歐的小國家。此時對於開放新興市場的興趣大增並非偶然，因此帝國議題再次透過內陸與海外殖民，參與了帝國瓜分世界之舉。

全球野心？

普遍來說，哈布斯堡帝國（以及斯堪地那維亞國家與瑞士）被視為與殖民主義保持距離的國家；一九四五年以來，奧地利歷史與地理學者就持續強調此種觀點。哈布斯堡帝國並未參與主要的歐洲殖民主義行動，例如十九世紀後半的「瓜分非洲」，似乎可以證明這個觀點。然而後續我們將討論此舉背後的理由。奧匈帝國擴張背後的思考跟取得封建歐洲朝貢領土的模式一致，而較非二十世紀初常見的中產階級主導的獨占資本主義。儘管如此，仍有一個灰色地帶的案例：一八七八年占領波士尼亞—赫塞哥維納。從官方資料中明顯可見，在維也納政治當局的領導派系眼中，此地並不僅是一處現成的殖民地；他們在此還有更實質且「現代」的經濟利益——特別是原物料與鐵路。奧匈帝國在波士尼亞推動現代化的單一成就，甚至被誇大為殖民伊斯蘭社會並賦予其「文明」的典範。

然而，若說奧地利（與奧匈帝國）的外交與對外貿易政策（兩者都相當具有帝國特質）只限於在歐洲內採行殖民主義，那也只能算部分正確。從更廣的角度來看，哈布斯堡王室肯定涉入了歐洲的海外殖民主義，其參與既深廣又是多層次的。[26]身為「歐洲協調」的主要成員國，奧地利自然完全涉入了此組織的海外活動，例如一八三九至四〇年以軍事干預攻擊「現代埃及肇建者」穆罕默德·阿里帕夏，或一九〇〇至一九〇一年對抗中國義和團之亂的行動。在設定歐洲個別國家的殖民擴張基本規則上，它牽涉極深，例如一八八四至八五年的柏林剛果會議、一八八九至九〇年的布魯塞爾反奴隸制度會議，以及一九〇六年在阿爾及利亞舉行的國際摩洛哥會議。在這個脈絡中，還必須提及奧匈帝國在埃及債務危機中發揮的積極作用。一八七六年四月，伊斯瑪儀赫迪夫（Khedive Ismail）被迫宣布埃及國家破產。此一事件中，奧匈帝國與法國、英國及義大利都是主要的債權國。

這些都跟單一國家的殖民擴張無關，而是涉及敵對歐洲國家之間某種一般性的帝國主義式協同合作，及其殖民政策的「法律」正當性。[27]雖然多瑙河王國很少直接涉入殖民主義，卻依然在政治與意識型態上加入了歐洲的「集體帝國主義」——換言之：建立有利於歐洲殖民各國的帝國主義世界秩序。

史學家經常忽視或認為不重要的帝國活動領域，是哈布斯堡王朝或其官方代表曾多次力圖建立殖民地的嘗試。這絕對是重大缺失。雖然只是奧地利自身歷史的一段短暫時期，一七七七至八一年間奧地利東印度公司在莫三比克的迪拉加奧灣（Delagoa Bay）及尼可巴群島上建立了貿易站。這在莫三比克殖民歷史初期，具有影響深遠且重要的意義。[28]這類政策也在十九世紀中期（亦即新專制主義時期）成功付諸實踐，值得關注。脈絡中的主要人物是斐迪南・麥西米連大公（Ferdinand Maximilian），他是皇弟與海軍指揮官，跟第里亞斯特港的海洋貿易與工業團體過從甚密。我們也可以將奧地利對蘇伊士運河計畫的支持，放在這個架構下來看。一八五〇年代展開的主要計畫包含下面所列出的項目。[29]派往南蘇丹的耶穌會傳教團（一八五〇至六〇年代）具有重要的殖民意涵，雖然他們並未建立原希望中的奧地利殖民地，卻也破壞了埃及對該區域的掌控，繼而為歐洲象牙與奴隸貿易商開了路。一八五七年三月，年輕的海軍副官威廉・馮・泰格霍夫（Wilhelm von Tegetthof）取得亞丁灣索柯特拉島（Suqutra或Socotra）的「祕密」（事實上是半公開）任務，要以當地作為奧地利船艦航向亞洲的基地，同時還要將該島當成犯人流放地。帝國也二度取得印度洋上的尼可巴群島，這是一八五七至五九年諾瓦拉艦隊（Novara）驚人環球巡航中的一項任務，雖然該任務在最後關頭喊停了。

這些殖民冒險的失敗主要是因為金錢不足、軍事弱點，特別還有國內政權受到上升的政治危機影響。新專制主義無法融合自由派中產階級，這也表示殖民政策缺乏支持，因為這些政策明顯是出於哈布斯堡王室想要成為世界強權的欲望。對於殖民政策唯一來自中產階級的支持，就是第里亞斯特港的企業家，由於他們來自王國內的義大利語區，故而遭到德語自由派輕視。也因此在一八六四年，明顯狂熱支持殖民政策的斐迪南・麥西米連大公成為六千名奧地利傭兵的掛名領袖，供法國人打造帝國所用。在拿破崙三世支持下，他短暫成為墨西哥「皇帝」，這段冒險最終也導致他的死亡。[30]

即便在後來的年代中，殖民夢想仍舊持續縈繞在貴族與軍隊人士腦中，然而中產階級卻普遍無感。除了墨西哥災難與意識型態上抗拒國家財政已負擔不起的強權政治之外，另一層問題是，很少有商業能夠從任何殖民活動中獲利。最後，但同樣重要的一點是，帝國甚至無法建立任何屯墾殖民地，主要是因為族群衝突升高。屯墾殖民地的議題經常在一八八〇年代被提起，因為當時的人口外移比例很高。「這些人會將什麼樣的族群傳統轉移到海外領地呢？」一八八五年具有影響力的經濟學家法蘭茲・賀華・紐曼—史帕拉特（Franz Xaver Neumann-Spallart）提問，「是德國、捷克、波蘭、義大利？還是全都一起？……當奧匈帝國移民的小規模跟語言分歧已讓建立獨立聚落的想法難以成形時，這些移民的品質也讓人很難想像他們在自己的殖民地中，能怎樣快速發展成蓬勃的力量。」[31]

直到十九世紀末期，當歐洲殖民狂熱來到高點時，同時也發生了殖民地產品進口成長，於是造成帝國的貿易赤字持續上升，殖民主義再度成為維也納關注的焦點。考量帝國有限的經濟資源，政治主流主張傾向殖民巴爾幹地區，而非海外冒險（如前所述，波士尼亞是個重要的參考指標）；但也有另一派在不同的經濟利益驅使下，倡議應快速利用僅剩的一些機會取得海外領地。這一派獲得了皇太子法蘭茲・斐迪南大公的支持。一八九五至九六年，海軍指揮官麥西米連・馮・史登內克准將（Maximilian von Sterneck）甚至將一小支艦隊供奧地利鋼鐵軍事工業中最重要的企業之一（克虜伯〔Krupp〕）使用，目標是取得索羅門群島一座原物料特別豐富的島嶼。明面上號稱「私人」的行動，在當地人反抗下敗北。無疑地，關於這一齣鬧劇的記憶也導致購買西屬西撒哈拉計畫的失敗。只有在中國的多國干涉行動，給了帝國殖民野心一點象徵性的安慰。一九〇四到一四年間，奧匈軍隊確實占領了天津一塊約六平方公里（二又三分之一平方英里）的土地。[32]即便是這些非常邊緣的海外事件，依然明確標示出：理論上奧匈殖民主義的決策者或輿論並未反對殖民主義。即便帝國本身並非真正的殖民國家，卻也遠遠稱不上是股反殖民力量。

最後值得一提的因素：不同人等參與了所謂的「非正式」帝國主義，亦即對非歐洲社會與其政治體系經常使用的經濟及／或文化滲透策略，而它們經常是正式殖民統治建立之前的先行者（所謂「國旗跟在貿易之後」）。在這些活動中，有部分以國家之名發生，例如先前提到派往南蘇丹的耶穌會傳教團，此任務是在皇帝本人庇護之下進行的，另外埃及債務危機中也動用到奧地利的稅務專家與行政官。這個領域中最知名的奧地利人就是魯道夫·史拉汀（Rudolf Slatin），他奇異的生命歷程與職涯引起不少關注。[33]十七歲時就已經自行來過這個區域的史拉汀於一八七八年末進入了埃及的蘇丹行政當局，當時名義上仍舊是在赫迪夫的統治之下，但實際上卻受到歐洲債權國的嚴密控制，包含奧匈帝國。他很快成為南蘇丹達拉（Dara）區的負責人，接著則是整個達佛（Darfur）地區的總督。然而他的任期卻很快籠罩在馬赫迪（Mahdi）起義的陰影下。史拉汀因此改宗伊斯蘭，並與富爾（Fur）王室聯姻，卻在一八八四年被迫投降，並遭囚禁在馬赫迪宮中，擔任數種不同職務。

英國特務祕密安排他的逃脫計畫，最終史拉汀在一八九五年成功逃出。史拉汀對於囚禁與逃亡的記述：《蘇丹火與劍》（*Fire and Sword in Sudan*）由英國情報機構首腦溫格特（F. R. Wingate）本人編輯，還成為讓英國大眾接受英國軍事介入蘇丹馬赫迪政權的有效工具。一八九八年二月，恩圖曼（Omdurman）與喀土木（Khartoum）遭到攻克。史拉汀在埃及、英國與奧匈帝國受到尊崇，在歐洲各地都極受歡迎，獲聘任為總督察，亦即英國駐蘇丹殖民行政當局的副首長，並在位直到一九一四年為止。

然而其他「非正式」行動卻是為了極為特殊的目的而進行。即便這些行動與國營機構有關，或與國家緊密相關，卻很難說政府或國家擬有統合性的殖民策略。這些計畫主要來自軍隊（特別是海軍）、科學（奧地利科學院〔Austrian Akademie der Wissenschaften〕與其他博物館）、媒體、教會與傳教協會、以及殖民組織。還有一些出於自主行動的個人，或者——更常見的是——為其他歐洲列強服務，要透過經濟、科學或軍事行動，預備未來的殖民占領之路。

因此，大批奧匈軍人與低階軍官便以傭兵身分，服務於比利時剛果自由邦的利奧波德二世麾下，或出現在「保護」德屬東非的德國保護軍（Schutztruppe）行列中。此外還有致力於特殊領域殖民地研究的平民，例如在葡萄牙統治下的安哥拉（生物學者菲德烈希．威爾威區〔Friedrich Welwitsch〕），或者坦干伊喀（Tanganyika）的德國人（地理學者奧斯卡．鮑曼〔Oscar Baumann〕）。還有其他採取私人行動者，可能也在不知不覺的情況下，為殖民擴張鋪了路，例如匈牙利探險家拉茲羅．馬札爾（László Magyar）在一八五〇年代探索，並開闢出一條連接葡屬安哥拉與莫三比克的西—東連結路線；德國—波西米亞「理想主義者」艾米爾．赫魯伯（Emil Holub）則以個人資金從英屬南非往北探索，預告了後來的峽角至開羅策略。後世作家經常形容為「天真」的科學活動，在探索地理結構與交通、土壤肥沃度及礦藏與人力資源上，扮演了重要角色，但這些卻經常遭到忽視。相對來說，反殖民行動卻是稀疏分散的。這些殖民主義的批判者中，我們必須提到波西米亞教師斐迪南．布魯門特利特（Ferdinand Blumentritt），由於他與菲律賓自由鬥士及作家荷西．黎剎（José Rizal）有密切來往，因此為菲律賓抵抗西班牙殖民統治的獨立抗爭大力奔走倡議。[34]

世紀末的維也納

十九世紀末，各種試圖介入殖民政治的行動雖然為時已晚，卻也不是反映出王室經濟狀況好轉、中上階級（尤其來自德語區者）財富增加的唯一領域。科學、藝術與文化圈亦然。在人口五千多萬的帝國中，富有才能與野心的人從四面八方湧進大城市：布達佩斯、布拉格，以及重中之重的維也納。來自國家的資金透過大學與其他公共文化機構，加上私人贊助，成就了創意的沃土。帝國末年這股發展力道，至少在維也納本身，反映在維也納現代主義（Wiener Moderne）與世紀末的維也納（Wiener fin de siècle）等語詞上，且對中歐的「再造」也產生不小的影響力。[35]世紀末的維也納透出清晰、可感知的社會政治解體之勢，成為孕育我們現所身處的世紀之歷史文化最佳沃土。偉大的知識創新者，不論在音樂與哲學、經濟學與建築，當然還有心理分析領域，全都有意無意打破了自己與歷史展望之間的連結。那種展望正是孕育創新者的十九世紀自由主義文化的核心。[36]

確實，帝國末期的科學與文化成就，在密度與豐厚程度上都無與倫比，而那卻與帝國內外所處的政治弱勢恰成對比。無庸置疑，當時代的許多人，如西格蒙．佛洛伊德（Sigmund Freud）的心理分析就對二十世紀的思想產生深刻影響，甚至遠及歐洲以外地區；古斯塔夫．克林姆（Gustav Klimt）與新藝術（Jugendstil）等藝術家在維也納留下的文化印記，更是流傳至今。

然而基本上，富裕中產階級（主要是猶太裔）為藝術家及知識分子建立的「創意氛圍」，是出於他們對「非理性主義、主觀主義與焦慮」的著迷（休斯克〔Schorske〕語），且仍舊屬於相當菁英的品味（因此也透過今日仍可見到的老調圖片持續流傳著）。他們很少注意到貧窮、日常生活問題、民主與國家認同等問題。因此，一方面是美化向外發展的帝國與統治階級，另一方面則在經濟、政治上有一股向未來的現代化力量，這股力量將在一九一八年後主導發展；而這兩者之間存在著巨大鴻溝。[37]實際上，世紀末的維也納也是根植於馬克思主義傳統的強大工人運動（維克多・阿德勒〔Viktor Adler〕）、深受敬重的天主教社會思想（卡爾・馮・福格爾桑〔Karl von Vogelsang〕）及奧地利自由主義經濟學派（卡爾・門格爾〔Carl Menger〕、歐根・伯姆—巴維克〔Eugen von Böhm-Bawerk〕）的誕生地。[38]此外，貴族女士貝爾塔・馮・蘇特納（Bertha von Suttner）發起的反戰運動也為她在一九〇五年贏得諾貝爾和平獎，雖然她在捷克的影響力大過奧地利，卻也不該被遺忘。

逝去帝國的問題之一——也許是最嚴重的問題——在於最終成為主流的，並非《皇太子作品集》中的社會和諧形象，也非朝向民主、社會正義與和平的既有趨勢，而是反現代主義、反閃族主義、經過強化的「敵人」印象，以及最終的戰爭。世紀末經常被忽視的，還有一層如奧地利史學家羅曼・桑德格魯伯（Roman Sandgruber）提醒我們的尚武特質：「倘若要對奧地利歷史上無庸置疑的決定性時期提出批判，那麼絕對有必要就貴族、軍隊及經濟社群中，對於暴力解決手段、權力、戰爭與威權傳統的態度，進行批判性檢視。」[39]哈布斯堡帝國的滅亡與二十世紀最重大的災難之一——一九一四年爆發的一次世界大戰——互有關聯，這絕非偶然。

關於我們該如何看待帝國，並無定見。傳統上羅馬、漢人與鄂圖曼帝國被視為人類史上的一種進步。現代殖民帝國也是如此，雖然它們同時會受到強烈譴責，以至於現在回頭再檢視時，這些帝國便失去了道德正當性。

馬克思也有這種矛盾的評斷。他認為英屬印度的統治是非人道壓迫的代表，乃受到汙穢的利益所驅使。然而他也同樣相信，這些帝國是世界歷史的必經階段。就像工業歐洲的中產階級是英國人協助人類達致的目標，只有透過消滅古老的專制獨裁制度才能辦到。

【比利時】單一殖民地的帝國

尚—呂克．維盧（Jean-Luc Vellut）

剛果殖民地的歷史完美地符合這個模式：它是殖民成功與失敗的極端案例。在國際舞台上，特別是英語世界中，剛果已經成為殖民主義恐怖之最的典範，與「黑暗之心」的人道悲劇息息相關，是個野蠻帝國。但從另一個角度來看，在剛果殖民地的時代中，它卻是被當作非洲覺醒的先驅，這樣的非洲將由黑人工業階級來形塑。當時南非的政策將所有技術職位保留給白人勞工，因此剛果代表著那個時代的另一種希望，且被視為非洲唯一有效工業化的模範。

這些相悖反的評斷都是歷史建構出來的產物。它們傾向於忽略當地因素跟更大的帝國限制之間的複雜互動關係。殖民統治結束後的一代，地方情勢之間的相似性開始超越了前殖民地界線，而過去特定殖民政策所造成的差異也失去了影響力。

撇開母國跟殖民地之間的兩極連結不談，一八八〇年代末有關非洲未來的議題的國際面向，經常會受到遺忘或忽視。從一開始，比屬剛果就是國際帝國社會中的不安定成員，因為中非被視為最脆弱的一環。比利時多數政策目標，在於消除其他帝國勢力對比利時殖民地的虎視眈眈。若是要了解比屬剛果在帝國體系中的歷史，就必須將這些地方與國際勢力納入考量。

本章首先將以當時角度，試圖理解中非不斷被納入國際秩序的過程。面對蘇丹與大湖區持續醞釀中的重大危機，有哪些可能發生的後果？利奧波德國王提出的解方其實也只是這個時期應運而生的情勢的一部分。

接著我們要追蹤剛果計畫強力推進與脫軌失序的發展進程，一開始只是在地方上，接著則延燒到國際上。雖然剛果案例並非區域歷史中第一件或最後一件人為災難，卻是帝國主義之下所有應受譴責情況的縮影。

最後本章將探討比屬剛果計畫的後續階段，以及新剛果如何在經濟巔峰之時，爆炸性催毀了舊殖民秩序。

非洲與歐洲脈絡：一八六〇至八五年

十九世紀末，中非的歐洲人面對的是一個去中心化的社會，軍事上的情況也難以捉摸——容易滲透卻難以掌控。最終，是這些本地社會存在的不平等本質，導致殖民帝國得以快速在這樣一大片非洲土地上建立。

中非面對的挑戰並不新。十六與十七世紀以降，西非中部沿岸的大西洋貿易站與部分內陸社會已經建立起連結。從長期趨勢中可以看出，對區域歷史來說的新型態人口與商業中心發展了起來，也就是貿易中心、市集，以及逃奴難民組成的小型都會社群。

一八六〇年代以降，內陸貿易的高速成長也加速了這種滲透過程，此刻範圍還包括了非洲東岸及桑吉巴島（Zanzibar）。東西岸的商業「前線」深化並擴大了以下兩者的落差：村落社會跟傳統中心，以及那些能取得進口物資（尤其是織品與武器）的新興社會階級。這種社會分裂，伴隨著武裝流氓與民兵的暴力，促成了強大新領袖的崛起。這也反映在地方上的情況：幾乎造成部落派系與新社會階級之間的內戰；而後者受到兩大海岸文化支持，亦即西岸的基督徒與葡萄牙文化，與東岸的穆斯林與史瓦希利（Swahili）文化。這些邊陲衝突發生在歐洲人與桑吉巴人的商業發展之前，他們從上尼羅河進入韋萊－烏班基河流域（Uele-Ubangi），從上剛果河進入尚比西河流域（Zambezi）。後者該路線正是李文斯頓的最後旅程，他讓世人看到桑吉巴貿易商與在地盟友在坦干伊喀－尼亞薩湖流域的重大影響力。然而，在上尼羅河流域逐漸開放與外界貿易後的一八六〇至八〇年代間，蘇丹成為重大危機逐漸升溫的核心焦點。決定性因素是埃及試圖在上尼羅河盆地建立鬆散的政府據點網絡，那會由都會性格的歐洲與土耳其－埃及官員負責管理，也會掌管並徵用埃及人與當地人組成的軍隊，目的是針對貿易活動施加某些規範。到了世紀中，在奧地利與義大利宗教團體的影響下，傳教計畫也在此發動，希望透過南蘇丹抵達中非，支持「努巴」（Nuba）人對抗伊斯蘭傾軋。在丹尼爾．孔波尼（Daniele Comboni）所設想的最細緻版本中，這項基督教計畫目標是要透過非洲人自身的能動性，在歐洲物質與精神的支持下，讓非洲「異教徒」改宗基督教。[1] 這項野心勃勃的計畫第一階段是在哈布斯堡王朝的庇護之下進行的，然而到了一八八〇年代，拉維傑希（Lavigerie）大主教將他個人的野心融入了法國在中非地緣政治計畫的一部分。這位天主教傳教團的大戰略家發表的好鬥言論重啟了對抗奴役制度的戰爭，另外也談及十字軍，而且還為了這個理由跑到布魯塞爾發出戰吼。[2]

十九世紀末總體而言，也是個宗教狂熱的時期。部分新教國家如英國與瑞典談論著基督再次降臨，因此復活派運動必須透過傳教，好讓歐洲與世界各地的人做好準備，迎接基督再來。這類訊息在非洲廣受歡迎。

除了這些商業與傳教方面的設想之外，還有其他進入蘇丹的計畫，這一次卻是在穆斯林庇護下進行的。一八八一年，穆斯林復活派運動在自稱馬赫迪（Mahdi，即彌賽亞之意）的蘇菲先知引領下傳播到此地，並開始根除貪腐，以建立新世界。這項議題伴隨著清真寺中的禱告與祈願，從蘇丹擴散到埃及與土耳其，也從摩洛哥傳到印度。[3]面對將中非捲進歐洲戰略網絡的各種地緣政治計畫，只有馬赫迪運動試圖以自己的普世視野予以回應。利奧波德二世的剛果事業，則是許多將遭遇這個重大挑戰的計畫之一。統領喀土木埃及軍營的軍官戈登（Gordon），也是極具魅力的福音運動領袖，並幾乎接受了利奧波德邀請，加入他的麾下。然而他在一八八五年遭到殺害，成了維多利亞帝國主義的象徵。後來為他復仇的欲望演變成大型軍事遠征，最終將蘇丹納入大英帝國。

從歐洲角度來看，這些故事提供了一種簡化的非洲利益觀點。以此立場而言，似乎是將那個時代視為兩大「體系」同時在競逐對非洲的控制，因而陷入一場大型衝突：一方面是奴隸經濟的存續與未來的擴張（與廢奴運動中發展出來的人權普世觀點相互衝突矛盾）；另一方面，則是具正當性的商業與文明帶來的理性發展前景。而危在旦夕的，則是非洲的「野蠻世界」。

前面這種解讀情況的方式衍生出好幾種爭奪中非掌控權的對抗方案。傳教士（其中有部分犧牲生命的烈士）會同十字軍與機會主義者，懷抱滿腔野心，而且只有一個共同目標——他們想要重塑世界。這群人形成新的征服世代，在歐洲和非洲大聲宣告自己的到來，決心散布不同的福音、高聲傳道，有時甚至揚棄平衡各方外交勢力的舊規則，反偏好使用殘暴武力來行事。關於那個時代，我們腦海中會浮現的代表畫面，有無情的金融家兼政治人物羅茲，也可能有將自己塑造為復仇天使、運用鐵與火鎮壓膽敢擋在白人路上的部落民族的史丹利。[4]

除了傳教士與貿易商、天主教徒、新教徒與穆斯林的野心謀算外，其他帝國主義者在中非也有其他設想中的活動。

國王登場

就在這極端複雜的脈絡中，一位看似沒什麼機會的新來者也開展了他自己的計畫。比利時國王利奧波德二世的大名，首度出現在非洲事務圈中，是因為一八七六年他在布魯塞爾舉辦的一場地理會議，致力提倡科學進步，並且要消滅奴隸貿易。這些高貴宣言固然給利奧波德國王帶來一群啟蒙歐洲的正直好聽眾，卻也隱隱浮現一股躍躍欲試的氣氛，他打算將手指伸進任何一項計畫、探索各種策略，並要參與所有具遠見的擘畫行動。他對尼羅河谷地興致勃勃，將此地視為打開非洲資源取得途徑的關鍵地點。

利奧波德身上結合了一七八九年前的舊政權殖民主義（意在為母國與統治王朝獲取利益），以及全球化的先鋒視野。這一點特別令人感到不安。由於活躍於國際政治（Weltpolitik）的年代，利奧波德了解到未來主要的利益來源，得在歐洲以外的區域找尋。對這個貪婪的人來說，剛果從來只是更大目標的踏腳石，以此再進入尼羅河、進入中國展開更大的投資；還要取得某種穩定金流獲利的安排，好讓布魯塞爾成為世界中心。身為物質野心的無情信眾，比起李文斯頓，利奧波德絕對更接近羅茲。然而這兩位商業與政治同謀者在觀點上卻截然不同。羅茲對南非殖民地有其發展願景，也留下了深刻印記，甚至還延伸到他所設計的宏偉墳墓上。

利奧波德的遺緒在經濟上的影響力，遠超過其政治遺產。他動員國家與資本資源來支持其地緣政治的夢想藍圖，但那僅持續到一九六〇年剛果獨立為止。不過，他的計畫最終卻導致剛果認同的誕生。

在研究利奧波德的是非成敗時，若只將他視為某種將大網撒到非洲的歐洲破壞神，那可就錯了。前幾頁的討論已經提出，非洲有其複雜的歷史脈絡，而且會將自身的抵抗能力與社會脈動，加諸外來世界的偉大設想之上。有趣的是，利奧波德介入中非期間，也跟現代非洲歷史的兩大長期斷層線有關。比利時也曾干預帶有宗教與族群意義的蘇丹危機，它雖然在一八八〇年代告終，卻又於我們這一代再度復活。當代剛果也是，危機在不同事件中不斷再生，累積到現代演變成武裝民兵統治，更自然而然連結到貪腐的國家機器上。在這兩個案例中，我們都看到了微弱無力的國家企圖維持大型複合領土的一統樣貌。

脫軌的偉大計畫：從無邊野心到危機，一八八五至一九〇八年

利奧波德二世舉著自己創辦的國際非洲協會（International African Association）大旗邁進，一開始他宣稱自己在非洲東岸、桑吉巴島上由非洲阿拉伯商人開啟的貿易路線上，設置了一連串貿易站。然而一八七七年，當比利時軍官在坦干伊喀湖西岸設立據點時，史丹利也抵達靠近剛果河口的波馬

（Boma）。這場探險告終時，他失去了所有歐洲同伴，以及三分之二的非洲隊友。這趟跨越大陸之旅引發了利奧波德常有的一時興起的念頭：與其從東方出發穿越非洲，他現在更將目光投向非洲中部，而且要從西邊進入。這將是以河流而非陸地為基礎的策略。史丹利返回英國之前，國王信使就來接觸，他也很快同意為國王效勞。基本上在利奧波德與幾位知名銀行家資助下，史丹利的任務是建立一連串的貿易站，並透過跟各自獨立的酋長簽訂條約的方式，最終將他們結合為一個「黑人自由國家聯盟」。這個計畫多少受到了先前的賴比瑞亞非裔美國人聚落的啟發。利奧波德希望這個聯盟能夠作為盟友，共同成立一間國際公司，以資助鐵路興建。

國際脈絡卻導致此願景告吹，取而代之的，是利奧波德與不同強權之間協商訂定的一連串雙邊協議，隨之形成了「國際剛果協會」（International Association of the Congo）。這個協會是利奧波德的新掩護，而且也在一八八五年二月受邀加入俾斯麥召開的「柏林會議總議定書」（Act of Berlin）宣言中。此舉雖承認利奧波德擁有「國際協會在非洲建立之國家」的主權，但也保留了比利時與新國家之間，除了共同元首之外並無其他連結的特點。從此刻開始到一九〇八年，當時稱為剛果自由邦的剛果，便是個跟其他歐洲殖民地不同概念的殖民地。

國王的冒險事業在國際場域上獲得認可，雖然付出的代價是強加在剛果盆地上的一整套條件：終結奴隸制度的自由主義政策、保護原住民族，並開放內部市場。

長期而言，在利奧波德無情的治理下，這個國家為宗主國帶來了大量利益。而短期來說，柏林會議的結果在歐洲受到歡迎，被視為將非洲納入發展中之世界秩序的跡象。就連當時的世界經濟首都——倫敦，也派遣了倫敦金融城市長與市府參事，前來「恭賀剛果自由邦的創建者，以啟蒙與慈善作為達致的勝利，比起刀劍所能成就之最理想的征服，更加燦爛無比。」[5]

「史丹利的人馬」

此時是現代剛果歷史中，第一代殖民者的勝利歲月。他們自視為「史丹利的人馬」[6]，是公共或傳教站點的最早建造者、最初的測繪者、河系航行小型蒸汽船隊的最早一批施工隊、最早的兵員，以及最早的歐洲工匠。從歐洲到非洲，世界各地的人都齊聚在這裡。除了數量愈來愈多的比利時代表外，整個歐洲似乎都參與其中：剛果河航行怎能少了斯堪地那維亞領航員與工程師；軍隊裡也不能或缺比利時、義大利與斯堪地那維亞隊伍；傳道團肯定會有比利時、英國、美國與瑞典福音派；少了荷蘭、法國、葡萄牙或比利時貿易商，商業就難以推動。由於國王熱衷取得招募許可，這種普世主義還超越歐洲，延伸到更遠的地方：從東非的桑吉巴到納塔爾，西非的塞內加爾到獅子山到奈及利亞，甚至更遙遠的澳門與巴貝多。[7]

這些人也代表著跟剛果河盆地內陸的非洲世界打交道的第一代殖民者。他們對這個「野蠻世界」、赤道剛果的冶金技術等產業，或人類在大叢林中困苦環境下生存的能力，懷有某種異國情調式的讚嘆。這種情感結合了必須改革這個世界的自由派信念；同時，那也是對這個世界的一種否定。而改革者逐漸認知到，想要於此地去蕪存菁，實際上是不可能的。偉大的博班基河（Bobangi）流域的商貿發達令人讚嘆，但若禁止運送奴隸，勢必將消滅此地生機。亞卡王國（Yaka）與隆達（Lunda）公國群令人敬重，但它們也是靠著奴隸劫掠致富，這是他們經濟的核心成分。從這一代占據殖民地的歐洲人的觀察來判斷，食人族是經常存在的隱憂，也是另一個改革的誘因。同時間，他們也挑戰了歐洲人的假設，驚訝地發現某些「最開明且具有商業精神的剛果社群」，一如賀伯・沃德（Herbert Ward）在一八九〇年出版的《在剛果食人族群中的五年》（*Five Years among the Congo Cannibals*）書中所寫的那樣。

史丹利世代仍舊惡名昭彰，也許得歸功於當時最偉大的小說家之一。一八九九年，約瑟夫・康拉德出版《黑暗之心》，嚴厲揭發此項事實：宣稱受到啟蒙開明影響的事業，實際上卻是出於單純的貪婪。「啟蒙」文明似乎導向滅絕的惡夢。受害者是那些可以溯源到史前時代的人群，他們現在卻發出難以忍受的苦痛哀號，雖被視為「野蠻」，更是深刻的人性之聲。

此一敘述喚起的力量方興未艾──即便康拉德還不知道「血橡膠」那一面的剛果，亦不曾預言未來的歷史走向。其實他的敘述也未提及一絲半點殖民時代前的非洲過往。相對地，他呈現的是一幅脫離時間線的原始非洲圖像。《黑暗之心》將「剛果問題」轉變成深刻的不確定性，超越了殖民世界與非洲的早期對抗。這部中篇小說在歐洲流布時，正是西方人在不同面向上愈來愈常與「原始」相遇之際──「世紀末」與「美好年代」正是野獸派（Fauve）畫家如馬諦斯（Matisse）與德蘭（Derain）將非洲藝術引進西方美學的年代。經常源自中非的面具與雕像，則伴隨著剛果進入世界舞台。

事實上，自由商業與文明／「阿拉伯蓄奴」這種對比，或「文明」／「野蠻」世界這種二元想像──如此簡單的歐洲想像方式並無法說明現實中經常模糊不清的混亂大環境。在這種充滿不確定性的國際情勢中，非洲列強的聯盟經常是訂定後又遭到破壞。一八九二年，剛果自由邦當局將所有非洲海岸貿易盟友齊聚一堂，並在當地（而非布魯塞爾）進行決策，他們要跟桑吉巴聯盟的貿易商展開武力對抗。[8]剛果東部「阿拉伯戰役」的勝利，讓剛果自由邦獲得反奴制度遊說者的掌聲，並確保國王的剝削行徑在比利時內部受到歡迎。形式上廢除奴隸制度後，卻是接著不同形式的強迫勞動，因此廢奴的影響也有所扭曲了。然而，我們仍不應視其為僅有粉飾太平的功能。事實上，卡賽伊（Kasai）地區在一八九〇年代的重建，要歸功大量難民由「阿拉伯區」湧入。他們一開始接受在當地族群中的奴役地位，但很快因為反奴役法而重獲自由，並建立起解放的進步社群。

十九世紀的最後十年，從外表看起來，剛果就宛若一座忙碌的蜂巢，展現出工業社會在非洲達致的成果與進展。現代化進步的象徵，正是連結馬塔迪（Matadi）與利奧波德維爾（Léopoldville）之間，沿河川急流邊緣興築的鐵路建設。史丹利宣稱，當這條鐵路抵達史丹利湖（Stanley Pool）時，整個非洲將往前邁進，而且從彼時起，便可被視為文明開化之地。雖然「致命」的地理位置造成許多危險，[9]這條造價驚人的鐵路仍於一八九八年開通。比起其他非洲殖民地鐵路建設的緩慢進展，這確實是一件重大成就。在剛果那白人主導的世界所召喚出的意象中，「原始、野蠻與貧窮的昨日非洲，向明日的非洲深深一鞠躬」。[10]

西方人對未來想像的深信不疑，也展現在蓬勃發展的科學運動上，發展中的殖民世界有形形色色人物參與其中。在許多領域裡，在地的黑、白人共組團隊，記錄下對自然及人類社會的觀察，成為科學分析的原始素材。也正是這樣的環境中——特別是傳道團的圈子周遭——初代剛果知識分子（亦即文化的真正翻譯、詮釋者）定出社會結構與信仰體系的基本形式，增進了西方對於非洲的民族學認識。

然而同時間，也出現愈來愈多政策遭到過度濫用的跡象。開端可以追溯到一八九〇年代初期，當大量象牙及後來的橡膠為自由邦帶來滾滾財源時，國王便得以就剛果在中非地緣政治中的角色重要性進行擴張。[11]到了一八九〇年代末，世界橡膠市場的全球性投機生意帶來一筆意外之財，改變了瀕臨破產邊緣的產業前景。剛果——或者說國王跟某些以安特衛普（Antwerp）為總部的世界性公司——無情地對橡膠盛產地村落強迫交易與課稅，從中賺取龐大利益。少了財政限制，利奧波德可以放手追求他的理想，將剛果結合成一個政治經濟整體，延伸到東方的「自然邊界」，沿著大湖區從尼亞薩到亞伯特（Albert），並持續往北觸及尼羅河盆地。兩處礦業盆地的發展也將會讓這個統一國度的政治經濟穩固下來，也就是南方的加丹加（Katanga）與北方納哈斯（Nahas）的賀夫拉特（Hofrat）銅礦（位於達佛的西南邊）。

自由邦軍隊「公安軍」（Force Publique）此時愈來愈常從原住民人口徵兵，這些人成為區域內重要的戰爭機器。這支軍隊雖參與了歐洲人對抗蘇丹先知運動的戰役，一八九八年卻又成為印度與其他英國屬地所出兵的大英帝國軍底下的兵團，在決定性的血腥戰役中，擊敗了馬赫迪繼承者哈里發（khalifa）的軍隊。不久之後，法國與利奧波德二世都被迫與英國妥協，放棄對尼羅河流域的野心計畫。儘管如此，國王仍舊心繫蘇丹。一九〇八年，他對經由尼羅河連結剛果跟未來的跨撒哈拉鐵路網，又再次動了念頭。同時間，他的注意力也轉向中國鐵路，並投入部分來自剛果的資本。

到了一九〇八年，「史丹利人馬」那一代人已經離開許久，快速開發的成本愈來愈明顯可見，導致幻想破滅。剛果事業出現問題的初期警訊，正是馬塔迪－金夏沙鐵路線建設過程鬧出大批人命相關的謠言。部分誇大的數字到處流傳，時至今日仍在剛果蔚成傳說——表現在「每張臥鋪死一個人」這種形象中。[12]區域內鐵路建設的人命損失再度於一九二〇年代浮上檯面，當時的獨立調查譴責黑角（Pointe-Noire）到布拉札維爾的法屬剛果－大西洋鐵路建設工程的驚人死亡率，也直陳將勞工送往比屬馬塔迪線投入重建工程的手段之殘暴。

凱斯曼特報告

需要大量勞力的重大工程建設在時間上十分緊湊，而同時跟公共交通工程相關的困難卻源源不絕。二十世紀初年，許多證詞都提及剛果河與支流航行系統上的剝削情況。蒸汽船航行服務需要建設碼頭，也要建立伐木營提供引擎燃料，還得建立貿易站為乘客與船員提供食物補給，並清除沿河電報線下方的樹叢。第一份對於這些過度徵收情況的系統性研究，是一九〇三年由羅傑・凱斯曼特（Roger Casement）提出，他是當時剛上任的駐波馬英國領事。凱斯曼特曾在剛果事業的前鋒階段中，在史丹利麾下服務，因此他對這個國家並不陌生。他的波馬任務是要從有利的制高點上，順著英商與法屬剛果特許協會的衝突發展來行動。因此，在超出官方指示的任務範圍之外，他決定要對流傳到海岸沿線的剛果河上游謠言展開調查。[13]

七星期的旅程中，凱斯曼特極其仔細觀察並描述了一個殖民地階級體系，每個階層都對下層施加巨大壓力，只為了逃避自身的責任，或單純只是想從更軟弱無力者身上榨取剩餘利益。根據膚色劃分，位於頂端的是歐洲貿易站長或商館經理，接著是西非或桑吉巴島出身的助理，亦或比較少見的——由剛果本地招募的人來管理外站。這些人受到當地助理人員的支持，有時也見得到在地盟友提供的武裝民兵助陣。凱斯曼特報告譴責此種制度隨意從附近村落裡榨取勞力與各種服務。

凱斯曼特讚美鐵路線建設及金夏沙完美的海軍船廠，並拿當地醫院的悲慘情況來相互對比。身為這個世代的典型人物，他對於交通沿線發展起來的現代剛果與具有國際色彩的社會毫無所覺。然而，他的調查也不僅限於維持公共建設與應付經濟活動的社會成本。內河航行與鐵路公司必須仰賴貨運來維持運作，針對相關議題，他的洞見尤其深刻。

收取河流貨運也是另一項政府官僚的任務，並且同樣也存在強制手段，因此導致了低價剝削非洲生產者的情形。凱斯曼特注意到在河運船尾外輪船上工作的有薪船工幾天內賺的錢，可比當地柯巴樹脂（copal，一種有色樹脂，用來製作塗料與漆料）生產者一整年的收人。全球性橡膠熱潮更加重了體系內受害者的壓力，並加劇全球橡膠產地的投機風氣。

隨著凱斯曼特報告在英國出版，利奧波德被迫派出一支獨立調查團。比利時的報告——以及最重要的無數行為者與受害者的證言——總體來說都證實了凱斯曼特的控訴。他們確認了普遍存在的暴行，由於缺乏有效率的法院系統，加害者多半未受到制裁。這裡必須強調大量非洲證人提出證言的重要性。當時調查到自由邦及法屬剛果橡膠生產體系的真相，當然都仰賴跟某些非洲人及歐洲人的私下對話。非洲當事人也被傳喚到偶而在歐洲主要城市召開的法庭上。在這類案件裡，法官組成的審判團正式從整個社群蒐集到證據，也留給了我們非洲人發聲的紀錄。這些聲音透過歐洲口譯員不參雜質地傳達出來，也宣告了一個「本地」公民社會的崛起。[14]

肢解暴行的問題激起大眾最強烈的情緒反應，通常這會發生在死於橡膠產區無情游擊戰的軀體上。某些倖存受害人在委員會前提出了證言。直到此刻之前，一般公認是前文所述的其他「體系」（例如奴隸貿易體系或「野蠻世界」體系）得為這些肢解事件負責。事實上，十九世紀末甚或更早之前的資料，確實是有相當多這類行為的證據。[15] 然而當人們發現剛果政權孕育出一個為了追求利益、結合不同階層歐洲人與非洲人的暴行體系時，著實讓許多人大感震驚。

階層問題再度成為關鍵。剝削體系的剩餘利益被分給地方上的非洲民兵，他們以此購買或徵用妻妾，作為某種形式的財富累積行為。當然，相對大筆的利潤則被歐洲貿易的利益相關人士抽走，用來競逐對擴張中的全球橡膠經濟的控制權。比起古隆基金會（Fondation de la Couronne）的資源積累，資本家競逐原物料控制的行徑顯然比較不為人知；前者正是利奧波德國王成立的信託組織，用來資助比利時境內的各種活動。利奧波德為自己跟子孫設立了這個基金會，要確保有足夠資本贊助比利時的都市化工程、科學機構與其他活動，不受其他政治控制力所影響。賀伯．沃德為「史丹利人馬」的少數倖存者之一，也是低調的剛果事務專家，他總結對二十五年剛果歷史的觀察，指出了殖民前與殖民時代的對比。他陰鬱表示，中非原住民「從來就沒有機會。一開始他們迫害彼此，接著又被他人迫害。」[16]

對利奧波德政權的譴責無可避免造成了比利時內部的政治危機，因為這個議題碰觸到了國家的憲政基礎。兩椿紀錄詳實、針對前述體系的起訴書在一九〇六年出版。一份出自政治經濟觀點；另一份則站在基督教改革派的角度，相關資料則來自先前對勞動暴行保持沉默的天主教傳教團。[17] 這兩份文件仍舊被視為發展中殖民地經濟體系的經典分析案例，對於比利時兼併剛果的政治決定、解散利奧波德獨占體系，並將殖民地納入國會掌控之下，它都扮演十分關鍵的角色。即便國王頑固死守，剛果仍在一九〇八年十一月十五日成為比利時殖民地。一直到最後，利奧波德仍舊堅守那種對殖民地抱持的古老想法，視之為母國的獲利來源。在他身為自由邦元首的最後演說中，他將他人對剛果的攻擊歸因於嫉妒。他認為在剛果陷入財政危機時，就沒有受到攻擊。這一切都是在殖民地繁榮了、「對比利時工商世界發展有利」之後才發生。他的結論：歷史將會還他一個公道。

利奧波德所提到的攻擊，確實為自由邦的歷史發展帶來了新轉向。國際上發起了對抗剛果殖民暴行的行動。最早也最知名的抗議出現在英國，但很快便吸引了英語世界各地大眾的支持。承繼著更早的廢奴傳統，這場行動也為現代大眾運動技巧打了頭陣。運動背後的精神領袖是莫瑞爾（E.D. Morel），當時的他已經積極追蹤非洲發展情況多年。身為英國貿易公司的律師，莫瑞爾早先對法屬剛果的特許制度萌生了興趣。當地的爭議大體上是商業及政治性質，但卻也摻雜著人道問題。此後，抗議利奧波德剛果暴行的行動範圍變了，也將人道主張提到最前線。即便莫瑞爾本人抱持著世俗信念，他的行動仍爭取到公理會傳道運動的支持，而這支宗教團體在剛果自由邦中相當活躍。[18]莫瑞爾的剛果改革協會（Congo Reform Association）將當地歷史轉化成國際領域上可以理解的論述，更注定將成為大英帝國自由改革運動史上的里程碑。[19]

與此同時，另一場運動在法國展開，關注的焦點則是兩剛果在強制收取橡膠過程中造成的人道災難，特別是法屬剛果。主要的行動者如查勒（F. Challaye）與米勒（P. Mille）將他們的控訴公開發表在《雙週筆記》（*Cahiers de la Quinzaine*）上，這是深具鬥爭精神的夏勒・佩吉（Charles Péguy）所出版的刊物。[20]法國的譴責傾向知識分子運動，而非莫瑞爾領導的大眾運動。

兩支行動都代表了世界公民社會運動的進一步崛起之勢，這股運動是在早先對十六世紀西班牙征服西印度群島的回應中萌芽的。剛果改革運動不只揭發對原住民的剝削行為，還揭露為了歐洲王朝榮耀而使出的詐騙、犧牲當地人的勾當。然而這類大眾運動的簡化本質也有其代價，它引人質疑剛果是否被用來作為當時所有罪惡的贖罪券。這類良知源自廢奴時期，並協助英語世界控制殖民道德的官方論述。好幾位熟知非洲情況的直接證人也很清楚這類矛盾，因此戰爭結束時，莫瑞爾本人將他對利奧波德剛果暴行的譴責，擴大成譴責歐洲人在非洲的不法行徑。對於這一點的肯認，也成為了新國際秩序的先決條件。[21]

整個十九世紀中，經過「瓜分非洲」之後，列強協議的幽靈持續糾纏著比利時外交官。因此兼併剛果之後，這股恐懼又引發了新的急迫情勢，實不令人感到驚訝。於是布魯賽爾採取的路線，是讓比屬剛果成為「模範殖民地」，要讓外國批評者無話可說，而必然的結果是，政府也對過往罪行採取全盤否認政策。這項決定與當時在比利時大量出版公開的證據背道而馳。同時間在英語世界，剛果仍舊是跟康拉德的《黑暗之心》脫不了關係的食人族之地、斬手之地，也是謎般的庫爾茲之地，跨在文明與野蠻的不定邊界之上。22

企圖重新開始

剛果作為比利時殖民地（而非比利時國王的殖民地），是在一個不確定的脈絡中誕生的，還牽涉到整個中非地區的國際地位。一九〇八年，英國拒絕承認比利時兼併。一九一一年，法國用法屬剛果交換以解決摩洛哥問題：將剛果河與烏班基河流域接壤喀麥隆的土地讓給德國。一九一三年的英德談判則為未來將葡屬安哥拉殖民地劃分為英德「勢力範圍」立下了基礎。

在這樣的背景下，比利時的殖民政策遂以鞏固剛果的經濟與行政占領為重心。而在經濟方面，世紀之交時，利奧波德已經理解到，將剛果與安特衛普推上全球橡膠經濟版圖的貿易利益，並不能長久。因此他所推出的政策也就成為比利時政府組織重整計畫的基礎。

宗教方面也是如此，利奧波德採取行動跟天主教會建立連結，結果便是剛果自由邦與梵蒂岡簽訂協議，要保障天主教傳教團的優惠待遇。此舉也有助於建立剛果的比利時認同，就奠基於家庭、大眾小學教育及親密集會結社網絡之上。

經濟上的紀錄則有好幾條發展線，許多都能追溯到利奧波德統治末年。當時剛果的東北部已經在開挖金礦，顯然這個國家很快將步入工業採礦的時代。這也將導致殖民地官方資源、比利時大企業與國際資本主義之間的結盟。當全球橡膠市場控制權變成美國大型企業的攻擊目標時，更是來到了關鍵的時間點。比屬剛果從剛果自由邦繼承了好幾家大型企業的保障股份，它們享有的特許權涵蓋了三分之二的剛果土地。卡賽伊的鑽石礦，以及上加丹加省礦業聯盟（Union Minière du Haut-Katanga）成立且最終成為銅礦產業巨頭時，也都是遵循相同的模式。另一間同樣受惠的公司是比屬剛果油品公司（Huileries du Congo Belge）；這間利華（Lever）集團的子公司負責棕櫚油交易，預期將對英方展現善意。一九二〇年代公私部門的投資大量湧進，主要是針對礦業與交通產業。然而長期而言，股東與剛果再投資之間的利潤分配並不平均。

這個體系的進一步缺點，在於決策上完全缺乏地方參與。權威總是由上而下施行，對於地方的控制卻力有未逮。今日當代非洲的主要弊病之一，可以追溯到殖民政府當時就未能在草根層級建立起穩固的官僚傳統。

由於有異常大量的專業司法官，因此地方層級雖然缺乏控制，司法行政領域卻是個例外。然而教育卻受限於相同的問題。當英法殖民體系已經可以讓一部分（確實人數極少）學生接受大學教育，比利時體系卻著重透過基礎識字、一些實務訓練與工作倫理涵養，以讓年輕人預備進入勞力市場。教師薪資極低，教育僅占公共支出的百分之三。直到一九五〇年代中期，高等教育僅限於少數專業中心，例如訓練學生成為醫療助理、農業技師、教師及地方公務員等機構。

在戰間期，殖民政府的一項特殊考量，在於翻轉公認的人口流失趨勢。對於人口流失的發生原因有諸多揣測，從疫病流行到營養不良，甚至是可溯及利奧波德政權時期強徵勞力的那種艱辛困苦。至於人口問題，剛果也不幸遭遇了世界各地「部落人民」經歷的大規模流失。政府採取極具野心的措施，希望挽救局勢。一九三〇年，伊利沙白女王原住民醫療協助基金（Fonds Reine Élisabeth d'Assistance Médicale aux Indigènes，簡稱Forémi）成立，旨在提供預防性健康照護。通常這類措施都是由殖民地當地預算支應，但相當難得的是，此基金卻獲得了母國的財務支持。這項措施的科學研發據點是安特衛普的熱帶醫學研究所（Institute de Médicine Tropicale），最終希望在二〇〇〇年時達到「所有人都享受到保健服務」的目標。

爬得愈高，跌得愈深：一九四〇至六〇年

戰爭期間，比利時遭德國占領。為了確保在大戰中剛果會站在同盟國這一邊，同時也負責就外銷市場與比利時須從海外獲得必要補給等事宜進行談判，利奧波德維爾的總督皮耶・瑞克曼（Pierre Ryckmans）扮演了重要角色。剛果因此得以持續提供原子彈研究需要的鈾、鎂、錫與橡膠。

然而在經濟與社會領域之外，卻有新世界崛起的跡象。一九四五年，隨著德國的戰敗，布魯塞爾方面希望維持中央指導的經濟發展政策。不過地方上卻有一股情緒，認為剛果人為了外國的戰爭遭到經濟剝削，資本家的企業卻囤積獲利。還有一些個別徵兆，可以看到承諾解放的《大西洋憲章》獲得少數非洲人響應。

事實上，雖然第二次世界大戰結束讓眾人對殖民概念整體進行了一次重新審視，但非洲的情況仍問題重重：一九四三年，美國副國務卿薩姆納・威爾斯（Sumner Welles）依舊相信剛果至少還需要一百年的時間才能獨立。[23]

在此脈絡中，比利時政府以西方工業化模式為基礎，發起了戰後剛果經濟加速發展的計畫。同時間，殖民地本身卻出現新的現代剛果認同在進步中的崛起階級之間形成的跡象。

到了一九四九年，當局發起一項野心勃勃的十年發展計畫，所獲得的成果卻參差不齊。[24]大量統計數據顯示，這是個物質躍進的時代，所有工業與外貿指數都是上升的。布魯塞爾資助了成功的社會福利方案：原住民福利基金（Fonds du Bien-Être Indigène），延續醫療援助行動，並提供全國村落飲用水。然而這個國家仍舊面對資本主義部門與村落經濟之間鴻溝加劇的無解問題。一九〇三年凱斯曼特揭露的本地生產者與受薪勞工之間的收入差異，五十年後仍舊毫無改變。這個情況演變成深化的社會不滿情緒，最終成為嚴重的動亂因素。

一部分的進步主要獲得都會人口的讚賞，例如言論自由。隨著魯汶大學（University of Louvain）在一九五四年開設分校，兩年後伊麗莎白維爾（Elisabethville）也成立了大學，殖民地開始提供更多高等教育機會（過去沒有任何學院協助學生通過母國的高中文憑考試）。教會似乎也提供更多讓剛果人參與的管道，一九五六年任命了首位「本地人」主教；到了一九五七年，總共有兩百九十八位剛果神父在殖民地服務。

然而剛果菁英之間確實瀰漫著一股感受：此刻朝向解放的任何一小步，都是國際氛圍使然，而非出自布魯塞爾的意志。確實，由於政府中缺乏實質的剛果代表，因此政治之路仍舊受到阻礙。所謂剛果終將成為「比利時第十省」的討論，仍舊僅限於部分白人殖民主義者的圈子內。

轉變將至的最早跡象來自一九五〇年代中期的比利時，支持「三十年解放計畫」的聲音開始浮現，因此也首度鼓勵某些人開始思考終結殖民關係的可能。在剛果當地，因為有迦納前例及一九五八年布魯塞爾世界博覽會開展眼界，本地知識分子也起草了一份備忘錄。[25]

一九五八年地方議會選舉後，剛果政黨開始浮現，歐洲投資者對於剛果未來繼續作為比利時殖民地的信心逐漸下滑。從此時起，大筆資金開始撤出，證券市場的殖民地公司股票也開始下跌。而一九五九年利奧波德維爾暴動更是毫不留情地讓人覺醒，繼而加速了憲政改革的速度，並為獨立鋪路。一九六〇年六月三十日宣布獨立之前，發生許多意料之外的事。幾天後爆發了公安軍起義，歐洲人展開戲劇化出逃，國家陷入內戰動亂之中。新的剛果就此來到了世界上。

德國
後來者

約阿希姆・塞勒（Joachim Zeller）

「只要我擔任帝國首相的一天，我們就不會追求殖民主義政策。」[1] 一八八一年發出此聲明的俾斯麥，終其一生都未改其志，他反對德意志帝國任何正式的殖民作為。然而，也正是俾斯麥於一八八四年對殖民企業施加的龐大壓力讓步，在知名的四月二十四日電報中，將布萊梅菸草商阿道夫・呂德利茲（Adolf Lüderitz）於納米比亞（Namibia）小安格拉灣（bay of Angra Pequena，現稱呂德利茲灣）的「斬獲」，納入了「德意志帝國的正式保護」之下。[2] 因此即便不情願，俾斯麥仍舊讓當時新成立的德意志民族國家走上了殖民強權的道路。接下來幾年中，威廉時期帝國網羅了一系列殖民地，含括兩百九十萬平方公里（一百一十二萬平方英里）的幅員，是「母國」的六倍大。和比利時與義大利一樣，德國是殖民列強的後來者，也同樣熱切希望迎頭趕上令人嫉羨的對手：英國與法國。然而，就在落後者的帝國政策被迫結束前，這場競賽也不過延續了近三十年的時間。對德國來說，這個「歷史經驗」是否為「多數徒勞無功的帝國事件」[3]，這是我們將討論的問題。此外我們還要問：根據國內與海外的理解，聯邦共和國是否能被視為「毫無負擔」的前殖民強權。[4]

殖民主義的後來者

直到一八七一年，德國建立海外「第二帝國」的極權條件才成形，當時的德意志帝國帶著激烈工業化的特色誕生。一八八四年十一月至一八八五年二月，德意志帝國在柏林召開西非會議（又稱剛果會議），正式登上歐洲殖民主義舞台。[5]然而在幾個月前的「瓜分非洲」當中，它已經扮演了主要角色，取得了數個「保護國」，並由此催生出好幾個殖民地，包含德屬西南非（今日納米比亞）、多哥與喀麥隆。一八八五年後，帝國又進一步宣布納入了好幾個「保護地」，包含德屬東非（坦桑尼亞、盧安達與布隆地）以及太平洋南方海域。最後者那些屬地散布南太平洋各處，包括德屬新幾內亞（德皇威廉領地〔Kaiser-Wilhelmsland〕、俾斯麥群島、北索羅門群島、諾魯、加羅林〔the Caroline〕群島、馬里亞納〔Mariana〕群島、帛琉〔Palau〕與馬紹爾群島〔Marshall islands〕），以及德屬薩摩亞（German Samoa）。[6]在中國，一八九七年「租借」了膠州灣（Kiaochow），被當時首相柏恩哈德·馮·比洛（Bernhard von Bülow）視為特別光榮之事。透過大量投資公共建設，膠州灣被建設成一個模範殖民地，也是德國所有殖民事業中最昂貴的一樁。然而德國並未試圖在世界版圖上的這一區塊建立任何正式主權；德意志帝國的目的在於利用膠州灣（或說山東省）作為德國東亞貿易的跳板，因此將權力限制在後世稱為「非正式」的帝國主義範圍內。

德國的殖民主義必須放在現代初期歐洲擴張的脈絡中理解，亦即放在整體的歷史框架之下來看。此舉可回溯到葡萄牙航海家恩立克王子探索非洲海岸，到稍晚一四九二年哥倫布「發現」美洲的世紀大事。歐洲殖民強權尋求在政治與領土上宰制世界的全球過程——其中也包括它們欲強加的歐洲中心資本主義市場體系——除了帶來種種影響，還跟非洲奴隸貿易的跨大西洋擴張緊密相連。而布蘭登堡／普魯士政權也曾短暫參與其中。

德國人早期試圖進行的海外擴張通常不大成功，或者最好的狀況下，壽命也不長久。從歷史來說，最早的紀錄是在西班牙與葡萄牙征服之後，一五二八年韋爾瑟（Welser）治理今日的委內瑞拉（Venezuela）。然而最知名的案例卻是布蘭登堡／普魯士試圖殖民西非的黃金海岸（今日迦納）。一六八三年建立的大弗德里希堡（Großfriedrichsburg）最終於一七一七年陷落，主要是因為財政問題。[7] 直到一八四〇年才又迎來另一波殖民計畫，包含建立可以征服大洋的船隊。這股新生的殖民運動部分源於長久以來的商業與經濟因素，但也特別著眼於外移的德國人口，有必要將他們導向德國所擁有的殖民地。殖民地目標清單頗長，包含紐西蘭的查坦群島（Chatham Islands）、加州、德州、巴西與拉普拉塔（La Plata），還有遠東地區：暹羅（Siam）、中國、日本與福爾摩沙（台灣）——全都曾列入討論，要將這些地方作為德意志殖民帝國的可能據點。

就非洲而言，德國探險家在開啟「黑暗大陸」上扮演了重要角色，為帝國列強的瓜分揭開了序幕。這些人包含了亨利希．巴特（Heinrich Barth）、傑哈德．洛夫（Gerhard Rohlfs）、埃都亞德．沃杰（Eduard Vogel）、古斯塔夫．納希提格（Gustav Nachtigal）、赫曼．馮．威士曼（Hermann von Wissmann），以及後來的李奧．佛洛本尼爾斯（Leo Frobenius）。雖然部分人士服務並捍衛德國殖民主義，但多數探險家都在不屬於德國的區域中旅行。「數十年來在非洲不同場景發動的帝國鬥爭中，雖然領土殖民主義是以國家為基礎，但科學與文化的殖民主義卻是一項泛歐洲計畫。」[8]

「荒謬微薄的」殖民地

德國在非洲的殖民地有許多共同點，因此可以概括方式來描述——它們全都在一八八四年左右誕生，一九一八年告終。德國人自己非常清楚，當他們開始追求殖民戰利品時，多數可能區域都是其他歐洲殖民列強瓜分南半球後所剩的區塊。馬克斯．韋伯（Max Weber）稱之為「荒謬微薄的殖民地」。[9]

西非的多哥是個夾在（英屬）黃金海岸與（法屬）達荷美（Dahomey）之間尷尬的傳統「貿易殖民地」。送往德國的主要出口產品是棕櫚油與棕櫚心。喀麥隆的占領與此同時發生，雖然殖民地範圍還會隨著後續探險逐步擴大。喀麥隆擁有「莊園殖民地」的特色，至少在海岸區域（特別是喀麥隆山區）是如此。西部與南方森林區域的土地是從非洲人手中侵占而來，至於非洲人則安排進保留區內；大批土地被主要出口橡膠與可可的聯合控股公司占領，因而促成了一套不限於喀麥隆的原始剝削體系。

雖然因為乾燥氣候而被嘲笑為「沙盒」，西南非卻發展成半數以上德國殖民者所居住的「屯墾殖民地」。那些地方也就是經俾斯麥首相認可的阿道夫．呂德利茲斬獲的土地。然而這些「西南德國人」卻經常賺不到什麼錢。殖民地本身在一八九三至九四年、九六至九七年、一九〇三及〇四至〇八年間遭遇嚴重暴動。除了規模或大或小的畜牧業外，此地還有各種礦砂礦物，一九〇八年時還在區域南方發現了鑽石，最終帶來殖民地三分之二的收入。

單就幅員而論，德屬東非是最大的殖民地。此地被視為「混合殖民地」，因其結合了貿易與屯墾殖民地的性質，貿易商與莊園主都集中在海岸與經濟中心，例如吉力馬札羅（Kilimanjaro）附近區域。此地的財富主要來自麻、棉、咖啡、花生與椰肉。為了要解決勞力問題，同時排擠本地生產者，殖民主透過人頭稅與財產稅、納貢及無兵役佃租等方式，迫使非洲人提供勞務——這種情況持一直續到東非總督費哈爾．亞伯海許．馮．赫宣柏格（Freiherr Albrecht von Rechenberg）的漫長統治時期才有所改善。從一八八九年開始，這個區域便由德國政府管理，經常以暴力方式施加權威，導致一九〇五至〇七年間爆發馬吉－馬吉戰爭（Maji-Maji War）。第一次世界大戰後，此處變成英國保護國；改名坦干伊喀。一九六一年成為獨立國家；一九六四年以坦桑尼亞之名，在國土中納入了桑吉巴島。

膠州灣則是個地緣戰略基地，也是德國經濟的前哨站；南太平洋偏遠島嶼出產的主要產品則是椰肉與磷酸鹽，經手的貿易商以漢堡（Hamburg）為基地。

一九一三年左右，各個德國殖民地的白種屯墾者分布情況差異極大：多哥（三百六十八人）、喀麥隆（一千八百七十一人）、德屬西南非（一萬四千八百三十人）、德屬東非（五千三百三十六人）、南太平洋（一千九百八十四人）、膠州灣（四千四百七十人）。整體而言，一直到一戰前，在威廉帝國殖民地生活的白人不足兩萬九千人（其中兩萬四千人為德國人）。比起移民美洲的德國人，這個數字還會持續下降：從一八四〇年代起，約有四到五百萬德國人外移，其中四百萬前往美國。

正如我們所見，俾斯麥首相一直堅決反對任何國家殖民主義政策。在他的想法裡，德意志帝國主要是個領土「飽和」的陸上強權，而他也擔心跟英國發生衝突。他視殖民主義為一種對外貿易的形式；他所說的「保護地」必須由擁有主權的私人特許企業自負風險，出資管理並營運利用當地資源。然而俾斯麥的殖民主義概念很快就觸礁了，因為政府被迫派出行政管理人員，為這些領土負起責任。德意志帝國保護之下建立的正式主權，導向殖民地軍隊的成立。帝國軍隊出兵殖民地，起因於一八八八至八九年的危機中，德國未能在德屬東非建立主導權，同時殖民初期在西南非與薩摩亞建立權威的嘗試也遭到漠視。由於軍隊、行政與公共建設的成本必須由帝國承擔，因此就必經通過國會認可。年度預算辯論成為社會民主黨（SPD）與中央黨（Central Party）激烈攻擊殖民政策的公開論壇。

我們可以形容德國的殖民主義為透過武力任意統治（此定義整體來說適用於歐洲的殖民主義），主要特色在於嚴刑峻罰、強迫勞動與土地徵收，甚至可能在殖民戰爭中出現大規模破壞與屠殺手段。[10]常見的情況：暴力會從現地人員的「次級帝國主義」中衍生出來，這些人包含權力滔天的官員、行政官，或者基進的屯墾者。這類種族主義征服者心態尤其張揚的案例之一，是個名為卡爾．彼得斯（Carl Peters）的所謂德屬東非「創建者」。由於他的暴虐行徑，非洲人稱他為「恩柯諾－瓦達穆」（Nkono-wadamu，滿手血腥的人），最終在一八九六至九七年的國會大廈醜聞（Reichstag scandal）後，彼得斯遭到殖民當局辭退。[11]克利斯汀．蓋倫（Christian Geulen）寫到這位「主人種族」的典型一員，描述如下：「這些人創造出殖民權力地位，並非因為他們相信自己屬於主人種族；而是透過殖民，以產生並維持自己是主人種族的感覺。」[12]彼得斯後來被納粹稱為國家英雄，被列為「德意志國家最偉大的教育家之一」，並非偶然。

然而，德國對待不同地區原住民的政策，卻有著明顯差異，這一點可以從德屬西南非與德屬薩摩亞的比較一窺端倪。在前者，特別於一九〇四至〇八年的殖民地戰爭之後，德方就建立起黑人全面臣服的「種族主義特權社會」，黑人被剝奪了所有權利。但在薩摩亞，威廉．索夫（Wilhelm H. Solf）則走一條相對溫和的路線。他是「啟蒙帝國主義者」之一，即便未能免於當下主流的種族優越論，他的家父長式做風，卻創造出歐洲人得接受「原住民託管」的責任。他相信白種人肩負「文化任務」。在他的看法裡，被殖民者不應被壓迫或殺害，事實上德方還應該盡量保護其文化認同。此外，德國的殖民意識型態奠基的基本原則，在於「原住民應該被教導如何工作」。一八八四年開始嘗試以某種程度的歐洲文化展開「德國化」，到了世紀之交後，逐漸讓位給白種德國人與黑人之間的隔離政策，各地政策也趨向一致。[14]人們害怕「種族階級」及宗主國的殖民優越性會被剷平。身為「德國人」與身為「白人」，在十九世紀的種族論述中視為同義；「德國人」與「黑人」則是絕對悖反的概念。殖民政策目標在於保存德意志民族的種族純淨，因此根據德國與原住民法律分設法律體系，並於一九〇五年通過禁止「跨種族通婚」，在德屬西南非與其他德國殖民地中施行。雖然德國本身沒有這類禁制，當局仍盡其所能避免「不道德」的婚姻產生。倘若少數住在德國的非洲人想要娶德國女性，他將無法取得必要文件，或者被迫滿足某些困難條件，譬如須從殖民地取得多種文件。

陽光照耀之地：威廉時代的世界政治

德意志帝透過殖民地與擴張艦隊規模來追求海軍榮耀，其所追求的不只是成為陸上強權，而更加渴望位列世界強權。追尋榮耀的過程中，德皇威廉二世在一八九六年驕傲地宣布，德意志帝國現在已經成為「世界帝國」。[15]在一模一樣的說法裡，前德屬東非總督埃都亞德・馮・里埃伯（Eduard von Liebert）也寫下：「殖民地代表著權力，可以在宰制世界的活動中分一杯羹。」[16]雖然這種「世界帝國」的說詞也可見於其他帝國的自我表現方式，但卻只有在德國，「『世界帝國』的概念展現出挑釁好鬥的意味。」[17]德意志殖民協會（Deutsche Kolonialgesellschaft）是殖民運動的傘狀聯合組織，致力於讓殖民政策成為帝國追求世界宰制力量的核心。此協會聯合其他民族主義與帝國主義組織，例如泛日耳曼聯盟（Pan-German League）、德國海軍協會與海外德國人協會，倡議加速擴張海軍，以作為德國殖民主義與世界強權野心的必要基礎。當時更不乏推波助瀾的沙文主義者，想要取得更多殖民地。然而占領葡萄牙殖民地的計畫，以及占領摩洛哥的企圖全都失敗了；後者還分別在一九〇五及一九一一年引發兩次摩洛哥危機。威廉時代建立新屯墾區的政治宣傳甚至遠及巴勒斯坦；尋求擴張之舉還衍生出成立統一的中非殖民帝國的計畫，也就是「德屬中非」。

一九〇〇年後，威廉時代下世界政治體系所推出的最光榮計畫（極受海外質疑），就是延伸通往君士坦丁堡的既有鐵路線，建造出連結柏林與東方的巴格達鐵路。這項計畫是帝國主義與殖民主義發生斷裂的另一個主要案例，它激起投機者的想像，政治人物則夢想著鐵路沿線將散布兩百萬名德國屯墾者。普魯士國王菲德利希三世（Friedrich III）——亦即後來的德皇菲德利希——以及之後的威廉二世都對東方充滿熱情，甚至耗費力氣為德國考古學者取得在鄂圖曼帝國境內挖掘的許可。他們在小亞細亞的發掘成果中，最耀眼的莫過於讓佩加蒙祭壇（Pergamon Altar）與米列圖斯（Miletus）市集門出土，至今仍是柏林佩加蒙博物館的鎮館之寶，也是德國文化殖民近東地區的證據。

殖民修正之爭

一次大戰後，德國被迫從殖民強權舞台上鞠躬下台。《凡爾賽條約》（Treaty of Versailles，訂於一九一九年六月二十八日）第一百一十九條規定德國必須交出海外殖民地；這些殖民地在國際聯盟之下，以「託管地」名義遭到協約國瓜分。協約國與涉入此事的列強以「德國不配插手殖民事務」來掩蓋自己的併吞之舉；這種批評引發德國人極度不滿，指出此為「殖民罪惡的謊言」而拒絕接受。[18] 當法國占領軍派出非洲裔軍隊占領萊茵河谷地與魯爾區時，也遭到激烈反抗。非洲人的出現，被視為「殖民情況」的反轉——殖民強權此刻反倒被殖民，「黑人對萊茵河的侮辱」更激起德國大眾的激烈抗爭。許多德國人認為自己「在世界大戰中也遭到黑人征服了」。[19]

失去殖民地之後，帝國經歷了懷舊轉化過程，以文化記憶的方式重新回歸。各種傳說甚囂塵上，開始散布帝國家父長式政權的形象——帝國是以嚴厲但公正的方式管理「本地人」；忠誠的非洲兵（Askari）與萊托－福爾貝克將軍（Lettow-Vorbeck）神話等，也都屬於成功的德國文化任務。[20] 這類「沒有殖民地的殖民主義」的先驅，同樣又是由德國殖民協會擔綱。它領導反對「凡爾賽的可恥要求」的行動，並要求返還德國的殖民權利。國會內所有政黨，除了共產黨與獨立社會民主黨外，史無前例一致要求修改殖民禁令（雖然多數人只是嘴巴上說說），但其實殖民事務很少成為國會議程的一部分。雖然取回殖民地一直是威瑪共和國外交政策堅定的一環，同時數個殖民組織也強烈鼓吹宣傳，但這項議題從來不曾成為威瑪政權的首重事項。在德國人的意識裡，《凡爾賽條約》涵蓋的四個主要領域：歐洲列強強加的財政、軍事與領土相關條款之後，失去殖民地僅位列第四。這就是為什麼在一九二〇年代末期，殖民運動代表要試著結合國家社會黨（National Socialist）的力量——他們力圖從基進右翼獲取新的動能。雖然截至此時為止，納粹黨在此事上並無任何動作。

一九三三年，希特勒取得政權後，殖民運動的宣傳再度活躍了起來，許多人希望重回一九一四年前作為時代標誌的列強政治。雖然第三帝國期間，要求取得殖民地的聲浪持續不斷，黨內主要領導人物絕大多數（特別是希特勒本人）所想的，卻是透過征服東歐——而不是非洲——來建立新的生存空間（Lebensraum）。然而殖民主義者的目標卻是非洲。令他們失望的是，殖民議題的不同意見中，最主流的想法卻是在歐洲建立不可動搖的霸權。[21] 大陸帝國主義當前，所有其他想法都得避讓——即使德國擴張疆界的野心從來就不只限於東歐。取回殖民地並在中非建立德意志帝國的希望，在二戰後期破滅了。一九四三年二月，各戰線情勢逆轉，導致希特勒對所有殖民活動喊停。在此脈絡中必須指出，德國殖民歷史的特色在於：長期以來，殖民主義的傳統概念就已經延伸、包含了德國的東向擴張（除了中歐之外）。由這個觀點衍生出的問題是，或許德國對東方領土的執著不應被視為其「殖民擴張活動的重點」。[22]

殖民資產負債表

倘若要寫一張德國殖民主義時期的資產負債表，那麼可能會跟歷史學家克勞斯・巴德（Klaus J. Bade）的想法不謀而合：「對德國而言，透過殖民擴張來針對社會（包含社會經濟、民族與社會意識型態）危機進行治療這種想法……幾乎未曾實現。」[23]送出所有多餘人口（一開始並沒有這群人，是當時的殖民宣傳大幅誇大）進入殖民地的想法，最後證明為不切實際。「社會問題」的「出口」也同樣虛幻。絕大多數德國移民都前往北美，並不只是因為非洲殖民地不適合大規模屯墾（更別說太平洋與膠州灣了）。此外，無論在進出口數額上，殖民地經濟的重要性仍舊不明顯。就市場與原物料來源來說，殖民地太小；來自德國的資本只有百分之二投入殖民地。而對殖民地公共建設的大筆投資（後逐漸也轉而投資對「本地人叛變」的壓制），表示德國殖民主義就相當於國家出資貼補著大規模損失，但卻只有個別投資者與企業獲得豐厚利潤。長期而言，泛日耳曼聯盟與海軍運動對民族及意識型態統合的影響，還遠遠勝過殖民運動，後者從未發展出任何對大眾的吸引力。因此德國的殖民政策經常導致內部衝突，同代人對殖民的看法則從不脫悲慘和失望。幻滅之下，雖然殖民運動者多所嗟嘆，德國社會卻普遍瀰漫著一股「殖民疲勞」。

我們很難從被殖民者的角度得出一種具普遍性的結論。不同地點、時間與系統的限制和壓迫程度，造成的情況迥異。殖民主義在定義上，意指外國政權的統治，且具有種族主義、家父長制、剝削等特色，因此大家常在理論上圍繞著「依賴」這一點，而強調殖民過程會造成的破壞性後果。[24]近期來說，對比數十年的去殖民化過程，更大的重心則是在於平衡德國帝國主義的好與壞：姑且不論帶有矛盾性的模糊綜論，過去以種族主義出發、對在地文化的壓迫與破壞，被拿來對照德國人引進的啟蒙、務實與建設性政策。[25]然而我們必須帶著些許猜疑，看待這些外來獨裁者所強加的「發展」，也要記得那些代表的也都僅是西式的發展與現代化觀點。

當地社會對德國殖民主人的反應也大相逕庭：從光譜一端的「不服從」、反抗、拒絕，到被帝國收編的中間人，再到另一端（無論是自願還是受迫）的合作。[26]因此，將被殖民者單純視為白人帝國主義的被害者也不完全正確，此舉將低估非洲人與大洋洲人可能採取的行動範疇。全能殖民者與無助子民的對立形象早已不合時宜。後殖民時代的殖民史必突破主／奴、中央／邊陲，及黑／白對立這樣的二元觀點才行。[27]

白人並未能獨占主動性。對比殖民者將本地人變成歷史客體、使之不被看見的策略，非洲人其實積極追求自身利益。這一點可以從傳教工作的脈絡中看出來。從前殖民時代納米比亞的納馬人（Nama）酋長要求傳教士進入部落，甚至在部落間分享傳教士的故事，可見一斑。基督教並不是納馬人想收割的唯一歐洲文化果實，他們特別希望透過基督教取得武器，以及漸趨重要的文化資產，如殖民語言、農業技術、新的手工藝，以及同等重要的讀寫能力。[28]

因此，宣稱「現代」生活方式總是被強加在他們身上，這會有誤導之嫌。同時，我們也不必將現代化過程簡單地跟西化畫上等號。即便這些新方式確實經常是強加施行的，本地人仍會主動甚至是顛覆性地採用西方產品與想法，來滿足自己的需求。單看貿易關係，喀麥隆快速擴張的可可出口產業就是個好案例。縱然面對著德國殖民政府的阻礙性經濟政策，引進可可作為現金作物卻依舊由非洲人發起。

同時，反方意見也不可小覷。杜阿拉（Duala）國王向德意志國會遞交請願，抗議徵收與迫遷政策，這也正是非洲「自我意志」積極發聲的時刻。一八九一至九六年間住在南德的魯道夫・杜阿拉・曼加・貝爾國王（Rudolf Duala Manga Bell）一開始毫無反德之心，後來卻為了他的反抗付出生命這樣的高昂代價。一九一四年，他跟一些同胞遭到德國人以叛國罪名處決。[29] 一九〇四至〇八年間，在德屬西南非（赫雷羅人〔Herero〕與納馬人）及德屬東非（馬吉－馬吉戰爭），以及喀麥隆西北與東南地區的動亂（恩包曼庫戰爭〔Npawmanku wars〕）中，都可見證到這些「本地人」保護自己的認同、推翻壓迫者桎梏的奮鬥。赫雷羅人與納馬人的自由鬥士遭到德軍鎮壓。有些正經的史家仍舊宣稱德屬西南非的殖民地戰爭是「正常的」，跟帝國時代普遍的暴力氾濫並無差異。[30] 事實真相卻非如此。領軍將領洛塔・馮・特洛塔（Lothar von Trotha）正是那些將這場戰役視為種族對戰者之一，因此將戰爭變成一場種族滅絕。[31] 這場殖民地種族滅絕與納粹屠殺之間的相似程度，仍有待論辯。[32] 漢娜・鄂蘭（Hannah Arendt）經常在起訴書中受到引用，因為她對於納粹暴行的解讀，也含納了殖民主義與帝國主義這樣歷史的根源。[33] 近期，雷恩哈特・科斯勒（Reinhart Kössler）與漢寧・梅爾伯（Henning Melber）特別強調「與此相關的納粹屠殺有其獨特性，也就是在於納粹整合不同暴力形式的非凡能力，但絕不能稱其與任何殖民主義滅絕行動的延續性完全無涉。」[34] 現代研究則用盡心力為兩者間的類比提供實證。倘若專注在「種族」與「空間」這類有動機性的概念上，幾乎無法否認殖民主義與納粹的征服、滅絕政策之間的結構關聯性；而種族滅絕與其他殖民罪行，也都和所謂「讓全世界歐化是種進步」的傳統說法相牴觸。

新的研究趨勢

當代歷史學者對於德國殖民主義秉持何種看法？早期的實證研究主要都是從殖民者的角度及管治模式來書寫；較近期的研究取徑則開始檢視德國女性在帝國主義過程中扮演的角色。[35] 放棄了歐洲中心觀點之後，這些年來，研究圈的興趣逐漸轉向被殖民社會。[36] 非洲、亞洲與大洋洲的歷史等主題，不再單純僅從殖民的角度來探討。[37] 有創意的研究取徑甚至處理了殖民主義在集體意識與本地社會記憶中的角色，[38] 或在非洲離散族群歷史中（已在德語世界中連續存在了好幾個世紀）的角色；這些不再只是德國殖民行動的結果而已。[39] 相關領域——如文學史、攝影、電影與藝術——也提供許多殖民「他者」的形象分析研究。[40] 過去幾乎未曾探索過的領域，現在也被開啟了，例如殖民時期大眾文化的視覺紀錄，可用來追溯「我們與他們」對立刻板印象的塑造過程。[41] 部分研究特別專注在殖民者的原鄉。此處的動力主要來自後殖民研究中的跨領域研究，特別是言談分析，[42] 以反過程（counter-process）的方式來處理這個主題。強調交換與互動這樣的取徑不只從被殖民者的角度，也會從殖民者社會的視角檢視殖民經驗。這種討論比較少著重政治、軍事及經濟上的殖民主義，更著重探問認同身分與他者之間的相互依存關係，亦即殖民論述如何形塑前殖民強權在文化上與心理上的自我形象。[43]

目前為止的共識為：德國試圖跟上海外擴張的腳步（羅素・柏曼〔Russell A. Berman〕形容德國為次要的追隨者〔secondary-epigonic〕）[44]，繼而對德國自身歷史與文化造成了巨大影響。「殖民地是一回事，殖民主義與殖民思想則是另一回事……德國（過去）曾跟此事緊密相關，無論它是否擁有殖民地。」[45]換句話說，德國文化與科學史中的殖民論述可回溯至十八世紀，同時並沒有因為第一次世界大戰戰敗後的去殖民而結束。[46]然而，在不試圖否認國家特色存在的前提下，我們仍須質疑今日某些人認為德國有其獨特殖民途徑的觀點。[47]

即便我們難以追蹤所有研究，德國歷史仍舊視殖民主義這個主題為邊緣議題。有些人甚至認為「歷史學上排除了德國的殖民經驗」。[48]這一點也可見於一般大眾的態度，除了偶而在一些紀念場合外，大眾幾乎對德國的殖民歷史一無所悉。[49]甚至連殖民時代街道重新命名、少數僅存殖民紀念物的移除或改用、地方上為破除大眾對殖民過往冷漠態度所付出的努力——上述這類行動，最多也只能說達到極有限的效果。[50]與這個情況相當一致的是，艾提安．法蘭索瓦（Étienne François）與哈根．舒茲（Hagen Schulze）的著作《德國記憶之地》（*Deutsche Erinnerungsorte*）試圖提出一份德國文化記憶的全面性調查，其中竟然沒有殖民主義章節。[51]國際上的研究也出現類似鴻溝，例如在整體而言十分詳盡的《帝國城市》（*Imperial Cities*）一書中，[52]含括了倫敦、巴黎、馬賽、羅馬、馬德里，甚至維也納，但就是未納入柏林[53]或漢堡[54]。

很顯然，比起大英帝國對於塑造英國認同的顯著貢獻，[55]殖民互動在德國社會的歷史記憶中，並未留下任何明確的存在形式，「不論是帝國的建築表現或殖民所塑造之社會群體的性格」[56]都闕如；且直到此刻，殖民在德國本身的國家歷史詮釋中，也只占有很小的角色。多數文獻將此現象歸因如下：短暫的德國殖民歲月；一九四五年後去殖民時期中缺乏任何直接影響；猶太人大屠殺與國家社會主義主宰了政治記憶；相對少數的黑人離散族群或非裔德國人族群；[57]以及最終在一九六〇年代末期開展的反帝國主義運動。由於此運動全面認同「大地上的受苦者」（法蘭茲．法農語），反而很少將注意力轉向德國殖民主義與其長期影響。

我們可以總結，德國殖民主義尚未在持續推進的德國歷史中找到合適的位置。目前為止提出的各種詮釋，簡直南轅北轍：有些人視殖民地為德意志帝國史的註腳，其他人則視為某種實驗室，是為了納粹的種族與擴張政策而鋪路。同樣情況也出現在那些前殖民地國家中：即便殖民主義造成許多長遠影響，但究竟是代表單一事件，還是根本性的轉變，論爭無疑將持續一段很長時間。無論如何，除了後殖民研究，「糾結歷史」的概念[58]也提供了另一種跨國研究取徑，可進一步揭示殖民主義時代作為相互連接全球史的可能性。說到底站不住腳的，是德國沒有殖民強權的「包袱」、帝國主義的歷史幾乎微不足道的這種論調。二〇〇四年赫雷羅人與納馬人種族屠殺百週年紀念，正是此種謬論令人痛苦的一記提醒。[59]倘若查爾斯．梅爾的論述有幾分真實，也就是在全球化脈絡中，倘若殖民主義歷史能夠取代其他競爭故事（例如所謂進步的敘事或納粹大屠殺），而據有主導地位——那麼這樣的發展想必也會在德國留下印記。[60]

【義大利】最後的帝國

厄瑪．塔迪亞（Irma Taddia）

身為歐洲瓜分非洲的最後一員，義大利殖民主義長期以來一直被學界貶為急就章又自視甚高——這個概念深受列寧「乞丐帝國主義」的定義所影響。正因如此，直到一九八〇年代初期，義大利史學家通常著重於探討義大利帝國主義的異常與奇特，也因而衍生出良善殖民主義這種古老的刻板印象，並以「義大利好人」（italiani brava gente）的樣板而聞名。[1] 新一代義大利歷史學者，外加一些非洲與其他外國學者直到晚近，才開始成功突破過去書寫者設下的概念侷限（有時更是政治上的侷限），將義大利殖民主義與殖民研究的主流連結起來。[2]

義大利決定參與殖民擴張的背後理由是什麼？十九世紀下半葉，該國仰賴農業作為主要的人民就業領域，工業發展空間極小，都市化程度低，識字率也極低；這樣的多種不同體系共存、令人困惑的拙劣混合體中，公共行政的情況相當糟糕。南北義之間的巨大差異，是社會不穩與衝突的主要來源之一；北方深受拿破崙政治與行政統一經驗的影響，南方則仍舊深植於相對落後的波旁王朝傳統。這些特質讓轉換成為國家與民族之路走得特別不順，尤其也突顯出義大利內部社會、經濟與文化差異所致的高度不平衡社會現象。

這種不平衡情況帶來的主要影響之一（同時也是經濟危機與社會動盪的主要來源），就是前述時期幾年之間農村勞動力的高失業率。失業人口形成大量外移人潮，主要都是前往美洲與澳洲。在十九世紀末激烈的政治論辯中，因為義大利面臨著長期流失人口中最有產值族群所致的經濟與社會危機，於是開始出現以殖民擴張作為解方之可能性的聲音。支持義大利加入「瓜分非洲」者認為取得海外屬地可為失業農民找到出路，並將造福義大利經濟，而非外國經濟。[3]

這些將海外擴張正當化的理由，獲得某些族群的義大利知識分子進一步延伸，並以類似一八八四至八五年柏林會議期間發展出的合法性意識型態加以包裝。他們說，對非洲族群傳播文明進步是歐洲的權利與義務，而義大利有著羅馬與基督教根源，更應當走在前線。非洲族群被描述為無知、落後，深陷在知識與道德的黑暗之中。然而，我們不能假設這些想法會受到義大利菁英或大眾的無條件接受。相反地，由此引發的熱烈辯論，反映出參與其中各方人馬不同的意識型態與物質利益。[4]

邁向帝國的第一步：厄利垂亞

義大利占領的第一塊非洲土地是厄利垂亞（Eritrea），這是紅海沿岸的一個小區域，在當地文獻中稱為「馬瑞伯河以外的土地」（Mareb Mellash），或「大海之地」（medri bahri）。這一小塊土地上有多種不同語言、宗教與經濟行為：高地的基督徒農夫口操閃語（Semitic）；東方低地是使用庫什特語（Kushitic）的半游牧穆斯林；西方低地則是使用閃語的半游牧穆斯林；西方低地還有使用尼羅－撒哈拉語（Nilo-Saharan）的農牧族群。

十九世紀是厄利垂亞特別紛亂的時期，區域內衝突反映出內部的權力鬥爭，以及近鄰衣索比亞與蘇丹擴張的壓力。侵襲國內的旱災、飢荒與瘟疫使得這個情況雪上加霜，大幅削減了經濟力量與政治團結。[5]這種脆弱的情況是個關鍵因素，也讓我們理解義大利為何能相對輕易對厄利垂亞發動殖民擴張。最早取得的殖民地是一八六九年買下在紅海旁的小港口阿薩伯（Assab）；這場交易是透過中間人喬塞普・薩貝托（Giuseppe Sapeto）達成的，他曾是天主教遣使會（Lazarist）的神父與傳教士。為了避免跟英法發生外交衝突，這場交易明面上是由魯巴提諾船運公司為了加油與倉儲需要而推動。一八八二年，義大利政府才正式取得阿薩伯島，並在島上建立了小型行政機構，三年後首度展開進一步占領行動。經歷長久外交談判，獲取英國支持後，羅馬終於得到倫敦授權，占領當時在埃及控制下的瑪莎瓦港（Massawa）。英國支持的背後算計在於：與其由法國這類殖民強權控制非洲之角，還不如讓義大利代表的弱小殖民力量來控制。

一八八五至八九年間，義大利緩慢地向厄利垂亞內陸擴張，特別是往較為涼爽宜人的高地移動。過程中幾乎沒碰到什麼抵抗，主要是透過跟當地人談判完成。唯一認真發起的反抗來自衣索比亞，當時衣國正在進行領土擴張與行政重組的複雜建國過程。最嚴重的衝突是一八八七年的多加利之役（Battle of Dogali），義大利軍遭到阿魯拉大公（ras Alula）率領的軍隊痛擊。衣索比亞皇帝約翰尼斯四世（Yohannes IV）早先便已任命阿魯拉大公擔任此區域的軍事與行政總督。多加利之役是一連串義大利吃下的敗仗中的第一役，也顯示出在十九世紀末，厄利垂亞已經成為該區域與外國野心爭霸的兵家必爭之地。

一八九〇年一月一日，義大利正式宣布在紅海地區建立稱為厄利垂亞的殖民地，這個命名來由是取希臘文中的「紅海」。殖民歲月之初，當局以瑪莎瓦港為基地，建立了由軍官鐵腕統治的官僚行政組織。[6]殖民地當局對本地人民採取高壓政策，會以同謀或叛亂等罪名，監禁或處決大批地方領袖。與此同時，義大利也試圖將厄利垂亞轉變成屯墾殖民地。為了要達到這個目的，最優質的耕地遭到徵收，因此激發反抗事件，最知名的是由阿卡拉．古則（Akkala Guzay）區域的酋長巴赫塔．哈哥斯（Bahta Hagos）所領導的叛變行動。[7] 這場動亂再加上義大利對衣索比亞外交政策運作不當，引發一八九六年三月一日知名的阿德瓦戰役（Battle of Adwa），義大利敗於皇帝梅內利克二世（Menelik II）帶領的衣索比亞軍手下。[8]

阿德瓦敗戰標誌著義大利殖民計畫的分水嶺，也對區域內的權力關係留下了長遠影響。一方面義大利（暫且）放棄擴張進入衣索比亞的夢想。另一方面，衣索比亞也正式承認厄利垂亞為另一個政治實體。還有一項重要改變，是一八九七年義大利以民政管理體系取代殖民地軍政府。進一步來說，關於厄利垂亞的用途義大利方面也有了新的盤算：現在殖民地被期待成為義大利工業新的原料來源。因此義大利積極針對土地徵收政策喊停，最終於一九二六年終止。殖民地政權試圖結合傳統經濟體系與資本主義殖民地經濟，想讓厄利垂亞在經濟上自給自足。[9] 然而取得義大利特許權者普遍偏好商業投機行為，而非投資長期的生產計畫，因此未能吸引到資金挹注厄利垂亞，也導致這類殖民主義經濟政策遭遇嚴重阻滯。[10]

透過監禁、暗殺或流放等方式鎮壓傳統部落酋長的反抗後，義大利當局推出收買當地菁英的新政策。這項政策的基礎是一群獲得聘任與薪水的酋長，他們的統治正當性並非來自群眾支持，而是殖民地政府。另一項收編厄利垂亞人進入殖民體系的辦法，則是軍隊。在一開始有限度使用殖民地軍隊後，義大利改弦易轍，轉而大量僱用殖民地士兵，他們稱為「非洲兵」（ascari）。[11] 大規模招募非洲兵的成果，在二十世紀初年長期征服、占領與「綏靖」利比亞的行動中顯現出來。

義大利對於厄利垂亞人的教育政策，也突顯出義大利殖民主義中的反常之一。義大利故意避免培養受過西方教育的厄利垂亞菁英族群，擔憂這些人可能會危及殖民體系的穩定性。此外還為了節省經費，所以殖民教育大部分交給天主教與新教傳教士包辦。[12]

直到一九三〇年代初，這些殖民政策趨勢大體上都未改變。此時義大利對衣索比亞的擴張和好鬥態度再度興起，厄利垂亞也經歷了戲劇性的轉變。墨索里尼認為衣索比亞是義大利在該區域內「合法」勢力範圍的一部分，也自然是義大利經濟的出路。為了征服衣索比亞，義大利進行大規模軍事準備動作，厄利垂亞遂成為主要的物流中心。在人口方面，厄利垂亞的義大利人口從一九三四年的四千五百人，上升到一九三九年的七萬五千人。[13]快速都市化過程啟動，在都市與農村產業間劃下廣泛的勞動力分野。一九三〇年代也是見證厄利垂亞勞力市場深刻改變的時代，愈來愈多厄利垂亞人加入殖民地官僚體系，成為辦事員、通譯、電話與電報接線生、司機及義大利家庭中的幫傭。[14]然而，三〇年代末在厄利垂亞及其他義大利殖民地執行的殖民政策有另一項重大特點，就是設立所謂的種族藩籬，旨在捍衛所謂的「種族榮耀」。[15]根據此項政策，都市空間必須依照隔離原則嚴格區分，義大利公民與本地人之間的性關係是遭到禁止的。[16]

索馬利亞

索馬利亞在歐洲旅人與探險家之間以「芳香之地」聞名，[17]是在十九世紀末才受到歐洲人注意，特別是在一八六九年蘇伊士運河開通以後。在那個時候以前，因為地理屏障與索馬利人社會的複雜多變，歐洲人對這個國度所知甚少。事實上，除了共同語言及宗教形成所謂的統一狀態之外，索馬利區域實際上會隨環境變化、經濟差異與氏族忠誠，而出現極大程度的內部分裂。內陸區域以放牧為主的社群，不得不接納永久游牧的生活模式——他們的生活受到強烈雨季（gu）、無雨乾季（jiilaal）及少雨季節（dayr）輪流交替宰制。在這片特別不宜人居的環境中，對多數人來說，移動能力成為一種必要，這也決定了社會聯盟、政治權力及經濟交換的形成模式。南方沿著朱巴河（Jubba）及雪貝爾河（Shebelle）流域，則是另一種不同氣候，特別是以雨水及灌溉溝渠方式取得用水，有利於永久農耕的發展。第三種社會與經濟組織模式，則是沿著印度洋岸聚集的海岸城邦，尤其是在貝納迪爾區域（Benadir），那裡有瓦爾謝克（Warsheikh）、摩加迪休（Muqdisho）、馬爾卡（Marka）、巴拉威（Baraawe）與奇斯馬猶（Kismayu）等地，這些都屬於大史瓦希利文明的一部分，並在跨印度洋長程貿易中扮演主動角色。[18]

這片高度連貫相通的複雜土地，傳統上以族群之間的流暢互動為主，卻在十九世紀中經歷了重大轉變。一開始的數十年間，索馬利海岸中心成為桑吉巴島上的阿曼統治者軍事和政治壓力瞄準的目標，這些統治者成功在貝納迪爾區域建立了一個傀儡政權。繼續沿著海岸，北方的米杰坦（Mijertein）區域則進入一段內部動盪時期，統治家族成員在歐比亞（Obbia）掀起衝突，衝突的焦點是為掌控瓜達福伊角（Cape Guardafui）附近隱密水域從事擱淺船隻搶救作業的豐厚利潤。

同時間在內陸地區，梅內利克二世領導的衣索比亞建國過程往南方大幅擴張，逼近傳統上由索馬利人定居的奧加登（Ogaden）地區。[19] 被趕出奧加登的索馬利人移往朱巴蘭（Jubaland），跟當地族群發生摩擦，點燃衝突，創造出不穩情勢。更往北方，蘇伊士運河開通之後，埃及人開始對塔朱拉（Tadjoura）到貝爾貝拉（Berbera）之間的索馬利亞海岸線產生興趣，並在此建立軍營。[20] 這時已經插足厄利垂亞紅海岸的埃及人視索馬利亞為基地，可由此入侵衣索比亞，以控制高地的財富及尼羅河源頭。最終，十九世紀也是歐洲人對索馬利土地萌生興趣的時間點。法國人已經在一八五九年取得歐伯克港（Obock）。英國從一九三九年起，就在紅海對岸的亞丁據有一處基地，並開始覬覦索馬利海岸。到了一八八二年，英國已經從埃及手中奪取了澤拉港（Zeila）。

跟厄利垂亞的情況一樣，索馬利亞的占領事出突然，事實上留下更多英國介入的痕跡。確實如前所述，英國傾向由義大利勢力進入索馬利亞，好中和德法對當地更加危險的野心。一八八六年時，法、德、英已經決定了桑吉巴蘇丹在史瓦希利海岸上的領地與統治界線，其中也包括了索馬利亞海岸，這三國對此區域進行了**實質上**（de facto）的劃分。一八八五年才加入行列的後來者義大利，也試著在更強大的歐洲對手之間，找到自己的位置。透過義大利駐桑吉巴領事兼巨商文森佐·費洛納爾迪（Vincenzo Filonardi）的斡旋，義大利試圖從蘇丹手上取得索馬利海岸上的土地與保護國。經過冗長溝通，從一八八九年二到四月，費洛納爾迪成功讓當地政權在條約上簽名，承認其接受義大利保護，以交換金錢補償。重要的下一步，是一八九二年八月十二日，英國駐桑吉巴代表波爾多將軍（Portal）與義大利代行領事皮耶·柯托尼（Pierre Cottoni）簽訂協議，義大利以二十萬盧比的關稅權利金，以及提供蘇丹年度補助，換取貝納迪爾海岸的權利。

義大利獲得從朱巴河到瓜達福伊角整個索馬利亞海岸的控制權，現在主要的問題：要怎麼管理這片廣又大複雜的屬地。義大利政府選擇使用特許公司；一八九三年五月十五日，將整片貝納迪爾海岸（暫不包含歐比亞與米杰坦保護區）的特許權，交給費洛納爾迪公司來掌理。[21]一八九三到九六年費洛納爾迪公司治理貝納迪爾海岸地區期間，他們試圖盡量避免跟索馬利人發生衝突。為了達到這個目的，公司設立了高度量身打造的行政體系，平民行政員工中只有一名歐洲人。找不到地主的未開發土地，都被收歸義大利政府所有，同時還獨占採礦權或由他們授予採礦的權利。奴役制度遭到禁止，並採取逐步廢奴措施。然而，即便在設定關稅與規範稅收上擁有幾乎絕對自由，費洛納爾迪公司仍舊因為大量行政支出而入不敷出。

頭三年之後，義大利政府並未延展費洛納爾迪公司的權利，並於一八九六年四月十五日，跟貝納迪爾商業有限公司（Società Anonima Commerciale del Benadir）——簡稱貝納迪爾公司——簽訂合約。這間公司由知名探險家安東尼歐・切奇（Antonio Cecci）控制，他也是義大利在區域內殖民擴張的熱切支持者。不論是管理模式還是財務結果上，切奇對於貝納迪爾的管理與前人並無太大差異。這段關係最後是以一八九六年十一月二十六日切奇在拉弗爾遭到突襲暗殺告終。[22]義大利因此決定重組貝納迪爾公司，要擴大平民員工規模，形成一個更明確的官僚體系。雖然公司最後成功取得不少利潤，成員薪資的差異、無法吸引投資人，以及對於當地經濟的傳統模式缺乏影響力，在在都讓新的貝納迪爾公司演變成另一場失敗。對這個區域內不斷採行奴役制度的指控，再加上義大利政府漠視不管，都讓公司的失敗雪上加霜。這些情況被揭露、引爆醜聞後，調查公司責任的委員會要求修訂義大利政府與公司之間的合約。

因此，一九〇五年一月十三日，義大利政府買下貝納迪爾港口，並在索馬利亞南部進行直接治理。義大利政府與索馬利人的關係，是建立在家父長制與非正式統治的混和制度之上，後者主要透過收編領薪的地方酋長與宗教權威來推動。只要不牴觸義大利法律的基本原則，伊斯蘭教法（Sharia）與索馬利慣習法都獲得承認。此外，他們還建立所謂「本地人法庭」（Trinbunale dell' Indigenato）的機制，有權審判被控危及殖民當局之安全、穩定與特權的索馬利人。本地人法庭的判定主要藉著沒收財物、集體懲罰，以及——最嚴重案例中——流放厄利垂亞來執行。

新殖民體制最早也最強力的措施，就是透過復興貿易、發展市場導向的農業，好讓索馬利亞的經濟蓬勃發展。然而，所有措施都因為缺乏統一貨幣而受到阻礙，殖民政府未能說服索馬利亞、印度與阿拉伯貿易商接受義大利的貨幣，並放棄當時流通於市場上的瑪麗亞·德雷莎塔勒銀幣（Maria Theresa thaler）①。此外，缺乏勞動力、缺乏投資者，以及不足的事前可行性研究也都是原因。

殖民統治索馬利亞初期最嚴重的問題在於，義大利對屬地的真正控制其實無法從印度洋岸延伸進內陸太遠的距離；即便在海岸區，他們也主要仰賴當地酋長的默認，而非行使完整、無爭議的權威。此外，北方的歐比亞與米杰坦保護區長期以來，都只是名義上屬於義大利管轄。此種現狀的脆弱性在一八九九年明確顯現出來，當時英屬索馬利蘭的沙利希[23]穆斯林兄弟會（Salihiya Muslim Brotherhood）代表穆罕默德·阿布迪雷·哈珊（Muhammad Abdilleh Hassan）對英國統治發起反抗，並對英國、義大利與衣索比亞人發動聖戰（jihad）。[24]結合反殖民民族主義與宗教狂熱的反抗勢力，快速在穆罕默德·阿布迪雷家鄉所在的北方擴散。直到一九二一年二月十日他死於肺炎之前，這股勢力都限制了殖民當局的可掌握範圍。對義大利人來說，情況在一九〇五年十月又更進一步惡化，毗馬爾人（Bimal）反叛並攻擊義大利人的據點——主要是針對義大利的反奴政策。由於毗馬爾經濟建立在明確的勞力分工之上，菁英主要以比較有聲望的放牧活動為主，農事工作則交給奴隸。[25]因此在義大利的政策之下，毗馬爾人的經

① 十八世紀中葉，奧地利帝國瑪麗亞·德雷莎女皇以塔勒銀幣為基礎建立起奧地利貨幣體系，因為銀幣邊緣刻紋的安全措施，華麗的女皇半身像，加上一七八四年鄂圖曼帝國與奧地利簽訂條約，日耳曼商人不須在入境時兌換鄂圖曼貨幣，或就非鄂圖曼貨幣繳付進出口稅，導致十八世紀中葉後，瑪麗亞·德雷莎女皇塔勒銀幣成為地中海東岸、近東與非洲東岸地區最受歡迎的貨幣。

濟基礎受到威脅。

一九二二年後，法西斯主義的殖民統治試著重整厄利垂亞殖民地，以解決幾個重大問題。要整合四散各地且經常不易馴服的領地，就表示須有更強大的軍事介入行動，因此義大利透過在厄利垂亞、索馬利亞與葉門募兵來建立新軍（Zaptié Corps）。為了要替持續擴大的殖民地預算建立穩固基礎，義大利也引進直接徵稅體系，以年度房屋稅的形式課稅。伊斯蘭法官（Qadi）與傳統酋長仍舊是領薪人員，因此停止給薪及其他懲罰形式就成了施加政治壓力的工具。法西斯主義引進更強烈手段的領域是農業。農業發展獲得極高重視，義大利投資者如義大利—索馬利農業協會（Società Agricola Italo-Somali，簡稱SAIS）及國立農業公司（Azienda Agraria Governativa）也獲得許多特許權。然而這些卻是以糧食作物與現金作物混合種植為基礎，若沒有政府經常性補助，是很難存活的。教育方面，義大利很少對索馬利人投入資源，除了少數教會學校外，直到一九三五年以前，基本上索馬利人是遭到忽視的；這一年的統計顯示有十間公立學校與五間孤兒院。[26]

索馬利亞納入義屬東非（Africa Orientale Italiana，簡稱AOI，將於後文檢視）的管理架構後，由於法西斯主義者以族群為原則來組織殖民地，因此其行政架構也經歷些許變化。[27]新索馬利亞還包含了整個奧加登地區，其中居民多為索馬利人。[28]

入侵利比亞

不像義大利其他非洲殖民地的歷史，利比亞長期受到鄂圖曼勢力影響，可遠溯至十六世紀。在形成今日利比亞領土的兩大區域——的黎波里塔尼亞（Tripolitania）與昔蘭尼加（Cyrenaica）——鄂圖曼人都留下了深遠影響，也發展出具有明確架構的市政服務，更決定了此地對於義大利殖民主義的反應。[29]整個十九世紀期間，雖有貝都因（Bedouin）游牧族群與海岸居民之間的內部權力鬥爭，以及混雜的國際情勢，鄂圖曼人仍舊成功建立一個相對有效率的公共行政體系，並提供電報（一八六一年）及學校等服務。利比亞歷史上另一個重要面向，是伊斯蘭所扮演的統合角色，特別是塞努西兄弟會（Sanusiya brotherhood）。[30]一開始以麥加為基地的塞努西兄弟會於一八五四年將總部移到利比亞與埃及交界處的賈拉卜伯（Djaraboub），為了更靠近最主要的支持勢力範圍之一，同時也是為了控制瓦達伊（Waddai）駱駝商隊貿易路線的重要財富收益。在整個世紀當中，以伊斯蘭為共同旗幟統合地方與部落差異上，塞努西兄弟會扮演了重要角色。透過宗教與行政中心（zawiyas）的縝密網絡，兄弟會成為撒哈拉沙漠內陸穩定、和平的一大重要關鍵，因為鄂圖曼政權在這個區域的政治與行政控制力量依然相當微薄。

十九世紀下半葉，利比亞愈來愈受到殖民強權注目，特別是英、法、義，以及日薄西山的鄂圖曼國家。利比亞的角色在兩個脈絡下顯得特別重要。在地中海，面對日益衰弱的鄂圖曼帝國，利比亞是歐洲人試圖清算鄂圖曼人的戰場之一；此一企圖與巴爾幹半島上的發展同步進行。同時，在更廣大的瓜分非洲企圖中，利比亞內陸地區則是一處關鍵地點，因其控制了多數重要的跨撒哈拉沙漠商業路線。

一八八一年法國宣布將突尼西亞納為保護國之後，義大利對利比亞的興趣漸濃。由於突尼西亞擁有人數不少的義大利人社群，因此義大利一向將此地視為自己理所當然的去處，現在只好開始慌亂地在地中海南岸尋找領土上的補償。然而由於當時國際情勢變幻莫測，加上阿德瓦戰役的衝擊，義大利不願意涉入殖民冒險事業，直到一九一一年十月三日，義大利政府才決定出兵占領的黎波里。

出乎義大利人的預料的是，占領利比亞之舉既不快速也不輕鬆。事實上，利比亞人不但沒有歡迎義大利解放他們免於鄂圖曼壓迫（義大利民族主義者在國內文宣中如此刻畫），反而跟土耳其青年團軍官形成反抗殖民聯合陣線。[31]義大利出兵行動初期可以分成三個階段。第一階段只為期幾個月，義大利人占領了主要的海岸城市，如的黎波里、托布魯克（Tobruk）、德爾納（Derna）、胡姆斯（Khoms）與班加西（Benghazi）。這些占領行動是以極小心的方式進行，多數透過海上轟炸並首度運用空軍，也盡可能避免直接的軍事衝突。然而，義大利軍隊仍舊面對人民反抗，持續遭到突襲及痛毆。意外的發展導致第二階段的行動：放棄消耗戰，改採全面對峙。義大利之所以能夠派軍進入缺乏海軍砲火掩護、也無都市堡壘的荒漠，主要仰賴大批厄利垂亞殖民軍隊。然而義大利人仍未成功壓制利比亞與土耳其軍領導的反殖民勢力，後者持續造成重大傷亡。直到第一次世界大戰爆發，才讓義大利政府免於一場政治危機，因為戰時資訊管制，公眾意見轉向歐洲戰場，大眾才忽略了利比亞的情況。此外，土耳其加入戰爭，成為德奧盟友，也弱化了土耳其的軍事能力，同時阻斷跟利比亞反抗軍之間的連繫。為了進一步弱化利比亞反抗勢力，義大利人在一九一九年引進所謂的《利比亞法》（Statuto libico），讓利比亞人獲得不同的身分地位——他們將不被視為殖民地子民，而是獲得某種次等公民身分，也被允許在義大利工作、向義大利國會請願，並擁有自己的議會及新聞自由。義大利承認阿拉伯文為利比亞的官方語言之一（另一種是義大利文），利比亞人可以經由選舉進入市議會，以上都是這套體系的一部分。[32]

然而《利比亞法》並未終止利比亞人與義大利人之間的衝突。一九二二年十月墨索里尼上台，標誌著義大利的好鬥態度再度復萌，也是更加挑釁的外交政策的開始。義大利政府鎮壓利比亞反抗勢力毫不手軟。在格拉其亞尼將軍（Graziani）的無情領導下，他們派出大批厄利垂亞非洲兵、使用毒氣、派出空軍轟炸、建立集中營，以及讓整個社群集體遭到迫遷，這些手段全都施展在義大利對付利比亞的戰爭中。[33]義大利鎮壓的主要目標是塞努西兄弟會，他們被視為利比亞反抗軍的政治與軍事領袖。為試圖削弱兄弟會的力量，他們的中心遭到關閉，所有資產被沒收，主要領袖歐瑪爾．慕克塔（Omar al-Mukhtar）遭到多年無情追擊，直到一九三一年被逮捕處決為止。[34]他的死亡為無差別恐怖暴力攻擊的十年畫下句點。到了一九三二年一月，曾於一九二九年被任命為的黎波里塔尼亞與昔蘭尼卡總督的彼耶特羅．巴多格里歐（Pietro Badoglio）元帥，宣布戰爭結束，利比亞完成「綏靖」。[35]

軍事行動的結束為義大利占領利比亞開啟了新篇章。法西斯主義發起「人口殖民主義」政策，目的在於發展農業，同時提供無業義大利人投資的可能性。此一大型屯墾殖民計畫由國家主辦補助，將小塊土地分發給義大利農民家庭。計畫在一九三三年發起；五年後，該國已執行了讓兩萬名殖民者同時屯墾的雄心計畫，第二波一萬兩千位移民也在一九三九年接踵而來。除去大言不慚的法西斯說詞，執行這些計畫對於義大利國家的微薄財庫來說，實際上極為昂貴，也跟許多結構性問題相互衝突，例如許多殖民者不願留在利比亞，因此很多人試圖返家，此外殖民地也存在普遍缺工的情況。第二次世界大戰的爆發導致缺工問題更加嚴重，因為上千名殖民者被徵召入伍。戰爭還帶來其他問題，例如燃料與零件短缺，更進一步阻礙了屯墾計畫的推動。

義大利的政策是計畫將利比亞改造成義大利人的屯墾殖民地，即所謂義大利在地中海的「第四岸」（Quarta sponda）。這表示在族群關係上，明顯以利比亞人向殖民主人順服為主。義大利人的理想裡並沒有太多空間，來供現代化、受過西式教育的利比亞菁英族群發展。義大利期待利比亞為發展中的市場經濟提供溫馴、廉價的勞力庫。義大利以軸心國成員身分加入二戰，導致各殖民地突然且相對意外地崩解。的黎波里在一九四三年一月二十三日落入英國掌控；從一萬四千多名流亡埃及者中招募來的利比亞反抗軍，在占領過程也出了一份力。

最後的殖民帝國：衣索比亞

從義大利涉入非洲之角伊始，衣索比亞就是義大利殖民野心的主要標的之一。這股吸引力來自衣索比亞蘊藏巨大經濟利益的信念，理論上在農業生產及貴金屬藏量上應是前景可期。另一個因素就是義大利人在阿達瓦慘敗的羞辱記憶，此事讓一九三〇年代的法西斯宣傳得以大作文章，更成了墨索里尼入侵衣索比亞的正當理由。[36]

法西斯主義掌權標誌著更挑釁、好戰的外交政策的開端。以衣索比亞的案例而言，那也表示放棄了義大利殖民地（厄利垂亞及索馬利亞）跟衣索比亞之間敦親睦鄰的政策（自一九〇二年邊界協議簽訂以來持續至今），並改採非常不同的態度。外交與軍事挑釁的升溫，加上殖民勢力在國際上將衣索比亞描繪為落後、野蠻且原始的國家，都明顯可見於義大利入侵衣索比亞前的那幾年光景。法西斯媒體運用反奴役制度、剿獲非法武器及侵害國際條約等名目，消費著國內與國際輿論。[37]

運用媒體及外交戰的同時，義大利也以厄利垂亞的瑪莎瓦港為主要行動基地，打造著一部驚人的戰爭機器。厄利垂亞老舊的公共設施獲得現代化，尤其是開闢了新道路，方便向衣索比亞運送軍隊、武器。侵略衣索比亞的行動也從索馬利亞發動，雖然此地經歷的經濟和社會轉變比較少。事實上，索馬利亞提供的是開戰理由：發生在歐加登地區瓦瓦（Wal Wal）綠洲的事件，被義大利人拿來當藉口，指控衣索比亞人蓄意挑釁，而他們也由此發動了自一九三二年以來就仔細組織的強大軍事機器。入侵之前，墨索里尼已經在一九三五年一月十五日宣布合併厄利垂亞跟索馬利亞，建立新的義屬東非（AOI）。

一九三五年夏天，入侵的預備作業已經完成。除了軍備之外，墨索里尼在外交綏靖的大環境之下，取得了法國某種非正式的同意。同時義大利也利用國際社會間的不團結與矛盾，在一九三五年十月二日對衣索比亞發動攻擊，事前並未正式宣戰。墨索里尼希望取得迅速、驚人的勝利，強化義大利作為國際強權的野心，也確保義大利輿論支持。然而，軍事行動卻比義大利人預期會發生的某種閃電戰來得緩慢許多，直到一九三六年五月五日，義大利軍隊在遭到激烈反抗之後，才進入首都阿迪斯阿貝巴（Addis Ababa），宣布贏得勝利。一大重要關鍵是義大利人結合飛機與毒氣，在衣索比亞軍隊之間造成混亂和恐慌。衣索比亞皇帝海爾・賽拉西（Haile Selassie）在五月一日逃離阿迪斯阿貝巴、流亡到英國，城市則陷入了恐慌無序的狀態。[38]

攻下阿迪斯阿貝巴後，墨索里尼宣布衣索比亞成為所謂的義屬東非帝國的一部分。即使衣索比亞人抗議不斷，這個狀態在國際聯盟中並未受到太多抵制——儘管衣索比亞從一九二三年起就是國聯的一分子。到了一九三八年，主要歐洲強權都承認了義大利對義屬東非的統治權，在國際關係上開了一個危險的先例。在這方面，部分歷史學者認為義大利入侵衣索比亞，相當於墨索里尼公然無視國際聯盟的象徵與外交地位，實則為後續外交關係緊張升溫、導向二次大戰爆發而鋪路。

然而，外交上的勝利與正式宣布衣索比亞戰爭結束，並不表示新征服的土地真正穩固下來，也不表示反抗就此停止。整個義大利占領衣索比亞期間，反抗行動從未間斷，甚至嚴重到某些歷史學者（特別是衣索比亞人）拒絕使用義大利「殖民統治」衣索比亞的說法——他們傾向認為那是軍事占領。義大利的無情鎮壓政策，導致絕大多數衣索比亞（及其他）菁英族群離心離德。過程中的關鍵事件，是一九三七年二月十九日有人對格拉其亞尼將軍暗殺未遂，義大利人所做出的反應。（這名將軍也是早先策畫無情鎮壓利比亞的人。）義大利當局施展的報復行動令人咋舌，連續三天放任義大利警察、平民與法西斯民兵對任何衣索比亞人施行報復。在這幾天內，阿迪斯阿貝巴有數千人遭到屠戮，經常是以最殘酷的方式下手。義大利政權也對衣索比亞教會、知識分子、學生，甚至是傳統說書人發動系統性鎮壓。[39]

軍事占領後，義大利隨即開始重組這片廣大的殖民地。為此，它設立起一個龐大官僚組織，負責在義屬東非執行法西斯殖民主義，並將殖民地依照族群界線分成六大主要區域。法西斯在宣傳中將這個政策描述為「替所有衣索比亞人民建立一個文明、人性的帝國」，以對抗阿姆哈拉人（Amhara）的傳統統治霸權。實際上，這種分化政策不過是為了削弱對殖民統治的反抗。

衣索比亞的發展模式就跟其他義大利殖民地一樣，是「人口殖民」，也就是以義大利農民家庭為主的大規模屯墾計畫。[40]然而這項深具野心的政策必須面對許多真正的難關，例如鄉村地區缺乏安全保障、資本匱乏，還有燃料、食物與零件短缺的問題。因此人口殖民從來就非可行之道，義屬東非甚至無法以本身的農產餵飽本地人民。

然而短暫的義大利占領仍舊留下長久印記，就反映在都市與公共建設方面。為了實踐「人口殖民」夢想——想像在不久的將來會有數百萬義大利人居住在義屬東非，意即期望落實「義屬東非」這個詞的真諦——法西斯主義者在阿迪斯阿貝巴啟動了都市發展的龐大計畫。各州的新首府也都經歷大量建築改造，每個地方都被安排了大規模的總體設計。從法西斯的角度來看，建築將成為義大利與法西斯優越力量的視覺展現方式。[41]

帝國終結與遺緒

法西斯雖然宣稱將會持續千年，帝國的野心夢想卻在早期階段就崩解了，因為義大利決定加入第二次世界大戰。到了一九四一年二月二十五日，聯軍已占領摩加迪休；五月五日——義大利占領阿迪斯阿貝巴僅僅五年後——海爾・賽拉西皇帝重掌政權。六月十一日，英軍占領阿薩伯港；十一月十一日，最後一群義大利反抗軍在衣索比亞的貢達爾（Gondar）投降。時至一九四三年二月，最後的義大利與德國軍隊被逐出利比亞。

除了在一戰結束後失去殖民地的德國之外，義大利是另一個未能帶領殖民地走過去殖民化程序的歐洲殖民母國。此種反常也決定了這些區域的各種沉痾（特別是非洲之角地區）會持續纏擾不休。大體來說，當代非洲的歷史充滿了前殖民國家在殖民疆界內的領土與行政框架中，試圖建立民族實體所遺留下來的困境。這些民族本身即可視為殖民強權的舉措所致結果，我們能從這個角度來進行分析。也因此，並非民族建立國家，而是國家創造民族；民族主義因而不是以衝突根源的形式出現，反倒是衝突的結果。

義大利殖民主義的歷史中，只能看到這個模式的某些部分。事實上，雖然去殖民社會面對的大議題同時也是非洲之角地區的主要特徵，當地的去殖民過程卻表現出極大的不同。由於一九四一年戰敗，義大利並無法擔負起自己的殖民者「角色」，為前殖民地提供通往獨立的橋梁。同時也因為義大利在政策上頑固阻礙那些受西式教育的菁英發展，於是也無法跟當地人協商該如何進行政權過渡。

前義大利殖民地的去殖民過程，主要是由外交因素與國際關係決定的。它們的發生受到許多複雜因子的交互關係所影響，包含源自殖民時期的民族主義（厄利垂亞與索馬利亞）、區域霸權野心（衣索比亞），以及前冷戰時期的權力平衡。[42]除此之外，海爾・賽拉西皇帝的敏銳外交手段，讓衣索比亞得以利用情勢矛盾，軟化困惑且相對混亂的厄利垂亞民族主義者與索馬利亞領土收復主義者，讓原已相當複雜的地區圖像又更加不尋常。[43]

一如非洲的其他被殖民地區，非洲之角繁複且混亂的當代歷史，有一部分可視作殖民統治的尷尬遺緒來解讀。殖民對當地制度的影響、新政治認同的崛起、領土重劃，在在都是非洲各地與殖民相關的議題。非洲之角的獨特之處在於義大利的統治無預期戛然而止，導致前殖民當局在去殖民過程中缺乏明顯主動的角色。這項遺緒，加上區域內在地社會的複雜發展，使當地人民付出了沉重的代價。他們的後殖民歷史，是不斷輪迴的政治危機、戰爭、飢荒與不穩。

美國
帝國作為一種生活方式？

法蘭克．舒馬赫（Frank Schumacher）

「我們持續創造人們所稱的帝國，卻也一直頗為誠心相信那並不是帝國，因為它跟我們想像中帝國該有的樣子不一樣。」

——華特．李普曼（Walter Lippmann），一九二七年[1]

「我們並未追求創建帝國，我們可不是帝國主義者。我們從來就不是。我難以想像你怎麼會提出這種問題。」

——唐諾．倫斯斐（Donald Rumsfeld），二〇〇三年[2]

當今美國外交政策的相關辯論中，帝國是炙手可熱的關鍵字。在美國與海外，這個字愈來愈常被美國全球策略的支持與反對者，用來辯論華府對國際秩序處理方式的優劣。在這類論辯中，有許多會引述歷史案例，將美國的力量置於前現代與現代帝國史脈絡下討論。它們被用來解釋美國力量可及的規模、預測美國影響力的可能下滑趨勢，或者藉以進一步了解如何長期捍衛與保障美國利益。[3]

自由派或保守派批評者將帝國這個標籤貼在美國的外交政策上，這種傳統可以回溯到共和國成立之初那麼久以前。比較新的現象是，帝國、帝國主義式與帝國主義這些詞的膨脹，甚至也經常被用在譬喻上。這點出的，不只是一種新的肯認態度，也暗示了想對美國力量與影響力的多重面向與表現方式進行任何一種描述，其實相當困難，甚至經常相互矛盾。因此，很多說法雖傾向將美國影響的概化並歸類為帝國主義強權，卻絲毫未認知到時空方面的界限。

為了找出美國帝國主義中存在的模式，本文要追蹤美國從十八世紀末到成為世界強權的演化過程，並主張這個歷史進程在大陸、西半球與全球的脈絡中，該國歷經了具持續性且經常相互重疊的帝國與霸權形成經過。帝國並非毫無爭議，卻是歷久不衰的手段，因為帝國野心跟美國身為一個普世國家的自我設想已相互交融。

從傑佛遜（Jefferson）的自由帝國，到威爾遜（Woodrow Wilson）的自由民主國際主義，再到冷戰圍堵，壓倒性（有時明顯具有帝國主義色彩）之力量的建制，經常被矛盾地描述成防衛性且反帝國主義的手段。從一次世界大戰結束，美國勢力就傾向獲得全球規模的領導霸權，並在多數時候扮演西半球的非正式帝國。正式殖民統治則只具有邊緣性的不重要地位。然而這股趨勢並未排除準殖民關係的可能性，也沒有限制美國在應對自己認定的區域不穩情勢時，那種大剌剌的帝國主義式反應。

「讓世界重新開始」：美國的跨大陸、殖民與非正式帝國

「我們有能力讓世界重新開始。」

——湯瑪斯・潘恩（Thomas Paine），一七七六年[4]

「神讓我們成為世界的主要建構者……祂表明了美國人民為天選民族，最終將領導世界的再造。這是美國的神聖任務。」

——阿爾伯特・貝弗里奇（Albert Beveridge），一九〇〇年[5]

整個十九世紀期間，美國國土幾乎翻了四倍。這個擴張過程包含了三個相互重疊且緊密相關的帝國形式：美國統治擴及整個北美地區、拉丁美洲與亞洲的非正式帝國，以及海外殖民帝國。這些權力地位的建立與維持，既得力於下列因素，也回過頭來形塑了這些因素：國家驚人的經濟與人口成長；透過強制力擊退裂解趨勢的能力；創建統一的交通與通訊網絡；具一致性的擴張意識型態；以及有利於帝國擴張的文化背景。[6]

在這波擴張主義浪潮的中心，是一步接一步透過外交與戰爭購併，以及征服而來的廣袤跨大陸空間。外交上，購併策略利用帝國之間的敵對關係或歐洲列強的急迫財務需求，美國專注於購買大片土地。兩個明顯案例是一八〇三年從法國手中買下路易西安那，一千五百萬美金的價格就讓美國國土倍增；另一例則是一八六七年，以七百二十萬美金，從俄羅斯手中買下阿拉斯加。

這些土地上充滿了各種北美原住民文化，在歐洲－美國擴張持續不斷的壓力下，他們的影響力與人口數也不斷下降。美國政府對這些區域的控制仰賴三重手段：談判、直接戰爭，及同化政策。[7]

華府透過數百項條約談判，持續將北美原住民的土地轉至中央政府手中。從一八三〇年代開始，聯邦政府逐漸破壞原住民族的獨立國家存在形式。迫遷切羅基族（Cherokee）及後續最高法院關於印第安人地位的法律戰，都一步步將北美原住民從主權國家貶低為「美國的被監護人」。

倘若外交不力，下一步就是戰爭。隨著十九世紀時間的過去，軍事敗北的北美原住民被限制在保留區中。強迫西遷的倖存者成了美國土地上的被殖民者。內部殖民的政策還伴隨著大量抹去原住民文化的痕跡，因為此刻推動的教育得為帝國服務。[8]

北美原住民並非遭逢跨大陸帝國崛起那種侵略勢力的唯一族群。一八四六年，美國對墨西哥開戰。勝利的美軍征服了墨西哥北部多數區域，並占領首都。一八四七年夏天，許多擴張主義者要求兼併整個墨西哥，反對者則以種族理由拒絕這項提議。他們認為國家若納入墨西哥人口，將對美國政體有害。終結這場戰爭的《瓜達露普－希達哥條約》（Treaty of Guadalupe-Hidalgo，一八四八年）將一千三百萬平方公里（五十萬平方英里）的土地（今日的加州、新墨西哥州、亞利桑那州、猶他州與內華達州，以及科羅拉多州與懷俄明州的部分區域）劃給美國，並以一千五百萬美金補償墨西哥政府的損失。

伴隨著大陸上征服擴張動力的，是美國在全球經濟重要性的驚人崛起。以歷史學家保羅．甘迺迪（Paukl Kennedy）的話來說：「美國似乎擁有其他強國只部分擁有的所有經濟優勢，卻毫無那些國家的劣勢。」[9]最終將美國推上全球霸權地位的優勢，包含肥沃的農耕土地、大量原物料、發展這些資源所需的科技創新（例如鐵路、蒸汽引擎、開礦設備）、缺乏社會與地理限制、不存在太大的外國威脅，以及享有外國與本地資本的投入。美國經濟力量的驚人擴張還受到大規模人口成長所推動——一七九〇年的三百九十萬人，到了一九〇〇年，已將近七千六百萬人。

跨大陸帝國的創建與擴張還須仰賴國家抵抗挑戰及崩解傾向的能力。最嚴重的威脅當屬試圖脫離的美國邦聯（Confederacy）——最後是透過漫長而血腥的戰爭才擊潰此威脅。一八六五年後，南方以正式與非正式降伏省分之姿重新回歸國家，這種情況至少持續了二十年以上。

南北分裂並非唯一的分裂危機：東側的海岸地帶與美國西部也像兩個分立的國家。「狂野西部」的「法外狀態」是無數電影中歷久彌新的場景，只要這些領地尚未納入聯邦體系，就會對帝國中心帶來挑戰。首都對於貿易路線、農業潛力與戰略地點的興趣經常受到挑戰，而美國騎兵就成了迫使當地人順服、領地成為準殖民地的象徵。

由於這些廣大區域被納入了形成中的全國交通與通訊網絡，軍事遠征便能執行得更有效率。美國鐵路系統在此脈絡中的演進，特別能說明這種情況。一八三〇年代，鐵路僅有四十公里（二十三英里）長。到了八〇年代，已完工的鐵軌多達十四萬九千六百七十公里（九萬三千英里）；到了二十世紀初，更達三十二萬一千八百七十公里（二十萬英里）。第一條跨大陸鐵路的興建被某位歷史學者稱為「帝國快鐵」，是將西部融入跨大陸網絡的一種象徵。[10]

速度提高的交通方式，也伴隨著通訊科技不相上下的革命性進展而至。[11] 十九世紀初，新聞從新共和國東岸抵達西部邊界，需要二十五天的時間；到了世紀末，新聞可以透過新媒介，如電話、電報與無線通訊，幾乎是轉瞬送達。一九〇〇年時，已有超過一百四十萬具電話接上線，每六位居民就有一具。同時間，無線電的實驗性運用才剛剛開始推進通訊科技的新時代。

帶有強大西半球利益導向、並放眼全球版圖來打造跨大陸帝國，這麼做的合理性是透過準傳教式的意識型態、對於一個例外國家的發展信念，以及美國作為普世國家的概念而獲得確立。[12] 這些核心信念注定要持續發揮作用，讓美國在創建帝國的同時，可以跟自由民主理念達成妥協。

從共和國初年開始，美國人都認為「美國相當於一件神聖的世俗性**任務**，要在無確定邊界的這片大陸上，推動具有世界史意義的事」。[13]這種傳教式的神話取材自聖經，例如千福年王國將至的概念，並將美國歷史詮釋為贖罪與救贖的集結之地——美國是個救世主國家。這種「傳教式」的自我認知有兩個面向：一方面視美國為人類的希望，另一方面則不滿足於「山上之城」①的策略，並且要求國家在改善世界的工作上，要扮演更積極主動的角色。

對於共和國實驗性政治的驕傲，以及美國扮演著神聖角色的救世信念，都讓美國自視為一個普世國家。哪怕是在國家獨立之前，湯瑪斯·潘恩就對美國的世界角色，提出最強大且歷久不衰的倡議。[14]在《常識》（*Common Sense*，一七七六年）一書中，他強調新舊世界之間的根本差異，指出美洲與世界的期許匯流合一，並強調國際體系中貿易相互依存的好處。歷史學者瑟吉·里卡德（Serge Ricard）卻指出這種救世普世主義，實際上是以利他主義掩飾了干涉與父權主義：一開始在大陸上，接著在西半球，最終則擴及全世界。[15]

然而共和國也能是個帝國嗎？一反孟德斯鳩與其他人警告共和國不能既征服擴張，又想要成功複製憲政體制，許多美國的「建國國父們」——例如漢彌爾頓（Alexander Hamilton）、麥迪遜（James Madison）、富蘭克林（Benjamin Franklin）、傑佛遜、門羅（James Monroe）與亞當斯（John Quincy Adams）都以各種方式——主張廣大領土與共和政府不只相輔相成，更有其必要性。針對兩者間的明顯落差，他們提出反駁主張，認為廣大國土對於公共主權的共和國來說是一大福氣，可以避免道德腐敗導致國家最終走向衰微。持續擴張的國家能避免單一利益主宰共和國。

同時間，擴張方案也被詮釋為對抗歐洲帝國入侵北美之潛在可能的一種反射性防衛。打造帝國於是成為對抗舊世界帝國影響力的反殖民手段。擴張與帝國控制被視為美國國家安全的核心；這種知識建構的方式將成為帝國與霸權在美國史上源遠流長的行事邏輯依據。

整個十九世紀期間，美國人認為太平洋、亞洲陸地與加勒比海盆地為其商業與戰略利益的「天然」範圍。雖然部分擴張主義者倡議將多數加勒比海地區納入（舉例來說）大美利堅帝國，此說卻從未成為正式的外交政策主流。相反地，美國人偏好非正式帝國之舉，運用商業入侵、懲罰性軍事行動、傳教式改革與教育現代化等工具。[16]

在亞洲，美國進行的是法蘭克・寧科維奇（Frank Ninkovic）所形容的「搭便車式帝國主義」[17]，在己方地位足以推動更有強制力的政策之前，先跟隨著英國政策前進。美國結合了軍事恫嚇及現代化的助力，讓日本對美方的影響力「打開門戶」。派瑞艦長（Matthew C. Perry）在一八五三及五四年的造訪，為《美日條約》（US-Japan Treaty，一八五八年）鋪路，也讓華府獲得五個港口的外國通商權利與治外法權。在韓國，美國人也試圖依樣畫葫蘆，卻導致一八七一年戰爭而未果。

中國市場的商業前景，包含了想像中的財富，以及四億中國人熱切渴望購買美國商品的場景，這些在美國商人、政治人物與戰略規畫者腦海中的藍圖占有重要地位。由於國家快速轉型為工業經濟體，造成了大量生產過剩，美國人希望能透過打入海外市場，來維持社會穩定，此舉也被視為有利於世界上其他區域。[18]

為了進入中國市場，美國試圖限制並導引列強間的爭端，避免中國被瓜分成不同勢力區域。一八九

① "City up the hill"：語出一六三〇年英國牧師約翰・溫斯羅普在新成立的麻薩諸塞殖民地的布道演講。他引用馬太福音五章十四節耶穌登山寶訓中關於鹽與光的隱喻：「你們是世上的光。城立在山上，是不能隱藏的。」，以提醒新教徒殖民者，他們的新社群將成為「山上之城」，為全球矚目。這後來也成為新英格蘭地區殖民者投射於首府波士頓的理想。

九與一九〇〇年的「門戶開放宣言」（Open Door Notes），接續著一八四四年的《望廈條約》（Treaty of Wanghia）傳統，當初的《望廈條約》讓美國獲得最惠國待遇，並確保華府自動獲得中國承諾給歐洲列強的各種好處。不論其他帝國勢力或中國人自己（從一九〇〇年義和團戰爭中美國加入西方的軍事干預行動便清楚可見）都不能威脅美國在中國的開放門戶。

在中國與亞洲其他地區，美國的商業入侵與偶而使用遠征武力的行動，都伴隨著強大的傳教與文化改革運動而至。一八七〇至一九〇〇年間，美國傳教士大批湧入中國，欲推動「世界福音化」，也因而成為強大的外國文化勢力。到了一九二五年，傳教人數高達五千人。其他世俗機構、社會改革者及後來的慈善組織也都湧入了中國。他們逐漸仰賴美國政府，要靠它支持、保護他們海外的行動，而且也以各種現代化措施創造出需求，進而推動貿易。

美國對亞洲的興趣也促成太平洋地區以夏威夷為核心的非正式島嶼帝國。從一八二〇年代開始，美國的傳教士兼莊園主巧妙協助將這個國家轉變成文化與商業上仰賴美國的衛星島嶼。華府再三警告歐洲列強不得試圖兼併此地，還讓夏威夷產品免關稅進入美國，並為海軍取得使用珍珠港的權利。一八九三年，華府甚至出手干涉，換掉對親美關係有所批評的本地政府。兼併議題經常被提出辯論，但將大批不同種族的中國人、日本人與夏威夷原住民納入美國的可能性，仍舊是主要的反對方所持論點。不過僅僅數年後，殖民野心以及擔憂日本人會主宰這些島嶼，讓美國人改變了戰略考量，遂將非正式帝國轉為正式國土，夏威夷列島就在一八九八年遭到兼併。[19]

在加勒比海盆地，美國勢力也於非正式與正式帝國之間擺盪。[20]美國在這個區域圍堵了歐洲的影響力，並運用商業霸權、文化入侵與軍事干預，在許多國家確保其虛擬主權，包括古巴、海地、多明尼加共和國、巴拿馬、尼加拉瓜、宏都拉斯與薩爾瓦多。許多案例中，美國取得無上限的干預權利，經常派遣美國海軍陸戰隊掌控情勢。[21]

處於非正式與正式帝國之間的案例就是古巴。古巴被視為美國理所當然且具有戰略重要性的延伸地，而美國商業利益也主導了這個島嶼。美國公司幾乎獨占了菸草、蔗糖與水果產業，礦產開發也是如此。光是聯合水果公司（United Fruit Company）就控制了二十萬公畝（八萬零九百四十英畝）的土地。一九〇二年，美國人投資了超過一億美金，到了一九二五年，金額更高達十五億美金。

一八九八年美西戰爭中西班牙敗北之後，古巴被置於美國軍政府管轄之下。雖然兼併古巴的預備計畫可以追溯到一八二〇年代，但更強大的種族主義卻引發對西班牙宣戰的泰勒修正案（Teller Amendment），其中也禁止將這座島嶼納入美國。然而透過一九〇三年《古巴憲法》的普拉特修正案（Platt Amendment），華府取得了美國干涉權及關達那摩灣的海軍基地。接下來幾十年中，美國（經常在古巴當地菁英的派系鬥爭促使下）一而再、再而三介入古巴情勢，甚至在一九〇六與一九〇九年上演軍事占領。古巴有限的主權將這個島嶼封鎖在美國的非正式帝國之中。

美國對於巴拿馬「建國」過程的非正統干涉帶來了更強大的準殖民關係。在法國興建運河失敗後，美方獲英國承認為唯一的責任承負者，於是便選擇哥倫比亞最北邊的省：巴拿馬作為巨大建設的場址。波哥大（Bogotá）政府拒絕美國的條件，但美國支持的叛變行動卻成功讓巴拿馬獨立。心懷感恩的新國家承認美國干涉權，並提供華府運河區土地，此地既非合併領地，亦非未合併領地。這是個準殖民地，有時候被稱為「政府所有的保留區」。

一九一四年八月完工的巴拿馬運河成為美國在加勒比海盆地非正式帝國的戰略中心。此地提供了商業發展動力，讓跨洋運輸連絡網完整化，也代表了美國國防最重要的戰略資產。它也透過連結美國遙遠的兩岸，完成了跨大陸帝國的統合，同時更確認了美國在這組連結東西方的新全球交通與通訊路徑中的中心地位。[22]

在美西戰爭取得勝利後，美國獲得了加勒比海與太平洋帝國，菲律賓、關島、波多黎各與夏威夷成為殖民地，古巴與巴拿馬則是實質上的保護國。[23]跟世界各地的歐洲殖民地相比，美國的殖民帝國規模相對較小，卻是征服海外市場的跳板，也鞏固了美國的戰略利益。然而，領地限制未能澆熄那股殖民熱，而美國政策也將根本性改變殖民地社會。

在菲律賓，美國的殖民建國計畫伴隨史上最血腥也最昂貴的殖民戰爭之一一起發生，其目的在於粉碎本地獨立運動。這場戰爭將殖民地多數區域變成「咆嘯荒野」。在島上服役的近十三萬名美軍中，有五千人死於戰爭；但菲律賓人的死亡人數在二十萬到七十五萬人之間。[24]

伴隨戰鬥而來的，是以社會工程為基礎的大規模綏靖計畫。即便廣施「友善同化」政策，帝國事業仍舊在此激起大量反抗行動。商人、勞工領袖、教師、辦事員、社會改革者、作家與政治人物等不同團體集結起來，形成強大卻最終無效的聯盟。對於菲律賓戰爭殘暴行為的持續報導支撐著反對力量。反帝國主義聯盟的領袖成員馬克·吐溫（Mark Twain）建議不妨改變美國國旗的畫法：黑條取代白條，頭顱取代星星。[25]

部分反對殖民事業的論點，卻反映出長久以來的種族主義與父權主義思想。他們強調傳統認定的熱帶氣候對人體健康有不良影響，並認為將殖民行為合理化為文明提升的說法，毫無道理可言。其他人則強調，有鑑於美國在處理自己國內原住民族的不良紀錄，以及長久以來的奴隸制遺毒，實在稱不上是能教育、提升被殖民種族的國家。最重要的是，反帝國主義批判突顯出帝國主義共和國在根本上的矛盾。

帝國的支持者則樂見殖民事業到來，好作為國家進入帝國強權俱樂部的門票。他們的核心信念在於盎格魯－薩克遜種族的社會效率遠勝於其他種族，因此兩大主要分枝應當為了共同利益攜手合作。[26]

這類想法讓美國與英國發展出密切的夥伴關係。[27]面對成為殖民國家的任務——從殖民地行政、殖民地都市計畫到殖民醫學——美國人從英國廣泛的經驗中借鏡許多。同時間，他們也重新檢視自己的國家歷史，尋求指引。這個過程隱藏的意涵，正是殖民事業並非意料之外的事，而是從大陸帝國走向海外帝國的合理進展。[28]

所以接續的發展便是，島嶼帝國的打造可鬆植基於眾所接受的傳統、迷思與做法之上，而這些基礎早先就已將西向擴張描繪成獨一無二之國家興起過程中的形塑要件。在對西部的文化定義中，邊界迷思裡包含了大量種族主義與社會達爾文主義，這些思想瀰漫在十九世紀的美國社會。這種迷思則表現在大量文化產物上，從廉價小說到妝點美國首都的藝術裝飾，從民族學展示到大西部秀，處處可見。[29]

海外帝國的創建也促成數量同樣驚人的旅行日誌、詩歌與小說問世，不只介紹美國人認識新殖民地的情況，更將他們納入禮讚國家擴張傳統的概念架構中。世界博覽會及其對「想像中的宇宙」的暗示，創造出最具吸引力的帝國宣傳平台。一八五三到一九一六年間，美國人主辦了十九次國際成員參展的展覽會，其中五次是大型世界博覽會。總體來說，這些展覽會吸引了約上億參觀者，更在很大程度上形塑了當代美國人的世界觀。[30]

一九〇四年於聖路易舉行的路易西安那購地案博覽會（Louisiana Purchase Exposition）是有史以來最大型的世界博覽會，也是美國帝國主義心態最驚人的一次展示。展覽會中「異國被殖民者」的民族學式展出，特別為參觀大眾點明了重疊並行的一些美國殖民事業，既可供帝國自我肯定，又綜合展現了建國至二十世紀初，美國歷史中的驅動力、渴望與天命體現。

美元、電影與海軍陸戰隊：競逐全球霸權的美國

「電影對美國來說，就跟過去國旗對英國的意義一樣。透過電影，山姆大叔期盼也許有朝一日，若過程未受阻撓，能夠美國化這個世界。」

——《晨報》（*Morning Post*〔London〕），一九二三年[31]

「一旦我們停止用了無生趣的孤立主義讓自己分心，就會驚訝發現美國國際主義已經如此壯大。美國爵士樂、好萊塢電影、美式俚語、美國機械與專利產品，已經從桑吉巴到漢堡，成為世界各地社群唯一能共同認得的事物。在盲目、無心插柳、意料之外，且身不由己的情況下，我們已經於一切細微處，以十分人性的方式，成為世界強權。」

——亨利．魯斯（Henry R. Luce），〈美國世紀〉（The American Century），一九四一年[32]

在試圖理解並接受二十世紀上半葉美國力量的時候，都會碰上多種不同形式的影響力表徵，它們同時發生，有時還會相互重疊。例如同時存在的加勒比海與太平洋的美國殖民帝國、拉丁美洲的非正式帝國，以及美國在歐亞崛起中的霸權地位等。能通向美國目標的穩定國際秩序前景，其中的吸引力讓美國

難以抵抗，於是它崛起成為商業、通訊及文化輸出領域中，具有全球影響力的強權，但在打造並維持長久國際安全這一方面，其所扮演的角色有限。直到二次大戰後，美國才結合這些優勢，支持一個建制國際主義與安全聯盟的網絡，意欲以自由民主路線強制轉變整個體系。[33]

美國崛起成為全球霸權的概念基礎，結合了美國例外主義中根深柢固的理想化傳統、傳教意識型態與商業國際主義，其中又以一次大戰後威爾遜總統闡明的自由民主國際主義政策，最為持久強大。[34]理論核心在於民主國家的和平互動、透過自由貿易相互依存，以及集體安全體系，將能確保國際穩定及美國的安全。美國政策的目的是要以約瑟夫・奈伊（Joseph Nye）所形容的「軟實力（soft power）」，取代歐洲返祖式的權力平衡體系。[35]

也因此，為了帝國的利益，美國採取的立場逐漸趨於矛盾。雖然老羅斯福（Theodore Roosevelt）政權與進步帝國主義者樂觀看待殖民帝國在確立秩序與教化上的影響力，威爾遜主義者卻斷定帝國本身有其破壞性。然而這股風向轉變並不一定會轉向並造成美利堅殖民帝國的瓦解，或終結美國對拉丁美洲非正式帝國的高壓手段。

兩次大戰的戰間期中，美國在某些殖民地提高了當地參與度，在其他地方則收緊控制力。到了一九三九年，美國殖民帝國的幅員已經廣達三十二萬三千七百五十平方公里（十二萬五千平方英里），殖民地子民總人口數達一千五百萬人。雖然夏威夷是人民享有公民權的合併領地（incorporated territory），經濟上與政治上仍舊是殖民依賴的狀態。對於菲律賓，美國再三重複宣稱（如一九一六年的《瓊斯法案》〔Jones Act of 1916〕）其殖民政權僅是為了讓菲律賓走向自治的暫時性準備狀態。一九三四年的《菲律賓獨立法》（Philippine Independence Act）——即《泰汀斯－麥杜菲法案》（Tydings-McDuffie

Act）——為群島創造了自由邦（commonwealth）的地位，預計將於一九四五年走向獨立。波多黎各雖然具有「形成但未合併」的領地地位，當地居民在一九一七年獲得美國公民資格，一九二九年取得投票權。整個一九三〇年代，面對波多黎各無數罷工及萌芽的獨立運動，美國更加收緊殖民統治政策。至於關島與薩摩亞則沒有當地的政治參與，由美國海軍持續進行殖民統治。

在拉丁美洲，美國持續經營既有的非正式帝國，經常利用自己與南方鄰國之間巨大的力量差異，取得政治控制，並推進經濟與文化滲透力量。華府經常對這些國家橫加干涉，以重建秩序、保護投資或收取債款，正是遵循老羅斯福一九〇四年提出的非正式帝國合理化邏輯——「我們只想看到所有鄰國都能穩定有序而繁榮。自我管理良好的國家，自然可以相信我們的溫暖友誼……倘若鄰國能夠維持秩序，為所當為，並不需要擔憂美國干涉。殘暴、錯誤或導致文明社會瓦解的無能者，也許最終將需要某些文明國家的干涉……而美國不能無視自己的責任。」[36]「炮艦外交」因此成為巡查「美國地中海」，以及干涉如墨西哥、古巴、多明尼加共和國與海地等目標國的工具。美國海軍陸戰隊的身影在許多國家相當常見。而某些案例更是由短期運用海軍武力，演變成長期的軍事占領，例如海地（一九一五至四三年）與尼加拉瓜（一九一二至三三年）。[37]

到了一九三〇年代中期，為了回應國內外逐漸升溫的批評浪潮，再加上一股對於拉丁文化的迷戀，同時也面對德國威權勢力下的激烈商業競爭，美國展開了新的「敦親睦鄰政策」。策略移轉強調泛美主義（Pan-Americanism）的合作精神，並以更微妙的方式取代華府的挑釁態度，為的就是贏得拉美的忠誠。

在全球領域，美國力量最主要來自國家的強勢經濟地位。雖然建制國際主義及國聯成員資格並未真正成為美國戰間期當時的選項，自由民主國際主義卻瀰漫於美國外交政策中的所有面向。商業國際主義成為美國與世界的關係中的核心概念。

美國的經濟動能在戰前已令英國人感到驚訝（也經常感到害怕），「削瘦而野心勃勃的山姆大叔挑戰矮胖約翰牛②名義上的世界經濟領袖地位，並超越英國成為主要的工業強國。」[38]然而同時間，英國仍舊享有不少贏過美國的長處，特別是對國際貨幣政策與通訊交通網絡的控制，這些都維繫著帝國的全球經濟強權。

然而第一次世界大戰從根本改變了這種權力架構。美國成為世界上最大的金融與債權國，取代英國成為全球化的主力。戰爭期間，華府提供英國大量食物、彈藥與武器，部分是以美國借款支付，到了一九一七年金額已經高達二十三億美金。仰賴美國物資和金錢的英法經濟模式成為一九二〇年代的公式。這十年結束前，國際上積欠美國公私部門的款項已經高達兩百億美金。

舊世界的弱點與美國的強項，讓美國一舉躍上世界經濟的舞台中心。華府要求開放國際貿易，談判債務還款，為國際貿易制度打下基礎，並強化自己與全球各個角落的貿易關係。一九二九年證券市場崩跌前夕，美國是全球經濟的主要引擎，占了世界工業產值的五分之二，以及百分之十六的商業活動。[39]

同等重要的——同時也受到美國經濟強權崛起的推動——是建立「廣大通訊帝國」的行動。[40]政府對於建立全球資訊高速公路及大量商機的巨大興趣，促使美國在一九一四年後不到二十年間，從國際通訊的邊陲地帶晉升到主導地位。

② John Bull，為英國擬人化形象，出自一七二七年蘇格蘭作家出版的諷刺小說《約翰牛的生平》（*John Bull*），主角約翰牛是個矮胖、愚笨且粗暴冷酷的英國紳士。

一次世界大戰前，大英帝國是無庸置疑的全球通訊領袖。跨越世界大洋、將近十六萬公里（九萬九千四百二十英里）長的電纜線，將帝國中心與印度、澳洲、非洲及加拿大連結起來。美國人的加入，表示將打破英國人在越洋電纜系統的獨占地位。由於經濟穩定性仰賴門戶開放，因此美國人深信在國際關係中，溝通蘊含的力量有其根本的重要性。

這種對於全球意見宰制力的信念帶來了實際的成果，其中之一就是一次大戰期間記者喬治・克里爾（George Creel）領導創立的公共資訊委員會（Committee on Public Information，簡稱CPI）。公共資訊委員會成為美國第一個政府宣傳機構，在國內外進行大規模宣傳，為國家－私人資訊合作的全球網絡建立基礎，後續將成為國際溝通領域中的美國領導指標。41

早在一九二〇年代初期，美國打破電纜網絡的獨占情形後，美國企業很快就連結起西半球、加勒比海與太平洋上的遠方領地。但美國不只是在電纜通訊領域中取代大英帝國，它還推動了一個無線（或稱無線電通訊科技）的新網絡。透過政府大力支持，RCA公司很快將新崛起的無線電帝國加以擴張外延，到了一九三〇年代，美國的廣播機構觸角已穩定地伸向拉丁美洲，並在非洲及環太平洋區拓展市場。

「軟實力」的另一個面向，是大眾文化輸出的大幅成長。一九一四年前，文化吸引力加上繁榮的外銷經濟，已經讓許多歐洲人意識到「美國化」的好處與黑暗面。戰爭期間，公共資訊委員會已確保了世界各地的通訊戰會運用美國產品及其文化象徵，來鼓舞盟軍士氣，並支持戰後和平國際秩序的美國理想。「到了一九二〇年代，美國書籍、電影與新聞在全世界已成為如吉利刮鬍刀與亨氏番茄醬一樣令人熟悉的景象。」42

克里爾委員會在戰爭期間的活動特別提供了促成好萊塢崛起的助力，並在戰間期歲月建立起好萊塢的全球娛樂帝國。商業力量與文化輸出連袂並進，以至於到了一九二〇年代末期，柯達（Kodak）生產了全世界百分之七十五的膠捲，國際電話電報公司（ITT）獨占聲響設備的生產，美國企業則擁有全世界過半數的主要電影院。

針對美國堅信文化輸出與貿易可促進和平的國際秩序這件事，一位法國評論者在回應中表示，美國人假設「確保和平的唯一方法，就是讓思想、語言及外國人的靈魂美國化。」[43] 一九二三年，一份倫敦報紙也提出類似論點，警告大家虛擬的美國會帶來長久的想像的力量，論者堅稱，「縱使美國停止外交與領事服務，船艦全都靠港停泊，觀光客待在家中，離開全球市場，世界最偏遠的角落仍舊會熟悉它的公民、問題、城市鄉村、道路、汽車、帳房與沙龍……電影對美國來說，就跟過去國旗對英國的意義一樣。透過電影，山姆大叔期盼也許有朝一日，若過程未受阻撓，能夠美國化這個世界。」[44]

記者愛德華・羅利（Edward G. Lowry）也在一九二五年評論道：「現在看起來，大英帝國跟美國電影裡的太陽都不會落下。」[45]

隨著新的極權競爭者在歐亞脫穎而出，美國被迫面對失去其外交政策核心價值的危險可能性，而這些價值被視為穩定國際秩序的要素：自由流動的貿易、通訊與文化交流的國際體系。正如亨利・魯斯認定美國的影響力、也清楚指出，美國運用戰間期來擴大權力地位，然而穩定政策、限武政策，或調解措施都未能消除世界上其他區域的挑戰者。

因此一九四一年日本襲擊珍珠港後，不到一代的時間，美國再度出手干涉。此時情況與一戰後已經不同，一九四五年的勝利完成了大英盛世（Pax Britannica）轉向全球化美國的權力轉移。此刻美國決心要用經濟、軍事、政治及文化力量，在建制國際主義的架構中，穩固全球性的自由民主國際主義秩序。

從部分全球霸權到「輕帝國」

「飽受摧殘的老總統，即便風燭殘年，也持續將敗亡帝國的碎片重組成以他為中心的新模式，驕傲的新帝國創造者……美國是地球的主宰。英國、法國、德國或日本，都無法與共和國的意志對抗。只有神祕的蘇維埃存活下來，成為權力天秤上的另一種平衡力量。」

——戈爾・維達爾（Gore Vidal），一九六七年[46]

「世界事務的模式就像萬花筒，隨著世界每次旋轉產生變化……然而在我們的時代裡，敵對關係、規則、甚至遊戲場域的地點，都並非一成不變……我們面對的挑戰，比起過往世代更加難以歸類、更多元，變化也更加迅速。」

——瑪德蓮・歐布萊特（Madeleine K. Albright），一九九八年[47]

一九四五年，美國享受了軍事、經濟強權所向披靡的時刻。德日敗北；中國陷入內戰；英法淪為次等強權。超過七百萬美國士兵駐紮海外，美國空軍控制了全世界的空軍基地，獨占核子武器的同時，一千兩百艘主要的美國軍艦巡航在大洋上。而在經濟方面，美國是唯一經由戰爭獲利的強權，其他盟國全都耗竭了國內經濟。華府控制了三分之二的世界黃金儲備量，產出全球百分之六十的工業產品，更是地球上最大的出口國。最終，美國不只有能力，也有意願依照自己的世界一體理念與自由民主國際主義路線，重構國際體系。

然而美國的全球想像卻又再次受到挑戰，這一次是來自戈爾．維達爾口中的「神祕蘇維埃」。兩者都自稱獨占世界領導地位的國家，打從一九一八年美國軍事介入俄羅斯內戰後，衝突持續醞釀，只在戰爭期間短暫沉潛。

美國冷戰外交與安全政策的核心，就是透過將非共產世界融入美國領導的體系，來圍堵蘇聯（USSR）。[48]這套戰略藍圖是源自具有高度影響力的國家安全會議NSC-68號報告。東西方對抗的兩極邏輯中，這份報告高舉某種摩尼教式的善惡對抗世界觀，並強調衝突的根本性。它不只挑戰了美國核心價值，也挑戰全球文明：「我們面對的問題如此艱巨，涉及到的不只是這個共和國，還有文明自身的毀滅。」[49]因此NSC-68號報告擴大了美國戰場的地緣戰略疆界，現已將全球含括在內：「此刻對於自由建制的攻擊是世界性的，在現行權力極化的脈絡中，任何地方的自由建制遭受挫敗，就等同所有地方的挫敗。」[50]它還強調，雖然美國的普世性渴望與其他人群的渴望相同，但若少了盟友協助，美國也無法圍堵蘇聯：「在美國，位居中心的力量只是兩項核心要素中的第一項。第二項則是我們的盟友與潛在盟友不因挫敗或蘇聯威脅而轉向中立，最終倒向蘇聯宰制。」[51]

美國事實上按著這些政策做出了行動：它決定了資本主義國際秩序的樣貌；讓西歐經濟復甦；引領德國、日本民主化並重新融入國際體系；創造出一個諸多安全聯盟（例如北大西洋公約組織）組成的全球網絡；並在全世界建立了一連串軍事基地。由於公信力在美國策略中占據了中央核心地位，各種承諾湧現——很快地，美國必須插手介入的地方甚至觸及地球上最偏遠的角落。

在西歐，美國政策自然強調透過信念而非強制力來行事。不像歷史上其他強權國家，美國透過支持歐洲融合，鼓勵其成立另一個潛在的權力中心，以圍堵蘇聯，並避免德國擴張主義東山再起。以讓．莫內（Jean Monnet）的話來說：「這是史上首次有強權的政策不是奠基在分而治之，反而決心持續支持一個更大社群的創建，團結起先前處於分化狀態的人群。」[52]即便跨大西洋關係有時困難重重又讓人失望（例如歐洲防衛共同體的失敗或法國退出北大西洋公約組織），過程中美國扮演的霸權角色是獲得多數歐洲人歡迎的，即便華府也並非視團結歐洲為「第三勢力」，而是在美國領導下的北大西洋文明社群的中流砥柱。挪威歷史學者蓋爾．倫德斯塔（Geir Lundestad）描述此過程是「統合而成的帝國」（empire by integration）。[53]

美國不斷表現的強大反帝國與反殖民姿態，也經常影響自身對其他國家的判斷。但有兩件事卻與美國對於去殖民的口頭支持產生矛盾：美國的準殖民帝國一直未從太平洋與加勒比海消失，以及華府對西歐盟友去殖民作為的矛盾立場。[54]由於擔心不穩情勢發生，並且也事關圍堵蘇聯的利益，導致美國對於去殖民的支持有限，更在發展中世界催生出一個美國帝國。在美國政策制定者眼中，殖民主義就控制混亂而言相當管用。

然而當歐洲列強再也無法維持殖民統治時，美國經常插手控制或拖延去殖民程序，最明顯的案例就是越南。美國支持極權政權，檯面上下的干涉措施成為美國的亞洲、中東與拉美政策的重要環節。從一九五〇年代初到冷戰結束，民族主義、中立主義或社會主義政權，又或者受認定的政府，以及社會與論等，都成為美國祕密干涉的目標。這種做法偶而也適用西歐與東北亞的核心工業國家；然而那在發展中世界發揮的強度是不可比擬的。美國透過檯面下運作來影響選舉、改變政權或穩固對美國霸權有利的氛圍。[55]從一九六三到七三年，美國介入越南十年多，被許多人視為美國「新帝國主義」的另一案例。美國花費了將近一千七百億美金，讓五萬八千名美國軍人喪命，卻未能成功阻止南北越在馬克斯主義政府下完成統一。此一「圍堵」亞洲共產主義的嘗試，在國內外激起大規模抗議。

傲慢的權力運用帶來了短期成果，例如以美國戰略軸線進行干涉，重組了某些國家與政府。然而長久來看，這類行動激起國際上長期對華府的批評聲；美國尋求世界社群統合的同時，卻破壞了自身在南半球許多區域的信譽。在工業核心國家，美國也面臨相關卻略有不同的矛盾，亦即聯盟管理的問題。

蘇聯運用軍事力量與威嚇，讓衛星國家服膺莫斯科外交的政策目標，對於勢力範圍內任何異議表達都施以暴力回應（例如一九五三年的東德、一九五六年的匈牙利、一九六八年的捷克斯洛伐克）。相對地，美國則強調聯盟體系的自願性質。華府對於民主化與民族自決的支持，雖然成為其意識型態上的引導框架，卻也創造出難題：美國要如何領導一個複雜的聯盟與侍從國家體系，圍堵蘇維埃擴張主義的同時，又確保其他國家既遵從美國意願，還能踐履其核心意識型態信念？

美國選擇了一種結合建制國際主義與經濟激勵辦法的多層次策略，由此投射出美國文化與意識型態的吸引力。這種冷戰時期的美國力量與影響，仰賴國家在國際通訊中的領導地位與其大眾文化對世界的吸引力。四十多年間，這股力量鞏固、維持了美國領導對抗蘇聯體系的團結能力。

文化外交與宣傳在東西方對抗中扮演重要角色，因為從許多方面而言，冷戰都是在世界各地試圖贏得民心的全球競爭。透過文化出口與宣傳，兩方都試著在國際上孤立各自的對手，並贏得世界輿論的認可，還要鞏固霸權秩序。從藝術展覽到國際運動賽事等各種機會，從廣播、衛星到電腦科技的各種媒介，都被運用在這場東與西的象徵性對抗中。[56]對美國政策制定者來說，通訊力量與文化輸出有雙重目的：在國際上孤立莫斯科，同時強化非共產國家的士氣、合作與共同目的感。

這種「概念上的馬歇爾計畫」（Marshall Plan of Ideas）仰賴緊密的公私合作，包含對門面組織如文化自由大會（Congress for Cultural Freedom）的大力支持，並運用多種媒體通路，來擴散美國冷戰戰略的概念。海外圖書館、展覽、音樂會與芭蕾舞表演、報章雜誌、教育交流、訪問學人計畫，以及對新興的美國研究領域的支持，都是設計來將非共產世界融入美國體系，也要將歐亞地區的民族主義與中立主義導向與美國合作的意圖，並抵銷蘇維埃發動類似攻擊的效果。美式娛樂的吸引力（特別是電影與音樂）結合著以富足、現代化為特色來號召大眾的「美式生活方式」；即便在「鐵幕」後的國家，對此也有很高的接受度。

然而對於美國的文化輸出仍不乏批評。一九六〇年代後，象徵「美式生活方式」的事物擴及全球，被批評者視為文化帝國主義。一如戰間期的擔憂，工業化與發展中國家的政府及評論者顧慮著自家電影工業的未來，同時批評美國在獲取及控制國際通訊系統這方面過於強勢。此外，在「麥當勞化」與「可口可樂化」的力量下可能失去身分認同的這種憂慮，也挑戰著大家對美國大眾文化熱情歡迎的態度。

蘇聯解體後，美國成為世界上最強大的單一國家。跟二戰後的情況不同，眼前沒有任何挑戰者能夠真正威脅美國的地位。雖然某些人認為那是自由民主資本國際主義的最終勝利，簡稱為「歷史終結」；然而對於美國影響力當前，卻缺乏明顯可見的圍堵與挑戰能力，其所造成的徬徨感仍舊籠罩各地。[57]迪安．艾奇遜（Dean Acheson）在一九六二年斷言，英國失去了帝國，卻尚未找到自己的定位——這也適用在冷戰後的頭十年美國對外關係上。[58]在缺乏明確願景的情況下，三屆政權持續推動不同程度的融合過程，同時心繫著該如何鞏固美國的主導性國際地位。

他們的作為系統性加大了美國與世界其他國家之間的權力鴻溝。從一九九〇年代後期開始，美國穩定增加國防預算，並在二〇〇一年九月十一日的恐怖攻擊後加快腳步。美國擁有難以匹敵的核子優勢、最強大的海空軍（包含將部隊設備空降到世界任何角落的獨特能力），以及受過精良訓練的龐大陸軍。此外，美國還擁有全球性經濟實力及強大的資訊優勢：光加州就已是世界第五大經濟體。聯邦儲備銀行的決策與華爾街的發展（世界最大證券交易所），對於全球都是牽一髮動全身。美國還擁有最多專利，以及最多諾貝爾獎得主。[59]

後冷戰時期的前三個政權都致力於美國力量的擴張，卻是以不同方式發揮這個國家的能力。[60]老喬治・布希（George G.W. Bush，任期為一九八九至九三年）經常在多邊架構中表現美國霸權之強勢。美國透過聯合國為科威特的解放做準備，並圍堵伊拉克。華府大可以獨自打波斯灣戰爭，卻選擇塑造一個令人印象深刻的聯盟。然而在巴拿馬，美國的軍事干預卻重現了非正式帝國長期以來的行為模式。

比爾・柯林頓（Bill Clinton，任期為一九九三至二〇〇一年）政府一開始也接受某種「堅定多邊主義」，最後卻一樣樂於擴大美國與世界其他國家之間已經相當巨大的權力鴻溝。柯林頓政府持續推動前任政府未完成的北美自由貿易區（North American Free Trade，NAFTA），並將更大的重心放在結合美國力量與快速統合世界的需求上。柯林頓與他的顧問都相當著迷商業相互依存對穩定性的影響，或如湯馬斯・弗里曼（Thomas Friedman）激昂宣稱的：「兩個都有麥當勞的國家不會發生戰爭。」[61]美國外交關係因此更著重以經濟為基礎，來確保國家安全及國際穩定。此戰略是透過多邊或單邊的方式來強化市場民主、扶植民主化與市場經濟的擴散，並對抗所謂「無良國家」（backlash states，利比亞、北韓、伊朗、伊拉克與古巴），以及恐怖組織、極端民族主義者及組織犯罪的挑釁。

相比前兩個政權，小喬治．布希（George W. Bush，任期為二〇〇一至〇九年）總統任內的白宮卻對於在多邊架構下形塑美國霸權幾乎毫無興趣。從環境外交到國際法庭的領域，小布希政權都走上單邊主義道路。他的政府所延續的軍事擘畫傳統，是以圍堵世界上其他地方對美國領導權的挑戰為基礎，其使用軍力的意願也遠高於過去的政權。二〇〇一年九月十一日的恐怖攻擊讓這股趨勢有了新的目標，也更使之加速推進。其中最明確的概念闡述主張了美國無可匹敵的全球領導地位，就體現在二〇〇二年九月二十日發表的美國國家安全戰略（National Security Strategy，簡稱ＮＳＳ）中。

小布希政權的外交政策藍圖強調了華府持續追求全球民主化的渴望，並且欲透過強化商貿來扶植穩定的國際體系。最重要的是，國家安全戰略很強調美國對於先發制人的主張，理想中是在多邊架構之下出擊，但若有必要，也可以由美方單獨發起：「若有需要，我們對獨自行動不會遲疑，我們會行使自衛權利，對恐怖主義者採取先發制人的攻擊，以防他們傷害我們的同胞及國家。」[63]

冷戰期間，圍堵原則已經讓美國領導的霸權關係體系獲得象徵性融合，也使得非正式帝國獲致合法性。後九一一世界中，小布希政權也期待「反恐戰爭」會帶來同樣的融合效果，但此假設卻是受到誤導的。華府小看了其他權力中心的利益、地位與世界觀，這一點從伊拉克戰爭中大西洋兩岸關係的分裂可見一斑。巨大的權力並不一定理所當然等同帝國，也不一定能讓華府說服諸多盟國跟隨它軍事化的外交政策目標來行動。

結語：「帝國作為一種生活方式」？

「未來的帝國是心智的帝國。」

——溫斯頓・邱吉爾（Winston Churchill），哈佛大學，一九四三年[1]

「帝國已經內化成我們美國的生活方式，在享受其所帶來的愉快結果時，我們合理化並壓抑自己所使用之手段的本質。」

——威廉・艾波曼・威廉斯（William Appleman Williams），一九八〇年[2]

過去三個世紀中，美國在帝國方面留下的紀錄極為矛盾。國家權力展現的型態變化不斷、國家與全球化過程之間多重而緊密的連結，以及其所投射於全球的美式概念之魅力，統統形塑著此帝國力量。從建國伊始，美國就是帶著強大的反帝國主義論述而創立，但這種論調也融合了傑佛遜式「自由帝國」的概念，並帶有滿滿種族主義意味的天命（Manifest Destiny）思想。這種論述提供的普世框架被運用在世界上許多地方的建國過程中，亦不乏帝國主義色彩。不論是以跨大陸帝國、殖民地國、非正式帝國、「應邀而來的帝國」，或以全球霸權之姿，美國都將這種控制往不同程度、不同布局，甚至於相互交疊的空間展現上伸去。

就像其他現代帝國，美國也以普世主義的語彙合理化自己的擴張行徑。然而沒有其他哪個帝國像美國一樣，將自己的統治權與空間畛域切割開來。可以肯定的是，地緣戰略與地緣政治考量固然重要，但美國同時身為大西洋與太平洋強權的身分、移動不定的前線，以及美國經驗適用於全球的明確主張，都是領土考量僅為過渡用的證據。長期以來，美國有一種持續的心理傾向，強調著共和帝國的普世性，在文化展現上甚至還要在太陽系行星之間表現這一點。從二十世紀初開始，美國在意的就不是空間的控制，而是對於現代性動脈——如貿易、交通、通訊與文化交流——的控制。網際網路只是這個趨勢的最新顯現，美國將自己置於獨特的地位上，既能從全球化受益，又可以抑制全球化潛在的有害副作用。

最終，在美國勢力實際觸及全球之前，外界對於美國的想像及概念，是先行於帝國之前、預期帝國到來的強大要素。至少從十九世紀末起，美國人就運用這種心理傾向，結合它持續擴大的權力基礎，將美國的意象投射到全球論述的震央中心。從過去、現在到未來，此一趨勢可能會持續製造羨慕、適應、模仿、拒絕與仇恨。任何試圖制衡或圍堵美國吸引力擴散的努力，至今為止都是失敗的。面對二〇〇一年九月十一日對美國的恐怖攻擊，許多來自海外的回應都以一句簡單的話表現團結：「現在我們都是美國人。」美國作為一種意象與概念，也許是它在所有帝國中表現最成功的指標。不論遭到抗議或欣羨，美國以自身定義自己。一九四三年的邱吉爾顯然說對了：未來的帝國是「心智的帝國」。

註解與參考書目

簡介

1 關於殖民歷史的文獻浩繁；本書各章節會提供重要的參考書目，因此簡介中僅引述少數特定資料來源。

2 See Barbara Goff (ed.), *Classics and Colonialism* (London, 2005).

3 John Hobson, *Imperialism: A Study* (London, 1902); John Pheby (ed.), *J.A. Hobson after Fifty Years: Freethinker of the Social Sciences* (London, 1994).

4 Edward Said, *Orientalism* (London, 1978), followed by *Culture and Imperialism* (London, 1993); John M. MacKenzie, *Orientalism: History, Theory and the Arts* (Manchester, 1995) 則提出批評。

5 Kwame Nkrumah, *Neo-Colonialism, the Last Stage of Imperialism* (London, 1965); Michael Hechter, *Internal Colonialism: The Celtic Fringe in British National Development, 1536–1966* (London, 1975).

6 Angela Woollacott, *Gender and Empire* (London, 2006) and Philippa Levine (ed.), *Gender and Empire* (Oxford, 2004).

7 See e.g. Richard H. Grove, *Green Imperialism: Colonial Expansion, Tropical Island Edens and the Origins of Environmentalism, 1600–1860* (Cambridge, 1995); Tom Griffiths and Libby Robin (eds), *Ecology and Empire: Environmental History of Settler Societies* (Melbourne, 1997); Tim Bonyhady, *The Colonial Earth* (Melbourne, 2000).

8 Gérald-George Lemaires, *The Orient in Western Art* (Cologne, 2001) is an overview; on the French example see: Darcy Grimaldo Grisby, *Extremities: Painting Empire in Post-Revolutionary France* (New Haven, 2002) and Roger Benjamin, *Orientalist Aesthetics: Art, Colonialism and French North Africa* (Berkeley, 2003).

9 Alison Bashford, *Imperial Hygiene: A Critical History of Colonialism, Nationalism and Public Hygiene* (London, 2004).

10 尤請見，Catherine Hall, *Civilizing Subjects: Metropole and Colony in the English Imagination, 1830–1917* (London, 2002). Cf. Herman Lebovics, *Bringing the Empire Back Home: France in the Global Age* (Durham, NC, 2004).

11 Roy Moxhan, *The Great Hedge of India: The Search for the Living Barrier That Divided a People* (London, 2002); Charles Corn, *The Scents of Eden: A History of the Spice Trade* (London, 1999).

12 Claudio G. Segrè, *Fourth Shore: The Italian Colonization of Libya* (Chicago, 1974).

13 Petrine Archer Straw, *Negrophilia: Avant-Garde Paris and Black Culture in the 1920s* (New York,

2000).
14 Robert Aldrich and John Connell, *The Last Colonies* (Cambridge, 1998).
15 Jean-Claude Guillebaud, *Les Confettis de l'empire* (Paris, 1976).
16 William Roger Louis and Ronald Robinson, 'The Imperialism of Decolonization', *Journal of Imperial and Commonwealth History*, Vol. 22, No. 3 (1994), pp. 462–511, and Bernard Porter, *Empire and Superempire: Britain, America and the World* (New Haven, CT, 2006).
17 James Walvin, *Fruits of Empire: Exotic Produce and British Taste, 1660–1800* (London, 1997).
18 Dawn Jacobson, *Chinoiserie* (London, 1993).
19 Dominique Taffin (ed.), *Du Musée colonial au musée des cultures du monde* (Paris, 2000).
20 Nadine Beauthéac and François-Xavier Bouchart, *L'Europe exotique* (Paris, 1985).
21 Robert Aldrich, *Vestiges of the Overseas Empire in France: Monuments, Museums and Colonial Memories* (London, 2005); Ulrich van der Heyden and Joachim Zeller, *Kolonialmetropole Berline: Eine Spurensuche* (Berlin, 2002); Evald Vanvugt, *De maagd en de soldaat: Koloniale monumenten in Amsterdam en elders* (Amsterdam, 1998).

鄂圖曼帝國

關於中亞與土庫曼人民參考書目：

David Christian, *A History of Russia, Central Asia and Mongolia*, Vol. 1, *Inner Eurasia from Prehistory to the Mongol Empire* (Oxford, 1998).
Carter Vaugh Findley, *The Turks in World History* (New York, 2004).

關於早期鄂圖曼人參考書目：

Claude Cahen, *The Formation of Turkey: History of the Near East* (London, 2001).
Cemal Kafadar, *Between Two Worlds: The Construction of the Ottoman State* (Berkeley, 1995).
Rudi Paul Lindner, *Nomads and Ottomans in Medieval Anatolia* (Bloomington, 1983).
Heath Lowry, *The Nature of the Early Ottoman State* (New York, 2003).

關於古典帝國參考書目：

Suraiya Faroqhi, *Subjects of the Sultan: Culture and Daily Life in the Ottoman Empire* (London, 2000).
Daniel Goffman, *The Ottoman Empire and Early Modern Europe* (Cambridge, 2002).
Colin Imber, *The Ottoman Empire 1300–1650: The Structure of power* (London, 2002).
Halil Inalcik, *The Ottoman Empire: The Classical Age, 1300–1600* (London, 1973).
Halil Inalcik with Donald Quataert (eds), *An Economic and Social History of the Ottoman Empire, 1300–1914* (Cambridge, 1994).
Karen Barkey, *Bandits and Bureaucrats: The Ottoman Route to State Centralization* (Ithaca, NY, 1997).
Leslie P. Peirce, *The Imperial Harem: Women and Sovereignty in the Ottoman Empire* (New York, 1993).

關於帝國晚期參考書目：

Benjamin Braude and Bernard Lewis (eds), *Christians and Jews in the Ottoman Empire: The Central Lands/The Arabic-Speaking Lands* (New York, 1982).

Selim Deringil, *Well-Protected Domains: Ideology and the Legitimation of Power in the Ottoman Empire, 1876–1909* (London, 1999).

Fatma Müge Göçek, *Rise of the Bourgeoisie, Demise of Empire: Ottoman Westernization and Social Change* (New York, 1996).

Donald Quataert, *The Ottoman Empire, 1700–1922*, 2nd edn (Cambridge, 2005).

Kemal H. Karpat, *Ottoman Population, 1830–1914: Demographic and Social Characteristics* (Madison, Wisconsin, 1985).

Ussama Makdisi, *The Culture of Sectarianism: Community, History, and Violence in Nineteenth-Century Ottoman Lebanon* (Berkeley, 2000).

關於帝國終結與土耳其參考書目：

Karen Barkey and Mark von Hagen (eds), *After Empire: Multiethnic Societies and Nation-Building* (Boulder, Colorado, 1997).

Donald Bloxham, *The Great Game of Genocide: Imperialism, Nationalism, and the Destruction of the Ottoman Armenians* (Oxford, 2005).

A.L. Macfie, *The End of the Ottoman Empire, 1908–1923* (London, 1998).

Erik J. Zürcher, *Turkey: A Modern History* (London, 2004).

註釋

1 Quoted in Halil Inalcik, 'The Rise of the Ottoman Empire', in M.A. Cook (ed.), *A History of the Ottoman Empire to 1730* (Cambridge, 1976), pp. 41–42.

2 Quoted in David Christian, p. 87.

3 此一論點的主要支持者為凱末爾・卡法達爾（Cemal Kafadar）《兩個世界之間》（*Between Two Worlds*）。

4 Andrew Ayton, 'Arms, Armour and Horses', in Maurice Keen (ed.), *Medieval Warfare: A History* (Oxford, 1999), p. 208.

5 Imber, *The Ottoman Empire*, pp. 269–71.

6 Rhoads Murphey, *Ottoman Warfare 1500–1700* (London, 1999), p. 63.

7 Imber, *The Ottoman Empire*, p. 108.

8 Daniel Goffman, *Ottoman Empire and Early Modern Europe* (Cambridge, 2002), pp. 91–92.

9 Christopher A. Bayly, *The Birth of the Modern World, 1780–1914* (Oxford, 2003), p. 91.

10 Donald Quataert, *The Ottoman Empire, 1700–1922*, 2nd edn (Cambridge, 2005), p. 77.

11 Donald Quataert, 'The Age of Reforms, 1812–1914', in Inalcik and Quataert (eds), *Economic and Social History of the Ottoman Empire*, p. 781.

12 See Palmira Brummett, *Image and Imperialism in the Ottoman Revolutionary Press, 1908–1911* (New York, 2000).

13 Mark Mazower, *Salonica: City of Ghosts* (London, 2004), p. 209.

14 Quoted in Kemal H. Karpat, *The Politicization of Islam: Reconstructing Identity, State, Faith and Community in the Late Ottoman Empire* (New York, 2001). p. 179.

15 Bloxham, p. 50.

16 Quoted in Sükrü Hanioglu, 'Turkish Nationalism and the Young Turks 1889–1908', in Fatma Müge Göçek (ed.), *Social Construction of Nationalism in the Middle East* (New York, 2002), p. 87.

17 Bloxham, *The Great Game of Genocide.*

西班牙

1 J.H. Elliott, *Imperial Spain, 1469–1716* (Harmondsworth, 1963).

2 P. Guichard, *Al-Andalus frente a la conquista cristiana de los musulmanes de Valencia, siglos XI–XIII* (Madrid, 2001).

3 J. Torró, *El naixement d'una colònia. Dominació i resistència a la frontera valenciana* (València, 1999).

4 P. Seed, *Ceremonies of Possession in Europe's Conquest of the New World, 1492–1640* (Cambridge, 1995).

5 J. Gil, *Mitos y utopías del descubrimiento* (Madrid, 1989).

6 B. Yun, *Marte contra Minerva. El precio del Imperio español, c. 1450–1600* (Barcelona, 2004).

7 M. Ollé, *La empresa de China* (Barcelona, 2002).

8 J. Elliott, 'A Europe of Composite Monarchies', *Past and Present*, No. 137 (1992), pp. 48–71.

9 A. Pagden, *The Fall of Natural Man: The American Indian and the Origins of Comparative Ethnology* (Cambridge, 1982).

10 S.J. Stern, *Peru's Indian Peoples and the Challenge of Spanish Conquest. Huamanga to 1640* (Madison, WI, 1982); see also Peter Bakewell, 'La maduración del gobierno del Perú en la década de 1560', *Historia Mexicana*, Vol. 39, No. 1 (1989), pp. 41–70.

11 S. Zavala, *La encomienda indiana* (Mexico City, 1973); see also *El servicio personal de los indios en Nueva España* (Mexico City, 1978).

12 A. Crosby, *The Columbian Exchange: Biological and Cultural Consequences of 1492* (Westport, CT, 1973).

13 W.W. Borah and S.F. Cook, *The Aboriginal Population in Central Mexico on the Eve of Spanish Conquest* (Berkeley, CA, 1963); see also, by the same authors, *Essays in in Population History. Mexico and the Caribbean,* 3 vols (Berkeley, CA, 1971); N.D. Cook, *Demographic Collapse. Indian Peru, 1520–1620* (Cambridge, 1981).

14 C. Sempat Assadourian, 'La despoblación indígena de Perú y Nueva España durante el siglo XVI y la formación de la economía colonial', *Historia Mexicana,* Vol. 38, No. 3 (1989), pp. 419–54.

15 P. Bakewell, *Silver Mining and Society in Colonial Mexico Zacatecas, 1546–1700* (Cambridge, 1971); see also *Miners of the Red Mountain. Indian Labor in Potosí, 1545–1650* (Albuquerque, NM, 1984).

16 E.J. Hamilton, *El tesoro americano y la revolución de los precios, 1501–1650* (Barcelona, 1975).

17 J.M. Ots Capdequí, *El Estado español en las Indias* (Mexico City, 1941).

18 F. Moya Pons, *La Española en el siglo XVI. Trabajo, sociedad y política en la economía del oro* (Santiago de los Caballeros, 1973); see also D. Watts, *The West Indies. Patterns: Development, Culture and Environmental Change since 1492* (Cambridge, 1987).

19 H.S. Klein, *African Slavery in Latin America and the Caribbean* (New York, 1986).

20 P. Seed, 'Social Dimensions of Race: Mexico City, 1753', *Hispanic American Historical Review*, Vol. 62, No. 4 (1982), pp. 569–606.

21 W.B. Taylor, *Magistrates of the Sacred: Priests and Parishioners in Eighteenth-Century Mexico* (Stanford, 1996).

22 V. Stolcke, *Marriage, Class and Colour in Nineteenth-Century Cuba. A Study of Racial Attitudes and Sexual Values in a Slave Society* (Cambridge, 1974).

23 J. Lynch, *Spanish Colonial Administration, 1782–1810: The Intendant System in the Viceroyalty of the Río de la Plata* (Westport, CT, 1969〔1958〕).

24 然而施行程度仍多半未知，因為一七二〇、六五及七八年的稅務改革，特別難以評估。見A. García Baquero, *Cádiz y el Atlántico, 1717–1778. El comercio colonial español bajo el monopolio gaditano* (Seville, 1976); J. Fisher, *Commercial Relations between Spain and Spanish America in the Era of Free Trade, 1778–1796* (Liverpool, 1985).

25 S.J. Stein and B.H. Stein, *Silver, Trade and War. Spain and America in the Making of Early Modern Europe* (Baltimore, 2000); by the same authors, *Apogee of Empire. Spain and New Spain in the Age of Charles III, 1759–1789* (Baltimore, 2003).

26 M.A. Burkholder and D.S. Chandler, *From Impotence to Authority: The Spanish Crown and the American Audiencias, 1687–1808* (Columbia, MO, 1977).

27 這套法律修訂的影響仍未有定論，雖然經濟改革與決定改革目標的財政因素之間的必然連結，看似已無合理化的必要性。這些改革最明顯的結果，是提升國家的徵稅能力——西班牙是一七九〇年代少數尚未陷入大西洋競爭對手所處的債務漩渦的國家。見H.S. Klein, *The American Finances of the Spanish Empire: Royal Income and Expenditure in Colonial Mexico, Peru and Bolivia, 1680–1809* (Albuquerque, NM, 1998).

28 S. Thomson, *We Alone Will Rule: Native Andean Politics in the Age of Insurgency* (Madison, WI, 2002); E. Van Young, *The Other Rebellion: Popular Violence, Ideology, and the Struggle for Mexican Independence, 1810–1821* (Stanford, 2001).

29 A.J. Kuethe, *Cuba, 1753–1815: Crown, Military, and Society* (Knoxville, TN, 1986).

30 M. Moreno Fraginals, *El Ingenio. Complejo económico-social cubano del azúcar*, 3 vols (Havana, 1973).

31 J.M. Fradera, *Colonias para después de un imperio* (Barcelona, 2005).

32 R.J. Scott, *Slave Emancipation in Cuba: The Transition to Free Labor, 1860–1899* (Princeton, NJ, 1985).

33 關於帝國主義變動階段，最好的參考書籍請見 C.A. Bayly, *The Birth of the Modern World, 1780–1914* (London, 2004)。本書對於世界歷史的貢獻，在於點出社會科學中鮮少注意到西班牙與葡萄牙王國的伊比利帝國史。

葡萄牙

1 早期古典歷史，請見 Charles R. Boxer, *The Portuguese Seaborne Empire* (London, 1969). 其他激發思考的歷史導論，請見：Malyn Newitt, *A History of Portuguese Overseas Expansion, 1400–1668* (London, 2005); A.J.R. Russell-Wood, *A World on the Move* (Manchester, 1992); and Bailey W. Diffie and Goerge D. Winnius, *Foundations of the Portuguese Empire* (Minneapolis, 1977). 以下則提供重要的補充觀點：Luis Filipe Thomaz, *De Ceuta a Timor* (Lisbon, 1994); Vitorino Magalhães Godinho, *Os Descobrimentos e a Economia Mundial*, 4 vols, 2nd edn (Lisbon, 1981–83). Jorge Flores, 'Expansão portuguesa, expansöes europeias e mundoa não-europeus na época moderna: o estado da questão', in *Ler História*, 50 (2006), pp. 23–43則針對葡萄牙擴張的歷史學提出極有價值的批判性觀點與引導。

2 See Peter Russell, *Prince Henry 'the Navigator'. A Life* (New Haven and London, 2001).

3 Magalhães Godinho, *Os Descobrimentos e a Economia Mundial*, Vol. IV, p. 157.

4 João de Barros, *Ásia, 1º Década, Livro terceiro*.

5 *Ibid.*

6 Magalhães Godinho, *Os Descobrimentos e a Economia Mundial*, Vol. IV. See also John Vogt, *Portuguese Rule on the Gold Coast* (Athens, GA, 1979).

7 Rui de Pina, *Crónicas de Rui de Pina*, ed. M. Lopes de Almeida (Porto, 1977), cáp. LXVIII.

8 Magalhães Godinho, *Os Descobrimentos e a Economia Mundial*, Vol. IV.

9 關於剛果王國歷史，見Anne Hilton, *The Kingdom of Kongo* (Oxford, 1985) and John Thornton, *The Kingdom of Kongo* (Madison, 1983).

10 見Paula Ben-Amos, *The Art of Benin* (London, 1980).關於貝寧歷史，見Alan Ryder, *Benin and the Europeans* (London, 1969).

11 關於達伽馬，尤請見Sanjay Subrahmanyam, *The Career and Legend of Vasco da Gama* (Cambridge, 1997).

12 See Luis Filipe Thomaz, 'Factions, Interests and Messianism: The Politics of Portuguese Expansion in the East, 1500–1521', *The Indian Economic and Social History Review*, Vol. 28, No. 1 (1991), pp. 97–109.

13 Anonymous, *Relação da Primeira Viagem à India pela Armada CheWada por Vasco da Gama*, in José Manuel Garcia (ed.), *As Viagens dos Descobrimentos* (Lisbon, 1983), p. 183.

14 *Ibid.*

15 Sanjay Subrahmanyam, *The Portuguese Empire in Asia 1500–1700: A Political and Economic History* (London, 1993).

16 See Charles Boxer, *The Tragic History of the Sea* (London, 1968).

17 關於古賈拉特人對葡萄牙人的反應，見Michael N. Pearson, *Merchants and Rulers in Gujarat. The Response to the Portuguese in the Sixteenth Century* (Berkeley/Los Angeles, 1976). See also *The Portuguese in India* (The New Cambridge History of India, Vol. I, Chapter 1), (Cambridge, 1987).

18 Luís Filipe F.R. Thomaz, 'Estrutura política e administrativa do Estado da Índia no século XVI', in

Luis de Albuquerque and Inácio Guerreiro (eds), *Actas do II Seminário Internacional de História Indo-Portuguesa* (Lisbon, 1985).

19 John Villiers, 'The Estado da India in Southeast Asia', in M. Newitt (ed.), *The First Portuguese Colonial Empire* (Exeter, 1986), p. 37.

20 Thomaz, 'Estrutura política e administrativa do Estado da Índia no século XVI'. See also Artur Teodoro de Matos, *O Estado da Índia nos anos de 1581–1588, estrutura administrtiva e económica. Alguns elementos para o seu estudo* (Ponta Delgada, 1982).

21 See Villiers, 'The Estado da India in Southeast Asia', p. 37.

22 Subrahmanyam, *The Portuguese Empire in Asia, 1500–1700*, pp. 75–78, 258–61.

23 *Ibid.*, p. 150.

24 See C.R. Boxer, *Portuguese Society in the Tropics: The Municipal Councils of Goa, Macao, Bahia and Luanda 1510–1800* (Madison, 1965), pp. 42–71.

25 關於耶穌會士在葡萄牙帝國活動的詳細歷史，尤請見Dauril Alden, *The Making of an Enterprise: The Society of Jesus in Portugal, its Empire, and Beyond, 1540–1750* (Stanford, 1996).

26 見Subrahmanyam, *The Portuguese Empire in Asia,* pp. 102–03, 151. 另見Charles R. Boxer, *The Christian Century in Japan, 1549–1650* (Manchester, 1993 〔1951〕).關於後世葡萄牙與中國貿易關係史，見George B. Souza, *The Survival of Empire. Portuguese Trade and Society in China and the South China Sea 1630–1754* (Cambridge, 1986).

27 Anthony R. Disney, *Twilight of the Pepper Empire: Portuguese Trade in Southwest India in the Early Seventeenth Century* (Cambridge, Mass., 1978), p. 21.

28 See James Lockhart and Stuart B. Schwartz, *Early Latin America: A History of Colonial Spanish America and Brazil* (Cambridge, 1983), p. 202.

29 關於十六至十八世紀間，巴西經濟發展中原住民歷史角色的重要重新評估，見John Manuel Monteiro, *Negros da Terra: Índios e Bandeirantes nas Orígens de São Paulo* (São Paulo, 1994).

30 David Birmingham, *Trade and Empire in the Atlantic, 1400–1600* (London and New York, 2000), p. 80.

31 他是巴特羅謬・迪亞士的孫子；迪亞士於一四八八年前往峽角的路程中，首度登陸安哥拉海岸。

32 David Birmingham, *Trade and Conflict in Angola* (Oxford, 1966), pp. 46–47.

33 Birmingham, *Trade and Empire in the Atlantic, 1400–1600*, p. 86.

34 Lockhart and Schwartz, *Early Latin America*, pp. 374–79.

35 T.W. Merrick and Douglas H. Graham, *Population and Economic Development in Brazil, 1800 to the Present* (Baltimore, MD, 1979), p. 29.

36 Lockhart and Schwartz, *Early Latin America*, pp. 392–93.

37 *Ibid.*, p. 238.

38 On this, see Charles Boxer, *Race Relations in the Portuguese Empire, 1415–1825* (Oxford, 1963). Stuart B. Schwartz, 'The Formation of Identity in Brazil', in Nicholas Canny and Anthony Pagden

(eds), *Colonial Identity in the Atlantic World* (Princeton, 1987), pp. 15–50.
39 Charles R. Boxer, *The Golden Age of Brazil, 1695–1750* (Berkeley and Los Angeles, 1962), p. 324.
40 Carla Rahn Phillips, 'The Growth and Composition of Trade in the Iberian Empires, 1450–1750', in James D. Tracey (ed.), *The Rise of Merchant Empires* (Cambridge, 1990), p. 65.
41 Herbert S. Klein, *The Middle Passage: Comparative Studies of the Atlantic Slave Trade* (Princeton, NJ, 1978), p. 25.
42 關於里約的葡萄牙宮廷，見Patrick Wilcken, *Empire Adrift* (London, 2004). Kirsten Schultz, *Tropical Versailles: Empire, Monarchy, and the Portuguese Royal Court in Rio de Janeiro, 1808–1821* (London, 2001). Jeffrey D. Needell, *A Tropical Belle Époque* (Cambridge, 1987).
43 *Ibid.*, p. 418.
44 關於失去巴西後危機的重要分析，見Valentim Alexandre, *Os Sentidos do Império: Questão Nacional e Questão Colonial na crise do Antigo Regime Português* (Lisbon, 1993).
45 見海軍部長薩・達・班德拉（Sá da Bandeira）於一八三六年二月向葡萄牙議會提交的報告。
46 João Pedro Marques, *The Sounds of Silence: Nineteenth-Century Portugal and the Abolition of the Slave Trade* (Oxford, 2006).
47 見Malyn Newitt, *Portuguese Settlement on the Zambesi*, chapter 15. 關於軍事征服細節，見René Pélissier, *Naissance du Mozambique. Résistances et révoltes anticoloniales (1854–1918)*, 2 vols (Orgeval, 1984); and *Les Guerres grises. Résistances et révoltes en Angola, 1845–1941*, 2 vols (Orgeval, 1977).
48 Cited in Jill Dias, 'Angola', in Valentim Alexandre and Jill Dias (eds), *O Império Africano 1825–1890*, p. 435.
49 軍事行動細節，見Réne Pélissier, *Les Guerres grises* and *Naissance de la Guiné. Portugais et Africains en Sénégambie (1841–1936)* (Orgeval, 1988).
50 António Enes, *A Guerra de África em 1895*, 2nd edn (Porto, 1945〔1898〕), p. 166.
51 關於恩剛剛哈納抵達里斯本的情況，詳見 *Diario de Notícias*, 14 March 1896.
52 Cited in Jill Dias, 'Angola', p. 461.
53 Gervase Clarence-Smith, 'Capital Accumulation and Class Formation in Angola', p. 188.
54 *Boletim Geral as Colonias* Ano 9, No. 100 (1933), p. 5.
55 *Estatuto politico, civil e criminal dos indigenas de Angola e Moçambique.*
56 J.M. da Silva Cunha, *O sistema português de política indígena* (Coimbra, 1953), pp. 143–44.
57 James Duffy, *Portuguese Africa* (Cambridge, MA, 1961), p. 295.
58 Clarence-Smith, 'Capital Accumulation and Class Formation in Angola', p. 192.
59 See John Marcum, *The Angolan Revolution, Vol. I, 1950–1962* (Cambridge, MA, 1969).
60 「安哥拉人民聯盟／安哥拉解放人民陣線」（União Popular Angolana/Frente Nacional para a Libertação de Angola）。
61 António de Oliveira Salazar, *Entrevistas: 1960–1966* (Coimbra, 1967), p. 53.

荷蘭

1 Ena Jansen and Wilfred Jonckheere (eds), *Boer en Brit. Ooggetuigen en schrijvers over de Anglo-Boerenoorlog in Zuid-Afrika* (Amsterdam, 2001).

2 Joris Voorhoeve, *Peace, Profits and Principles: A Study of Dutch Foreign Policy* (Leiden, 1985).

3 Wim van Noort and Rob Wiche, *Nederland als voorbeeldige natie* (Hilversum, 2006).

4 Esther Captain, Marieke Hellevoort and Marian van der Klein (eds), *Vertrouwd en vreemd. Ontmoetingen tussen Nederland, Indië en Indonesië* (Hilversum, 2000), p. 20.

5 Pitou van Dijck, 'Continuity and Change in a Small Open Economy: External Dependency and Policy Inconsistencies', in Rosemarijn Hoefte and Peter Meel (eds), *20th Century Suriname: Continuities and Discontinuities in a New World Society* (Leiden, 2001), p. 48. See Algemeen bureau voor de statistiek (censuskantoor), *Zevende algemene volks– en woningtelling in Suriname, landelijke resultaten volume 1, demograWsche en sociale karakteristieken* (Paramaribo, 2005).

6 Gert Oostindie, *Het paradijs overzee, de 'Nederlands' Caraïben en Nederland* (Amsterdam, 1998), p. 27 ff.

7 J. Van Goor, *De Nederlandse Koloniën. Geschiedenis van de Nederlandse expansie, 1600–1975* (Den Haag, 1994), p. 76.

8 Algemeen Bureau voor de Statistiek (Censuskantoor), *Zevende algemene volks– en woningtelling in Suriname, landelijke resultaten volume 1.*

9 Jan A. Somers, *Nederlandsch-Indië. Staatkundige ontwikkelingen binnen een koloniale relatie* (Zutphen, 2005), p. 101.

10 Van Goor 1994: 177, Somers: 81.

11 Somers 2005: 99 Van Goor 1994: 231.

12 Van Goor 1994: 232.

13 Somers 2005: pp. 114–119, Van Goor 1994: 234.

14 Somers 2005: 101, Amy Wassing, 'Roodkapje in Batik', in *Vertrouwd en vreemd*, p. 95.

15 除了蔗糖作物強迫種植到一八九一年外，這種形式的強迫勞動於一八七〇年終結。見Wassing: 95。

16 同上。

17 Somers: 14.

18 關於荷蘭帝國政策詳細討論，見Amy Wassing, 'Roodkapje in batik. Van batik Belanda tot batik Hokokai (1870–1945)', in Esther Captain, etc., *op. cit* Note 4, pp. 87–96; and Elsbeth Locker-Scholten, *op. cit*, pp. 15–21; and by Somers (see Note 14).

19 Rudolf van Lier, *Samenleving in een grensgebied. Een sociaal-historische studie van Suriname* (Deventer, 1971), p. 15.

20 Somers 2005: 98, Oostindie 1998: 29.

21 Guno Jones, 'Het belang van een gedenkteken', *Kleio. Tijdschrift van de vereniging van docenten in geschiedenis en staatsinrichting in Nederland*, vol. 52 (no. 5): 2001, pp. 9–10.

22 E. van Vugt, *Een gedenkteken voor de slavernij*, Vrij Nederland, 1 July 2000, p. 55.

23 關於這些憲法上的動作，見Goor, Van Lier and Jones。

24 Cynthia Mcleod, *Slavernij en de memorie* (Schoorl, 2002), pp. 70–71.

25 Anton de Kom, *Wij slaven van Suriname* (Bussum, 1981).

26 Michael Sharpe, 'Globalization and Migration: Post-Colonial Dutch Antillean and Aruban Immigrant Political Incorporation in the Netherlands', *Dialectical Anthropology*, vol. 29 (nrs. 3–4): 2005, p. 299.

27 K. Groeneboer (ed.), *Koloniale taalpolitiek in Oost en West: Nederlands-Indië, Suriname, Nederlandse Antillen en Aruba* (Amsterdam, 1977); J. van Goor, see Note 7; and Esther Captain, see Note 49.

28 See Van Lier (1971).

29 關於歐洲在文化與宗教上的宰制，見Hans Ramsoedh ('De Nederlandse assimilatiepolitiek in Suriname tussen 1863 en 1945', in Gobardhan-Rambocus, et. al., *De Erfenis van de Slavernij* (Paramaribo, 1995)), Van Lier (see Note 19), Groeneboer (See Note 27), Marshall (see Note 37) and Jones (see Note 38).

30 此舉創造出來的情況，黑人心理學家法農已在其他加勒比海脈絡中廣泛探討（Marshall 2003: 27）。

31 關於同化政策，見Ramsoedh, Van Lier and Marshall.

32 關於此殖民政策轉變，見Van Lier, Mcleod, Wekker and Ramsoedh.

33 Van Goor 1994: 365, Oostindie 1998: 28, Somers 2005: 11.

34 Oostindie 1998: 28.

35 Wim Hoogbergen, *De bosnegers zijn gekomen: slavernij en rebellie in Suriname* (Amsterdam, 1992), Frank Dragtenstein, *De ondraaglijke stoutheid der wegloopers: marronage en koloniaal beleid in Suriname, 1667–1778* (Utrecht, 2002), Sandew Hira, *Van Priary tot en met De Kom: de geschiedenis van het verzet in Suriname, 1630–1940* (Rotterdam, 1982).

36 See Hira (1982).

37 Edwin Marshall, *Ontstaan en ontwikkeling van het Surinaams Nationalisme. Natievorming als opgave* (Delft, 2003).

38 Johan Jones, *Kwakoe en christus. Een beschouwing over de ontmoeting van de Afro-Amerikaanse cultuur en religie met de Hernhutter zending in Suriname* (Brussels, 1981), Sam Jones, *Met vlag en rimpel: Surinamers over Nederland* (Utrecht, 2004), pp. 40–49.

39 Hein Eersel, 'De Surinaamse taalpolitiek: een historisch overzicht', in Kees Groeneboer (red.), *Koloniale taalpolitiek in Oost en West: Nederlands-Indië, Suriname, Nederlandse Antillen en Aruba* (Amsterdam, 1997), p. 215.

40 Quoted in Fasseur, *Tijdschrift voor geschiedenis* 1992 (2), p. 220.

41 Guus Cleintuar, 'Hoe vreemd mijn Holland was' in: Wim Willems en Leo Lucassen (red.) *Het onbekende vaderland* ('s-Gravenhage 1994).

42 根據麥克里奧德（McLeod）的研究，直到十八世紀中，黑人男性與「有色」女性的同居關係仍獲寬容，雖然並未受到殖民權威當局的認可。總督與神職人員經常表達他們對此類非法結合的不滿。見Cynthia Mcleod, *Elisabeth Samson, een vrije zwarte vrouw in het 18e – eeuwse Suriname* (Schoorl, 1996), p. 22.

43 Ann Stoler, *Race and the education of desire. Foucault's history of sexuality and the colonial order of things* (London, 1995), pp. 40–41.

44 Gloria Wekker, 'Of Mimic Men and Unruly Women: Family, Sexuality and Gender in Twentieth-Century Suriname', in *20th Century Suriname: Continuities and Discontinuities in a New World Society*, pp. 181, 195.

45 McLeod 1996: pp. 60–66, 106–114.

46 www.landsarchief.sr/geschiedenis/ plantages/cotticarivier/twijfelachtig

47 兩者皆與歐洲上層階級競爭，也彼此競爭。印歐人認為自己在法律上是屬於歐洲及荷蘭族群，因此在殖民地官僚體制中應當擁有（與白種歐洲人）同等的地位。而新晉印尼人族群也對自身地位有所要求。

48 Hans Meijer, *In Indië geworteld* (Amsterdam, 2004), pp. 154–171.

49 Esther Captain, *Achter het kawat was Nederland* (Kampen, 2002), pp. 75–96.

50 「尚未了解人民會議意見的情況下，我想像他們將會著重一個由荷蘭、印尼、蘇利南與庫拉索組成的國家聯盟。每個部分將獨立處理自己的內部事務，仰賴自己的努力，卻願意彼此支持。」見John Schuster, *Poortwachters over immigranten. Het debat over de immigratie in het naoorlogse Groot-Brittannië en Nederland* (Amsterdam, 1999), p. 82.

51 Oostindie 1998: 156–157, Somers 2005: 210.

52 見Captain 2002: 123, Meijer 2004: 236。根據Meijer (2004: 236)，日本人直到一九四五年八月二十三日才在荷屬東印度群島投降。

53 Meijer 2004: 237.

54 Captain 2002: 124.

55 *Handelingen Tweede Kamer*, 1949–1950, pp. 799–931.

56 針對這些傳統上與政權來往緊密，且後來也仰賴殖民政權的團體（例如公務員、教師及荷蘭軍隊〔KNIL〕士兵），政治人物似乎視之更該屬於印尼，而非荷蘭。這些忠於荷蘭當局的少數族群，在獨立之後多半被摒除在印尼社會之外，一開始在母國也不受歡迎。政府一開始甚至希望這些印歐人不要移民到荷蘭去。這表示，雖然他們是荷蘭國民，卻無法申請政府貸款（rijksvoorshot），因此無法真正前往荷蘭。最終（在一九五六年）荷蘭政府廢除了這項反對政策。整體來說約有三十萬荷蘭公民，包含二十萬印歐人，在一九四九到六四年間，前往荷蘭。曾為恢復荷蘭體系而戰的一萬兩千五百名安汶士兵（及家人），卻未如印歐人，反而（在違反個人意志的情況下）變成印尼公民，後來是透過法庭程序才獲准前往荷蘭。見Schuster 1998: *Poortwachters over immigranten. Het debat over immigratie in het naoorlogse Groot-Brittannië en Nederland,* pp. 81–116.

57 Tjalie Robinson, 'Wie is Tjalie Robinson?' in: *Moesson*, 15 augustus 1982.

58 Marshall 2003: 57–58, Sharpe 2005: 291, Oostindie 1998: 157.

59 Marshall 2003: 57–58.

60 除此之外，法案簽署更經了一番掙扎。蘇利南以為法案應該包含分離權利，可以在政治上與王國分隔開來，然而一開始荷蘭並未想要放手。最終蘇利南同意撤回分離權利的要求。資料來源：TK 1953–1954, 3200, chapter XIII, *Rijksbegroting overzeese rijksdeling over 1954, memorie van antwoord (no 9)*, 9 November 1953, p. 1, Oostindie 1998: 157.

61 Oostindie (1998: 158) 說：「經過印尼鬧劇後，透過共同協商進行友善去殖民過程，確實值得一試。而且不像東印度，在法案批准生效後，西印度的權力移轉並未造成太大損失。」

62 TK 1955–1956, *Rijksbegroting voor 1956, Hoofdstuk XIII, overzeese rijksdeling, voorlopig verslag (no 8)*, p. 1.

63 TK 1955–1956, *Plenaire vergadering op 7 December 1955, Hoofdstuk XIII (4100), vaststelling van de rijksbegroting over 1956*, pp. 438–457.

64 See Marshall, 2003 and Oostindie, 1998.

65 大眾間的合理化說法，經常認為此舉是「為了蘇利南發展的利益」，避免人才流失。

66 Oostindie 1998: 165, Marshall 2003: 193.

斯堪地那維亞

1 關於十七世紀斯堪地那維亞的政治地理與經濟生活綜述，見David Kirby, *Northern Europe in the Early Modern Period: The Baltic World 1492–1772* (London, 1990) and John P. Maarbjerg, *Scandinavia in the European World-Economy, ca. 1570–1625* (New York, 1995).

2 關於一五〇〇至二〇〇〇年丹麥史，見Knud J.V. Jespersen, *A History of Denmark* (London, 2004).

3 英文出版界並沒有關於丹麥屬北大西洋帝國的最新綜述，丹麥文出版中最相關的作品，見Michael Bregnsbo and Kurt Villads Jensen, *Det danske imperium. Storhed og fald* (Copenhagen, 2004)。關於格陵蘭，見Gad, *Grønlands historie*, Vols I–III (Copenhagen, 1967–76).

4 關於瑞典在北美的殖民事業的活潑描述，見Stellan Dahlgren and Hans Norman, *The Rise and Fall of New Sweden: Governor Johan Risingh's Journal 1654–1655 in its Historical Context* (Uppsala, 1988).

5 關於瑞典人在西非的活動，見Ole Justesen in Ole Feldbæk and Ole Justesen, *Kolonierne i Asien og Afrika* (Copenhagen, 1980), pp. 301 ff.; see also K.Y. Daaku, *Trade and Politics on the Gold Coast 1600–1720: A Study of African Reaction to European Trade* (London, 1970).

6 瑞典人統治聖巴瑟米島的歷史，見Saint Bethélemy is treated in Gösta Franzén, *Svenskstad i Västindien* (Stockholm, 1974). The book is provided with an English summary.

7 以下關於丹麥海外事業的描述，除非另有註記，均以Feldbæk and Justesen, *Kolonierne i Asien og Afrika* and Ove Hornby, *Kolonierne i Vestindien* (Copenhagen, 1980)為基礎。關於丹麥在印度貿易的詳細討論，見Ole Feldbæk, *India Trade under the Danish Flag 1772–1808* (Copenhagen, 1969).

8 關於英國劫掠哥本哈根一事簡要描述，見Knud J.V. Jespersen, *The Besieging of Copenhagen in 1807 and the Map in the Governor's Library in Odense* (Odense, 1974).

英國

1 James Raven, *Judging New Wealth: Popular Publishing and Responses to Commerce in England, 1750–1800* (Oxford, 1992), p. 138.

2 David Cannadine, 'The Making of the British Upper Classes', in *Aristocracy: Grandeur and Decline in Modern Britain* (New Haven and London, 1994).

3 John Jewell, *The Tourist's Companion, or, The History and Antiquities of Harewood* (Leeds, 1819), pp. 7–8.

4 *Yorkshire Election: A Collection of the Speeches, Addresses and Squibs Produced by All Parties during the Late Contested Election* (Leeds, 1807).

5 *Rule Britannia*, words by James Thompson, music by Thomas Arne (*c*. 1740).

6 Nicholas Canny, 'The Origins of Empire: An Introduction', in *The Oxford History of the British Empire, Vol. 1* (Oxford, 1998).

7 Linda Colley, *Britons: Forging the Nation* (New Haven, 1992).

8 Canny, 'The Origins of Empire', p. 7.

9 P.J. Marshall, '1783–1870: An Expanding Empire', in P.J. Marshall (ed.), *The Cambridge Illustrated History of the British Empire* (Cambridge, 1996).

10 Edmund Burke, 'Speech on Conciliation with America', 22 March 1775.

11 Alan Bennett, *The Madness of King George* (London, 1995), p. 70.

12 P.J. Marshall, *The Making and Unmaking of Empires: Britain, India and America, c.1750–1783* (Oxford, 2005).

13 P. J. Marshall, 'Introduction: The World Shaped by Empire', in *The Cambridge Illustrated History of the British Empire*, p. 10.

14 Bernard Smith, *European Vision and the South Pacific,* 2nd edn (New Haven, 1985).

15 關於庫克之死的意義，見Greg Dening, *Mr Bligh's Bad Language: Passion, Power and Theatre on the Bounty* (Cambridge, 1992).

16 Robert Hughes, *The Fatal Shore: A History of the Transportation of Convicts to Australia 1787 to 1868* (London, 1987). Hughes takes his title from a nineteenth-century ballad.

17 語出西蒙・夏瑪。見*A History of Britain. Vol. 3: 1776–2000: The Fate of Empire* (London, 2003), chapters five and six.

18 Catherine Hall, 'Of Gender and Empire: Reflections on the Nineteenth Century', in Phillippa Levine (ed.), *Gender and Empire (The Oxford History of the British Empire, Companion Series)* (Oxford, 2004), p. 48.

19 同上，p. 66。

20 同上，p. 47。

21 發出這些不平之聲最知名的其中一人，是前西印度群島奴隸瑪莉・普林斯（Mary Prince），她的自傳在反奴協會的努力下獲得出版機會。Mary Prince, *The History of Mary Prince, a West Indian Slave, Related by Herself* (London, 1831).

22 Colley, *Britons*, p. 354.

23 Alan Lester, 'British Settler Discourse and the Circuits of Empire', *History Workshop Journal,* No. 54 (2002), pp. 24–48; Elizabeth Elbourne, 'The Sin of the Settler: The 1835–36 Select Committee on Aborigines and Debates over Virtue and Conquest in the Early Nineteenth-Century British White Settler Empire', *Journal of Colonialism and Colonial History*, Vol. 4 (2003), p. 3.

24 Catherine Hall, *Civilising Subjects: Colony and Metropole in the English Imagination, 1830–1867* (London, 2002), p. 48.

25 William Dalrymple, *White Mughals: Love and Betrayal in Eighteenth-Century India* (London, 2002).

26 Hall, 'Of Gender and Empire', p. 47.

27 Schama, *A History of Britain. Vol. 3: 1776–2000: The Fate of Empire*, p. 241.

28 Bill Nasson, *Britannia's Empire: Making a British World* (Stroud, 2004), p. 132.

29 *Bulletin*, 2 July 1887.

30 P.J. Marshall, '1870–1918: The Empire under Threat', in *The Cambridge Illustrated History of the British Empire*, p. 71.

31 Nasson, *Britannia's Empire*.

32 同上，p.156。

33 A.J. Stockwell, 'Power, Authority and Freedom', *The Cambridge Illustrated History of the British Empire*, p. 182.

34 Nasson, *Britannia's Empire*, p. 201.

35 Salman Rushdie, 'Outside the Whale', in *Imaginary Homelands: Essays and Criticism, 1981–1991* (London, 1991); John Hill, *British Cinema in the 1980s: Issues and Themes* (Oxford, 1999), pp. 99–123.

36 Marshall, 'Introduction: The World Shaped by Empire'.

法國

參考書目

Henri Brunschwig, *Mythes et réalités de l'impérialisme colonial français* (Armand Colin, 1960).

Jacques Frémeaux, *La France et l'Islam depuis 1789* (Presses Universitaires de France, 1991).

Jacques Frémeaux, *Les Empires coloniaux dans le processus de mondialisation* (Maisonneuve et Larose, 2002).

Jacques Frémeaux, *La France et l'Algérie en guerre, 1830–1870, 1954–1962* (Economica, 2002).

Philippe Haudrère, *L'Empire des rois (1500–1789)* (Denoël, 1997).

Jacques Marseille, *Empire colonial et capitalisme français, histoire d'un divorce* (Albin Michel, 2005).

Jean Meyer, Jean Tarrade, Annie Rey-Goldzeiguer and Jacques Thobie, *Histoire de la France coloniale: des origines à 1914* (Armand Colin, 1991).

Jacques Thobie, Gilbert Meynier, Catherine Coquery-Vidrovitch and Charles-Robert Ageron, *Histoire de la France coloniale. 1914–1990* (Armand Colin, 1990).

俄羅斯

1 Richard Pipes, *Russia under the Old Regime* (London, 1974), p. 5.

2 Dominic Lieven, *Empire: The Russian Empire and its Rivals* (London, 2000), p. 262.

3 同上，p.278。

4 關於政府架構的發展，見George L. Yaney, *The Systematization of Russian Government. Social Evolution in the Domestic Administration of Imperial Russia 1711–1905* (Urbana, 1973). On the empire more generally, see Hugh Seton-Watson, *The Russian Empire 1801–1917* (Oxford, 1967).

5 關於每位沙皇的簡短介紹，見Ronald Hingley, *The Tsars: Russian Autocrats 1533–1917* (London, 1968).

6 關於民族議題綜論，見Lubomyr Hajda and Mark Beissinger (eds), *The Nationalities Factor in Soviet Politics and Society* (Cambridge, 1990).

7 關於戰後經濟綜論，見Philip Hanson, *The Rise and Fall of the Soviet Economy: An Economic History of the USSR from 1945* (London, 2003).

8 For an overview, see Alvin Z. Rubinstein, *Soviet Foreign Policy since World War II: Imperial and Global* (New York, 1992).

9 Archie Brown, *The Gorbachev Factor* (Oxford, 1996).

10 Robert Service, *Russia: Experiment with a People. From 1991 to the Present* (London, 2002).

奧地利－匈牙利

1 Steven Beller, *Reinventing Central Europe* (Working Paper 92–5, Center for Austrian Studies, Minneapolis, Oct. 1991).

2 Moritz Csáky and Klaus Zeyringer, *Ambivalenz des kulturellen Erbes. Vielfachcodierung des historischen Gedächtnisses. Paradigma: Österreich* (Innsbruck, Vienna and Munich, 2000).

3 即便在一九七〇年代，盎格魯－薩克遜與奧地利歷史學者仍舊沿襲這些區域劃分。見Adam Wandruszka and Peter Urbanitsch (eds), *Die Habsburgermonarchie 1848–1918, 8* vols (Vienna, 1973–2006); Robert A. Kann, *A History of the Habsburg Empire 1526–1918* (Berkeley and Los Angeles, 1974); Robert J.W. Evans, *The Making of the Habsburg Monarchy, 1550–1700: An Interpretation* (Oxford, 1979).

4 Diana Reynolds, 'Kavaliere, Kostüme, Kunstgewerbe: Die Vorstellung Bosniens in Wien 1878–1900', in Johannes Feichtinger, Ursula Prutsch and Moritz Csáky (eds), *Habsburg postcolonial. Machtstrukturen und kollektives Gedächtnis* (Innsbruck, Vienna, Munich and Bolzano, 2003), pp. 243–55.

5 Claudio Magris, *Il mito absburgico nella letteratura austriaca moderna* (Turin, 1963).

6 Christiane Zintzen, '*Die österreichisch-ungarische Monarchie in Wort und Bild.*' *Aus dem* '*Kronprinzenwerk*' *des Erzherzog Rudolf* (Vienna, Cologne and Weimar, 1999).

7 Richard Swartz, Preface, in Zintzen, *Kronprinzenwerk*, p. 7.

8 詳細討論，見Vol. 1 of Thomas Winkelbauer, *Ständefreiheit und Fürstenmacht. Länder und Untertanen des Hauses Habsburg im konfessionellen Zeitalter* (Vienna, 2003). Biography: Alfred

Kohler, *Ferdinand I. (1503–1564). Fürst, König und Kaiser* (Munich, 2003).

9 Henri Pigaillem, *Le Prince Eugène (1663–1736). Le philosophe guerrier. Biographie* (Monaco, 2005).

10 以下相關討論，見Karl Vocelka, *Glanz und Untergang der höWschen Welt. Repräsentation, Reform und Reaktion im habsburgischen Vielvölkerstaat* (Vienna, 2001)。優秀的經濟史綜論，見Herbert Knittler, 'Die Donaumonarchie 1648–1848', in Ilja Mieck (ed.), *Europäische Wirtschafts– und Sozialgeschichte von der Mitte des 17. Jahrhunderts bis zur Mitte des 19. Jahrhunderts* (Stuttgart, 1993), pp. 880–915.

11 C.W. Blanning, *Joseph II* (London and New York, 1994); Ernst Wangermann, *Die Waffen der Publizität. Zum Funktionswandel der politischen Literatur unter Joseph II.* (Vienna and Munich, 2004).

12 Ernst Wangermann, *From Joseph II to the Jacobin Trials. Government Policy and Public Opinion in the Habsburg Dominions in the Period of the French Revolution* (London, 1969); Walter Sauer, 'Schuster, bleib bei deinem Leisten⋯ Politische und weltanschauliche Entwicklungen unter Wiener Handwerkern am Beispiel der Affäre des Jahres 1794', in Ulrich Engelhardt (ed.), *Handwerker in der Industrialisierung. Lage, Kultur und Politik vom späten 18. bis ins frühe 19. Jahrhundert* (Stuttgart, 1984), pp. 435–57.

13 Carsten Holbraad, *The Concert of Europe: A Study in German and British International Theory 1815–1914* (London, 1970).

14 Alan Palmer, *Metternich* (London, 1972).

15 Wolfgang Häusler, *Von der Massenarmut zur Arbeiterbewegung. Demokratie und soziale Frage in der Wiener Revolution von 1848* (Vienna, 1979); Helgard Fröhlich, Margarethe Grandner and Michael Weinzierl (eds), *1848 im europäischen Kontext* (Vienna, 1999).

16 Brandt Harm-Hinrich, *Der österreichische Neoabsolutismus: Staatsfinanzen und Politik* (Göttingen, 1978).

17 關於此一複雜發展的詳細摘述，見Helmut Rumpler, *Eine Chance für Mitteleuropa. Bürgerliche Emanzipation und Staatsverfall in der Habsburgermonarchie* (Vienna, 1997).

18 Kann, *Habsburg Empire*, p. 579.

19 Wolfram Fischer, 'Wirtschaft und Gesellschaft Europas 1850–1914', in Fischer et al (eds), *Europäische Wirtschafts– und Sozialgeschichte von der Mittel des 19. Jahrhunderts bis zum Ersten Weltkrieg* (Stuttgart, 1985), pp. 112 and 115. For a general account, see Ernst Bruckmüller, *Sozialgeschichte Österreichs* (second edition, Vienna and Munich, 2001).

20 *Österreichische Bürgerkunde. Handbuch der Staats– und Rechtskunde in ihren Beziehungen zum öVentlichen Leben I* (Vienna, 1908), p. 356.

21 Kann, *Habsburg Empire*, p. 581.

22 關於這個民族問題，尤請見Ernst Bruckmüller, *The Austrian Nation. Cultural Consciousness and Socio-Political Processes* (Riverside, Cal, 2003)。關於其歷史，見Rumpler, *Chance für Mitteleuropa*, pp. 426–523.

23 David F. Good, *The Economic Rise of the Habsburg Empire 1750–1914* (Berkeley and Los

Angeles, 1984), p. 256。部分修正，但大體上能夠同意，見Roman Sandgruber, *Ökonomie und Politik. Österreichische Wirtschaftsgeschichte vom Mittelalter bis zur Gegenwart* (Vienna, 1995), pp. 233–313.

24 Good, *Economic Rise of the Habsburg Empire*, p. 239.

25 案例研究，見Feichtinger, Prutsch and Csáky, *Habsburg Postcolonial*.

26 See Walter Sauer, 'Schwarz-Gelb in Afrika. Habsburgermonarchie und koloniale Frage', in Sauer (ed.), *k. u. k. kolonial. Habsburgermonarchie und europäische Herrschaft in Afrika* (Vienna, 2002), pp. 17–78.

27 See, *inter alia*, contributions by Wolfgang J. Mommsen and Jörg Fisch, in Stig Förster, Wolfgang J. Mommsen and Ronald Robinson (eds), *Bismarck, Europe and Africa: The Berlin Africa Conference 1884–1885 and the Onset of Partition* (London 1988).

28 Zuletzt Walter Markov, 'Die koloniale Versuchung: Österreichs zweite Ostindienkompanie. Supplementa zu F. von Pollack-Parnau', in *Österreich im Europa der Aufklärung I* (Vienna, 1985) pp. 593–603; also Malyn Newitt, *A History of Mozambique* (Johannesburg, 1995), p. 159 ff.

29 See Sauer, 'Schwarz-Gelb in Afrika', pp. 36–54.

30 關於三年後以哈布斯堡大公遭到處決而告終的「墨西哥冒險」，見Brian Hamnett, *Juárez* (London and New York, 1994), pp. 166–97; also Konrad Ratz, *Maximilian und Juárez*, 2 vols (Graz, 1998).

31 Quoted from Sauer, *Schwarz-Gelb in Afrika*, p. 71 ff.

32 Georg Lehner and Monika Lehner, *Österreich-Ungarn und der 'Boxeraufstand' in China* (*Mitteilungen des Österreichischen Staatsarchivs*, special issue 6, Innsbruck, 2002).

33 Gordon Brook-Shepherd, *Between Two Flags: The Life of Baron Sir Rudolf von Slatin Pasha* (London, 1972).

34 Harry Sichrovsky, *Der Revolutionär von Leitmeritz. Ferdinand Blumentritt und der philippinische Freiheitskampf* (Vienna, 1983).

35 選自今日數量已相當龐大的文獻：Peter Berner, Emil Brix and Wolfgang Mantl (eds), *Wien um 1900* (Vienna, 1986); Emil Brix and Patrick Werkner (eds), *Die Wiener Moderne. Ergebnisse eines Forschungsgespräches der Arbeitsgemeinschaft Wien um 1900 zum Thema 'Aktualität und Moderne'* (Vienna and Munich, 1990); Alfred Pfabigan (ed.), *Die Enttäuschung der Moderne* (Vienna, 2000).

36 Carl E. Schorske, *Fin-de-Siècle Vienna: Politics and Culture* (New York, 1980), p. xviii; for different interpretations see Albert Fuchs, *Geistige Strömungen in Österreich 1867–1918* (Vienna, 1996) or William M. Johnston, *The Austrian Mind: An Intellectual and Social History 1848–1938* (Berkeley, 1972).

37 Ernst Hanisch, *Der lange Schatten des Staates. Österreichische Gesellschaftsgeschichte im 20. Jahrhundert* (Vienna, 1994), p. 261.

38 關於政治異議意識型態與組織的發展，見Wolfgang Maderthaner and Lutz Musner, *Die Anarchie der Vorstadt. Das andere Wien um 1900* (Frankfurt am Main, 1999); John Boyer, *Political Radicalism in Late Imperial Vienna. Origins of the Christian Social Movement 1848–*

1897 (Chicago, 1981); William D. Bowman, *Priest and Parish in Vienna, 1780 to 1880* (Boston, 1999).

39 Roman Sandgruber, 'Exklusivität und Masse. Wien um 1900', in Brix and Werkner, *Die Wiener Moderne*, p. 82.

比利時

1 G. Romanato, *L'Africa Nera fra Cristianesimo e Islam. L'esperienza di Daniele Comboni (1831–1881)* (Milan, 2003).

2 F. Renault, *Lavigerie, l'esclavage africain et l'Europe, 1868–1892*, Vol. 2, *Campagne antiesclavagiste* (Paris, 1971).

3 馬赫迪：「我毀滅了世界，同時建設將來的世界。」（一八八三年），語出史拉汀《蘇丹火與劍》，引自F. Nicoll, *The Mahdi of the Sudan and the Death of General Gordon* (Stroud, 2005), p. 177.

4 史丹利有部言論選集，述及從他前往庫瑪西探險，希望阿香緹人（Ashanti）能夠發動反抗，好讓英國人有掀起血腥報復的藉口；他也談到順著剛果河往下游航行：「這是個血腥謀殺的世界，我們首度感覺到，自己如此厭惡住在此地的骯髒貪婪惡鬼。」引自J.L. Newman, *Imperial Footprints. Henry Morton Stanley's African Journeys* (Washington, D.C., 2004), p. 138.艾敏帕夏救援行動也並未更和平。

5 A.-J. Wauters, *Histoire politique du Congo belge* (Brussels, 1911), pp. 57–58.

6 四位最知名的史丹利人馬中的成員：葛拉夫（E.J. Glave）、帕敏特（W.G. Parminter）、凱斯曼特（R. Casement）與沃德（A.H. Ward），在沃德安排下合照。見*A Voice from the Congo* (London, 1910), facing p. 204.

7 中國也是個可能性。「我們需要人手時，可以在中國找到。」到了一八八八年，他想到設立五座中國軍營，來劃清邊界。但成本呢？見R.-J. Cornet, *La Bataille du Rail* (Brussels, 1958), p. 236.

8 P. Marechal, *De 'Arabische' campagne in het Maniema-Gebied (1892–1894)* (Tervuren, 1992).

9 一八九二年的一到五月間，非洲工人的死亡率高達百分之二十（共有四千五百名勞工，主要來自西非與桑吉巴島）；一整年下來，歐洲勞工的死亡率則是百分之二十二點五（總數為一百二十人）。

10 一八九八年七月六日於利奧波德維爾，剛果鐵路公司董事長、也是工程師的泰斯（A. Thys）在鐵路線啟用典禮上致詞。見*Mouvement géographique*, 1898, cols 398–99.

11 一八九一至一九〇四年間，象牙出口的價值從每年兩百八十萬法郎，漲到每年五百八十萬法郎；橡膠出口也在一八九六年跟上這些數字，並於一九〇三年達到四千七百零三萬法郎。馬塔迪－利奧波德維爾鐵路線的工程經費為八千兩百萬法郎。

12 這些人命損失發生在通過馬塔迪懸崖時，這是工程中最困難的一段。整條路線總共擁有四十萬張睡鋪。

13 報告全文，見S. Ó Síocháin and M. O'Sullivan, *The Eyes of Another Race: Roger Casement's Report and 1903 Diary* (Dublin, 2003).

14 由於殖民地當局後來採取的否認政策（見以下），研究者長期以來都無法取得這些起訴文字。五十年後，傳教士波拉特（E. Boelaert）採集了第二波口述證言，作為形塑集體認同對抗現代資本主義的計畫一環。但受眾也僅限於當地讀者。

15 證實這些作為相當普遍的早期旅人，包含史瓦希利貿易商提普・提普（Tippu Tip）、德國軍官威斯曼（Wissmann）及「史丹利人馬」的沃德，都被援引為諸多案例之一。事實上，分屍情況早在十六及十七世紀的中非相關書面文獻中就已出現，並在歐洲引起譁然。

16 Ward, *A Voice from the Congo*, p. 286.

17 F. Cattier, *Étude sur la situation de l'État Indépendant du Congo* (Brussels, 1906); A. Vermeersch, *La Question congolaise* (Brussels, 1906).

18 K. Grant, 'Christian Critics of Empire: Missionaries, Lantern Lectures and the Congo Reform Campaign in Britain', *Journal of Imperial and Commonwealth History*, Vol. 29, No. 2 (2001), pp. 27–58.

19 W.R. Louis and J. Stengers, *E.D. Morel's History of the Congo Reform Movement* (Oxford, 1968).

20 P. Mille, 'Le Congo léopoldien', *Cahiers de la Quinzaine*, 26 November 1905; P. Mille and F. Challaye, 'Les deux Congo devant la Belgique et devant la France', *ibid.*, 22 April 1906.

21 對他來說，南部非洲與德屬西南非都是種族壓迫引起暴力的例子；兩剛果則是資本主義利益的受害者；北非則跟一九一四年的比利時一樣，是政治受害者。見E.D. Morel, *The Black Man's Burden* (1920).

22 一九三〇年，兩名剛果人對比利時駐波士頓領事館抗議，他們在丹尼爾・戴文波特（Daniel Davenport）導演的美國片《Jango》中，被刻畫成剛果食人族，然而實際上「他們是天主教徒」。他們也指出自己並未收到該有的酬勞。出自Correspondence Belgian Embassy, Washington, 27 February 1930, Belgian Archives Foreign Affairs, AF-I-17.

23 G.T. Mollin, *Die USA und der Kolonialismus* (Berlin, 1996), p. 129.

24 G. Vanthemsche, *Genèse et portée du «Plan décennal» du Congo belge (1949–1959)* (Brussels, 1994). Cf. the discussion in *Bulletin de l'ARSOM* (1994), pp. 349–56.

25 關於獨立前夕階段的分析，見Ndaywel è Nziem, *Histoire du Zaïre* (Louvain la Neuve, 1997), and J.-M. Mutamba, *Du Congo belge au Congo indépendant, 1940-1960. Émergence des évolués et genèse du nationalisme* (Kinshasa, 1998).

德國

1 譯自Heinrich von Poschinger (ed.): *Fürst Bismarck und die Parlamentarier*, Vol. III (Breslau, 1896), p. 54.

2 關於俾斯麥對殖民主義態度大轉彎背後的原因，有許多討論。我們將以Hans-Ulrich Wehler (*Bismarck und der Imperialismus* 〔Köln 1969〕)提出的理論為主，他認為俾斯麥的殖民政策是受到國內因素，而非外交政策所驅動：「國內政策之下的社會帝國主義」。即便在後來的年代中，俾斯麥仍舊堅定反對殖民主義的概念，從他知名的一八八八年發言可見一斑：「我的非洲地圖就在歐洲這裡」。（譯自'Gespräche mit dem Afrikareisenden Eugen Wolf am 7. Dezember 1888 in Friedrichsruh', in *Bismarck, Die Gesammelten Werke*, Vol. 8

〔Berlin, 1926〕, pp. 644–47, here p. 646.）。

3 Klaus J. Bade (ed.), *Imperialismus und Kolonialmission, Kaiserliches Deutschland und koloniales Imperium* (Wiesbaden, 1982), p. 10.

4 See surveys by Helmuth Stoecker (ed.), *Drang nach Afrika, Die deutsche koloniale Expansionspolitik und Herrschaft in Afrika von den Anfängen bis zum Verlust der Kolonien*, 2nd edn (Berlin, 1991); Horst Gründer, *Geschichte der deutschen Kolonien*, 5th edn (Paderborn etc, 2004); Winfried Speitkamp, *Deutsche Kolonialgeschichte* (Stuttgart, 2005).

5 一八八四至八五年的西非（或剛果）會議，出席代表有十三個歐洲國家、美國及鄂圖曼帝國，目的是在國際法的架構下，進一步瓜分非洲，並開放非洲大陸的貿易與傳教，建立遊戲規則。今日，這個會議被視為非洲他律與剝削的先聲。

6 區域研究的優秀案例，見Peter Sebald, *Togo 1884–1914. Eine Geschichte der deutschen "Musterkolonie" auf der Grundlage amtlicher Quellen* (Berlin, 1988); Hermann J. Hiery (ed.), *Die Deutsche Südsee 1884–1914. Ein Handbuch* (Paderborn etc. 2001).

7 Ulrich van der Heyden, *Rote Adler an Afrikas Küste. Die brandenburgisch-preußische Kolonie Großfriedrichsburg in Westafrika*, 2nd edn (Berlin, 2001).

8 Alexander Honold/Klaus R. Scherpe (eds), *Mit Deutschland um die Welt. Eine Kulturgeschichte des Fremden in der Kolonialzeit* (Stuttgart/Weimar, 2004), p. 20。巴特、沃杰、洛夫、納希提格，特別是埃都亞德．羅伯特．佛萊傑（Eduard Robert Flegel）走過喀麥隆北部。

9 一九一六年他寫下：「例如，倘若比較德國與其他國家在同一時期的殖民斬獲，它們確實荒謬微薄。」出自*Weber, Max, Gesammelte Politische Schriften*, edited by Johannes Winckelmann, 2nd edn (Tübingen, 1958), p. 154 f.

10 See Mihran Dabag/Horst Gründer/Uwe-K Ketelsen (eds), *Kolonialismus, Kolonialdiskurs und Genozid* (München, 2004).

11 Arne Perras, *Carl Peters and German Imperialism 1856–1918. A Political Biography* (Oxford, 2004).

12 Christian Geulen, 'The Final Frontier', Heimat, Nation und Kolonie um 1900. Carl Peters, in Birthe Kundrus (ed.), *Phantasiereiche. Zur Kulturgeschichte des deutschen Kolonialismus* (Frankfurt am Main/New York, 2003), pp. 35–55, here 48.

13 Jürgen Zimmerer, *Deutsche Herrschaft über Afrikaner. Staatlicher Machtanspruch und Wirklichkeit im kolonialen Namibia*, Münster 2001. See also Helmut Bley, *Namibia under German Rule* (Hamburg, 1996).

14 See Pascal Grosse, *Kolonialismus, Eugenik und bürgerliche Gesellschaft in Duetschland 1850–1918* (Frankfurt am Main/New York, 2000); Pascal Grosse, 'Zwischen Privatheit und Öffentlichkeit Kolonialmigration' in *Deutschland 1900–1940* in Birthe Kundrus (ed.), *Phantasiereiche, Zur Kulturgeschichte des deutschen Kolonialismus* (Frankfurt am Main/New York, 2003), pp. 91–109; Fatima El-Tayeb, *Schwarze Deutsche. Der Diskurs um 'Rasse' und nationale Identität 1890–1933* (Frankfurt/New York, 2001).

15 See John C.G. Röhl, *Wilhelm II. Der Aufbau der Persönlichen Monarchie 1888–1900* (Munich, 2001), p. 1027.

16 Eduard von Liebert, *Die deutschen Kolonien und ihre Zukunft* (Berlin, 1906), p. 9.

17 Sebastian Conrad/Jürgen Osterhammel (eds), *Das Kaiserreich transnational. Deutschland in der Welt 1871–1914* (Göttingen, 2004), p. 10.

18 這個說法是改自前德屬東非總督亨利希．希涅（Heinrich Schnee）所說的「戰爭罪惡的謊言」，出自他的著作*Die koloniale Schuldlüge* (Munich, 1924)。本書再版十二次，譯成多種語言，在一九二〇年代被視為殖民運動的標準作品。

19 Bernhard Dernburg, 'Sind Kolonien für Deutschland nötig?', in *Uhu* 2 (1926), pp. 20–25, here 22. The left-wing liberal banker Bernhard Dernburg held the office of State Secretary for Colonial Affairs from 1906 until 1910.

20 保羅．馮．萊托－福爾貝克（Paul von Lettow-Vorbeck，以「非洲之獅」聞名），在一九一四至一八年間，於德屬東非發動一連串戰爭。對手即便占領東非，卻未能征服他的領土；在對手心目中，他被視為「一次世界大戰中最有能力的軍人」。然而，這場戰中戰造成無數犧牲者並對東非帶來生態浩劫的事實，卻無人在意。John Iliffe (*A Modern History of Tanganyika*, Cambridge, 1979, p. 241)提出以下評論：「萊托－福爾貝克的傑出戰役是非洲剝削的頂峰：非洲被單純視為戰場」。

21 Klaus Hildebrand, *Vom Reich zum Weltreich, Hitler, NSDAP und koloniale Frage 1919–1945* (München, 1969).

22 See Conrad/Osterhammel 2004, p. 20.

23 Klaus J. Bade, 'Die deutsche Kolonialexpansion in Afrika: Ausgangssituation und Ergebnis', in Walter Fürnrohr (ed.), *Afrika im Geschichtsunterricht europäischer Länder, Von der Kolonialgeschichte zur Geschichte der Dritten Welt* (München, 1982), pp. 13–47, here 35.

24 例如Marc Ferro (ed.), *Le livre noir du colonialisme. XVIe-XXIe siècle, De l'extermination à la repentance* (Paris, 2003)。許多非洲、南美及亞洲人也視全球化為另一種殖民主義的形式。

25 見See Geiss, Imanuel, 'Die welthistorische Stellung der europäischen Kolonialherrschaft', in Wilfried Wagner (ed.), *Rassendiskriminierung, Kolonialpolitik und ethnisch-nationale Identität. Referate des 2. Internationalen Kolonialgeschichtlichen Symposiums 1991 in Berlin* (Munster/Hamburg, 1992), pp. 21–41. Lewis H. Gann/Peter Duignan, *The Rulers of German Africa 1884–1914* (Stanford/ California, 1977), p. 239特別著重殖民統治的正面效果。另見Heyden, 'Ulrich van der, Kolonialgeschichtsschreibung in Deutschland, Eine Bilanz ost– und westdeutscher Kolonialhistoriographie', in *Neue Politische Literatur* 48 (2003) 3, pp. 401–429。

26 關於本地人合作的主題，見Jürgen Osterhammel, *Kolonialismus, Geschichte – Formen Folgen* (München, 1995), p.70 ff.

27 今日後殖民思考的最重要典範是離散與游牧，混雜與模仿。

28 See Tilmann Dedering, *Hate the Old and Follow the New. Khoekhoe and Missionaries in Early Nineteenth-century Namibia* (Stuttgart, 1997); Ursula Trüper, *Die Hottentottin, Das kurze Leben der Zara Schmelen (ca. 1793–1831) Missionsgehilfin und Sprachpionierin in Südafrika* (Köln, 2000).

29 直到今日，魯道夫．杜阿拉．曼加．貝爾與其他遭到司法謀殺的被害人仍未獲得平反。見Ralph A. Austen/Derrick Jonathan, *Middlemen of the Cameroons Rivers. The Duala and their*

Hinterland, c.1600–c. 1960 (Cambridge, 1999); Andreas Eckert, *Grundbesitz, Landkonflikte und kolonialer Wandel, Douala 1880–1960* (Stuttgart, 1999).

30 See Russell A. Berman, 'Der ewige Zweite. Deutschlands Sekundärkolonialismus', in Birthe Kundrus (ed.), *Phantasiereiche. Zur Kulturgeschichte des deutschen Kolonialismus* (Frankfurt am Main/New York, 2003), pp. 19–32, here 24.

31 儘管如此，在德屬西南非發生的種族滅絕，是德國史上第一起，情況也相當特殊。一九〇五至〇七年在德屬東非的馬吉－馬吉叛變中死了更多非洲人；受害人數估計約在七萬五千至三十萬人之間。德軍對抗馬吉－馬吉的戰役是否帶有種族滅絕色彩，仍有爭議，此外還有一九〇四年的喀麥隆恩包曼庫戰爭（殖民語言中稱為安陽起義〔Anyang Rising〕）。

32 Jürgen Zimmerer/Joachim Zeller (eds), *Völkermord in Deutsch-Südwestafrika. Der Kolonialkrieg 1904–1908 in Namibia und seine Folgen*, 2nd edn (Berlin, 2004); Jürgen Zimmerer, *Colonialism and the Holocaust. Towards an Archeology of Genocide*, in Dirk A. Moses (ed.), *Genocide and Settler Society. Frontier Violence and Stolen Indigenous Children in Australian History* (New York/Oxford, 2004); Henning Melber (ed.), *Genozid und Gedenken. Namibisch-deutsch Geschichte und Gegenwart* (Frankfurt am Main, 2005).

33 Hannah Arendt, *The Origins of Totalitarianism*, London 1986 (Chapter 7), 1st edn 1951.

34 Reinhart Kößler/Henning Melber, Völkermord und Gedenken, 'Der Genozid an den Herero und Nama in Deutsch-Südwestafrika 1904–1908' in *Völkermord und Kriegsverbrechen in der ersten Hälfte des 20 Jahrhunderts*, im Auftrag des Fritz Bauer Instituts von Irmtrud Wojak und Susanne Meinl (Frankfurt am Main/New York, 2004), pp. 37–75, here 59.

35 Lora Wildenthal (*German Women for Empire, 1884–1945,* Durham/London 2001)檢視女性在德國殖民過程中的參與及政治情形。最重要的兩個婦女組織是「德意志殖民地婦女照護協會」（Deutsche Frauenverein für Krankenpflege in den Kolonien）與「德國殖民婦女聯盟」（Frauenbund der Deutschen Kolonialgesellschaft）。

36 這個取徑的例子之一是著重「邊陲」，見Jan-Bart Gewald, *Herero Heroes. A socio-political history of the Herero of Namibia 1890–1923* (Oxford/Cape Town/Athens, 1999).

37 Andreas Eckert, 'Konflikte, Netzwerke, Interaktionen. Kolonialismus in Afrika', in *Neue Politische Literatur* 44 (1999) 3, pp. 446–480.

38 Gesine Krüger, *Kriegsbewältigung und Geschichtsbewußtsein, Realität, Deutung und Verarbeitung des deutschen Kolonialkriegs in Namibia 1904–1907* (Göttingen, 1999); Stefanie Michels, *Imagined Power Contested: Germans and Africans in the Upper Cross River Area of Cameroon 1887–1915* (Berlin/Münster, 2004); Stefanie Michels, 'The Germans were brutal and wild': Colonial Legacies, in Stefanie Michels/Albert-Pascal Temgoua (eds), *La politique de la mémoire coloniale allemande en Allemagne et au Cameroun/Politics of colonial memory in Germany and Cameroon* (Berlin/Münster, 2005).

39 非洲離散族群包含殖民地移民、德屬非洲人及非裔美國人。此外還有來自德意志帝國非洲殖民地的人，小群殖民地移民包含來自南太平洋與中國（膠州）等屬地的大洋洲人。德國殖民地移民與其後代的總數，估計在五百到一千人之間。見Marianne Bechhaus-Gerst and Reinhard Klein-Arendt, *Die koloniale Begegnung. AfrikanerInnen in Deutschland* 1880–1945,

Deutsche in Afrika 1880–1918 (Frankfurt and New York, 2003); *AfrikanerInnen in Deutschland und schwarze Deutsche: Geschichte und Gegenwart* (Münster, 2004); Peter Martin and Christine Alonzo, *Zwischen Charleston und Stechschritt: Schwarze im Nationalsozialismus* (Hamburg/Munich, 2004); Heiko Möhle, Susanne Heyn and Susann Lewerenz, *Zwischen Völkerschau und Kolonialinstitut: AfrikanerInnen im kolonialen Hamburg, Hamburg*, 2006.

40 See for instance Wolfgang Fuhrmann, *Propaganda, sciences and entertainment in German colonial cinematography*, unpublished doctoral dissertation, University of Utrecht, Utrecht 2003; Wolfram Hartmann (ed.), *Hues between black and white. Historical photography from colonial Namibia 1860s to 1915* (Windhoek, 2004).

41 David M. Ciarlo, *Visualizing Colonialism and Consuming Race in German Mass Culture, 1885–1914*, unpublished doctoral dissertation, University of Wisconsin, Madison 2002.

42 例如Robert Young, *Postcolonialism. An Historical Introduction* (Oxford, 2001); Sebastian Conrad/ Shalini Randeria (eds), *Jenseits des Eurozentrismus. Postkoloniale Perpektiven in den Geschichts– und Kulturwissenschaften* (Frankfurt am Main/New York, 2002)。後殖民研究的某種基本宣言，正是學者暨文學評論家薩伊德所著的《東方主義》一書。薩伊德於二〇〇三年去世。

43 Sara Friedrichsmeyer/Sara Lennox/ Susanne Zantop (eds), *The Imperialist Imagination. German Colonialism and Its Legacy* (Michigan, 1998); Birthe Kundrus (ed.), *Phantasiereiche. Zur Kulturgeschichte des deutschen Kolonialismus* (Frankfurt am Main/New York, 2003); Alexander Honold/Oliver Simons (eds), *Kolonialismus als Kultur. Literatur, Medien, Wissenschaft in der deutschen Gründerzeit des Fremden* (Tübingen/ Basel, 2002); Honold/Scherpe 2004.

44 Russell A. Berman, *Enlightenment of Empire. Colonial Discourse in German Culture* (Lincoln, 1998).

45 Andreas Eckert/Albert Wirz, *Wir nicht, die Anderen auch. Deutschland und der Kolonialmus*, in Sebastian Conrad/ Shalini Randeria (eds), *Jenseits des Eurozentrismus. Postkoloniale Perpektiven in den Geschichts– und Kulturwissenschaften* (Frankfurt am Main/New York, 2002), pp. 372–392, here 374.

46 Susanne Zantop, *Colonial Fantasies. Conquest, Family and Nation in Precolonial Germany, 1770–1870* (London, 1997).

47 晚近，「典型德國」殖民主義的反對者正是George Steinmetz, 'The Devil's Handwriting: Precolonial Discourse, Ethnographic Acuity and Cross Identification in German Colonialism', in *Comparative Studies in Society and History* 45, 1, January 2003, pp. 41–95.

48 Sebastian Conrad, 'Doppelte Marginalisierung. Plädoyer für eine transnationale Perspektive auf die deutsche Geschichte', in *Geschichte und Gesellschaft* 28 (2002), pp. 145–169, here 160.

49 例如一九八四年四月，在德國殖民擴張開展百年紀念上。

50 Joachim Zeller, *Kolonialdenkmäler und Geschichtsbewußtsein. Eine Untersuchung der kolonialdeutschen Erinnerungskultur* (Frankfurt am Main, 2000); Winfried Speitkamp, 'Kolonialherrschaft und Denkmal. Afrikanische und deutsche Erinnerungskultur im Konflikt', in Wolfram Martini (ed.), *Architektur und Erinnerung* (Göttingen, 2000), pp. 165–190.

51 見Etienne Francois/Hagen Schulze (eds), *Deutsche Erinnerungsorte*, 3 vols. (München, 2001). This work followed on from Pierre Nora's ground-breaking *Lieux de mémoire* (7 vols., Paris 1986–1992)。此作接續著Pierre Nora的開創性作品*Lieux de mémoire* (7vols., Paris 1986–1992)。然而Nora也坦承自己犯了不可原諒的錯誤，未將殖民主義納入他的法國記憶地貌中。

52 Felix Driver/David Gilbert (eds), *Imperial Cities, Landscape, Display and Identity* (Manchester/New York, 1999).

53 Ulrich van der Heyden/Joachim Zeller (eds), *Kolonialmetropole Berlin. Eine Spurensuche* (Berlin, 2002); Ulrich van der Heyden/Joachim Zeller (eds), '*Macht und Anteil an der Weltherrschaft*', *Berlin und der deutsche Kolonialismus* (Münster, 2005).

54 Heiko Möhle (ed.), *Branntwein, Bibeln und Bananen. Der deutsche Kolonialismus in Afrika. Eine Spurensuche in Hamburg*, 2nd edn (Hamburg, 2000).

55 See Benedikt Stuchtey, 'Nation und Expansion. Das britische Empire in der neuesten Forschung', in *Historische Zeitschrift*, 274, 1, February 2002, pp.87–118, here 91.。他主張帝國形成了英國文化與認同的基本內涵，此說近期受到挑戰，見'*The Absent-Minded Imperialists*'. *Empire, Society and Culture in Britain*, Oxford 2004. 關於法國的「帝國意識」形成，另見Dieter Brötel ('Empire und Dekolonisation als Problem des französischen Geschichtsbewußtseins. Der Beitrag von 'kolonialer Erzichung' und Geschichtsunterricht', in Dieter Brötel/Hans H. Pöschko [eds], *Krisen und Geschichtsbewußtsein, Mentalitätsgeschichtliche und didaktische Beiträge* [Weinheim, 1996], pp. 119–158)。

56 Dirk van Laak, Die afrikanische Welt als Wille und deutsche Vorstellung, in *Frankfurter Allgemeine Zeitung*, 20 August 2002.

57 然而在編纂殖民帝國主義歷史上，德國黑人及其相關人士逐漸扮演重要角色，他們揭露種族主義與歧視的結構方式。例如二〇〇四年由AntiDiskriminierungsBüro 出版的The Black-Book。德國最早公開出版的黑人自述書籍，是一九八六年出版的Katharina Oguntoye/May Opitz/Dagmar Schultz, Farbe bekermen. Afrodeutsche Frauen auf den Spuren ihrer Geschichte, 2nd edn (Frankfurt am Main, 1992)。

58 例如Shalini Randeria's concept of 'entangled histories': Conrad/Randeria 2002.

59 二〇〇四年，在納米比亞與德國都有紀念西南非殖民戰爭的儀式、會議、展覽、電影與出版。當年的一大重點，是德國聯邦經濟合作發展部長海德瑪麗．威佐瑞克－朱爾（Heidemarie Wieczorek-Zeul）的演講：八月在納米比亞水堡，以聯邦共和國之名，她正式為在前殖民地犯下的罪行道歉。二〇〇四年十一月中美國紐約最高法院拒絕審理由二〇〇一年延宕的案件之後，赫雷羅人追償公會（Herero People's Reparation Corporation）仍舊持續追償。莫索里諾與戴索法律事務所，是赫雷羅人在紐約南區法院的代表。見Larissa Förster/ Dag Henrichsen/Michael Bollig (eds), Namibia – Deuschland: Eine geteilte Geschichte. Widerstand, Gewalt, Erimerung (Köln, 2004)。

60 Charles S. Maier, '*Consigning the Twentieth Century to History. Alternative Narratives for the Modern Era*', in *American Historical Review*, 105 (2000), 3, pp. 807–831.

義大利

1 N. Labanca, 'History and Memory of Italian Colonialism Today', in J. Andall and D. Duncan, *Italian Colonialism: Legacies and Memories* (Bern, 2005), pp. 29–46; I. Taddia, *Memorie italiane memorie africane del colonialismo,* in S. Brune and H. Scholler, *Auf dem Weg zum modernen Athiopien. Festschrift fur Bairu Tafla* (Munster, 2005), pp. 225–46.

2 Andall and Duncan, *Italian Colonialism*; R. Ben Ghiat and M. Fuller, *Italian Colonialism* (New York, 2005); P. Palumbo, *A Place in the Sun* (California, 2003). See also I. Taddia, 'Notes on Recent Italian Studies on Ethiopia and Eritrea', *Africana*, Vol. 3 (2003), pp. 165–71.

3 Yemane Mesghenna, *Italian Colonialism: A Case Study of Eritrea, 1869–1934* (Lund, 1988), pp. 50–60.

4 R. Rainero, *L'anticolonialismo italiano da Assab ad Adua* (Milan, 1971), pp. 330–32.

5 R. Pankhurst, *The History of Famine and Epidemic in Ethiopia prior to the Twentieth Century* (Addis Ababa, 1985), p. 69.

6 當時對於這些事件的報導，見〔E. Cagnassi〕, *I nostri errori: tredici anni in Eritrea* (Turin, 1898).

7 Tekeste Negash, *No Medicine for the Bite of a White Snake: Notes on Nationalism and Resistance in Eritrea 1890–1940* (Uppsala, 1986) and R. Caulk, 'Black Snake, White Snake': Bahta Hagos and his Revolt against Italian Overrule in Eritrea, 1894', in D. Crummey (ed.), *Banditry, Rebellion, and Social Protest in Africa* (London, 1986), pp. 293–309.

8 關於阿德瓦戰役對義大利社會的衝擊與政治背景，見N. Labanca, *In marcia verso Adua* (Turin, 1993) and I. Taddia and Uoldelul Chelati Dirar, 'Essere africani nell'Eritrea italiana', in A. Del Boca, *Adua. Le ragioni di una sconfitta* (Bari, 1997), pp. 231–53.

9 I. Taddia, 'Intervento pubblico e capitale privato nella Colonia Eritrea', *Rivista di Storia Contemporanea*, Vol. 14, No. 2 (1985), pp. 207–42; by the same author, *L'Eritrea-Colonia, 1890–1952. Paesaggi, strutture, uomini del colonialismo* (Milan, 1986), pp. 230–41.

10 Mesghenna, *Italian Colonialism*, pp. 215–16; M. Zaccaria, 'L'oro dell'Eritrea', *Africa*, Vol. 60, No. 1 (2005), pp. 65–110.

11 關於厄利垂亞軍，尤請見M. Scardigli, *Il braccio indigeno. Ascari, irregolari e bande nella conquista dell'Eritrea, 1885–1911* (Milan, 1996), A. Volterra, *Sudditi coloniali. Ascari eritrei, 1935–1941* (Milan, 2005) and Uoldelul Chelati Dirar, 'From Warriors to Urban Dwellers. *Ascari* and the Military Factor in the Urban Development of Colonial Eritrea', *Cahiers d'études africaines*, XLIV (3), 175 (2004), pp. 533–74.

12 T. Negash, *Italian Colonialism in Eritrea (1882–1941)* (Uppsala, 1987), pp. 79–82. See also Uoldelul Chelati Dirar, 'Church-State Relations in Colonial Eritrea: Missionaries and the Development of Colonial Strategies (1869–1911)', *Journal of Modern Italian Studies*, Vol. 8, No. 3 (2003), pp. 391–410.

13 Consociazione Turistica Italiana, *Africa Orientale Italiana Guida d'Italia della Consociazione Turistica Italiana* (Milan, 1938), p. 199.

14 Yemane Mesghenna, 'The Impact of the 1935–1941 Economic Boom on the Eritrean Labor

Market', *Africa*, Vol. 58, No. 1 (2003), pp. 89–100.

15 L. Goglia, 'Sul razzismo coloniale italiano', *Materiali di lavoro*, Vol. 9, Nos 2–3 (1991), Vol. 10, No. 1 (1992), pp. 97–115; R. Pankhurst, 'Lo sviluppo del razzismo nell'impero coloniale italiano (1935–1941)', *Studi piacentini*, Vol. 3, No. 2 (1988), pp. 175–98.

16 G. Campassi, 'Il madamato in Africa Orientale: relazioni tra italiani e indigene come forma di aggressione coloniale', *Miscellanea di storia delle esplorazioni*, Vol. 12 (1987), pp. 219–60; Ruth Iyob, 'Madamismo and Beyond. The Construction of Eritrean Women', *Nineteenth-Century Contexts*, Vol. 22, No. 2 (2000), pp. 217–38; G. Barrera, 'Mussolini's Colonial Race Laws and State-Settlers Relations in Africa Orientale Italiana (1935–1941)', *Journal of Modern Italian Studies*, Vol. 8, No. 3 (2003), pp. 425–43.

17 這類文獻案例，見L. Robecchi Bricchetti, *Nel paese degli aromi* (Milan, 1903).

18 L.V. Cassanelli, *The Shaping of Somali Society* (Philadelphia, 1982) p. 148; K.N. Chaudhuri, *Trade and Civilisation in the Indian Ocean* (Cambridge, 1985), p. 102.

19 Cassanelli, *The Shaping of Somali Society*, p. 180. Said Samatar, *Oral Poetry and the Somaly Nationalism: The Case of Sayyd M. Abdille Hasan,* (Cambridge, 1982). Abdi Ismail Samatar, *The State and Rural Transformation in Northern Somalia* (Minneapolis, 1989). Ahmed Samatar, *The Somali Challenge* (Boulder, 1994).

20 I.M. Lewis, *A Modern History of the Somali* (Oxford, 2002), pp. 42–43.

21 R. Hess, *Italian Colonialism in Somalia* (Chicago, 1966), p. 39.

22 同上，p.58。

23 Abdul S. Bemath, 'The Sayyid and Saalihiya Tariqa: Reformist, Anticolonial Hero in Somalia', in Said S. Samatar (ed.), *In the Shadow of Conquest. Islam in Colonial Northeast Africa* (Trenton, NJ, 1992), pp. 33–48.

24 R. Hess, 'The Poor Man of God: Muhammed Abdullah Hassan', in N.R. Bennett (ed.), *Leadership in Eastern Africa: Six Political Biographies* (Boston, 1968), pp. 63–108; D. Laitin and S. Samatar, *Somalia. Nation in Search of a State* (Boulder, 1987), pp. 57–60

25 Lewis, *A Modern History of the Somali*, p. 86.

26 Hess, *Italian Colonialism in Somalia*, pp. 169–70.

27 G. Rochat, *Guerre italiane in Libia e in Etiopia* (Padua, 1991), pp. 100–04.

28 Laitin and Samatar, *Somalia*, p. 62.

29 Ali A. Ahmida, *The Making of Modern Libya* (Albany, 1994), pp. 57–59.

30 關於塞努西兄弟會的精神與神學面向，請見K.S. Vikør, *SuW and Scholar on the Desert Edge: Muhammad b. Ali al-Sanusi and his Brotherhood* (London, 1995).

31 Ahmida, *The Making of Modern Libya*, p. 117.

32 L. Martone, *Giustizia coloniale* (Naples, 2002), pp. 116–20.

33 C. Moffa, 'I deportati libici nella guerra 1911–12', *Rivista di storia contemporanea*, Vol. 19, No. 1 (1990), pp. 32–56; M Missori, 'Una ricerca sui deportati libici nelle carte dell'Archivio Centrale dello Stato', in *Fonti e problemi della politica coloniale italiana. Atti del Convegno. Taormina-*

Messina, 23–29 ottobre 1989 (Rome, 1996), pp. 53–58; F. Sulpizi and Salaheddin Hasan Sury (eds), *Primo convegno su gli esiliati libici nel periodo coloniale. 18–29 ottobre 2000, Isole Tremiti* (Rome, 2002).

34 Ahmida, *The Making of Modern Libya*, pp. 136–40.

35 Rochat, *Guerre italiane in Libia e in Etiopia*, p. 80.

36 A. Triulzi, 'Adwa: From Document to Monument', in Andall and Duncan, *Italian Colonialism,* pp. 143–64.

37 這類主張的案例之一，請見A. Lessona, *Verso l'Impero* (Florence, 1939).

38 H. Marcus, *Haile Sellassie I* (Berkeley, 1987), p. 179.

39 證人回憶留下了就此事件栩栩如生的報告，見C. Poggiali, *Diario AOI: 15 giugno 1936–4 ottobre 1937* (Milan, 1971).

40 Haile Mariam Larebo, *The Building of an Empire: Italian Land Policy and Practice in Ethiopia, 1935–41* (Oxford, 1994), pp. 138–40.

41 M. Fuller, 'Building Power. Italy's Colonial Architecture and Urbanism, 1923–1940', *Cultural Anthropology,* Vol. 3, No. 4 (1988), pp. 455–87.

42 I. Taddia, 'At the Origin of the State/Nation Dilemma: Ethiopia, Eritrea, Ogaden in 1941', *Northeast African Studies*, Vol. 12, Nos 2–3 (1990), pp. 157–70.

43 Ruth Iyob, 'Regional Hegemony: Domination and Resistance in the Horn of Africa', *The Journal of Modern African Studies*, Vol. 31, No. 2 (1993), pp. 257–76.

美國

感謝喬安娜．洛柏（Johanna Lober）、克莉絲汀．費雪（Christine Fischer）與克里斯托夫．雪勒（Kristof Scheller）的研究協助。

1 引自Walter LaFeber, 'The American View of Decolonization, 1776–1920', in David Ryan and Victor Pungong (eds), *The United States and Decolonization. Power and Freedom* (New York, 2000), p. 24.

2 二〇〇三年四月二十八日倫斯斐回應半島電視台提問，引自Timothy Appleby, 'US Moves Shows Strategy Shift, Analysts Say', *The Globe and Mail*, 30 April 2003, A 11.

3 在此提供便於檢視不同立場的入門資料，見Andrew J. Bacevich (ed.), *The Imperial Tense: Prospects and Problems of American Empire* (Chicago, 2003)。關於歷史是如何受運用，見Niall Ferguson, *Colossus: The Price of American Empire* (New York, 2004); Warren Zimmermann, *First Great Triumph: How Five Americans Made their Country a World Power* (New York, 2002); Max Boot, *The Savage Wars of Peace: Small Wars and the Rise of American Power* (New York, 2002).

4 Thomas Paine, *Common Sense*, quoted in Michael H. Hunt, *Ideology and U.S. Foreign Policy* (New Haven, CT, 1987), p. 19.

5 阿爾伯特．貝弗里奇參議員，引自Charles W. Kegley, Jr. and Eugene R. Wittkopf, *American Foreign Policy: Pattern and Process* (New York, 1982), p. 38.

6 關於十九世紀美國擴張主義的詳細介紹，見D.W. Meinig, *The Shaping of America: A*

Geographical Perspective on 500 Years of History. Vol. 2. Continental America, 1800–1867 (New Haven, CT, 1993); D.W. Meinig, *The Shaping of America: A Geographical Perspective on 500 Years of History. Vol. 3. Transcontinental America, 1850–1915* (New Haven, CT, 1998).

7 關於龐大的美洲原住民－白人關係研究文獻的入門，見Francis Paul Prucha, *The Great Father: The United States Government and the American Indians* (Lincoln, NE, 1984).

8 On aboriginal policies as internal colonialism, see Jeffrey Ostler, *The Plains Sioux and U.S. Colonialism from Lewis and Clark to Wounded Knee* (Cambridge, MA, 2004).

9 Paul Kennedy, *The Rise and Fall of the Great Powers: Economic Change and Military Conflict from 1500 to 2000* (New York, 1989), p. 243, emphases in the original.

10 Meinig, *Continental America, 1800–1867*, pp. 311–33; Meinig, *Transcontinental America, 1850–1915*, pp. 3–28 and 245–265; David Haward Bain, *Empire Express: Building the First Transcontinental Railroad* (New York, 1999).

11 Robert L. Thompson, *Wiring a Continent: The History of the Telegraph Industry in the United States, 1832–1866* (New York, 1972).

12 Michael H. Hunt, *Ideology and U.S. Foreign Policy* (New Haven, CT, 1987); for a good introduction to core convictions, see also David Ryan, *US Foreign Policy in World History* (London, 2000), pp. 19–70.

13 Anders Stephanson, *Manifest Destiny: American Expansion and the Empire of Right* (New York, 1995), p. 28，粗體為原作者所加。關於例外論，見Daniel T. Rodgers, 'Exceptionalism', in Anthony Molho and Gordon S. Wood (eds), *Imagined Histories: American Historians Interpret the Past* (Princeton, 1998), pp. 21–40.

14 David M. Fitzsimons, 'Tom Paine's New World Order: Idealistic Internationalism in the Ideology of Early American Foreign Relations', *Diplomatic History*, Vol. 19, No. 4 (Fall 1995), pp. 569–82.

15 Serge Ricard, 'The Exceptionalist Syndrome in U.S. Continental and Overseas Expansion', in David K. Adams and Cornelis A. van Minnen (eds), *Reflections on American Exceptionalism* (Keele, 1994), p. 73.

16 對於正式與非正式帝國的分野，見Michael W. Doyle, *Empires* (Ithaca, NY, 1986), pp. 37–38.

17 Frank Ninkovich, *The United States and Imperialism* (Malden, MA, 2001), p. 158.

18 點出此類脈動的一些數字：美國的國民生產毛額（GNP）在一八六七至一九〇一年間翻漲四倍，由美金$9,110,000,000成長為$37,799,000,000。製造業生產指數由一八六五年的十七，成長為一九〇〇年 的一百。出口量持續成長：一八六五至一九〇〇年間，產值由兩億八千一百萬美金，擴大為十三億美金。數字來自Charles S. Campbell, *The Transformation of American Foreign Relations, 1865–1900* (New York, 1976), p. 84。對中國貿易則緩慢成長，一八九〇至一九〇〇年間，翻漲五倍到一千五百萬美金。這個數字是整體美國外銷的百分之一。見Robert L. Beisner, *From the Old Diplomacy to the New, 1865–1900* (Arlington Heights, IL, 1986), p. 17.

19 Sylvester K. Stevens, *American Expansion in Hawaii, 1842–1898* (Harrisburg, PA, 1945); Merze Tate, *The United States and the Hawaiian Kingdom: A Political History* (New Haven, CT, 1965); Thomas J. Osborne, *Empire Can't Wait: American Opposition to Hawaiian Annexation, 1893–*

1898 (Kent, OH, 1981).

20 Mark T. Gilderhus, *The Second Century: U.S.-Latin American Relations since 1889* (Wilmington, DE, 2000), pp. 1–36; Lars Schoultz, *Beneath the United States: A History of U.S. Policy toward Latin America* (Cambridge, MA, 1998); David F. Healy, *Drive to Hegemony: The United States in the Caribbean, 1898–1917* (Madison, WI, 1988).

21 關於美國軍事介入的分析，見Lester D. Langley, *The Banana Wars: United States Intervention in the Caribbean, 1898–1934* (Wilmington, DE, 2002).

22 Meinig, *Transcontinental America*, pp. 380–89.

23 Ninkovich, *The United States and Imperialism.*

24 Brian McAllister Linn, *The Philippine War, 1899–1902* (Lawrence, KS, 2000).

25 Richard E. Welch. Jr., *Response to Imperialism: The United States and the Philippine-American War, 1899–1902* (Chapel Hill, NC, 1979).

26 Stuart Anderson, *Race and Rapprochement: Anglo-Saxonism and Anglo-American Relations, 1895–1904* (Rutherford, NJ, 1981).

27 Bradford Perkins, *The Great Rapprochement: England and the United States, 1895–1914* (New York, 1968); William N. Tilchin, *Theodore Roosevelt and the British Empire: A Study in Presidential Statecraft* (New York, 1997).

28 維克多・齊爾南（Victor Kiernan）曾描述殖民帝國為早前擴張的「合理續集」，見*America, the New Imperialism: From White Settlement to World Hegemony* (London, 1980).

29 Amy Kaplan and Donald E. Pease (eds), *Cultures of United States Imperialism* (Durham, NC, 1993); John Carlos Rowe, *Literary Culture and U.S. Imperialism. From the Revolution to World War II* (New York, 2000); Amy Kaplan, *The Anarchy of Empire in the Making of U.S. Culture* (Cambridge, MA, 2002).

30 Robert W. Rydell, *All the World's a Fair: Visions of Empire at American International Expositions, 1876–1916* (Chicago, 1984); Robert W. Rydell, John E. Findling and Kimberly D. Pelle, *Fair America: World's Fairs in the United States* (Washington, DC, 2000).

31 引自Neil Renwick, *America's World Identity: The Politics of Exclusion* (Houndmills, 2000), p. 106.

32 Henry R. Luce, 'The American Century', reprint in *Diplomatic History*, Vol. 23, No. 2 (Spring 1999), p. 169.

33 關於二十世紀上半葉美國崛起成為全球霸權的分析，見Akira Iriye, *The Globalizing of America, 1913–1945* (Cambridge, 1993); Warren I. Cohen, *Empire without Tears: America's Foreign Relations, 1921–1933* (Philadelphia, 1987); Emily S. Rosenberg, *Spreading the American Dream: American Economic and Cultural Diplomacy, 1890–1945* (New York, 1982); Emily S. Rosenberg, *Financial Missionaries to the World. The Politics and Culture of Dollar Diplomacy, 1900–1930* (Cambridge, MA, 1999).

34 Frank Ninkovich, *Modernity and Power: A History of the Domino Theory in the Twentieth Century* (Chicago, 1994); Frank Ninkovich, *The Wilsonian Century: U.S. Foreign Policy since 1900* (Chicago, 1999).

35 關於「軟實力」的概念，見Joseph S. Nye, 'Soft Power', *Foreign Policy*, Vol. 80 (Fall 1990), pp. 153–71.

36 狄奧多爾．羅斯福，一九〇四年五月，引自Andrew J. Bacevich, *American Empire. The Realities and Consequences of U.S. Diplomacy* (Cambridge, MA, 2002), p. 141.

37 Mary Renda, *Taking Haiti: Military Occupation and the Culture of Imperialism* (Chapel Hill, NC, 2001); Michael Gobat, *Confronting the American Dream: Nicaragua under U.S. Imperial Rule* (Durham, NC, 2005).

38 Alfred E. Eckes, Jr. and Thomas W. Zeiler, *Globalization and the American Century* (Cambridge, MA, 2003), p. 9.

39 同上，p.82。

40 這個詞是向Emily Rosenberg借來的，她對戰間期中美國通訊力量崛起的介紹，寫於*Spreading the American Dream*，此作品仍是深具開創性的指引。有關於更廣泛的脈絡，見Daniel R. Headrick, *The Invisible Weapon: Telecommunications and International Politics, 1851–1945* (New York, 1991).

41 James R. Mock and Cedric Larson, *Words That Won the War: The Story of the Committee on Public Information, 1917–1919* (Princeton, NJ, 1939); Stephen Vaughn, *Holding Fast the Inner Lines: Democracy, Nationalism, and the Committee on Public Information* (Chapel Hill, NC, 1980).

42 Rosenberg, *Spreading the American Dream*, p. 81.

43 引自前書，p.101。

44 倫敦《晨報》，引自Renwick, *America's World Identity*, pp. 105–06.

45 Edward G. Lowry, 'Trade Follows the Film', in *Saturday Evening Post* 198 (7 November 1925), p. 12, quoted in Rosenberg, *Spreading the American Dream*, p. 103.

46 Gore Vidal's novel *Washington D.C.*, quoted in Thomas J. McCormick, *America's Half Century: United States Foreign Policy in the Cold War* (Baltimore, 1989), p. 47.

47 Madeleine K. Albright, 'The Testing of American Foreign Policy', *Foreign Affairs*, Vol. 77, No. 6 (November–December 1998), pp. 50–64.

48 關於美國圍堵政策演變的分析，見John Lewis Gaddis, *Strategies of Containment: A Critical Appraisal of Postwar American Security Policy* (New York, 1982).

49 Ernest R. May (ed.), *American Cold War Strategy. Interpreting NSC-68* (Boston, MA, 1993), p. 26.

50 同上，pp.28-29。

51 同上，p. 55.

52 引自Geir Lundestad, *'Empire' by Integration: The United States and European Integration, 1945–1997* (Oxford, 1998), p. 3.

53 另見Lundestad's *The American 'Empire' and Other Studies of US Foreign Policy in a Comparative Perspective* (Oxford, 1990).

54 Peter C. Stuart, *Isles of Empire: The United States and its Overseas Possessions* (Lanham, MD, 1999); Peter L. Hahn and Mary Ann Heiss (eds), *Empire and Revolution. The United States and*

the Third World since 1945 (Columbus, OH, 2001).

55 John Prados, *The President's Secret Wars: CIA and Pentagon Covert Operations since World War II* (New York, 1986).

56 Walter L. Hixson, *Parting the Curtain: Propaganda, Culture, and the Cold War, 1945–1961* (New York, 1997); Scott Lucas, *Freedom's War: The American Crusade against the Soviet Union* (New York, 1999); 關於文化輸出，例如可見Giles Scott-Smith and Hans Krabbendam (eds), *The Cultural Cold War in Western Europe, 1945–1960* (London, 2003).

57 Francis Fukuyama, *The End of History and the Last Man* (New York, 1992).

58 艾奇遜於西點軍校演說，一九六二年十二月五日：「英國失去了帝國，卻尚未找到自己的定位。」引自Douglas Brinkley, *Dean Acheson: The Cold War Years, 1953–1971* (New Haven, CT, 1992), p. 176.

59 關於美國在資訊方面的實力，見Joseph S. Nye, Jr and William A. Owens, 'America's Information Edge', *Foreign Affairs*, Vol. 75, No. 2 (March–April 1996), pp. 20–36.

60 Bacevich, *American Empire*; William G. Hyland, *Clinton's World: Remaking American Foreign Policy* (Westport, CT, 1999); Bob Woodward, *The Commanders* (New York, 1991); David Halberstam, *War in a Time of Peace: Bush, Clinton, and the Generals* (New York, 2001); Ivo H. Daalder and James M. Lindsay, *America Unbound: The Bush Revolution in Foreign Policy* (Hoboken, NJ, 2005).

61 Quoted in Susan M. Matarese, *American Foreign Policy and the Utopian Imagination* (Amherst, MA, 2001), p. 89.

62 美國國家安全戰略（簡稱NSS），二〇〇二年九月；John Lewis Gaddis曾主張美國國家安全戰略「可以代表冷戰之初以來，美國大戰略上最全面性的轉變」，見'A Grand Strategy of Transformation', *Foreign Policy*, Vol. 133 (November–December 2002), pp. 50–57; Joseph S. Nye, Jr., 'U.S. Power and Strategy after Iraq', *Foreign Affairs*, Vol. 82, No. 4 (July–August 2003), pp. 60–73.

63 美國國家安全戰略，6。

64 一九四三年九月六日，邱吉爾於哈佛大學演講，見http://www. winstonchurchill.org, accessed 2 September 2019.

65 William Appleman Williams, *Empire as a Way of Life: An Essay on the Causes and Character of America's Present Predicament, Along with a Few Thoughts about an Alternative* (New York, 1980), p. ix.

插圖出處

I　《喬治亞的鄂圖曼騎兵營》，出自《勝利之書》（Nusretname）。倫敦大英博物館。

II　佚名，《道明會士為印第安人洗禮》，墨西哥查普爾特佩克城堡。倫敦俾志文藝術圖書館（Bridgeman Art Library）。

III　文森德．阿爾班．基多（Vincente Alban Quito），《奴隸與水果相伴的女士》，一七八三年。藝術文獻庫／馬德里美洲博物館（The Art Archive/Museo de América）。

IV　《一群葡萄牙商人於水池用餐》，出自《卡薩納滕斯手稿》（*Codice Casanatense*），約一五四〇年。羅馬卡薩納滕斯圖書館（Biblioteca Casanatense）。

V　璜．包蒂斯塔．馬伊諾修士，《巴西巴伊亞浮雕》，細部，十七世紀。藝術文獻庫／馬德里普拉多美術館（The Art Achive/Museo del Prado）。

VI　蓋斯巴．米蓋爾．貝利歐（Gaspar Miguel Berrio），《描繪波多西的枯竭財富與帝國村落》，一七五八年。蘇克雷恰卡斯博物館（Charcas Museum）。AKG/Gilles Mermet

VII　伊凡．林恩（Ivan Rynne），《爪哇巴達維亞城》，約一七八〇年。藝術文獻庫。

VIII　《龍目島戰役》，約一九二〇年。魯道夫．斯曼．克倫藝廊（Collectie Galerie Rudolf G. Smend Keulen）。

IX　瑪麗亞．西碧拉．梅里安，〈孔雀花〉，出自《蘇利南昆蟲之變態》，一七〇五年。

X　《東方向不列顛獻上財富》，東印度之家天花板彩繪。

XI　《一七五七年普拉西戰役後，克萊夫會見米爾．賈法爾》，約一七六一至六二年。倫敦國家肖像館。

XII　出自莫瑞河瓦貢尼亞（Wahgunyah）部落原住民湯米．麥克雷素描，一八八〇年。坎培拉澳洲國家圖書館。

XIII　亨利．布魯爾（Henry Brewer），署名：傑克遜港畫家，《澳洲原住民》，約一七九〇年。瑞克斯．南．奇瓦爾藏品（Rex Nan Kivell Collection），坎培拉澳洲國家圖書館。

XIV　「最佳菸草」廣告，十八世紀中。私人收藏。

XV 佚名，《非洲的丹麥殖民者，一八一七年九月十七日》。藝術文獻庫／哥本哈根市立博物館／Dagli Orti。

XVI 安－路易・吉羅德，《公民尚－巴普提斯特・貝利》，一七九七年。聖彼得堡艾米塔吉博物館。

XVII 《俄羅斯的人民》。出自約翰・郭特利伯・喬治（Johann Gottlieb Georgi）的《俄羅斯帝國各民族概述》（*Beschreibung alle Nationen der Russischen Reiches*），一七九九年。聖彼得堡。

XVIII 《西伯利亞給予蘇維埃俄羅斯的貢獻》。藝術文獻庫／巴黎軍事博物館（Musée des Deux Guerres Mondiales）／Dagli Orti。

XIX 巴黎殖民地博覽會的海報，一九三一年。倫敦俾志文藝術圖書館／巴黎市歷史圖書館。

XX 「萊茵莫斯科夫・法爾公司」廣告明信片，一九一四年前。約阿希姆・塞勒收藏。

XXI 恩立克・高佛（Henrique Galvão），《葡萄牙不是小國》，一九三四年。波爾多。

XXII 出自《殖民地與家》（*Kolonie und Heimat*），一九四一年，柏林。約阿希姆・塞勒收藏。

XXIII 出自波勞丁（J. Perraudin），《美好的傳教生涯》（*Le Beau Métier de Missionnaire*），大湖區納姆爾（Namur）。

XXIV 洛維洛尼（W. Roveroni），重印於一九三九年《彭羅斯年刊》（*Penrose Annual*）。瑪莉・伊凡斯圖像圖書館（Mary Evans Picture Library）。

XXV 《一八五三年馬修・派瑞艦長抵達橫濱》，一八五三。倫敦俾志文藝術圖書館／倫敦大英博物館。

XXVI 大美利堅茶葉公司海報，十九世紀。倫敦俾志文藝術圖書館／紐約歷史學會藏品。

各篇作者介紹

尼可拉斯・杜曼尼斯（Nicholas Doumanis）
新南威爾斯大學歷史系副教授。著有《民族之前：鄂圖曼帝國晚期安納托利亞的穆斯林－基督徒共存與毀滅》（*Before the Nation: Muslim-Christian Coexistence and its Destruction in Late Ottoman Anatolia*）；主編《牛津歐洲史手冊：一九一四至四五年》（*Oxford Handbook of European History,1914-1945*）

荷賽普・弗拉德拉（Josep Fradera）
巴塞隆納龐布法布拉大學現代史教授。共同主編《西班牙大西洋帝國與無限帝國的奴役與反奴役：西班牙撤退、歐洲失色與美洲衰微》（*Slavery and Antislavery in Spain's Atlantic Empire and Endless Empires: Spain's Retreat, Europe's Eclipse and America's Decline*）。

吉兒・迪亞士（Jill Dias）
里斯本諾瓦大學人類系教授。一九八六年在科學與熱帶調查研究所中，成立亞非研究中心。

艾斯特・凱普頓（Esther Captain）
荷蘭皇家東南亞與加勒比海研究所資深研究員，暨「一九四五至五〇年印尼獨立、去殖民、暴力與戰爭」研究計畫共同主持人。著有《烏特利希的奴役痕跡：步行指南》（*Traces of Slavery in Utrecht: A Walking Guide*）。

古諾・瓊斯（Guno Jones）
阿姆斯特丹自由大學「控管歐洲的混和親密關係」計畫研究員，專長後殖民遷徙。與艾斯特・凱普頓合著《海外戰爭遺產：前荷蘭殖民地的二次大戰遺產》（*Overseas War Legacy: The Legacy of World War II in the Former Dutch Colonies*）。

努德・傑斯柏森（Knud J.V. Jespersen）
南丹麥大學現代史教授。一九九五至二〇一八年間曾任丹麥女王御用歷史學者。著有《丹麥史》（*A History of Denmark*）。

克絲汀・麥肯錫（Kirsten Mckenzie）
雪梨大學歷史教授。著有《帝國的地下世界：逃脫罪犯與英國殖民秩序的轉變》（*Imperial Underworld: An Escaped Convict and the Transformation of the British Colonial Order*）；與羅

伯特・阿爾德利克共同主編《羅德里奇西方帝國史》（*The Routledge History of Western Empires*）。

賈克・費摩（Jacques Frémeaux）
索邦大學當代史教授。著有《征服阿爾及利亞》（*La conquête de l'Algérie*）及《撒哈拉與法國》（*Le Sahara et la France*）。

葛瑞姆・吉爾（Graeme Gill）
雪梨大學政府與國際關係系榮譽教授，專長蘇維埃與俄羅斯政治。著有《象徵主義與俄羅斯政權變化》（*Symbolism and Regime Change in Russia*）及《蘇維埃政治中的集體領導》（*Collective Leadership in Soviet Politics*）。

華特・索爾（Walter Sauer）
維也納大學經濟社會歷史系資深講師。著有《皇家帝國殖民地：哈布斯堡王朝與歐洲人對非洲的統治》（*k.u.k. kolonial: Habsburgermonarchie und europäische Herrschaft in Afrika*）。

尚－呂克・維盧（Jean-Luc Vellut）
比利時魯汶天主教大學非洲史榮譽教授。曾任教於剛果民主共和國金夏沙大學及魯本巴希大學。

約阿希姆・塞勒（Joachim Zeller）
共同主編《德屬西南非的種族滅絕》（*Genocide in German South-West Africa*）以及「殖民史選要」與「殖民史研究」系列叢書。

厄瑪・塔迪亞（Irma Taddia）
波隆納大學文化資產系非洲史教授。著有《非洲之角與衣索比亞：一八〇〇至一九〇〇年》（*Horn of Africaand Ethiopia 1800-1900*）。

法蘭克・舒馬赫（Frank Schumacher）
加拿大西部大學歷史系副教授。共同主編《殖民戰爭：帝國時代的軍事暴力》（*Colonial Wars: Military Violence in the Age of Imperialism*）。

國家圖書館出版品預行編目資料

帝國如何改變世界：從十三個帝國的崛起與衰落，看帝國主義與殖民如何形塑今日全球文明與政治的樣貌／羅伯特．阿爾德利克(Robert Aldrich)編 ；林玉菁譯. 一版. 台北市：臉譜，城邦文化出版；家庭傳媒城邦分公司發行, 2022.06

面；公分.（臉譜書房；FS0146）

譯自：The age of empires

ISBN 978-626-315-112-3（平裝）

1. CST：世界史　2. CST：帝國主義

752.1　　109021418